新思潮文档

总主编 金惠敏

# 文化研究:理论与实践

主编 金元浦

河南大学出版社

### 图书在版编目(CIP)数据

文化研究:理论与实践/金元浦主编.—开封:河南大学出版社,2003.9(2008.2重印)
(新思潮文档/金惠敏主编)
ISBN 978-7-81091-086-6

Ⅰ.文… Ⅱ.金… Ⅲ.文化学-文集 Ⅳ.G0-53

中国版本图书馆 CIP 数据核字(2003)第 066287 号

责任编辑　袁喜生
责任校对　郑　鹏
装帧设计　张　胜

| | |
|---|---|
| 出　版 | 河南大学出版社 |
| | 地址:河南省开封市明伦街 85 号　邮编:475001 |
| | 电话:0378-2825001(营销部)　网址:www.hupress.com |
| 经　销 | 河南省新华书店 |
| 排　版 | 河南大学出版社印务公司 |
| 印　刷 | 河南第一新华印刷厂 |
| 版　次 | 2004 年 1 月第 1 版　印次　2008 年 2 月第 3 次印刷 |
| 开　本 | 650mm×960mm　1/16　印张　23.75 |
| 字　数 | 354 千字　印数　3501—4500 册 |
| 定　价 | 28.00 元 |

(本书如有印装质量问题,请与河南大学出版社营销部联系调换)

# 目 录

| | | |
|---|---|---|
| 金惠敏 | 总序 | （1） |
| 金元浦 | 导言 | （1） |
| 陈晓明 | 文化研究：后—后结构主义时代的来临 | （1） |
| 罗 钢 孟登迎 | 文化研究与反学科的知识实践 | （41） |
| 周 宪 | 文化研究：学科抑或策略 | （51） |
| 陶东风 | 日常生活的审美化与文化研究的兴起 | |
| | ——兼论文艺学的学科反思 | （62） |
| 王岳川 | 消费社会的文化权力运作 | |
| | ——鲍德里亚后现代消费社会文化理论 | （75） |
| 陈燕谷 | 文化研究与市民社会 | （103） |
| 张旭东 | 全球化时代的文化悖论：多样性还是单一性 | （119） |
| 曹卫东 | 文化的剩余价值 | |
| | ——哈贝马斯的大众文化批判 | （133） |
| 汪民安 | 文化研究与大学机器 | （147） |
| 南 帆 | 文学批评与文化研究 | （151） |
| 金元浦 | 定义大众文化 | （161） |
| 何 群 | 从配方程式到程式配方 | |
| | ——论大众文本的类型与出新 | （168） |
| 黄鸣奋 | 互文性：网络时代对后结构主义的追思 | （182） |
| 尹 鸿 | 全球化、好莱坞与民族电影 | （197） |
| 金元浦 | 电视：最大众的大众文化 | （213） |

| | | |
|---|---|---|
| 戴锦华 | 大众文化的隐形政治学…………………… | (218) |
| 孟繁华 | 传媒与社会主义文化领导权…………… | (233) |
| 周　宪 | 反抗人为的视觉暴力 | |
| | ——关于一个视觉文化悖论的思考………… | (248) |
| 陶东风 | 广告的文化解读…………………………… | (259) |
| 戴锦华 | 在"苦涩柔情"的背后……………………… | (287) |
| 王一川 | "望月"与回到全球性的地面 | |
| | ——读黄遵宪诗《八月十五日夜太平洋舟 | |
| | 中望月作歌》……………………………… | (293) |
| 宋晓萍 | 厨房：欲望、享乐和暴力 | |
| | ——厨房中的女性话语以及《恰似水于巧克力》… | (302) |
| 程文超 | 波鞋与流行文化的权力…………………… | (314) |
| 肖　鹰 | 《阿姐鼓》与 90 年代文化………………… | (327) |
| 汪民安 | 家乐福：语法、物品及娱乐的经济学……… | (336) |
| 金元浦等 | 解码《大话西游》 | |
| | ——课堂讨论……………………………… | (348) |

金惠敏

# 总　　序

20世纪90年代以前我们曾经自信地划出了一个相对于"文革"的"新时期",那确乎是群情激扬、光辉灿烂的峥嵘岁月。不过今天从思想史或者思想创新的角度看,"新时期"之"新"似乎仅具有拨乱"返"正的意义,是严格字面意义上的"文艺复兴",它远承"五四"精神,近接50年代的"百花齐放,百家争鸣",其关注的主题如人道主义、人性论、主体性、异化、马克思手稿、美的本质、现实主义等等,均是大半个世纪以来时而低抑、时而高亢的老话题,而且,"左"、"右"对垒,阵线分明。"右"者坚信只要冲破"左"的禁锢,前景就是一片光明;而"左"者则认定,"右"将毫无疑问地导致动乱、无序和资本主义复辟。那时的"思想解放"其实只有两条路好走:要么解放,要么就仍然禁锢着。这种水火不相容的思想对抗从另一个意义上说就是单纯而幼稚、激情而盲目,远称不上理性而深刻的"思想解放"。

进入90年代,思想界急剧分化,乱云飞渡,思潮翻涌。当我们感觉"新时期"这个概念已经无法表述我们当前的思想状况时,思想的"新时期"才真正到来。思维创新的佳境不是二元对立、非此即彼,它总是晦暗不明,难分难解,相互渗透,多种可能性并存。具体说,90年代的思想界不再是明朗的"左"与"右",它呈现出思想作为一种精神活动的原生态，即使那些看起来不共戴天的学说如现代性与后现代性、自由主义与新左派也不再能够划出个左右来，更兼以无从捉对厮杀的新儒家、全球化、知识分子、文化研究、身体注视、传媒哲学等等，一个问题甚至可能以其他所有的问题为其语境。

但是如果将思想还原为现实，那么可以说所有这一切都是现代化运动以及当前的全球化与古老中国相遇的产物。对于西方世界来说，其思想界的主要议题是如何让传统发扬光大，如伽达默尔哲学解释学就是让传统自己说话，而在中国则除了这层任务之外，更加之以如何与西方这个"他者"相对话。"传统"与"他者"可能就是当今最大的哲学问题。

将这些90年代以来的思想文本归档整理，决不意味着它们已经成熟或者完成使命。应该承认，这些思想还嫌稚嫩，更谈不上形成什么定论。但是，它们是我们走过或达到的一个个里程碑，是当今中国知识界的思想实录，更蕴涵着无限的发展契机。如果我们还想继续前进的话，那么这些文本之作为历史资料的参照意义甚或作为思想地图的指示作用将都是不言而喻的。

知我者，罪我者，我们一概表示感谢。

惶惶然，谨此为序。

2003年8月29日
北京花园村

金元浦

# 导　言

不是一些人又趸来什么新鲜的"洋货色"——其实货色早不新鲜——而是现实生活发生了巨大的变化,现实提出了一系列问题,需要我们理论工作者给予解说和回答。文化研究的出场是现实的需要、发展的需要、阐释的需要。

我在十年前的一篇文章中谈到文艺学的学科发展时曾提出:任何一个学科的发展在每一学术转型、范式转换的特定时期,都必须重新思考"我从哪里来,我在哪里,我向哪里去"的问题,都必须进行学科史的梳理与再叩问,都必须再次反躬自问"我是谁"。今天,当我们面对蓬勃发展的社会转型,我们必须回答:

文化研究是什么?

## 一　文化研究何以兴起?

首先,文化研究的兴起,是对当代世界社会生活的巨大变革向传统学术、传统学科提出的巨大挑战的回应。

当今世界,社会结构、制度框架、经济方式、交往媒介、生活状态、心理需求都发生了巨大变化,现实向文化、向学术、向观念提出了重新解释的需要。从世界来看,全球化背景随着进一步的开放日益进入我们生活的中心。电子媒质的兴起向纸媒质的一统天下发出强劲的挑战。媒介文化深刻地改变和影响着我们的生活。大众文化走向前台,城市文化快速传播与蔓延,时尚文化大批量复制,采用了浪潮式的运作方式。视像文化占据人们生活的主要空间,在这样一个读图时代里,甚至视像(镜像)已反过来影响纸媒质文化,如由电视剧、电影改编的文学作品和卡通读物,各类读物中的图像、影像所占据的日益增多的比例。网络文化正在逐步改变着我们的交往方式。还有在新的现实条件下的政治意识形态、性别文化、身体文化、边缘弱势群体的生存状态,以及新的生态文化,都已现实地进入我们的生活。

随着社会生产力的迅速发展,人们的社会需要不断提高。在基本的物质层次满足的基础上,人们更多地关注文化上的、精神上的、心理上的需要。因此对文化产品的需求极大增加,人们除了对书籍的需求之外,更需要音像、影视、网络艺术等视觉文化产品,对娱乐服务、旅游服务、信息与网络服务的需求大大增加了。即使物质层次的衣、食、住、行需要也大大地文化化、审美化了。

如果说上个世纪90年代初的中国后现代论争从理论到问题都是从西方引进的话,如果说中国的文化研究在初期的理论上的移植或借鉴尚有一些盲目性、偶然性的话,那么,今天中国的文化研究已内生出本土现实的实践的需要。经过十来年巨大的变化,中国的国际化程度急剧加速,中国日益进入这个全球化的世界。先前脱离本土现实的、仅在一部分学人中讨论的虚拟的问题发生了质的变化,从西方"移植"的问题,现在拥有了现实的基础,部分地成了真实的问题——这一问题在语境化和本土化的过程中经过了本土实践的选择、淘汰、变异与再生,已不再是先前那个高悬在空中的虚拟的问题了。中国当代文化现实发展则无疑具有相当的必然性。

当然,中国的发展又是极不平衡的,又有中国问题的独特性。现实的加速度发展,中国的不平衡发展,世界的多极化发展,使中国的文化研究呈现出十分复杂的情形。

其次,文化研究的兴起,是传统学术、传统学科自身内在发展的迫切需要,是学科的"内爆"撑破原有外壳的必然结果。

新的全球化文化变革的现实,特别是我国本土文化变革的现实,要求相应的新的学术研究的机制、方法和界阈。文化研究是剧烈的社会转型期人文社会科学的各个门类面对急剧变化的现实,打破原有学科界限,进行跨学科综合交叉,从而形成的新的学术应对机制与应对结构。

文化研究的兴起就是出于对现有学科分殊的不满,对既定学科制度的批判和对既定学术史的再认识。

　　现实实践的发展,文化地位的变革,各种新事物、新对象的出现,溢出了原来的学科领域,撑破了原有学科的外壳,并扩展或推移研究的边缘界限,"边界的移动"成了不同学科的研究者们的共识。原先各自独立的学科体系受到了严峻的挑战。

　　独断论、一统论的范式观的失效,多元主义范式的兴起,加上转折变革的时代氛围,是文化研究崛起的先决条件。文化研究绝不是要独断论地取代其他研究,一科独大,成为惟一的学科发展的主导。与我们这个发展和创新的时代相应,文化研究是多元主义时代理论与现实的前沿研究的实验地,它提供了学科越界、扩容、创新和变革的机遇与可能性。文化研究是新的学科间相互对话、相互沟通、相互溶浸、相互交叉叠合又相互对立对峙的新的对话交流的平台,在这里既有从文学出发的文化研究,也有从社会学、传播学、人类学、政治学出发的文化研究,它们在研究对象选择、研究内容设定、研究方法运用上仍然有着相当的区别。此中当然包含着学科间的融合、汇流、整合,也包含着学科的调整变革和新学科建制的建立以及边缘交叉学科如文学文化学、文学传播学、新文学社会学建设的积极的可能性。

　　寻找文学本体的努力是西方 20 世纪语言论转向的理论指向和实践成果,具有特定时代的历史具体性和必然性。20 世纪西方文学批评经历了作者中心论、文本中心论和读者中心论之后,必然要向更宽广的社会、历史、政治拓展,从拘囿于文本向更深厚的文化拓展。

　　西方的历史具体性和必然性给予了当代中国文学研究以重要影响,但它仍然不能代表或取代中国文学研究的特定的历史具体性。我国文学研究 90 年代初确实存在过凌空一跃的现象,存在着缺失的环节。西方文本中心时代那种语言的、文本的和形式的研究虽在 90 年代有一定程度的发展,但至今仍不充分和深入。这一方面是由于中国近 20 年文学、文化发展的历史具体性不同于西方,有它自身的后发历程。但历史不可能重新来过,中国当代文学的发展也不可能按西方的路线原封不动地再走一遍(其实西方各国文学研究的发展也并不完全一致,实际上有着相当大的差别);另一方面中国文学研究的思路在深层不同于西方的逻各斯中心主义的两极分立的研究路数,并不醉心于所谓的片面的深刻,而更满足于执两用中或面面俱到的混成思维。

文学研究传统对象的萎缩,新的研究对象的不断生成,新的研究界阈的不断拓展,研究内容的转换,致使学科发生"内爆",这种"内爆"必然突破原有界限。在学科面临转型或多元转换、边界移动的特定历史时期,自律性的坚守就失去了现实支持和学理依据。比如作为自律性支柱的文学性、审美性,作为内部研究的核心的语言论与文本论,作为文学本体研究的形式观,都已发生重要的变化。

作为自律论依据的文学的文学性,现在已溢出文学的边界,广泛地渗透到当代社会生活的方方面面,进入电视、网络、广告、服装、家居、美容、汽车销售以及美食,进入几乎所有日常消费和商业炒作中。而审美性不再是文学艺术的专属性能,而成为商品世界的共性。日常生活的审美化是一个世界性的现象,最近几年它得到社会理论家、美学家与文化研究者的共同关注。审美化已经成了当代社会日常生活的组织化原则。

## 二 文化研究是什么?

文化研究如杰姆逊所言是一种"后学科",是一种开放的,适应当代多元范式的时代要求并与之配伍的超学科、超学术、超理论的研究方式。文化研究是当代"学科大联合"的一种积极的努力。杰姆逊认为:"文化研究可谓一种愿望,探讨这种愿望最好从政治和社会的角度入手,将它视为一项促成'历史大联合'的事业,而不是理论化地将它视为某种新学科的规划图。"①

寻找文化研究的学科独立性或学科"自律性"是徒劳无益的,而把文化研究的理论指向归结为总体性也是不恰当的。的确,文化研究论者中确有人有这种倾向,但可以确定的是,文化研究作为一种后学科,在总体指向上是反普遍主义、反本质主义的。

---

① 杰姆逊《论"文化研究"》,原发表于《社会文本》杂志第 34 期,杜克大学出版社 1993 年。中译文见王逢振等译《快感:文化与政治》,中国社会科学出版社 1998 年,第 399 页。

在传统上,文化研究主要涉及社会心理、文化批评、历史、哲学分析、特定的政治干预等领域。所以,它通过超越学术专业化,从而避免了研究定义标准的划分。文化研究在跨学科的范畴之内运行,涉及社会理论、经济学、哲学、政治学、历史学、传媒研究、文学和文化理论、哲学及其他的理论话语——这些正是广义的文化研究题目下的法兰克福学派、英国文化研究和法国的后现代理论所共有的。文化和社会的跨学科研究方法,跨越了不同学科之间的鸿沟。这样的方法用于文化研究时向人们表明,人们不应该停留在文本的边缘,而应该探究文本如何适应生产体系,不同的文本如何成为生产类别或类型体系的部分,如何具有文本间的结构——如何表达特定历史环境中的话语。

如果要对文化研究有所定位的话,其要点可以说是对"关系"的深度关注:它与其他学科的关系;学科与学科间的关系;不同地域不同文化间的关系,不同主体不同性别不同身份间的关系;不同范式不同话语间的关系;不同共同体间的关系;由"关系"寻求"联结"、"协同"或"共识",又保持自身多元独立性以保持更大发展的可能。杰姆逊就提出,应该用"协同关系网"取代"单一作者"的观念。① 在当代文化实践中,任何文化行为都已经是在一种关系网络中由各方协同运作的结果。我们先前所理解的那种过去时代的愉怡自适的"个体作家"的藏之名山的"单一文本"现在已没有了,或者说,实际上从来就没有过真正意义上的"个体文本"。先前文学中我们所认定的"单一文本"实际上都是协同作用的结果,是两个或多个作者之间,作家和演出公司之间,作家和出版商之间,出版者与校对者之间,出版者与检查官之间协同作用的结果。

这便使文化研究对"间性"的研究和追寻凸现出来。建设并进入合理的对话交往语境,关注和寻找"间"性,重建文学-文化的公共场域,就成为逻辑的必然。所以,文学的"间"性:文本间性,主体间性,文学交流中的理论共同体、批评共同体及阅读共同体间性(群体间性),后殖民时代的文学的民族间性,以及学科间性、文化

---

① 杰姆逊《论"文化研究"》,原发表于《社会文本》杂志第 34 期,杜克大学出版社 1993 年。中译文见王逢振等译《快感:文化与政治》,中国社会科学出版社 1998 年,第 412 页。

间性就成为我们必须研究的东西。不同于撷取合理要素后的"整合"、"融合"为一,找出统贯一切的本质,构造涵盖一切的宏大体系,也不同于前期解构主义的完全消解、拆除,间性的研究是要探寻不同话语之间在历史语境中的约定性,相关性和相互理解性,找出联系和认同的可能性与合法性(客观性)。间性秉持一种建构的姿态。

原有线型继承、替代或更迭的一元论的范式观被多元共生、多话语共展并存的众声喧哗的新范式观、话语观所代换。

文化研究是一种具有高度社会性、实践性、参与性的知识活动,这决定了它必须针对自己的现实提出问题并解决问题,它的一个重要特征便是它的"极度语境化"。

这种语境化就是指它必然地呈开放状态,而在特定历史时间,在本土的具体化实践中展示或实现自身。格洛斯伯格曾以一种很极端的口气说,"对于文化研究来说,语境就是一切,一切都是语境。"并说我们最好把文化研究视做"一种语境化的关于语境的理论"。文化研究之所以"能够对付自身历史语境的无限复杂性",[①]就在于它的那种切入现实的能力,在它面对具体权力语境时的应对或重新解释的能力。即使是在东方人看来非常一致的英美之间,后起的美国的文化研究,绝不是英国文化研究的翻版,美国人格洛斯伯格就认为,在美国,"把文化研究付诸实践并不简单地就是采用英国传统中不同个体或集团提出的主张,这种占有方式未能认识到英国人的种种复杂的尝试方式,是由他们所置身的英国特定情形和历史决定的。""我们面对的任务是在已经占领过的地方重新工作,根据特定的美国语境重新阐发文化研究,在此过程中改造文化研究本身。"[②]

另一部分学者则认为,文化研究是由于它在理论和物质文化

---

① L. Grossberg,"Cultural Studies, Mordern Logic and the Theory of Globalization," *Back to Reality? Social Experience and Cultural Studies*, ed. by Angela McRoddie, Manchester University Press, 1997, p8.

② L. Grossberg,"Cultural Studies, Mordern Logic and the Theory of Globalization," *Back to Reality? Social Experience and Cultural Studies*, ed. by Angela McRoddie, Manchester University Press, 1997, p8.

（普通人日常生活及其文化使用）之间架起了桥梁——它的整个传统起的就是这个作用——才对当代学人富有吸引力。对于文化研究来说，理论是知识成果的重要部分。但是，除非知识成果回到文化和政治权力斗争的现实世界中去，除非它对历史的挑战做出回应，它就并没有真正完成。可以说，文化研究总是在某种程度上受环境的政治要求和体制处境中的事变所驱使的。在过去的20年中，理论会变成哲学思辨式的超处境知识，但文化研究则总是针对特殊社会、历史和物质条件来进行理论运作。它的理论总是努力结合现实的社会政治问题。理论只有回到更广泛的物质关怀，并以此来考验它自身话语的社会作用的时候，才能在文化研究中得到廓清和促进。英国著名的文化研究者斯图亚特·霍尔就指出："文化已经不再是生产与事物的'坚实世界'的一个装饰性的附属物，不再是物质世界的蛋糕上的酥皮。这个词（文化——引注）现在已经与世界一样是'物质性的'。通过设计、技术以及风格化，'美学'已经渗透到现代生产的世界，通过市场营销、设计以及风格，'图像'提供了对于躯体的再现模式与虚构叙述模式，绝大多数的现代消费都建立在这个躯体上。现代文化在其实践与生产方式方面都具有坚实的物质性。商品与技术的物质世界具有深广的文化属性。"①在今天这个"文化经济化，经济文化化"的时代里，这种现象在日常生活中比比皆是。

　　文化研究的对象是十分广泛的，几乎没有边界。它突破了传统文学研究圈定的研究范围，批判、解构精英主义的文化概念，致力于关注社会中弱势群体的利益，重新审视文化转型期大众弱势群体在不平等社会现实中的地位变迁和它们的文化取向。这样，文化研究就发展出了一种尝试重新发现与评价被忽视边缘群体的文化的研究机制。由此决定了文化研究的一个基本原则，即它坚持审美现代性的批判意识和分析方式，不追逐所谓永恒、中立的形而上价值关怀，相反它更关注充满压抑、压迫和对立的生活实践，关注现实语境，对晚期资本主义文化制度形态进行了严肃的、不妥协的批判。在英国伯明翰文化研究的初期，这种立场表现为对于

---

① 转引自 Eduardo de Fuente《社会学与美学》，《欧洲社会理论杂志》2000年5月号。

工人阶级文化的历史与形式的关注,而后来的大众文化研究、女性主义研究、后殖民主义研究等等也都坚持了这一从边缘颠覆中心的立场与策略。可以说,对于文化与权力的关系的关注以及对于支配性权势集团及其文化意识形态的批判、否定和超越,是大众文化研究保持其持久生命力的原动力。由此也产生了对文学研究中已成为学术规范学术制度或学术研究的所谓"金科玉律"的反思。①

视觉文化是文化研究特别关注的中心之一。当代社会科学与哲学文化正在发生一系列的"转向",一系列新问题伴随着旧问题的消隐而凸现出来。米歇尔说,当下社会科学以及公共文化领域正在发生一种纷繁纠结的转型,而在当代哲学家的论述中,这种转向也是明白无误的。他把这一变化称为"图像转向"。那么,图像的转型转向哪里?它不是向幼稚的摹仿论、符码的表征或图解,也不是向主体客体相互对应的理论回归,更不是一种关于图像"在场"的玄学的死灰复燃;它是对图像的一种后语言学、后符号学的再发现。它从根本上动摇了长期以来由传播手段限定和形成的人类文明的发展趋向,即文字长期居于独霸地位。而是把图像当做视觉性、机器、体制、话语、身体和喻形性之间的一种复杂的相互作用的综合体来加以研究。因为重要的现实是,图像现在正以前所未有的力度影响着文化的每一个层面,从最高深精微的哲学思考到大众媒介最为粗俗浅薄的生产制作,无一幸免。百姓的日常生活、信息获取越来越多地通过图像达成。所以,过去对图像的熟视无睹、不屑一顾、否定遏制或单纯批判都无济于事,现在,我们必须正视它并逐步建立一套新的视觉文化批评的话语。

## 三　文化研究学术渊源

以威廉斯、霍尔、霍加特、汤林森为代表的文化研究有自己的

---

① 关于"文化研究的知识谱系"、"文化研究的意义"、"文化研究的特征"等文化研究的重要论题,我国著名学者陶东风已在其著作中做了全面详尽的论述,请参阅《文化研究:西方与中国》,北京师范大学出版社2001年;亦见《文化研究》辑刊第1—4辑,又见www.culstudies.com。

传统和模式,比如卢卡契、葛兰西、布洛赫的传统,从20世纪30年代的法兰克福学派到女权主义和精神分析文化,到符号学和后结构主义。在英美,文化研究历史悠久,实际上产生于伯明翰流派之前。法国、德国及其他的欧洲国家也具有丰富的传统,为世界范围内的文化研究提供了新的理论源泉。

文化研究学术史上的一个重要问题是英国文化研究与法兰克福学派的关系。在过去的许多年里,尽管都有着西方马克思主义的理论背景,英国文化研究与法兰克福学派却似乎是水火不容的。英国文化研究所提出的大众文化理论一般都蔑视或丑化法兰克福学派:法兰克福学派一直被讥讽为"精英分子和杰出人士",认为他们忽视了对文化研究方法和事业的关注。这的确有一些事实依据,也有不少的误解,两派之间的对话长期滞后。

近年也有人主张,尽管两派在研究方面存在着明显的分歧,但仍然有许多推动两派之间对话的共同之处。美国批判理论家凯尔纳就认为,两派之间的差别和分歧通过对话而接位,很可能产生富有成效的效果,两派都可能在某种程度上克服另一派的不足和局限。"双方的接位能够产生新的视角,并将有利于推动一种新的朝气蓬勃的文化研究。所以,我认为,法兰克福学派和英国文化研究在方法上不是对立,而是相互补充,并以新的形式接位在一起。"①的确,我们可以在英国文化研究的关键立场中发现法兰克福学派的许多重要的特点,以及两派都拥有的一些共同的观点和不足之处;所以,二者的对话、交流、接位与互补就显得非常有意义。

法兰克福学派对大众文化的研究引起人们很多的争论。因为他们坚持高雅文化和通俗文化的二分标准,站在精英主义立场上,认为大众文化不同于"真正艺术"的理想模式,而把批判、颠覆和解放的特征仅归属于高雅文化的"特权",认为所有的大众文化都具有高度意识形态化和同一性的特征,必然产生欺骗被动的大众消费者的后果。这一观点越来越遭到学界的批评和反思。人们认识到,应从整个文化的范围来看待批判和意识形态因素,而不应仅把

---

① Douglas Kellner, "The Frankfurt School and British Cultural Studies: The Missed Articulation," in http://www.uta.edu/huma/illuminations.

批判成分局限于高雅文化,却只把通俗文化看成具有意识形态性。实际上,大众文化作为平民文化,天然地具有批判性和反思性。而从某种角度讲,精英主义高雅文化恰恰缺乏艺术反抗和解放的基础。法兰克福学派应该用一种更为统一的模式来分析文化,用相同的批评方法去研究所有的文化产品,从歌剧到流行音乐,从现代派文学到肥皂剧。

英国文化研究则摒弃了这种高雅文化与通俗文化的区分,通过关注媒介文化产品,打破了法兰克福学派研究中某些局限,也打破了法兰克福学派的被动观众的内涵,设想出了主动的具有创造意义的文化的大众参与者。而瓦尔特·本雅明则成了它们沟通的桥梁。本雅明虽然属于法兰克福学派,但并没有真正成为该学派的核心,作为一个出发点或纽结点,他从媒介文化的研究入手,看到其解放的潜力,并提出了主动观众的可能性,深刻地影响了文化研究的主将。在他看来,就像体育比赛的观众越来越对裁判的作用做出判断一样——因为他们能够亲自评论和分析某些体育比赛,电影观众也同样能够成为评论的专家,并对电影的意义及意识形态进行剖析。以这种积极参与者的概念来引导观众整体把握媒介影响,就避免了文化的精英主义和平民主义的对立,也避免了法兰克福学派与文化研究的对峙。

其实,文化研究一直处在变动中,从来没有固定化。它本身就是一个过程。英国的文化研究就发生了不同的变异,尽管都被称做"文化研究",都已进入学科建制,都发学位证。第一代的文化研究者大多是文学研究者或文学批评家,第二代的文化研究者多集中于传媒研究,第三代的文化研究者更多的是社会学家,伯明翰大学的第二代的文化研究者将目标集中于文化传播研究,第三代的文化研究者将重心放到社会学,后来干脆关门大吉。文化研究总是在不断地变动、发展、移位。

从广义的文化研究讲,它的另一个重要资源是后结构主义。在后结构主义中,福科的知识考古学、知识系谱学,德里达的解构主义,鲍德里亚的文化仿真理论,后弗洛伊德精神分析学,如拉康、德勒兹、伽塔里等,都对文化研究产生了重要影响。1987年,理查德·强森(Richard Johnson)发表《究竟何谓文化研究》一文,就认为文化研究与新历史主义都可以看成是一种"后-后结构主义"①的运动。可以说,后结构主义理论不仅仅构成文化研究的理论前提,实际上也成了文化研究的有机组成部分。

　　文化研究学术史上的另一个重要问题是英国文化研究与美国新历史主义的联系与区别。过去单纯地把文化研究说成是英国伯明翰大学的专利,现在看来是不够完整的,蒙特洛斯就在文化研究内划分了英国学派与美国学派,并以此来进行分析。蒙特洛斯区别道:"英国的'文化唯物论'始终是一个处于边缘的学术话语,而美国的'新历史主义'(一个取悦于美国人对事物的商品学科的术语)正在成为最新的学术正统,与其说它是一种批评,不如说它是受意识形态支配的主体。"②总之英国的"文化唯物论"强调文化中的政治作用和社会阶级关系的阐释力量,属于西方马克思主义批评的一部分,尽管他们在学术上有很大成就,但始终未成为英国文学批评之主流。而美国的"新历史主义"则更重视分析文化中的语言叙述或表述,已成为后结构主义之后的新的批评潮流,影响深远,渗透到各文学研究领域,与读者反应批评交错汇合,展示了比读者反应批评更宏大的历史视野和现实景观。

　　而90年代初在伊利诺大学召开的盛大的以大文化研究为主题的国际研讨会可以作为文化研究新的历史时期的开端。这次大会聚集了世界各地数百名各种不同专业——哲学、文学批评与文学研究、政治学、人类学、社会学、传播学等学科——的学者,其中包括德里达等一批当代学界巨子。会后,由会议主持者劳伦斯·格洛斯伯格、卡里·奈尔逊和保拉·特莱契勒合编了一本论文集,收入了40多位发言者的论文,题名《文化研究》(1992)。此书出版后,引起学界一片轰动,杰姆逊也在《社会文本》上发表了4万余字的长文《论"文化研究"》。文章针对前一论文集中的一些论文的作者,对文化研究进行了全面的评析。

　　而后澳大利亚学者成为这种大文化研究的一支强大的生力

---

①　Richard Johnson, "What is Cultural Studies Anyway?," *Social Text* 6.1, 1987, pp. 38—39.

②　Louis Montrose, "Renaissance Literary studies and the Subjiect of History," ELR16, winter, 1986.

军。他们著书立说,编辑各种"文化研究读本",这种新的文化研究是以当代全球化变革的当下现实为依据的。此后,亚洲各国特别是中国港台和大陆相继兴起文化研究热潮,形成与国际潮流相呼应的全球化形势下的文化研究。文化研究成了探讨普遍社会问题的一种更富实践意义的交叉性超学科的研究方式。在这个意义上讲,把文化研究的学科指向概括为"总体性"追求,有一定的道理。

## 四　文化研究与文学研究

文学研究不等于文化研究,文化研究也不等同于文学研究。但文学研究又与文化研究有着千丝万缕的联系。文化研究从一发端,就与文学有着不解之缘。影响了文化研究发生的就有许多是文学理论家或文学批评家。利维斯、弗莱、阿尔都塞等便是如此;创立文化研究的威廉斯、霍尔、霍加特、汤林森也都是文学批评家或理论家。其后的女性主义文化研究者,后殖民主义文化研究者斯皮瓦克、霍米·巴巴,东方主义或后东方主义研究者赛义德等等都是文学理论家或文学批评家出身。何以如此呢?

当代文学研究中发生了所谓"文化的转向",这既是历史的总体发展的大势和现实实践发展的需要所致,也是文学自身内部要素运动的结果。

世纪之交文学艺术的文化转向中,人们最大的疑惑是文学本体的消解或消失:我们经历了20余年的拨乱反正,我们好不容易回到了文学的本体,怎么文学又向文化转向?转向文化,结果文学中什么都有,惟独没有文学本身。自律的文学哪里去了?

坚持文学自律性的前提是文学具有清晰明确的边界。然而当前大众文化、影视文化、图像、传媒、网络文化等等的变化,使我们已经很难说这是文学,那不是文学,除非我们闭着眼睛,仍然固守文学的小说、诗歌、散文、戏剧四大门类。然而即使这样,我们还是要问,文学的边界是固定的吗?

历史上从来没有过边界固定不变的文学。而独立的文学学科则是在18世纪以后随着现代大学教育的建立才逐步完善起来的。同样,文艺学内所包含的文学的体裁或种类也从来不是固定不变的。文学的边界实际上一直都在变动中。诗歌、小说、戏剧、散文以及更小的类型,都在历史上的不同时期、不同传播时代"加入"文学的阵营。而且,在不同的历史时期,文学的"主打"类型也是不同的。在西方,古典主义时代,文学的主打类型是戏剧,19世纪,文学的主打类型是小说。在中国,戏剧、小说正式入主文学研究,登堂入室已是很晚的事情。因此,重新审视文艺学的学科构成,并依据历史、文化、艺术的发展而有所扩容,有所变更,与时俱进,改革创新,是必要的。

而且,小说作为文学的主打方式缘于传播媒介的巨大变革。工业革命带来了印刷业和造纸业的巨大发展,纸媒质带来了传播的革命,由之产生了公共领域的变革,也由之产生了文学样式的变革,小说,尤其是长篇小说才成了19世纪以来文学的主打类型。今天,电子媒质引起的传播革命,又一次引起了文学自身的变革。文学面临着又一次越界、扩容与转向。一大批新型的文学样式如电影文学、电视文学、网络文学,甚至广告文学,一大批边缘文体如大众流行文学、通俗歌曲(歌词)艺术、各种休闲文化艺术方式,都已进入文学研究的视野,由文学而及文化,更多的新兴的文化艺术样式被创造出来,成为今日文学—文化学关注和研究的对象。

今天社会的审美活动已经大大不同于过去时代的文学艺术的界限和范围,从某种程度上看,今天占据大众文化生活中心的已经不是小说、诗歌、散文、戏剧、绘画、雕塑等经典的艺术门类,而是一些新兴的泛审美泛艺术门类的活动,如广告、流行歌曲、时装、电视连续剧、健美,乃至环境设计、城市规划、居室装修等。艺术活动的场所也已经远远逸出与大众的日常生活隔离的高雅艺术场馆(如中国美术馆、北京音乐厅、首都剧场等),深入到大众的日常生活空间之中。可以说,今天的审美艺术活动更多地发生在城市广场、购物中心、超级市场、街心花园等与其他社会活动没有严格界限的社会空间与生活场所。在这些场所中,文化活动、审美活动、商业活动和社交活动之间不存在严格的界限。当代文艺学研究,当然应当关注日常生活中的审美现象,这是文艺学文化转向的题中应有之义。因此,传统本质论以审美性作为文学区别于非艺术事物的根本特征,作为文学自律性的根本依据的观念,无疑受到了严峻的挑战。

然而,文学理论或文学研究作为学科并没有在文化的转向中丧失自身,文学的跨学科的努力,转向文化的开拓都是基于文学本体的基点或立足点,面对文化这个包含原有文学的边界模糊的庞然大物,面对这一众多人文社会科学进行研究的共同对象,文艺学的文化研究仍然有其不同于社会学、人类学、哲学、政治学、传播学、心理学的学科视野,学术切入角度,仍将逐步重建本学科的独特性或特殊性。毋庸置疑,新世纪的学术转型是在社会转型、范式转换与学科重组中重新确定边界的过程,是文学研究发掘新的学科增长点,开拓新的发展可能性的有效途径。面对文学和文学研究的边缘化现实,我们理应给文艺学的变革以更大的耐心、热情,更宽容的机制和激发创新的良好环境。

当然,这一转向,不是简单地回到传统的社会一历史批评理论,更不是回到已被我们抛弃的庸俗社会学。而将携带着文本中心时代所谓"理论革命"的全部成果,作为"前结构"进入新的批评时代。形式主义、新批评、结构主义、符号学、叙述学、后结构主义仍将作为丰厚的理论资源成为文化转向的一个必要前提。而文化研究、新历史主义、文化诗学、后殖民、女性主义、当代媒介文化则是它所由发生的理论的和现实的基础。文学的"文化的转向"是又一次创新,是新时代文化发展的积极成果,是文学理论在困境中的又一次突围。

需要指出的是,就像文学研究并不就是文化研究,文化研究也并不只是文学研究。文化研究作为学科大联合的事业,是艺术学、社会学、人类学、民族学、哲学、美学、伦理学、政治学、历史学、传播学、文献学,甚至经济学、法学所共同关注的对象。它的出现是社会巨大转型的产物;是文化在当代世界社会生活中的地位相对于经济、政治发生了重大跃升的产物;是人文社会领域范式危机、变革,需要重新"洗牌"——确定学科研究对象、厘定学科内涵与边界的产物。如同文学"本体"的多样性一样,文化作为各相关学科共同面对的巨大对象,自身也是多观相、多维度、多层次、多侧面,立体的,复合交叉、有机融合的。实际上,文化作为对象,它在本质上具有直接同一性,是多样统一的。它不是为学科研究而剖分、区划或存在的,而是自在的、浑整无分的、不断变化发展的。这种浑融的多样性是它的本然状态。正是为了把握它和研究它,人们设定了不同学科的研究路径。学科的划分起因于人认识把握对象的需要,它是一种主体的假设,一种筹划或投射,一种框架的设定或到达对象的途径、角度的选择。文化研究本质上的多样性,呼唤人文社会学科的"综合治理"——形成由不同学科切入,遵循不同学科方法进行研究的多元话语方式。因此,文化研究是多种范式指导下的各种不同的话语形成的共生并在又相互对话、相反相成的集合形态。每一种文化研究的话语方式往往都相对于文化这一巨大对象的某一层次、某一相位、某一侧面或某一维度;相对于某一语境、某一特定历时时段,采用某一特定的方法,从而揭示对象的部分特征,获得阐释的有效性,并具有相应的真理性。各种不同话语——文艺学的、社会学的、美学的、经济学的研究成果的会通与集合,它们之间的由部分而整体、整体而部分的循环,引导我们不断接近当代文化的本相。可见,文化研究是不可能由文学研究"独霸"或"独占"的。

当然,毫无疑问,今日兴起的全球范围内的文化研究最初确实是由文学研究发动的,这只要看看从威廉姆斯、霍加特到杰姆逊、赛义德等一长串名单就了然了。这是由文艺学学科的本性或特点——它在20世纪后半叶以来由"理论革命"形成惯性的思维的敏感性、先锋性、革新意识以及深厚的批判传统所决定的。在西方,文学研究曾引发20世纪一轮轮社会思潮、社会变革,在中国,它也在20世纪80年代改革开放初期,超载地发挥了思想解放先锋的作用,并在这20多年里,一再地引领最新的社会思潮。

这是事实,事实成了一种新的传统,传统一旦形成,便具有了势能。

## 五 文化研究在研究方法上的突破

个案研究在当代"文化研究"中具有很重要的地位。但在以前的文艺理论与文化批评中却很少进行。这一方面是由于先前的批评范式只关注宏观整体的研究,习惯于从普遍性、一般性的角度来把握文化对象;另一方面,也由于我们还不大会用个案研究的方法(特别是考虑到在今天中国从事文化研究的主要还是一些文艺学专业出身的研究人员,出身人类学与社会学的反而很少)。

相对而言,国内的文化研究需要从两个方面突破,这就是深刻的逻辑的形而上理论思辨和直面现实的细致具体的"个案"研究。那种不上不下,既无形而上,也无形而下,既无细致的学理梳理,也无理论概念的思维的逻辑推演,又无细致的个案"深描",却动辄要建构一个体系,列出一、二、三、四,再辅之以例证的简单枚举,这种普遍泛滥的论文"格式",确实需要改变改变了。

当前,"文化研究"的理论探讨非常多,做个案分析和个案研究的却非常少。这与西方形成了鲜明的对比。个案研究在当代西方的"文化研究"中具有很重要的地位。但在中国的文化批评中却很少运用。中国的人文学界长期以来习惯于在抽象理论的层面上打转转,把西方的各种理论比较来比较去,试图这样来进行理论上的创新。现在看来这样的理论创新之路是走不通的,是一条死胡同。尤其是考虑到:我们今天所谓"理论"主要是从西方介绍的,而西方的理论是产生于西方的语境中,带有自己特定的问题意识与理论传统,很难与中国的实际完全吻合。我现在越来越感觉到一种新理论的生长点不是在书房而是在"田野",国外人类学与社会学中非常流行的"田野作业"(field work)在中国一直是薄弱的环节。实际上即使是在西方,理论创新的途径也常常是在"田野调查"中发现的。比如布尔迪厄是在阿尔及利亚的田野研究中发现了此前的人类学中一系列二元对立模式无法解释那里的经验事实,这促使他创造出一套以"场域"、"习性"、"文化资本"等一系列概念为核心,旨在打破二元对立思维模式的社会理论。这个经验是非常值得我们借鉴的。我们只有在具体的经验研究、个案研究中才能发现西方理论是否适用中国以及在多大程度上适用于中国,从而在中国本土经验的特殊性中检验西方的理论并建立自己的理论。这是我们提倡个案研究的主要原因之一。基于这样的考虑,我们特别选编了一些个案研究的文章并作为重点推出,比如陶东风的广告解读,宋晓萍的《厨房:欲望享乐和暴力》、肖鹰的《〈阿姐鼓〉与90年代文化》、汪民安的《家乐福:语法、物品及娱乐的经济学》以及程文超的《波鞋与流行文化中的权利关系》等一批很有力度的个案研究。

文化研究的巨大魅力之一,是对习焉不察的日常生活的再审视和批判性解读。程文超的《波鞋与流行文化中的权力关系》就很有意思。"波(ball)鞋"不就是球鞋吗?为什么不能叫球鞋呢?作者通过对解放鞋与波鞋的解读,来讨论我国几十年来的政治权力关系和经济权力关系的变革。在这两种权力关系中,我们都看到了等级、特权以及与之相适应的观念。而这两种权力关系的展开也只能在一定的社会语境和社会时尚中运行,才能实现其全部功能。另外一个个案是前几年曾经成为校园文化时尚的"大话西游"事件。讨论由《大话西游》引起和发生的文化冲突与文化变革。依托网络、电视、VCD 等现代电子媒介的大众文化必然是跨国的、全球的、世界的,又是本土的、民族的、地缘的和社群的。作为公共空间,它是不同意识形态汇集、交流、沟通、共享、对立、冲突的公共场域,又是社群特别是弱势群体和边缘话语的表达场域。前两年,校园里的《大话西游》热几乎让网络与大学生们发狂。在这里,传统的经典《西游记》被解构了。过去耳熟能详、家喻户晓的唐僧、孙悟空师徒四人去西天取经的故事,现在被演绎成了既是它又不是它的另一个故事。原先的经典被再编了一通故事,戏说中有戏谑、荒诞和噱头,也有对某种既成规范的挑战、反叛和批判,有一种加入时尚(反叛的时尚)的先锋感,还有一种恶作剧的快感。它是对后现代性的文化所带来的文本危机、经典危机、程式危机,甚至原有视觉机制的危机的戏谑式表述。

总之,读一读这些不同于过去规范的文章,有点新意,也有点趣味。

那么,就开卷喽。

开卷有益。

2003 年 2 月北京

# 陈晓明

# 文化研究:后—后结构主义时代的来临

## 一 前言:文化研究的当代趋势

传统的"文化研究"一直默默无闻地隶属于人类学领域,然而现今时兴的"文化研究"却完全是另一回事。要回答现今的"文化研究"这门学科是什么,并不是件容易的事。在劳伦斯·格洛斯伯格、卡里·奈尔逊和保拉·A.特莱契勒编辑的厚厚的论文集《文化研究》的前言里,编者也表示了对给"文化研究"下定义的迟疑。在他们看来,试图给出文化研究以一种单一的定义和叙事几乎是不可能的事。他们甚至引述斯图亚特·霍尔的话说:"文化研究从来就不是一回事"①。文化研究具有充分的开放性,没有人可以控制它的发展。文化研究这个古旧的行当,几乎是突然之间被注入了崭新的内容,变得生机勃勃。现在已经没有人会否认它成了大学的一门显学。它不再局限于传统人类学或历史学指称的那个冷僻的学术领域,而是广泛包括文学、艺术批评、大众文化、媒体研究、跨文化交流、女性主义、殖民主义历史、晚期资本主义、全球化研究,等等,其包罗万象的开放性主题,似乎正在宣告传统的学科边界正在消失。特别是因为研究主体多半出自大学英语文学系或比较文学系,直接表明传统的文学批评学科正在经历巨大变故。文学批评这个行业在变得五花八门和丰富广博的同时,也不得不改变自己的传统形象。它不再那么局限于纯粹的文学,对文学的读解方式也发生了相当大的变化。即使人们在谈论所谓的纯文学时也不再那么天真单纯,其中隐含的动机和诡计,足以使这种冠冕堂皇的说法与当代政治学相去未远。文学批评已经不可避免地向文化研究转向，人们当然有理由乐观地认为文学批评又一次焕发了生命力，然而，人们也应该有所疑虑文学批评这个行业存在的真实性。但不管如何，文化研究现在已经涵盖了多门学科，成为一个难以抗拒的学术事业的联合体。在杰姆逊看来："它的崛起是出于对其他学科的不满，针对的不仅是这些学科的内容，也是这些学科的局限性。正是在这个意义上，文化研究成了后学科。"②"后学科"这种说法当然有些故弄玄虚，实际上，它也就是一门新兴的跨学科或超级学科。从事文学批评的大学研究人员多数转向文化研究这个事实正像杰姆逊所表述的那样，表达了一种"愿望"，尽管这种"愿望"与知识分子的政治意图相关，但无论如何也无法将其与文学批评这门学科在 20 世纪下半叶的发展区别开来。正是在这一意义上，我宁可将"文化研究"放置到当代文学理论和批评历经的历史变动中去理解它的学术特征和它的当代意义。

现今时兴的文化研究大体上可以划分为两大块，其一是大众文化研究；其二是新历史主义。狭义的文化研究即是指大众文化研究，而广义的文化研究可以包括新历史主义。大众文化研究的新左派色彩较浓，大都有新马克思主义的理论背景。由此也可见在这一领域，女权主义显得十分活跃。因此大众文化研究与新马克思主义和女权主义有交叉重叠的关系。由于新历史主义偏向于文学文本分析，强调历史语境中形成的审美意蕴，因而新历史主义经常被称为文化诗学。例如，新历史主义主将格林布雷（Greenbllat）就自称其研究为文化诗学。另一方面，文化唯物论与新历史主义也有相近之处，1985 年，Johathan Dolimore 与 Alan Sinfield 合编《政治的莎士比亚：文化唯物论新论》一书，该书就把美国新历史主义与英国的文化唯物论视为理论的同盟军。值得注意的是，近年来后殖民理论研究异军突起，这个领域尽管偏向于英语文学批评，但其文化色彩较浓是毋庸置疑的。其方法论显然是后结构主义的综合运用。从总体上来看，尽管这些专业的研究对象不再限于文学，但他们的研究方法实质上脱胎于文学批评。准确地说，它们的研究方法乃是新近文学理论与批评革新的结果，或者说它们本身就构成当前文学理论与批评新近最主要的成果。

就文化研究的知识构型而言，文化研究的理论来源可以直接上溯到后结构主义和当代新马克思主义。后结构主义方面包括福科的知识考古学、知识系谱学;德里达的解构主义;鲍德里亚的文化仿真理论;后弗洛伊德精神分析学,如拉康、德勒兹、伽塔里等等,这些学说共同构成文化研究的理论基础。而当代新马克思主义主要可以划分为三大块:其一是法兰克福学派;其二是葛兰西的文化霸权理论;其三是威廉斯代表的英国文化唯物论。从总体上来说,正是把后结构主义与新马克思主义调和在一起而使文化研究具有了"后－后结构主义"的特色。

就其方法论而言,可以看出后结构主义的一套理论已经走向全面综合,也就是说后结构主义那些局部的,个别的理论观念与方法,在文化研究中得到不拘一格的发挥,在广泛概括和综合的基础上展开具体的理论实践。例如,现在很难说是谁谁秉承了拉康,谁谁是福科理论的翻版,也很难说女权主义只是精神分析学与马克思主义的混合。当今女权主义显然又融合了福科与德里达。就新历史主义而言,显然与福科结下不解之缘,而且与德里达也不无关系,甚至与文化唯物论也有异曲同工之妙。这些都表明现今的理论批评在综合的基础上正在构建一种包容性更大的超越单纯派别的新理论话语。就文化研究的理论素质而言,正是在广泛讨论后结构主义那些基本命题的理论推论中,文化研究得以全面而完整地展开学术实践,因此,也可以说,后结构主义理论不仅仅构成文化研究的理论前提,也可以看成是文化研究的有机的一部分,或者说,前者也就是它的经典部分。

因此用后－后结构主义来描述理论的前移运动,就不是夸大其辞的说法。事实上,早在 1987 年,理查德・强森(Richard Johnson)发表《究竟何谓文化研究》一文,在这篇文章中,他所指称的文化研究主要是指当今的大众文化研究,与新历史主义可作为相互参照。他认为文化研究与新历史主义可以都看成是"后－后结构主义"③的运动。布兰林格(Patrick Brantlinger)1992 年在台湾大学文学院发表关于文化研究与新历史主义的演讲,题目就是《后－后结构主义或天真的想望?》。可见以后结构主义为参照来理解新近的理论批评发展趋势已是不少理论研究者关注的重点。按照特里・伊格尔顿的看法,所谓"后"的含意,并不代表原本的现象有所改变,只不过是情况加剧。④文化研究对后结构主义的超越,可以看成是把后结构主义的方法和观念推到极致,在知识综合性运用的基础上在某些方面又加以修正,由此创造了文化研究更具包容性的知识景观,对理论的发展前景做出积极的回应,并且对资本主义的历史与现状,对当代后现代社会,或全球化时代的生活现实做出直接的阐释,这些都使文化研究具有非同凡响的吸引力。

## 二 必要的前提:后结构主义与新历史主义

正如前面已经指出的那样,在我的讨论中,"文化研究"这一术语是在广义的意义上来使用的,因此我把新历史主义看成它的一个重要组成部分。新历史主义这个术语源自斯蒂芬·格林布雷(Stephen Greenblatt)。1982年,格林布雷在《文类》杂志的一期专刊前言中打出"新历史主义"的旗号,从此流行开来。尽管格林布雷更乐于用另一个术语"文化诗学"来描述方兴未艾的古典文化研究工作,但新历史主义这种说法似乎更能引起广泛的兴趣。把文化研究或新历史主义与后结构主义放在一起来讨论,并不是什么特别生硬的做法。事实上,经常被描述为对后结构主义反动的新历史主义,其实不过是后结构主义的嫡传弟子。后结构主义的信条"文本之外无他物"(德里达语),并不是说文本与社会历史是隔绝的,相反,社会历史全部汇集在文本的内在组织结构中。只不过新历史主义进一步强调那些美学问题与其他社会话语、行为和机构有复杂关系;而这种多重决定和不确定的关系反映了个人主体和集体实践的意识结构。新历史主义者都试图成为离经叛道的人,只不过这一代学者不再有五六十年代激进主义的社会革命倾向,毋宁说他们是典型的学院派学者。他们的反动不过是试图在经典文本中找出一系列非正统的解释链,由此来重建迥然不同的历史意识场。很显然,新历史主义的这种做法不过是直接来自后结构主义或解构主义。正是过去近二十年来的后结构主义理论根本动摇了那些规定着传统人文学科的意识观点、道德法则和本体论原则,以及对意义和价值的产生和发展程序的诘难,从本质或直接的表意模式到历史的、受语用限制并互相擦边的表意模式的转换,对完整性和同一性的全面质疑等等,给新历史主义提供了现成的思想和方法论武器。

80年代以来,解构主义经过耶鲁四君子的推波助澜,在美国迅速得到广泛响应。显然,美国的解构主义者把解构理论与新批评的遗产——形式主义分析相混合,保罗·德曼、J.希尔斯·米勒就是典型代表。他们努力去发掘文本中的美学要素,解构主义策略主要是用于发掘文本形式的内在组织。J.希尔斯·米勒对新历史主义的做法就十分不满,早在新历史主义初露端倪时,米勒1986年在现代语言学会上的演讲就对新历史主义提出批评:"最近几年,文学研究经历了一个突然的、几乎是全面的转向,抛弃了以语言本身为对象的理论研究,而转向历史、文化、社会、政治、机构、阶级和性别条件、社会语境、物质基础"。⑤他指的显然是新历史主义和文化唯物论。新历史主义的主将路易·蒙特鲁斯辩解道:米勒是把话语领域和社会领域对立起来,而文化研究则是强调二者的内在联系,相互依存。他认为,一方面,社会被理解为由话语关系构成的;另一方面,语言运用被理解为对话性的,是由社会物质基础决定的。蒙特鲁斯的辩解正是点出了新历史主义与解构主义和后结构主义的理论联系。他否认新历史主义与后结构主义理论(或解构理论)的纲领("文本之外无他物")有出入。他援引杰姆逊的观点"历史只有在文本形式中才可被感触"⑥。事实上,新历史主义把解构理论推广到社会历史领域,去发掘隐藏于其中的多重决定等级的建构力量。任何像米勒所说的"以评议本身为对象"的主张都已经并将永远是处于历史、文化、社会、政治、机构、阶级和性别条件之中的一个位置所产生的语言为对象的。像格林布雷所理解的那样,文学和艺术的特性是由社会历史所确定的,艺术作品与其他社会产品的区别不是文本的内在特质,而是艺术家、听众和读者所创造并不断修改的。新历史主义的提问是:作品是谁写的?谁在阅读?各自以什么动机和目的进入写作和阅读?这个过程为托尼·贝内特的"阅读构成"理论描述为"试图确定一些决定因素,它们通过作用于文本和读者的关联,以此沟通文本与语域,联结这两者并提供两者建设性相互作用的途径;语域不表现为一套独立于话语之外的关系,而是一套互文性话语关系,既为文本产生读者,也为读者产生文本……文本、读者和语域……是一套话语构成的关系中的可变因素。不同的阅读构成……产生不同的文本,不同的读者和不同的语域。"⑦从这里不难看出,新历史主义对美国解构主义的改造,不过是把对文本的形式主义分析,改变为对社会历史的分析,在这里,社会历史成为一个文本,一个超级的、充满歧义的后结构主义实验性文本。格林布雷对新历史主义的另一个说法"文化诗学"下的定义是:"研究文化活动的集体创造,并探讨这些活动之间的关系";这种研究关注的是"集体信仰和经验怎样形成,怎样从一种状况转向另一种,怎样集中于可把握的美学形式,怎样进入消费领域,以及通常被视为艺术形式的文化活动和其他相关的表现形式之间的界限是怎样划分的"。⑧新历史主义最实质的学术观念和方法论不过是德里达和福科的综合运用。

  福科对整个文化研究的影响是如此深刻和全面,以至于从某种意义上来说,福科的理论奠定了文化研究的理论基石。福科对文化研究的影响是多方面的,任何一部关于文化研究的著作或论文都在某种程度上打上福科的痕迹。这不管是关于大众文化研究的最具有挑战性的一些观点,还是关于少数族群和女权主义最激进的立场,都可以看到福科的幽灵在四处徘徊。当然,福科影响最直接而最有效的可能是对新历史主义。作为一个反历史的历史学家,福科不仅动摇了传统经典历史学的基础,而且开拓了历史学的新领域。这个领域有着根本不同的主题和分析方法。新历史主义对那些边缘文化现象的研究,在很大程度上得之于福科的影响,例如,游行、札记、仕女手册、医疗文件、宫廷习俗、教会信条、巫术及反巫术的有关材料等等,这些文化资源都是福科所热衷的课题。就方法论而言,福科从来不避讳,他书写历史就是为了消灭历史。福科提出"考古学"(archaeology)去代替历史(history)。他的知识考古学对传统历史学的那些经典主题,例如:边缘性、传统、影响、原因、类比、类型学等等进行全面质疑。这个人对反常的意识形式和社会存在方式有着奇怪的热情,并给予独特的揭示。福科赞扬创造的无序性(disordering)、解构性和匿名性(unnaming)的精神。他对意识历史中的"裂隙","非连续性"和"断裂性"有着持续的兴趣,他乐于去发掘意识历史中的多种时代之间的差异(difference),而漠视类同(similarities)。福科的研究似乎有一种主题却没有一个可概括的情节。像他在最有影响力的著作《词与物》中所做的那样,他的研究主题就是人文科学中事物的秩序在词语中的再现。如果它是关于某种事物的话,那它就是关于"再现"

本身。⑨福科试图通过否定所有历史描述与解释的传统范畴,从而找到历史意识本身的"临界点"。

作为新历史主义研究的始作俑者,格林布雷明显得益于福科的理论。其他姑且不论,他的最具影响的著作《文艺复兴的自我确立》一书,可以看成是福科的"权力"理论(例如《纪律与惩罚》)的杰出发挥。格林布雷把他的理论目标说成是一种努力来"获得对权力的一种特别形式的人的表现——那个'我'——的结果的具体理解,这种权力既体现在特定的机构中——法院、教会、殖民政府、父权家庭——也融合在意义的意识形态结构、表达法的典型方式、反复出现的叙述模式中。"⑩对于这一点,弗兰克·林特利查(Frank Lentrichia)以《福科的遗产:一种新历史主义?》为题撰文指出:格林布雷对权力的描述支持福科的权力理论,不仅保留了福科对权力的具体的机构化特点,它对可触摸性的不断强调,也保留了他陷入权力时捉摸不定,实际上是不可界定的观念之中的状况。正如福科惯常所做的那样,格林布雷描述的权力同样不是确定在一定的界限内——"而是从不知什么地方跑出来扩散到所有地方,并吸收一切社会关系以致使社会集团之间所有的争端与'冲突'都成为仅仅是政治纷争的表现,成为一场建立在一种单一力量基础之上的事先设计好的冲突剧,这种力量制造出'对立'来作为其虚假的政治效果之一。格林布雷关于那个'我'的讲述,同福科的一样,将把它失陷于专制性的叙事体作品同当今世界成为恶梦般的地方这两者之间的巧合戏剧化。"⑪

事实上,新历史主义者普遍接受福科的关于历史学的观念,他们坚持认为历史学家们不可能客观地描述过去,因为他们不可能知道它,从而在他们自己与环境之间造成距离,这些距离使得新历史主义者有理由对历史的客观性、确定性和完整性置之不顾。新历史主义者的兴趣在于引进福科的断裂与不连续性这些非正统的观念,格林布雷说道:"对客观性以及对过去和现在的统一性叙述这些遭禁忌的传统愿望被自我的关切的公开传播所代替;过去和现在之间所谓的不连续性(一个福科式原理)被描绘成一个连续的叙述,其起点和终点都是我自己。"⑫尽管新历史主义的理论探索带有很强的幻想成分,它在多大程度上是推翻了历史决定论的统治观念,还是重新肯定了以自我为中心的思想集权主义,依然值得讨论,但它确实为当代文学批评创造了一种繁荣景象。

## 三 政治上正确:新的意识形态趋势

在当代马克思主义者杰姆逊看来,文化研究这个联合体目前正集纯学术与泛政治于一体,"文化研究是一种愿望,探讨这种愿望也许最好从政治和社会角度入手,把它看做是一项促成'历史大联合'的事业,而不是理论化地将它视为某种新学科的规划图。这项事业所包含的政治无疑属于'学术'政治,即大学里的政治,此外也指广义上的智性生活或知识分子空间里的政治。"⑬他不无尖刻地指出:"在这种时候,谁要是仍然把学术政治和知识分子的政治主张仅仅看成'学术'问题,就显得不明智";作为马克思主义批评家,杰姆逊有理由对许多时兴的事物表示不满并给予激烈的批评,尽管杰姆逊的观点可能有些偏激,但文化研究确实明显具有学术政治化的倾向。只不过这种政治不再是国家意识形态式的宏伟政治,它是学院里的政治,或者说知识分子的政治。简要地说,这种政治包含知识分子的话语权力实践与知识分子信奉的一系列的政治立场和观点。关于西方学院知识分子的话语权力实践非本文力所能及,在这里,我更倾向于讨论那些流行的政治观点,是如何贯穿在当今的文化研究中,并且有力地构成了知识分子新的意识形态。

自从 19 世纪以来,知识分子就与意识形态结下不解之缘。正如丹尼尔·贝尔所说:"19 世纪的各种意识形态通过对必然性的强调以及向它的信奉者灌输热情,已经完全可以和宗教相匹敌。由于这些意识形态把必然性和社会进步看做是同一的,因此它们也就和科学的积极价值联系在一起。但更为重要的是这些意识形态本身也是和那个企图维护其社会地位的知识阶层的兴起联系在一起的。"⑭尽管 20 世纪以来,意识形态的生产和支配方式发生根本的变化,帝国主义霸权,专制政体,民族革命,文化认同等等,构成了现代以来的民族—国家意识形态的超级系统。就从第二次世界大战以来,意识形态也从未在知识分子的圈子里平息。50 年代末,麦卡锡主义声名狼藉,"意识形态的终结"一时成为知识分子的热门话题,⑮但 60 年代的激进主义运动重新又使意识形态甚嚣尘上。意识形态在不同的历史时期具有不同的意义指向和功能,如果说19世纪以来的启蒙主义信念还是在思想文化的意义上构造知识分子的意识形态,那么,在50年代的冷战时期产生的意识形态和60年代的激进主义运动则表明知识分子的意识形态与社会实践紧密相联,这种意识形态当然也是思想文化的产物,但更主要的是强有力地支配着思想文化的再生产。60年代激进主义运动随着1968年的法国"五月风暴"的结束而弱化,知识分子普遍退回书斋,寻求纯粹知识的构造,以替代激烈的社会运动。例如,像巴特这样的一度追随萨特的激进主义知识分子,开始转向语言学的文本分析实验,并且个人的美学趣味也转向了纪德式的优雅与纯净。确实,70年代以来是意识形态衰退的年代,然而,不管是"宏伟叙事"的解体,还是冷战的意识形态的终结,或是"历史的终结"⑯,都不过意味着旧有的意识形态体系陷入危机,而新的意识形态正趋于形成。

如果说80年代后期以来的"文化研究"自觉酿造学术的意识形态,那显然是夸大其辞的说法;"文化研究"表征的政治性,之所以是一种学术的"政治",在于这种"政治"乃是学术话语包含或折射的观点、立场和态度。文化研究正是在承袭和发挥后结构主义的那些知识体系时,表达了学术话语的特殊政治意向。在这一意义上,后结构主义解构中心,反抗权威,强调边缘性,强调少数族群的利益,这既是后结构主义习惯寻找的研究主题,也是它力图表达的思想意向。文化研究承接了这些主题,并且推到更加彻底的地步。这些学术话语包含的政治态度,在其运作过程中不断扩展和增殖。"政治上正确"在80年代后期以来的欧美大学校园已经是一种普遍的共识,这些"政治上正确"的命题包括:对传统资本主义价值观提出挑战、反种族歧视、环境保护运动、女权运动、强调少数族群(例如同性恋者)的权益等等。这些观念已经不仅仅是维护一些处于弱势的少数族群的权益,更重要的在于它已经变成大学的信条,在这些方面没有人敢于越雷池半步。在当今时代的西方大学院墙内,谁要是对有色人种有所非议,对妇女有所不恭,或者对环境漠不关心,以及对同性恋者不给予必要的同情理解,那么这个人会被视为在"政治上"犯下方向性的错误,至少会被看成是"政治上"的落伍者。这些原本基于新保守主义的宽容性的价值观,现在多少已经有了激进的态势。⑰

　　文化研究的政治倾向最突出反映在女权主义和反种族歧视问题上。女权主义的政治性这已经是常识性的问题,经典女性主义理论始于18世纪的自由主义女性主义(Liberal Feminism),社会性别差异论构成其理论基石。这种理论认为,男女不平等的因素不是两性之间在生理上的差异造成的,而是两性的社会性别差异的结果。很显然,女权主义深受马克思主义的影响,强调女性的社会属性或阶级属性。代表人物有法国的西蒙·波伏娃(Simmone de Beauvoir)。女权主义文学批评在六七十年代的激进主义运动中开始风靡学术界,随着解构主义的盛行,女权主义文学批评普遍把马克思主义和解构主义相结合,形成一种战斗性十足的文风。这可以在保加利亚籍的法国女权主义者克里斯蒂娃的一系列写作中看出。1970年,罗兰·巴特撰写一篇题为《陌生的外国女人》,热情洋溢地向巴黎学界推举克里斯蒂娃。在巴特看来,克里斯蒂娃的陌生话语根本瓦解了我们习惯的思想信念,这种表达方式完全置身于我们存在的空间之外,并且以无法抗拒的力量从我们的话语边缘直接切入。虽然70年代初还很难说克里斯蒂娃受到解构主义多深的影响,但致力于反索绪尔语言学的理论构想,使克里斯蒂娃的写作一开始就天然具有解构主义的倾向,同时也表明女权主义与解构主义的天然联系。这种解构主义式的女权主义在80年代风头十足,然而,传统的以及白人妇女推行的女性主义理论在晚近的文化研究中遇到强劲的挑战,当年马克思主义的经典阶级论,现在为更明确而尖锐的种族理论所取代。反种族歧视的双面刃:激烈抨击帝国主义殖民主义历史,以及反抗白人中心主义。这两个方面足以把当代女权主义和种族理论混为一谈,大有把白人女权主义驱逐出境之势。1990年6月,在美国俄亥阿克伦布(Akron,Ohio)召开的全美女性学联合会(NWSA)第13次年会,一批参加会议的有色人种女性主义者集体退离会场,以表示对联合会总部种族歧视的抗议。⑱而这些人的真实意图则是抨击联合会是一个由白人女性把持的、只为白人女性说话的团体;她们声称要建立一个真正能代表全体女性的,特别是第三世界女性的组织。并且使女权主义的政治诉求变得空前激烈。很显然,女权主义与反种族歧视立场的结合,使女权主义的政治性得到空前的加强,如果说传统的女权主义者多半还是白人妇女的话,她们的矛头所向主要是男权统治,而现在的有色人种的女权主义者,其政治批判对象则是指向帝国主义。对于她们来说,本土的男权统治并不是最可恨的,相当多的第三世界女权主义者令人惊异地为本土的男权压迫制度辩护。她们极为不满白人女权主义者认为的第三世界妇女受当地父权制的压迫比西方发达国家妇女受本国父权制的压迫程度更深的说法。第三世界女权主义者认为这是一种无知的偏见。她们反对用西方的男女平等观念来解释第三世界的妇女地位,不少第三世界女权主义学者指出在殖民主义时期之前,第三世界国家中早就存在男女平等或男女互相尊重的思潮。她们指出:"殖民主义的统治,帝国主义的经济侵略是以男尊女卑的父权制的意识形态为基础的。殖民主义的统治和帝国主义的经济侵略加剧了第三世界国家男女不平等、妇女受压迫和剥削的状况。"⑲

这些来自第三世界或者与第三世界有血缘联系的女权主义者,现在正在致力于夺取长期被白人女权主义者占据的话语权力位置。在当今种族问题上升为首要问题的时期,这些第三世界的女权主义者以反帝国主义和反殖民主义的姿态展开新的理论攻势,而白人女权主义不过是这一轮理论革命的必要牺牲品。这当然不是什么学术机构内部的争权夺利,更重要的是,女权主义理论在向后殖民理论暗递秋波的同时,向前迈进了一大步,它使当代女权主义理论焕发出新的生机,俨然走在时代潮流的前面。这一切的首倡者不是别人,正是白人女权主义者自己。现在黑人女权主义者在对白人女权主义的驳斥中,更加鲜明地阐发了第三世界的女权主义立场。过去女权主义用来对付男权统治的"姐妹情"的观点现在受到质疑,来自第三世界的女权主义者查拉·提·墨罕提(Chandra T. Mchanty)毫不留情地指出:"除了姐妹情之外,仍然存在着种族主义、殖民主义和帝国主义。"⑳对于第三世界的女权主义者来说,父权制不过是宗主国的殖民主义、帝国主义的工具,更重要的是揭露殖民主义的罪恶。

现在,西方白人女权主义者难以抹去历史阴影,帝国主义和殖民主义罪恶史使他们在"政治上正确"大打折扣。现在真理的天平显然向第三世界的女权主义者方面倾斜,受西方价值观影响的白人女权主义者被视为充满偏见的有极大局限性的理论怪物,这些人充满了西方资产阶级的低级趣味和想当然的偏见,例如,她们对非洲国家和中东国家中存在的妇女外阴和阴蒂切除术表现出特别的兴趣——埃及女作家娜瓦尔·依·萨达维(Nawal el Saadaw)指责说,她们热衷于去这些国家观看这种手术,却对跨国公司是如何剥削这些国家中的廉价劳动力漠不关心。更重要的是,白人女权主义的结论更加可疑,例如,弗兰·霍斯肯(Fran Kosken)这个号称研究非洲妇女切割术的权威,她认为父权制通过对性行为的控制来统治妇女,使她们依赖男人——这种说法受到怀疑。第三世界女权主义指出,这些西方女权主义学者在这些研究中,历来以优等文化自居,凌驾于其他国家妇女之上,实际上采用的是种族主义和新殖民主义的立场。现在这种怀疑已经上升为学术伦理的指责,美籍墨西哥女权主义学者阿尔玛·加西亚(Alma Carcia)认为西方女权主义运动对少数种族妇女要么采取讨好的态度,要么以权威自居,却很少对她们提供帮助。

很显然,"政治上正确"使有色人种的女权主义者变得理直气壮,而"种族偏见"的概念正在以另一种形式扩大化。"种族"日益成为文化交流中的障碍,令人惊异的是,现在,这种障碍横亘在白人女权主义者面前,这使她们在真理面前步履蹒跚,因为,白人女权主义的政治动机和理论的诚实性都受到怀疑,这使她们的理论的可信度大大降低。现在,更为致命的是,白人女权主义者的文化身份成为无法抹去的局限,不少第三世界女权主义者正是抓住这一要害从而对白人女权主义者研究第三世界妇女问题的"学术资格"表示怀疑。美籍华人学者周蕾(Rey Chow)指出:"西方女权主义者应该正视自身的历史局限——西方妇女运动是在物质高度丰富,强调思想自由和个人充分发展的资本主义发达时期产生和发展的。这个社会的发达是建立在剥削和压迫发展中国家的基础上的。西方女权主义者要与第三世界国家妇女对话,应该首先认识和批评自身的殖民主义和帝国主义影响,以平等的态度对待第三世界妇女运动和理论。不要把自己的想法和利益强加在第三世界妇女身上。"㉑这很有点像中国长期盛行的"血统论",出身于发达资本主义国家,享受着资本主义的高度的物质文明和精神文明,白人女权主义者的首要工作是反省帝国主义霸权和殖民历史(这与中国知识分子需要进行思想改造的论调如出一辙)。第三世界的女权主义者一直抱怨白人女权主义者存在着"优越感",似乎她们天生就不可能因此也就永远不可能理解第三世界的妇女问题。正如她们的皮肤无法变黑一样。很显然,白人女权主义在政治上的"正确性"受到怀疑,而这种怀疑根源于她的文化身份,特殊的文化决定了人们是否有可能,有资格去"正确"理解另一种文化。按照这种理论,这些来自第三世界的女权主义者,在发达资本主义国家充当第三世界妇女的代言人,她们的角色和资格同样有可能受到怀疑。她们生长并受教育于发达资本主义国家,远离本土文化,何以能理解本土的"受压迫""受剥削"的妇女呢?例如,斯皮瓦克自以为是印度受压迫妇女的代言人,但印度本土的知识分子并不以为然。同样的质疑还可以推论下去,就是在本土文化范围内,那些受过高等教育的知识分子精英,又如何能理解"受压迫""受剥削"的妇女呢?斯皮瓦克曾经以《沉默的从属阶级能够发言吗?》为题撰文,但她的发言就能够代表从属阶级吗?

当种族问题被移植到女权主义的议事日程上时,也就意味着白人女权主义者占据主导的时代已经结束。现在,在关于女权主义问题的讨论会上,有色人种的女权主义的声音已经远远盖过白人女权主义,这些还显得温文尔雅的名媛淑女,现在只有在诸如"女同性恋"、艾滋、环保或青年亚文化群等问题上有些发言权,而在妇女与殖民主义历史这一最热门的论题上,节节败退,只有洗耳恭听那些代表第三世界"从属阶级"发言的女权主义者责问和训导。事实上,这种局面乃是当今西方主流文化的反映。这些反西方父权制文化的女权主义者们,不过是把西方当今的父权制的主流话语推到另一个高度。后结构主义理论在很大程度上承继了尼采激烈抨击西方理性主义的思想传统,反逻各斯中心主义,解构历史宏伟叙事,进一步对西方的文明持各种批判态度等等,也就是说,自现代以来的西方知识传统其主流倾向就是批判西方文明自身,清理西方的知识传统构成了西方知识分子的主导批判精神——这本身又不断构成西方的知识传统。显然,后结构主义在这方面走得更远,像福科和德里达,以及利奥塔和德勒兹等人所做的工作,就是对西方现有的知识传统进行彻底的清理。这项西方知识传统内部的批判,随着后殖民理论的兴起,又具有了东方/西方的双重视野。在西方的知识危机的裂痕中,可以扯出一部庞大的殖民主义和帝国主义霸权史,原来面对自身历史的西方知识分子,现在突然发现他们要面对第三世界,面对一群曾经饱受压迫和奴役的"他者"。所幸的是,最激进的第三世界女权主义者目前还只限于批驳白人女权主义者,而更强大的后殖民理论显然还不能撼动西方知识传统的主流势力,这使作茧自缚的激进的西方理论家们还可以高枕无忧,目前只有白人女权主义者自食恶果。

## 四 后殖民理论:文化霸权与文化身份

后殖民理论与帝国主义论述密切相联,最早的关于帝国主义论述的经典理论当推霍布森(J. A. Hobson)1902年出版的《帝国主义》一书。当然,马克思主义经典作家对帝国主义问题做出过最为精辟的分析,1916年,列宁的《帝国主义,资本主义的最高阶段》无疑是对帝国主义阐释最为透彻的经典著作。这些早期的经典著作在一定程度上构成了现今时兴的后殖民理论的思想前提,后殖民理论家大多数人信奉过或研究过马克思主义理论。但后殖民理论更主要的是后结构主义理论的后裔,通过运用和发挥后结构主义理论,或者说通过把后结构主义理论推广到殖民主义历史研究领域,后殖民理论开拓了一片令人兴奋的研究领域。

对殖民主义的批判不过是批判帝国主义理论的必然延续,只不过帝国主义这一概念更偏重于政治学与经济学,而殖民主义批判偏向于文化理论。早在50年代,弗朗兹·范农(Frantz Fanon)写下《黑皮肤,白面具》,可以说是批判殖民主义文化的早期经典之作。范农从精神分析学的角度,重新审视殖民主义者对殖民地的文化态度和表意策略,反省殖民主义者是如何在文化上构造殖民地,从而更好地把握和控制殖民地。关于殖民者与殖民地之间的文化互动,特别是殖民者对殖民地人民的文化渗透这一主题的研究,可以看成是后殖民理论的基础工作,这位出生在法属安第利斯群岛的马丁尼克岛的精神病医生,终其短暂的一生都是为殖民地人民的解放斗争奋斗,他甚至公开为武装暴力辩护。对于他来说,没有什么事实比广大黑人遭受白人统治、文化侵略和种族歧视却哑口无言的心理创伤更令他震惊。范农揭示出殖民主义是一种藏在种族和文化优越性的花言巧语面具下、为资本主义经济利益服务的渗透性压迫结构。很显然,范农的理论在强调种族差异性,它坚决反对白人种族优越性这种观念,他把黑人试图学习白人,试图成为白种人的文化想像看成严重的精神妄想症。由于被盖上黑人的印记,同时徒劳地力求使自己成为白人,黑人就形成了一种过度敏感的心理失常,"过分受到外来的限制",从而,他作为一个人的基本特性被异化。范农对殖民地文化与白种人文化的同化持悲观态度,同化的结果不过是使黑人更深地陷入想要"得到白人另眼相看"的妄想狂的精神分裂怪圈。这种精神分裂症尤为明显地发生在城市上流社会的土著知识分子身上,这当然不仅仅是因为城市知识分子所接受的教育和文化,同时是由于物质利益与殖民地经济持续密切关联。例如,乡村农民较少受到这种妄想狂患者心理的影响。范农后来在他的研究著作中进一步指出,乡村农民的传统习俗以及对被白人移民所占有的土地毫不含糊的需要,为反抗种族主义提供了基础。在范农的反殖民主义理论表述背后,是他持续不断的革命要求,这种革命要求的矛头当然对准殖民主义和帝国主义,但是,在多大程度上与西方启蒙时代以来的文化相对立又值得推敲:"我突然在这个世界上发现我自己,并且认识到,我惟有一种权利:那就是向他人要求合乎人道的行为……我惟有一种义务:那就是不由于我自己的选择而放弃我的自由。"范农受过系统的西方教育,他关于种族革命,关于人权的各种观念,在很大程度上也是来自他所接受的西方理论。关于殖民地人民的解放斗争,关于现代民族—国家的种种观念,这些都与西方现代以来的"现代性"文化结下不解之缘。"现代性"本身就是一种分裂的文化,一方面,他把世界历史的进程进行总体的规划,把人类纳入到理性的范畴和科学的范畴;另一方面,整个"现代性"的设计和展开又是由帝国主义和殖民主义的历史实践来推行,这种"现代性"规划进入第三世界必然会产生严重的分裂。现代性的宗主国试图在殖民地的第三世界国家培育的那些观念,正好用于推翻西方列强进行的历史实践。在这一意义上,以范农为代表的殖民地知识分子同样处在这种分裂之中,他们正是用"现代性"的观念,去颠覆殖民主义宗主国的历史实践。

后殖民理论到 70 年代发展到一个新的阶段。其标志就是 1978 年赛义德出版《东方主义》。自此以后,赛义德迅速成为美国知识界的超级明星,这位形式主义批评家同时是巴勒斯坦解放运动的积极支持者,他的文章不断出现在《文化评论》、《社会文本》、《批评探索》、《Boundary 2》和《拉里顿河》这些激进的批评刊物上,他的立场完美地体现了流亡文人和激进批评家的双重色彩,他甚至声称:"我的目标就是建立巴勒斯坦国,然后对它进行攻击"。不管赛义德多么巧妙地放出烟幕弹,力图保持他的理论平衡,但他的理论致力于反对西方(白人)帝国主义文化霸权却是不争的事实,而解构西方学术制度,瓦解那些既定的真理,这正是他的一系列著作和论文的中心思想。

赛义德的"东方主义"主要通过对"东方学"这一学科的形成、建制、思想方法和功能的研究,揭示出殖民时代以来,西方形成的一整套关于东方的知识话语和文化心理。"东方主义"自从发表以来就成为学术界讨论的热门问题,但"东方主义"的确切含义却并不是那么容易分辨。以至于赛义德自己要在1986年再写一篇《东方论再思》澄清一些理论上的误解,即便如此,"东方主义"依然有不少疑点和难点。"东方主义"——Orientalism的字典含义是指"东方的特征、风格和风俗",按《牛津英文词典》的解释,"东方主义"一词首次在1769年被霍德斯沃特(Holdswort)评论荷马史诗时使用。Orientalism此后成为研究东方各国的社会历史、语言文学以及生活风习和文化特性的学科总称。显然,"Orientalism"的含义并不仅仅限于"东方学"或"东方论",就《东方主义》一书来说,"东方主义"至少包含以下三方面的含义:其一,作为研究东方语言、文学和文化的特殊学科总称的"东方主义",其含义可以用"东方学"来表述;其二,指一种特殊的本体论的和认识论的思维方式,这种思维方式以东方与西方的二元对立为基础,例如,在殖民主义时期,不少的西方作家、哲学家、政治学家、经济学家和行政官员等,都不同程度接受了东方与西方的基本区别的观念,这些观念成为关于东方的风格、习俗、思想方法和历史命运的创作和研究的理论起点;其三,东方主义是一种西方统治和支配东方的特殊文体。如果从话语表达方式来检验东方主义,就可能发现,自启蒙运动以来,欧洲文化有系统地从政治上、社会上、军事上、意识形态上、科学上和想像力上来掌握和生产东方主义。也就是说东方主义作为一种知识霸权,以一种固定的文体表达方式促使所有关于东方的著作、思想和行动受到其限制。总而言之,西方所谈论和理解的"东方"不过是其想像的产物,伴随着西方对东方的武力征服,西方同时在文化上对"东方"进行重塑。

不难看出,赛义德是在巧妙运用福科的知识权力理论与德里达的解构策略,对东方学进行内在的梳理。就东方学作为一门知识学科的创立与殖民主义历史密切相关,甚至可以说是一项合谋的产物,这在赛义德看来是显而易见的事实。东方学也必然不可避免地表现了对"东方"的曲解和奇异化——这些都是事实。但赛义德在揭露东方学的政治无意识的同时,显然也夸大了这一知识的创造与殖民主义实践的共生关系。在这里面隐含着这么一个问题:就任何知识的构造生成来说,都与当时的历史情势相关,这在哲学上是一个普遍性的问题,例如福科对资产阶级兴起时的关于"疯狂"、关于"性禁忌"等等话语的分析,都表明了一种知识的生成本来就与权力实践相关。赛义德不过把这一普遍性的问题加以特殊的处理,并且将其置放在东方/西方的二元对立背景,置放到帝国主义/第三世界、殖民主义/殖民地的关系中来分析。在这样一个特殊化的处理中,赛义德有效凸现了"东方主义"这门学科创建和发展的"目的论"背景。也就是说"东方主义"这门学科全然是为帝国主义侵略压迫东方(第三世界)创建的。尽管赛义德自己一再宣称他反对东方/西方二元对立的思维方式,反对伊斯兰极端的民族主义。但就其对西方知识传统对"东方学"的尖锐而彻底的抨击这一立场而言,很难说他是站在中立的地位。赛义德在批评某些阿拉伯民族主义者时指出,将有关东方论的争论看做是帝国主义的伎俩,旨在维护美国对阿拉伯世界的控制。阿拉伯激进主义者也根本不买"东方论"批评者的帐,在他们看来,东方主义的批评者其实根本就不是反帝国主义的,而是帝国主义的秘密特工。[22] 在阿拉伯民族主义者看来,抨击帝国主义的最佳方式,要么就顽强坚持东方主义的立场,要么就保持沉默。赛义德也不得不承认,理论话语到了这个地步,"已经离开了现实世界,进入无逻辑且狂乱的境地"。

但是,赛义德在抨击那些"东方论"者的时候,他的逻辑也从来坚韧无比,没有回旋的余地。那些试图驳斥赛义德的"东方论者",被赛义德无情地批驳为"延伸其19世纪的论调,涵盖20世纪末整个多到不成比例的可能发生事物;它们全都源自于一个(就19世纪的心态而言)荒谬的情况:即一个东方人胆敢回应东方论述的铁定论断"㉓。在赛义德看来,这些东方主义顽固的辩护者,完全没有一点自我反省的精神,就他们没头没脑的反智识心态而言——按照赛义德的说法,本纳德·路易斯(Bernard Lewis)当是最典型的的新一代"东方论者"。路易斯曾在他的著作中回应赛义德的观点说,被赛义德定义为"东方论"的那种知识体系,其实不过是西方一贯坚持的对其他社会的了解,是全然由求知欲所启发的,而且相较之下,回教徒既无能力也没有兴趣去获取关于欧洲的知识。赛义德则认为,路易斯的观点表现得好像是仅从学者超脱政治的公正无私立场所发出的,然而他同时又成为反伊斯兰、反阿拉伯、锡安主义(Zionist)与冷战等狂热运动所引据的权威;所有这些运动都以高尚优雅的外表加以粉饰的狂热心态,与路易斯意图维护的"科学"或知识少有共通之处。

在赛义德看来,年轻一代的东方论学者同样在充当意识形态的传播者。丹尼尔·派普斯(Daniel Pipes)的著作《在神的道路上:伊斯兰与政治权力》(In the Path of God: Islam and Political Power;1983),受到赛义德的猛烈抨击。赛义德坚持认为,派普斯的著作所表达的观点,完全不是为了知识,而是为一个具侵略性且好干涉他人的国家——美国——来服务的;其利益由他来帮忙界定。派普斯刻意描述回教徒的杂乱无章、它的自卑情结、它的自我防卫心态等等。派普斯著作同样验证了东方论述惯常的片面立场和蛮横态度,缺乏逻辑和论证。赛义德毫不客气地指责:对派普斯而言,伊斯兰是个变化多端且危险的事务,一个介入和干扰西方的政治运动,在其他各地挑起暴乱和狂热的异类。"派普斯著作的核心部分不仅是其本身与里根治下的美国有政治牵连的高度权宜性质,且在此恐怖主义与共产主义不知不觉地融入媒体塑造的回教枪手、狂热信徒与暴乱分子的形象中,而且还有这样的主题:回教徒自己就是他们本身历史最大的乱源。"㉔虽然赛义德的反驳不无道理,但也不难看出,赛义德旨在坚定维护伊斯兰的立场时传达出这样的意思:西方人,或帝国主义的后裔们,无权谈论伊斯兰,更没有资格对伊斯兰的事务指手划脚,西方人被注定了是带有偏见的,因而他们的任何理解都是对伊斯兰的政治文化的有意歪曲和贬抑。跨文化之间不可避免的误读,无一例外都被赛义德置放到东方/西方等级对立之中,赛义德在解构这个等级的同时,其实也在强调乃至强化这个等级对立。

赛义德同样猛烈抨击了西方启蒙时代以来的历史观和世界史的写作。在他看来,由维柯、黑格尔、马克思、兰克等人创立的唯历史观意味着:整合全人类的惟一人类历史要不是以欧洲,或西方的有利位置为发展基点,就是由此来观察。没有被欧洲观察到,或是没能被它记录到的就此"失落",直到此后某个时日,它才能够被人类学、政治经济学,以及语言学等新学科吸纳进去。西方世界史的写作,除了有能力处理欧洲之他者的非共时性经验之外,还伴随着一种相当一致的态度:回避欧洲帝国主义与这些分别建构、分别形成和发声的知识之间的关联。赛义德表示,要在最深入基础的层次上,对唯历史观的发展与帝国主义的实际作为之间的挂钩做认识论方式的批判。赛义德的批判表明,世界史虽然在意识形态上是反帝国主义的,在其方法论的前提和做法上,鲜少或没有注意到像东方论述或人种研究这些与帝国主义有牵连的文化活动,而它们在系谱传承来看还是世界史本身的始祖。世界史的各理论,例如,关于"全球规模累积",或是"资本主义世界国家",或是"集权主义系谱",都是倚赖(1)同样立场错误的认知角色与抱唯历史观的观察者,他们在三代之前还是个东方论学者或殖民地的旅客;(2)他们也依赖一个具均质化和吸纳性质的世界史观框架,将非共时性的发展、历史、文化和人民同化于其中;(3)他们阻碍并压抑对其体制、文化、学科工具之潜在的认识论批判,这些工具将世界史兼容并包的做法,一方面联结到像东方论述这样的局部知识,另一方面和"西方"对于非欧洲、边缘世界持续不坠的霸权挂钩。㉕

后殖民理论对西方文化批判的策略就是把它置放在一个知识霸权的位置,这个位置的背景就是西方的帝国主义(殖民主义)历史。这样,西方的任何与东方或第三世界发生关联的知识体系,都被注定了是殖民主义论述,被注定了是对东方第三世界文化的歪曲与压迫。在另一位后殖民理论主将印度裔学者斯皮瓦克(Gayatri C. Spivak)的论述中,西方文化在与东方发生关联的部分,充塞着帝国主义文化霸权与蛮横谬误的逻辑。1988年,在美国伊利诺斯州(Illinois)召开的"马克思主义与文化解释"为主题的学术会议,斯皮瓦克提交了一篇题为《从属阶级能发言吗?》(Can the Subaltern Speak?)的论文,该论文分析了殖民主义时期,英国殖民者关于印度寡妇自焚的论述。印度寡妇爬上死去丈夫的祭台上,然后自我焚毁,这就是寡妇牺牲。斯皮瓦克分析说,梵文对寡妇的传统译文为 Sati,早期的英国殖民主义者将其译为 Suttee。斯皮瓦克认为,这种翻译本身就包含着殖民主义的观念在里面。在印度传统文化里,Sati 的意思就是"好妻子",而 Suttee 则是简单指自焚的寡妇。关于 Suttee 的殖民主义叙事,把印度妇女的自焚描述为一种罪恶,并且与谋杀、杀婴同归为一类。殖民主义者废除这项习俗,这样殖民主义者则充当了拯救者——"白人将棕色女人自棕色男人手中拯救出来"。斯皮瓦克在批判殖民主义者时,稍为玩弄了一下语词游戏,她认为,印度寡妇自焚可以表述为是一种迷信,而不是殖民主义者所认为的"罪恶"。作为一种迷信,这项习俗植根于印度传统文化。

早在皮瑞尼(Puranic)时代初期(约公元前 400 年)起,婆罗门人就已经就 Sati 在圣地上的认可自杀是否具教条合宜性引起争论,自杀行为当然毋庸置疑,争论的焦点在于这种行为的种姓起源。婆罗门人从未怀疑过寡妇必须遵循独身禁欲的法律,根据圣规的一般法令,寡妇必须回归到停滞的前身。这种法律安排不对称的主体地位有效地将女人定义为一位丈夫的客体;按照斯皮瓦克的观点"它是为男性的合法、对称主体地位的利益而运作"[26]。在印度古代的一些描写 Sati 的天赐奖赏的诗句,强调她在许多女性的竞争下,独自成为一特殊占有者的客体。这些诗句对女人在自毁仪式中的自由意志的深刻反讽也耐人寻味:"只要女人(身为人妻)不自焚殉夫,她将永不能超脱她的女性身体"。它的另一面的意义在于:只要寡妇此刻在丈夫的祭台前自毁,就可以杀死在生死轮回中的女性身体。这种自由意志的强调也设定了拥有女性身体的不幸。斯皮瓦克从她女权主义的立场去建立女性意识的反叙事,也就是女性存在、女性从善、成为好女人的欲望、女人的欲望等的反叙事。斯皮瓦克无疑也批驳了印度本土主义者的论点,在这些本土精英主义者看来:"事实上,女人愿意死"。女人的自由意识在很大程度上受到男权主义的控制。斯皮瓦克一方面批判了本土主义者对女性主体的性别建构,但她在批判帝国主义的时候,显然掩盖了本土男权文化对女性的压制性的建构。斯皮瓦克说，Sati 超越带有性别特殊性的男性观念，而晋升为泛指人类以及灵魂的普遍性。在圣典中，Sati 是本质、宇宙灵魂。作为一个前置词，它还是合适、快乐的意思。这种文化神秘的美学意义在斯皮瓦克批驳帝国主义殖民文化时，被过度夸大了。她把"自焚"解释为"迷信"，而这种"迷信"是男权历史建构的结果，而不是像帝国主义所认为的是一项"罪恶"。在斯皮瓦克看来，这非自杀的自杀可以读成真理－知识和地点虔敬的拟像，"对于男性主体而言，自杀的快乐废除了它的地位。对于女性主体而言，认可的自毁带来了对其选择行为的赞美。靠着性别主体的意识形态生产，这种死可以被女性主体了解为自己欲望的例外意符，超越寡妇行为的一般规条。"㉗

　　斯皮瓦克的结论是：本土主义或反种族中心主义对 Sati 神话的解释表现出男性种姓权力的意味，而古典印度教中的女性主义也受到本土主义的污染，斯皮瓦克的结论是："从属阶级不能发言。"尽管斯皮瓦克再三声称她"不是在倡导扼杀寡妇"，但她对帝国主义拯救寡妇自焚这一"社会使命"的尖锐揭露，明显掩盖了她对本土国族主义的批判。她的揭露是积极的，激进的，但她对待第三世界文化的态度却是消极的。既然帝国主义不能真正理解第三世界文化，帝国主义世界做出的"社会使命"，都是对第三世界人民的误解，那么只有一种方式是对第三世界文化的尊重，那就是"存在的就是合理的"。只有保持从属阶级的历史状况，尊重历史业已形成的传统"迷信"，这才是对第三世界文化的尊重。事实上，在斯皮瓦克的后殖民论述中，她的主攻方向是帝国主义，资本主义对第三世界的任何文化输入都被视为是帝国主义文化霸权压迫行径。问题的实质在于，斯皮瓦克拒不承认西方近代以来的"现代性"确立的文化价值，资本主义世界体系试图向全球推广自由、平等、民主等文化价值，这些都被斯皮瓦克看成是对第三世界文化的文化渗透，其目的不过是更有效地控制第三世界人民。事实上，口口声声反对本土主义的斯皮瓦克，离本土至上主义并不遥远，显然，她一直把第三世界的文化身份与帝国主义文化霸权相对立。斯皮瓦克把印度接受的西方价值观念和民主制度，统统斥之为"帝国主义遗产"，帝国主义遗产对印度本土文化构成破坏。她认为印度的穆斯林和基督教不是印度本土的,因为它们不是起源于印度,印度的社会主义者和马克思主义者不是真正的印度人,因为社会主义和马克思主义都起源于欧洲,印度不应该是一个世俗主义的国家,因为世俗主义是西方的社会结构。斯皮瓦克以及印度还有一些有影响的社会科学家说,议会民主制度不适合印度,印度应该发明本土化的社会科学和本土化的政治形式。总之,民主、社会主义和宪法,在斯皮瓦克看来,都不过是"帝国主义的遗产"。[28]

后殖民理论当然十分复杂,但在它的几位杰出代表人物那里,可以看出它明显是后结构主义或解构主义的混合产物。后殖民理论率先在英语系和比较文学系流行,70年代以来的英语文学教授中前卫分子普遍受解构主义的影响,福科的话语权力理论和知识考古学,早就对西方资产阶级的价值观念起源和知识霸权的形成,进行了透彻的解剖,而德里达的解构主义核心任务就是拆解西方形而上学的基础。尽管近年来人们对解构主义的兴趣有所减退,但这并不意味着解构主义就走向穷途末路。人们乐于把新历史主义的兴起以及后殖民理论的走红理解成是对解构主义的替代,事实上,这不过是人们在理论综合的水平上更加广泛地运用解构主义而已。解构主义已经深入到当代文学批评的骨髓中去,很难设想当代英语世界的文学批评可以与解构理论划清界限。新历史主义和后殖民理论显然是福科和德里达的调和。这在赛义德、斯皮瓦克、霍米·巴巴等后殖民理论表述中可以很清楚看到这二者之间的内在联系。赛义德的代表作《东方主义》和《文化帝国主义》很明显是在运用解构主义方法。至于斯皮瓦克这个印度裔美国学者,她的成功起点建立在翻译介绍德里达的《论文字学》等作品的基础上,把解构主义与女权主义混为一体,使斯皮瓦克的表述含混不清又锐利无比。至于近年走红的霍米·巴巴,更是不折不扣的解构主义者。在他早些年(1983年)发表于《屏幕》(Screen)上的文章《他者的问题》,开篇就引述德里达在《结构、符号与游戏》中的观点作为题辞,他从对"固定性"(fixity)的追问展开论述,对现有的知识和话语权力构造的殖民主体进行解构,这些无疑是解构主义的具体实践[29]。他最近的名噪一时的著作《文化的位置》(The Location of Culture),可以看出解构方法更加娴熟运用的情形。总之,福科的理论无疑构成了后殖民理论的强大基础,而解构主义则提供了锐利的方法,这使后殖民理论家在分析帝国主义文学文本和历史文献时游刃有余。从这里也可以看出后殖民理论如何把帝国主义的知识巧妙挪用到和编织进反帝国主义的文化实践。如果再进一步考虑,这种文化实践主要在发达资本主义国家的大学校园里兴盛,这又使人们不得不意识到后殖民理论终究难逃帝国主义"文化遗产"的窠臼。

## 五 大众文化:新的压迫与解放

大众文化或传媒研究就其专业方法构成而言,是社会学、文学理论与艺术批评三者结合的产物。显然,新近的文学理论方法是其主导方面。这个貌似社会学的研究领域,其实质则是新理论的前沿地带。庞大而源远流长的法兰克福学派、福科、拉康、威廉斯、德里达、鲍德里亚等人的学说则构成这个领域的理论基础。

就其审美认识论的理论渊源而言,法兰克福学派的学说构成了当代大众文化研究最主要的理论基础。本雅明对机械复制时代的文明的阐释,霍克海默、阿多诺对资本主义扩张时期的"文化工业"的批判,都成为大众文化研究方面的经典文本。就对发达资本主义时代的文化生产批判的理论前提来说,实际是承袭了马克思主义经典作家对资本主义原始积累时期文化生产批判的理论立场。马克思认为:"资本主义生产就同某些精神生产部门如艺术和诗歌相敌对。"㉚在法兰克福学派大多数成员看来,例如在霍克海默和阿多诺看来,由资本主义大企业控制的文化工业,正在把个人塑造成集体类同的一分子。在那篇著名的攻击大众文化的论文《文化工业:欺瞒群众的启蒙精神》中,霍克海默和阿多诺写道:"在文化工业中,个性之所以成为虚幻的,不仅是由于文化工业生产方式的标准化,个人只有当自己与普遍的社会完全一致时,他才能容忍个性处于虚幻的这种处境。"㉛信奉艺术的乌托邦或"艺术是幸福的承诺"这种理想,使得霍克海默和阿多诺坚持一种具有内在超越性的艺术观念,阿多诺写道:"根据内在批评,一部成功的作品决不是一种在假和谐中解决客观矛盾的作品,而是表达了真正和谐观念的作品,这是通过将纯粹的不妥协的矛盾不定性地体现在作品的最内在的结构中完成的。"㉜持这种观点,霍克海默和阿多诺理所当然对普及性的大众文化持激烈批判态度。当然，法兰克福学派在第二次世界大战战乱期间，从欧洲来到美国，他们对独裁制度有着天然的警惕与批判，在他们看来，美国社会的意识形态生产，也正面临着资本主义意识形态机器的全面控制，文化独裁主义正在侵蚀这个号称多元民主的国家。因此，不难理解，对资本主义文化控制的批判，构成法兰克福学派几代学者的思想倾向。

在相当长的一段时期内，法兰克福学派的批判理论成为大众文化研究的理论出发点，学院知识分子普遍对资本主义文化生产展开猛烈抨击。就从知识分子的普遍立场来说，这并没有什么奇怪的。批判资本主义现实这本来就是现代以来的知识分子的基本态度，很难设想西方的学院知识分子能够理直气壮地为现实辩护。从理论上讲这是常识性的问题，既然现实已经很好，那还有什么必要为之辩护呢？

法兰克福学派出于意识形态批判立场，把批判指向定位于资本主义文化生产对大众意识的控制方面，大众被看成被动的客体，忽略了大众对文化的积极反应。由于英国文化研究的崛起，文化批判理论开始关注大众文化生产中隐含的能动力量。威廉斯和霍尔无疑是英国文化研究的首要代表人物，他们都来自普通劳动阶级家庭，都有过做成人教育教师的经历，这使他们注重民间社会对媒体的积极反应。他们不只是固守知识分子立场，抨击资本主义文化控制，而是同时站在民间社会的立场，去发现民众的参与对话时所具有的能动解码实践。他们的观点，影响了年轻一代的文化研究者进一步去发掘在现代媒体霸权结构中，文化接受主体的内在多重结构，以及能动实践的可能性。威廉斯"文化唯物论"(Cultural Materialism)的观点，不是把文化单纯看成是现实反映的观念形态的东西，而是看成构成和改变现实的主要方式，在构造物质世界的过程中起着能动的作用。因此，威廉斯认为，文化是一个"完整的过程"，是对某一特定生活方式的描述。他指出："文化的意义和价值不仅在艺术和知识过程中得到表述，同样也体现在机构和日常行为中。从这一定义出发，文化分析也就是对某一特定生活方式、某一特定文化或隐或显的意义和价值的澄清。"㉝威廉斯推动英国的文化研究进入到日常生活领域，进入到生产机制和社会机制的内部实践。在六七十年代，威廉斯是少数为媒体辩护的知识分子,这主要基于他的平民主义立场,以及他坚持认为工人阶级依然保持的革命性意识相关。他根据以往的历史经验,把人类对媒体的使用归结为四种类型:其一,父权主义,即国家以民族利益为借口操纵媒体;其二,权威主义,即媒体被用做社会控制的工具;其三,商业主义,即媒体以积累财富为主要目标;其四,民主模式,其中人民介入和双向对话成为最重要的特征。威廉斯指出,如果现代社会以第四种方式来使用媒体,那么,一个有创造性的、民主的、富有活力的社会主义"共同文化"将会产生。事实表明,威廉斯对媒体的期望过于理想化,不管是在资本主义国家还是社会主义国家,"共同文化"都没有如期实现。但威廉斯的设想使人们开始去思考媒体可能提供一个新的交流空间。

六七十年代,法国的结构主义和后结构主义理论对英国的文化研究有显著的影响。英国伯明翰当代文化研究中心(CCCS)就是在广泛吸取结构主义和后结构主义理论,把文化研究推向当代媒体和大众日常生活领域。斯图亚特·霍尔把阿尔都塞的意识形态理论和葛兰西的霸权理论相结合并加以进一步的发挥,他关注到意识形态编码与大众的解码策略的相互作用,揭示出当代媒体意识形态生产的复杂实践。霍尔认为,大众媒体形成当代资本主义主要的意识形态体系,这一体系可以被发挥为提供系统程序的交往系统,通过这一系统,主导知觉的生产也就被制造出来了。更进一步地说,占主导地位的话语利用受其支配范围的社会解释聚集而形成表现现实的符号,被公众接受的符号因此显示为自然的系统而自觉发挥着意识形态功能。意识形态把个人与社会联系在一起,也就保证了阶级社会的再生产。霍尔分析了撒切尔时代国家意识形态进入民间社会,并获得民间社会的赞同,通过把国家意识形态转化为民间社会的想像关系,撒切尔政府有效地支配了整个社会的意识形态生产。霍尔说,撒切尔的天才之处在于,她能够把多样性的、在文化上具有复杂化的认同压缩进强有力的霸权结构。霍尔的文化分析显然是把后结构主义的诸多理论糅合进阿尔都塞的意识形态理论,他强调国家意识形态的偶然环节和不断转变的连接关系,这使他更清晰地揭示了政治、经济斗争中的意识形态策略的传播和接受的具体过程。㉞

作为新一代的左派理论家,霍尔的理论融会结构主义以来的各种学说,他对媒体的研究乃是在他持续不断与后结构主义各种理论对话中展开的,批判、质疑,从而丰富了自己,这使霍尔的新马克思主义具有强大的包容性。费斯克(Jone Fisk)在论及霍尔的思想时指出,虽然霍尔怀疑后现代主义,但在那些坚持马克思主义批判理论传统的人里面,霍尔是最接近后现代状况的人㉟。他对封闭系统的开放性处理适应了后现代的流动性变易特征。如果不过于固执后现代的非决定性观点,霍尔强调结构始终在自行运作。他关于关联(articulation)的理论明显是与德里达拒绝意义的任何固定性(fixity)观点相共鸣。他坚持认为意义是被制造的,是被放置和以特定的方式使用的。霍尔否认现实具有实在本质,他坚持认为现实的表象系统与现实没有区别。在这一点上,霍尔与后现代主义如出一辙,所谓的现实本质,不过就是后现代主义所描述的那些范畴和等级而已。由此也就不难理解,霍尔的观点与另一个法国后现代理论家鲍得里亚(Baudrillard)有相通之处。他关于现实表象化(representations)的看法,类似于鲍得里亚的现实"仿真化"(simulation)的观念。当然,霍尔的理论目标在于他的左派立场,对资本主义媒体霸权的"解政治化"(depoliticization)。

　　威廉斯和霍尔的文化研究深刻地影响了美国的大众文化研究和媒体研究㊱,特别是他们关注民间社会对国家意识形态的反应方式,引起新一代的大众文化研究者把注意力投向观众主体。费斯克(John Fisk)是 80 年代以来对媒体研究最有影响的人物,他接受了霍尔的编码/解码(encoding/decoding)理论,关注大众群体社会对资本主义媒体霸权的解码能动性。费斯克所有的理论都贯穿着一个宗旨,那就是他始终把具有资本主义特征的文化生产的主导形式,与消费者积极的再创造意义相区别。在这一点,他与法兰克福学派的理论明显不同,在法兰克福学派看来,资本主义文化生产意味着,消费者愈来愈接近产品,但费斯克认为文化消费者完全有可能发挥他的主动性的解码功能,促使文化产品转化为他所愿意接受的形态。他在 1989 年出版的《理解大众文化》一书中公开宣称,"大众文化不是文化工业生产的,而是人民创造的"㊲。费斯克甚至选取比较极端的例子,如麦当娜这种极有争议的文化明星,他认为麦当娜在传媒的不断谈论中,她的文化意义已经历经了多个级别的转换,从电影、电视、书籍和图片等第一级别的文化形象,到各种影视节目、报刊和种种评论,麦当娜的形象已经被大大拓展,费斯克特别提醒人们应注意到麦当娜的形象成为民众日常生活的一部分这一事实。他认为麦当娜的形象是对传统男权社会关于处女的典型形象的颠覆,在意识形态的意义上瓦解了经典的妇女象征体系。麦当娜是一个开放性的写作着的文本,它表明它并不仅仅是一个大众化的符码,文化工业对这个文化形象的推广,事实上是使民众再造了它的意义,促使它从男权定义的文化象征秩序中解脱出来。费斯克的分析试图表明,大众文化可以制造积极的快乐——反抗文化集权的抵制的快乐。

费斯克把他的理论描述为"关于愉快的社会主义理论"。在他看来,愉快的形式来自对权力集团控制的严密的技术主义体系的反抗,公众对大众文化文本的阅读包含了双重愉快,其一是包含在反对权力集团的象征生产中;其次是包含在自我行为的实际生产过程中。费斯克认为现代官僚制度为少数权力集团所控制,民众通过创造性地运用大众文化,可以打破"议会民主"与民众的日常生活的差距,参与到当代政治中去。大众文化产品在其展开中就可以表达民众对权力集团的批评。少数权力集团认定的客观真理,正在被大众文化实践所瓦解。作者不再是作为上帝的声音表达真理,在大众文化生产实践中,观众作为积极的创造者,日益创造这个时代新的感觉方式。大众文化实践使普通民众抵制权力集团的文化专制,有能力参与到现代象征性的(或者说符号化的)民主体系中去。

费斯克甚至对大众读物和流行小报也给予积极的评价。在他看来,高品位的出版物为占统治地位的权力集团所支配,它们创造这个时代的信仰主体,而流行小报则怂恿芸芸众生发现各种批评的形式并制造怀疑主义式的快乐。费斯克说:"给予不信任的怀疑主义式的欢笑,从而表达他们不在其中的愉快。看穿了权势者们的大众愉快,指明了这就是从属阶级长期不能发展为主体的历史性结果。"⑧费斯克重新理解并为大众文化全力辩护的观点,无疑打开了关于大众文化研究的视野,引起了强烈的反响,当然也包括激烈的批评。例如英国的尼克·史蒂文生(Nick Stevenson)就对费斯克的观点提出多方质疑。史蒂文生认为,费斯克并没有对文化接受的象征形式的制度化结构给予足够的关注;他的观点排除了意识形态理论的可能性;他关于大众出版的观点没有包含实际内容的具体调查(实际的情形可能是大众读物充当了文化霸权集团的同谋);而且他对公共领域的分裂的政治重要性缺乏批评性的概念;史蒂文生认为费斯克一直在把他对大众文化的理解与公众的阅读混为一谈。�39尽管费斯克招致不少批评,但不管如何,他关于大众能动性抵制权力控制和文化集权的看法,在大众文化弥漫着激烈抨击和消极悲观的双重态度的文本空间,注入了新的活力。作为一次对后现代时代的文化主体的重塑,他的观点即使不是对现存事实的发现,至少也可以看成是对一种可能性的期望。

马歇尔·麦克卢汉(Marchal Mclluhan)是最早提出"地球村"概念的社会学家之一。㊵在60年代,麦克卢汉的开拓性研究在媒介就影响卓著。从总体上来说,马氏早期的观点对消费社会还是持批判态度,他认为当代文化仅仅提供了莫衷一是的幻想形式,同时提供制造大众群体,缩减高雅文学的社会基础。可以看出麦氏前期的观点与早期的法兰克福学派一脉相承,但另一方面也与威廉斯的观点也有不少的相异之处。值得注意的是,麦氏后来的大量写作却与早期观点大相径庭,他再也不把文化内涵作为他的首要观点,而是把重点放在文化传播的技术性意义上。麦氏理解媒体(media)最重要的特征不在于它的文化内涵,而是把它看做社会交往的技术媒介(medium),麦氏说媒介就是讯息(message)。按照他的观点,去关注日报中的文章的意识形态或符号结构,就肯定把握不住其中的要点。而那些现代化的技术手段,有效地转化和形成了新的时空关系(例如,电灯照明、交通、通讯等等),重新结构公共生活和私人生活,重新建构社会关系和感觉方式。他的现代技术论不再是一种批判性的异化理论,技术已经被他看做是人类躯体和神经的有机扩展(例如,他把车轮看成是人类双足的延伸,服装则是皮肤的扩展)。麦氏把传统的人类交往形式向现代技术手段的转型看成是现代性的根本内容。不少对媒介技术化持批评态度的学者,都把电子媒介看成是对传统文化时空的消灭。但麦氏坚持认为,现代媒介创造了文化接受的新的时空(例如,现代人可以在公共汽车、火车上阅读,在汽车的收音里接收新闻),全球化时代的公众可以比口头表达的社会更高程度享有同一的文化。地球村已经抹去了印刷制品时代文化的等级制度,并且在客观上消除整体性和个人主义的文化,电子化并没有因此而构成中心化,而是反中心化。

麦氏的观点为一部分人所称道,但也引发不少的批评。威廉斯和霍尔对麦氏都有批评。麦氏过于强调媒介的技术性作用,他把一切文化成果处理为技术程序(似乎是反文化唯物论之道而行之),他的理论忽略了大众交往的象征意义分析,也没有深入分析统治社会关系的相关的社会组织体制、文化和意识形态。麦氏有些观点是典型的后现代主义式的(法国的后现代主义),有些观点又明显是与后现代主义相左。后结构主义认为社会和技术关系与意义的生产相分离的观点,受到麦克卢汉的修正。就大众传媒的研究来说,自威廉斯和霍尔到史蒂文生和麦克卢汉,可以看到两个明显的特征,其一是法兰克福的批判理论受到挑战,传媒不再仅仅被看成是消极的和压制性的,同时也被看成是重建现代主体的公共空间。其二,对现代传媒的研究最具开拓性和影响力的研究,在很大程度上是不断与后结构主义理论对话的结果,不管是像威廉斯和霍尔这样的领风骚的人物,还是各路后起之秀,都不可避免与后结构主义理论展开对话,某种意义上,传媒研究在总体上乃是后结构主义理论进一步拓展的实践。

鲍德里亚(Jean Baudrillard)在大众文化研究方面的影响不可低估,他的理论不仅仅是文化研究的理论基础,同时也构成文化研究最有分量的一部分。正像所有的法国大师墙里开花墙外香一样,80年代鲍德里亚在美国走红,他的著作几乎全部被译成英语,并被人们争相谈论。他关于文化符号学的阐释,关于消费社会的观点,以及关于晚期资本主义社会的文化分析,这些都成为大众文化研究的经典阐述。鲍氏最初的理论论述可以看成是对人道主义和结构主义、马克思主义论战的产物。60年代,阿尔都塞的马克思主义统治了法国的知识界,鲍氏开始也追随阿尔都塞,但很快他就与阿尔都塞有根本的分歧。这首先表现在关于社会主体的自我生产的看法上。阿尔都塞说,通过阶级等级和意识形态过程而构成主体。但鲍氏认为,在后工业化来临的时代,社会主体的构成已经发生根本的变化,意识形态机器主要是消费资本主义,现时代的社会主体不过是消费资本主义的产物。而资本主义消费社会则被鲍氏看成一种没有现实实在性的符号体系。与鲍氏同时期的大众文化研究者倾向于认为,凭借电视和广告,个人存在转化为现实主体;但鲍氏认为,与产品相关的符号话语与现实无关,主体被符号化,正如现实被符号化一样。他的理论分析表明,物品在被消费前就变成信息(signs),客体的意义通过信号系统进入符号(code)秩序才被建立。鲍氏的《象征交换与死亡》等一系列著作,重新思考了文化、政治、经济和消费结构的内在联系。

在大众文化研究领域,鲍氏被人称之为法国的麦克卢汉。这主要基于他的不少观点与麦氏相对。例如,前面提到麦氏认为媒体可以给大众提供更多的参与机会,公共空间可以消除权力的整合。但鲍氏却坚持认为,主体化的有效形式在媒体混乱不堪的交往关系中消失殆尽,而符号科学则被社会的"液化"(liquefaction)取而代之。[41]他最有名的观点是关于"仿真"(simulation)的论述。他认为自从文艺复兴以来,人类的文化价值历经了三种"仿真"的阶段:其一,从文艺复兴到工业革命时期,"仿造"(counterfeit)是文化秩序的主导形式;其二,在工业化时代,生产(production)是文化秩序的主导形式;其三,在当代符号繁衍扩展的时代,仿真(simulation)是文化秩序的主导形式。第一种文化秩序的仿真物(simulacrumy)建立在价值的自然法则基础上;第二种文化秩序的仿真物建立在价值的市场法则基础上;第三种文化秩序的仿真物建立在价值的结构法则基础上。[42]鲍德里亚关于现实、超级现实与仿真的关系的见解颇有点惊世骇俗。他认为,超现实主义(hyperrealism)必须以颠倒方式来理解,今天,现实自身就是超现实,超级现实主义(surrealism)的秘密正在于日常现实可以成为超级现实,仅仅在于现实提升了艺术与想像的时刻。今日的日常生活,举凡政治、社会和历史、经济等等,现实已经在仿真的方式上与超现实合并为一体,以至于我们现在生活在现实的审美幻象之中。鲍德里亚说,现实比虚构更陌生的老生常谈不过表明生活审美化的超级现实主义的阶段已经失控,再也没有任何虚构能与生活本身相匹敌。现实已经完全进入现实自身的游戏领域,根本的不满、冷漠的控制论的阶段,代替了热烈的幻想阶段。[43]鲍德里亚把后工业化社会的生活看成一个完全符号化的幻象,按传统本质论或本体论哲学所设定的"现实"、"真实"、"本质"等概念都受到根本的怀疑。人们生活于其中的现实已经为符号以及符号对符号的模仿所替代。日常生活现实就是一个模仿的过程,一个审美化和虚构化的过程,它使艺术虚构相形见绌,并且它本身就是杰出的艺术虚构。当代生活就是一个符号化的过程,鲍德里亚认为物品(goods)要被消费首先要成为符号,只有符号化的产品,例如为广告所描绘,为媒体所推崇,成为一种时尚,为人们所理解,才能成为消费品。显然,在鲍德里亚看来,语言符号构成了消费者的主体地位,语言构造了后现代消费的现实。语言不仅描绘现实,同时也创造了现实,而现实反倒成为语言的仿造物。鲍德里亚说,现实和符号都挤进象征,如没有弗洛伊德主义就不会有"无意识"这一说,也正如马克思象征性地创造了无产阶级。

从传统的观点来看,鲍德里亚几乎是一个典型的唯心主义者,他居然不承认现实实在的存在,他把语言的存在看成是第一性的,而"现实"要么根本就不存在,要么不过是语言的模仿物。尽管鲍氏深入而独到地考察了生产和消费、经济和文化、物质和象征的关系,但这一切都是置放在符号学的意义上加以阐释的。正如史蒂文生所说的:后工业经济固然在物质地生产客体的同时,也象征地生产消费。但最重要在于,晚期资本主义的生产依然没有从根本上背离人们的物质需要。消费社会的产品,不管被设计成千奇百样,被推销广告强调到何种程度,也不可能丧失其基本的实用功能。㊹鲍氏过分强调了后工业化时代的生产的文化象征意义,以致完全不顾及物质和实际的生活需求。虽然鲍氏不无偏颇,但我们依然应该看到,鲍氏在某种程度上也揭示了发达资本主义社会现实生活的某种特征,在后现代社会视觉符号帝国急剧扩张的时代,日常生活形式已经发生显著的变化,人们是如此深刻地为媒介所控制,不管是单向度的接受还是有机的抵抗,都无法拒绝符号对当代生活的绝对有效的支配。总之,鲍德里亚重写了符号/现实的关系,以他特殊的理论视角梳理了当代生活世界的主体与客体的构成和交往形态,他的观点虽不无极端,但无疑有他的精辟之处,因而他对当代欧美大众文化研究产生广泛的影响也是不可避免的。

## 六　结语：文化研究的意义与新的理论期待

文化研究不是什么统一的流派，也不是一个明确的学科，它不过是正在形成的跨门类的课题，表现了当代人文学科和社会学科趋于综合的时代潮流。文化研究实际会聚了哲学、社会学、人类学、精神分析学以及文学批评诸多门类的知识。就文化研究普遍注重文本分析方法而言，它更像是传统文学批评学科的变种。传统文学批评被无限制放大的同时，也被抹去它的学科界限。在文化研究的视域内，任何事物现象都被看成文学文本（或者说可以当成文学文本细读），同样，文学文本也被当做文化文本加以象征性地阐释。尽管说文化研究显示出知识的花样翻新和方法论的开拓进取，但从总体上来看，它没有超出后结构主义的范围，而它把各种知识放置在后结构主义基础上加以融合，与其说是对后结构主义的超越和替代，不如说是对后结构主义潜能的全面发挥。正是在这一意义上，本文认为文化研究研究标志着一个"后－后结构主义"时代的来临。

后结构主义在60年代后期的法国崭露头角，那时人们不过把它看成是结构主义的一个有机部分。在伊迪斯·库兹韦尔1980年出版的《结构主义时代》一书，有三分之一的结构主义者，实际上已在着手"后结构主义"的事业。60年代后期，法国的思想界发生不动声色的变革。50年代的存在主义的统一性意识形态解体后，结构主义的客观性观念暂时在法国思想界形成统一的思想氛围。但1968年"五月风暴"的失败，使左派知识界的意识形态迅速瓦解。后结构主义是在知识分子失败的意识形态氛围里找到、另辟精神飞地的。知识分子从激进的社会革命，退回书斋；同时也从意识形态的整体规划，退回到语言的无限意指活动中去。然而，知识界的撤退并不意味着思想的倒退，相当多的知识分子开始思考西方的形而上学传统。福科、德里达、德勒兹、伽塔里，以及稍后的布尔迪厄、鲍德里亚和利奥塔等人，都以对他们直接的学术传统——结构主义的批判，导向对西方形而上学传统的批判为新的起点。在他们尖锐的理论批判实践中，其实也蕴含着建立一种新的哲学基础的努力。法国一部分知识分子的这种反结构主义和反省西方形而上学传统的思想倾向,开始不过是被学术界视为一种比较独特怪戾的大陆思想流派。在整个80年代,后结构主义的影响已经不容思想界怠慢,各种思想理论,人文学科和社会科学的各个门类的知识体系,都不得不与之对话。后结构主义饱经风霜,没有一个学派或一种知识,自从它问世以来就遭到如此猛烈的攻击和无休止的争议。其结果却使得后结构主义以不可阻挡的理论势头迅速蔓延,后结构主义在各种理论的争议中而扎根于其内,这可能是当代思想界所意想不到的结果。当人们自以为后结构主义日渐式微时,不久即将发现,当代思想在很大程度上已经把思想出发点定位在后结构主义的基本观念上。某种程度上改头换面,不过是使后结构主义与其他门类的知识结合得更加广泛和深入而已。文化研究的兴起,当然与现代传媒和现代高科技有关,但后结构主义在其中所起到的内在聚合作用,却是不容低估的。不看到这一点,就不能准确理解当代思想潮流和知识霸权更新的历史趋势。

80年代后期以来,世界历史在政治领域发生了重大变化,冷战结束以后,留给知识分子的,并不仅仅是对历史的思考,同时也是现实的抉择。学院知识分子习惯的学术政治化倾向,也遇到挑战。90年代初期,知识分子关于意识形态的看法有着相当大的分歧。一部分知识分子认为意识形态已经终结(例如福山),冷战结束以后,世界历史已经证明西方自启蒙时代以来的"现代性"理想,以及自由民主观念已经取得最后的胜利,世界历史已经不再需要政治的意识形态去引导人们的思想。然而,另一些知识分子却乐于去发现潜伏在和平格局表面下的危机。冷战结束后的地缘政治与区域冲突,使一些知识分子有理由认为未来世界历史不可能是风平浪静。亨廷顿设想未来文明冲突可能在以中国为代表的东方儒家文明与西方基督教文明之间展开。亨廷顿的思路还未摆脱冷战格局的阴影,只不过把前苏联换成趋于强盛的中国,把政治意识形态换成宗教(或种族)。一些知识分子过于乐观,另一些又太悲观。但有一点是共同的,人们已经很难用政治意识形态来构造新的世界秩序。

冷战后的世界格局当然也深刻影响到知识分子阵营,现在已经不再可能用意识形态来展开学术话语的推论实践。但"知识分子无法拒绝政治"(丹尼尔·贝尔语),五六十年代成长起来的知识分子的思想依然贯穿在学术体制领域,经历过后结构主义的洗礼,在意识形态意义上反资本主义制度,已经转变为思想文化意义上和历史观意义上反省西方形而上学传统,反省西方启蒙时代以来的历史,反省欧洲中心主义或白人中心主义。五六十年代的左派激进主义运动,把学术变成政治,而后结构主义以来的潮流,则是把政治变成学术。准确地说,把政治问题学术化了。资本主义的启蒙历史、资本主义世界体系形成的历史、帝国主义的霸权历史等等,这些政治历史,现在都变成最丰富的学术资源,给后结构主义式的理论阐释提供了广大而任意的想像空间。后结构主义从语言和文本分析的领域,直接进入帝国主义历史档案馆,进入晚期资本主义现实,这使它获得新的生机和机遇。在这一历史机遇中,知识分子又获得一种内聚力,不再被排除在社会之外,他们又重新面对历史和现实说话。最重要的在于,一度迷惘和空洞的学术政治,再度获得了切实的历史依据和现实内容。冷战后的政治格局,给以后结构主义为基础的文化研究提示了理想的背景。当然,也可以反过来说,文化研究正是冷战后的政治格局的恰当表达。现在,"政治上正确"在大学校园内,并不需要直接参与,而仅仅是一种学术态度,仅仅是对一种知识的运用,对一种学术方法的把握。学术必须具有政治性,但又不实际具有,这种象征性的学术政治,不过是后结构主义理论话语的必要内容而已。文化研究力图表达的大学政治,在中国知识分子看来,多少有些故做姿态,虽然是受后结构主义理论话语的惯性支配,但也像是在挥霍西方的学术自由。而那些后殖民知识分子在西方大学院内,反帝国主义文化霸权,看上去像是标榜第三世界的立场,但实质不过是对西方学术话语的发挥或挪用,并未超出西方文化范围。90年代的中国一度滋长出反西方文化霸权的情绪,这与回归中国传统民族本位的思想意向不谋而合。后殖民理论确实提示了思考近代以来世界文化的新思路,但在用东方/西方二元对立去描述近代文化史时,却要给予充分的警惕,对其历史的虚构性要有足够的认识。近代中国在文化上从未被殖民过,相反,"现代性焦虑"(或启蒙的焦虑)反倒一直是摆脱本土文化集权主义的内在动力。

当然,大众文化研究在重新思考后工业化社会主体的构成及其超越的可能性和途径方面,对后结构主义理论进行了修正。后结构主义理论认为人(主体)已经在历史和当代实践中消失,后结构主义的反人道主义特征,使它把人看成一种消极的符号,是被强制性的结构秩序所决定的任意的符号。人在社会实践中不具有主体性的地位,正如人消弭于历史的结构中一样。重新关注人在后工业社会中的主体能动作用,关注人在接受后现代传媒时具有的主体抵抗意识,这显示了现今文化研究的建设性意义。经历过法兰克福学派对资本主义文化工业长期的批判之后,也需要重新思考晚期资本主义文化的多重性特征。

文化研究对于中国当代学界而言还属于相当陌生的领域。尽管在80年代,学界有过"文化热"、"反传统"或"全盘西化",但这是在改革开放思想解放运动引导下的思想论争,带有相当强的实用性。从学术的意义上来说,那时的"文化",还是属于比较传统的大文化概念,关于跨文化研究,也主要是以西方传统人类学为理论参照系。而现今的文化研究——正如本文前面所分析的那样,乃是在后结构主义理论的基础上,形成的多门类知识会聚,或者说是一种跨学科研究。按照历史唯物主义的观点,它是后工业社会文化状况的反映;如果以后结构主义的眼光来看,与其说它描述和反映了,不如说它创造了关于晚期资本主义文化扩张的想像图景。文化研究可以说对当今中国的文学理论和批评,对中国的文化现实的研究,无疑具有借鉴意义。

80年代以来,中国的文学理论和批评无疑做出了不少有意义的探索,不管是关于经典现实主义理论的发展和完善,还是引进西方现代理论,应该说都有相当的成就。但就理论批评的基本构架而言,却并没有实质性的变化。就当前占据主导地位的批评和理论来说,基本还是延续50年代的理论模式,关于文学的本质、文学的反映论、文学的主题与形式等理论范畴,没有任何变动。至于文学批评方法,占主导地位的文学批评还是把文学当做单一的艺术文本来看,在与社会的连接关系方面,也是在反映论的意义上进行阐释,对文学的把握从来没有超出艺术感受的范畴。如何把文学看成一个开放性的文本,一种包含着复杂的社会、历史象征系统的符号体系,这是当代中国文学批评与理论很少关注的问题。以后结构主义的观点来看,"文本之外无他物",并不是说在细读的原则下,把文学文本看做一种字词和句式的修辞物,而是通过对文本的细读,去发掘其中隐含的社会历史内容。事实上,当代中国文学越来越具有文化色彩,过去的意识形态特征,现在为更多重的历史实践所制约。仅仅从意识形态或是美学的角度,不足以把握当代中国文学的丰富性和复杂性。不管从哪方面看,90年代的中国文学是一个调和的产物,政治/文化/经济 的多元调和,使当代文学(包括创作与理论批评)更像是一种"亚文学",一种类似霍米·巴巴说的"文化杂种"。90年代文学被卷入当代文化潮流,它再也不可能像80年代初期那样,作为思想解放运动的先导,引导时代精神行进。它现在更像是捆绑在消费社会这架欲望化战车上的俘虏,只是在它勉为其难的挣扎姿态中,还保留有传统文学的流风余韵。而另一些自以为占据主导地位的文学,其实不过是分享剩余意义的附属品。相比较而言,前者还多少有些末路人的悲壮,而后者则徒具冠冕堂皇的外表。这种描述并不是有意贬抑当代文学,而是在中国特殊的历史语境中,文学所具有的存在方式,也由此决定了中国文学更具有复杂的隐喻和象征的(文化)意义。在把它们看成美学文本的同时,更有必要从中读出多重的文化象征意蕴。这就是文化研究对于当代中国文学批评更新的借鉴意义。

当然,文化研究更具现实意义之处还在于,对当代中国方兴未艾的大众文化研究有直接的示范意义。作为一个第三世界的国家,中国无法与发达国家相提并论,但作为全球经济发展势头最强劲的发展中国家,就其发达城市来说,与发达国家相去未远。伴随着经济的高速发展,中国正在给疲惫的20世纪末注入兴奋剂。世界关于中国的想像,中国关于自身的想像正在迅速展开。中国在90年代快速城市化和消费化,使得中国的城市也迅速进入文化幻象的时代。光怪陆离的写字楼,大型现代化商场,广告,休闲读物,周末版报纸,滚动式的电视节目,卡拉OK,点歌,体育竞赛,时装以及多媒体电脑的日益普及,等等,城市生活已经完全为符号和幻象所重新结构编码。例如,中国的数个大城市的空间已经迅速审美幻象化了,过去不过是用于居住和工作的空间,完全按照实用的目的建立起来的空间,现在却是为各种现代化的新型建筑材料所重新编码,特别是那些华丽的、魔幻般的建筑材料的广泛运用,中国一些大城市的发达地区正在构筑一些超级的幻象空间。这些空间与那些低矮的平房、粗陋的阁楼、混乱的工棚等等相得益彰,使得相互间都失去了实在的真实性,如同电影的布景和道具一样似是而非。它们并不仅仅是在物理时空的意义上重建中国城市,而且以中国最新、亚洲最高、世界最大等宏伟叙事,使这些空间打上奇特的关于中国,中国关于自身的 21 世纪的想像。这只是一个方面的事例而已。事实上,电视的普及和印刷物等传媒的迅速扩张,使中国的大众文化正在强有力地改变当今中国的现实状况,改变着人们的感觉方式和思维方式。

  这一切在学术界都还没有引起足够重视,关于大众文化研究,在中国还处在相当低级的水准上,其观念和方法不过是传统文学批评的简单翻版而已。90 年代中国的文化现实,给中国文化研究提出了新的课题,也提供了极好的机遇。关于当代中国大众传媒与新的文化公共空间建构问题,关于中国大众文化的集权特征与民众的主体重建的冲突问题,关于大众文化的寄生性与颠覆性的双重性质,关于后现代时代文化霸权与个体能动性的关系等等,这些问题都给西方的文化研究,特别是大众文化研究提示了新的挑战。这些问题当会引起新一代文学、社会学、大众传播研究者的重视。新的知识的会聚,跨学科研究视野的建立,都是势在必行的趋势。说到底,"后-后结构主义时代"不过是一种象征性的说法,它表明一种思想理论的趋势,表明在当代知识爆炸的情势中,人们再也不可能偏执于某个单一的视角,某种狭隘的立场展开学术实践。对于中国的文学批评与理论来说,更没有必要拘泥于狭隘的学科限制,也不必过分执著于东方/西方的人为界限,不必纠缠于中国本位还是舶来品的空洞争论,走出早已僵化的体系模式,面对中国转型期剧烈变动的现实,开拓视野,必将会创建当代思想与文化的新局面。

**注释:**

① *Cultural Studies*; Edited by Lawrence Grossberg, Cary Nelson, Paula Treichler; Routledge, 1992; p. 3.

②⑬ Fredric Jameson, 'On 'Cultural Studied',"*Social Text*, No. 34, 1993. 中文译文可参见《漓江》杂志,1997 年第 1 期,谢少波译,第 111 页。

③ Richard Johnson, "What is Cultural Studies Anyway?" Social Text 6.1, 1987, pp. 38-39.

④ Terry Eagleton, *Ideology of Aesthetics*, p. 381, Oxford: Black well,

1990.

⑤ J.希利斯·米勒《主席演讲,1986:理论的胜利,对阅读的抵抗和物质基础问题》,《现代语言学会会刊》第 102 卷,1987 年,第 283 页。

⑥ 弗里德里克·杰姆逊《政治无意识:作为社会象征行为的叙事》,康奈尔大学出版社 1981 年,第 82 页。

⑦ 托尼·贝内特《文本在历史中:阅读的决定因素及其文本》,《后结构主义与历史问题》,剑桥大学出版社 1977 年,第 74 页。中文译文参考彭加明译,路易·蒙特鲁斯《论新历史主义》,《漓江》,1997 年第 1 期,第 135 页。

⑧ Stephen Greenblatt, *Shakespearean Negotiations: The Circulation of Social Energy in Renaissance England*, Berkeley and Los Angeles: the University of California Press,1988, p. 1.

⑨ 参见海登·怀特《解码福科:地下笔记》。Hayden White, "Foucault Decoded: Notes from Underground," in *Tropics of Discourse: Essays in Cultural Criticism*, Baltimore and London: The Johns Hopkins University Press, 1987. 中文译文,可参见张京媛译《新历史主义与文学批评》,北京大学出版社 1993 年,第 115 页。

⑩⑫ Stephen Greenblatt, *Renaissance Self－Fashioning*, Chicago: Univ. of Chicago Press, 1980,p. 6.

⑪ 参见 Frank Lentrichia, "Foucault's Legacy: A New Historicism", 载 H. Aram Veeser ed., *The new Historicism*, New York and London, Routledge, 1989, p. 235.

⑭ 参见丹尼尔·贝尔《西方意识形态的末路》,中文译文可参见《当代美国哲学论著选译》,商务印书馆 1991 年,第 127 页。

⑮ 有关意识形态终结的论述,可参见爱德华·希尔斯《意识形态终结了吗?》,载《会晤》1955 年第 5 期,第 52－58 页;关于意识形态衰落的本质与根源的分析,参看赫伯特·廷斯坦的《瑞典民主制的稳定性和生命力》,载《政治季刊》1955 年第 2 期,第 140－151 页;或参见奥托·布伦涅尔的《意识形态的时代》,载《研究社会历史的新方法》,哥廷根,1956 年,第 194－210 页;关于意识形态的时代正在终结的预言,参看 S. 福伊尔的《超越意识形态》,载《心理分析与伦理学》,斯普临菲尔德,1955 年,第 126－130 页。丹尼尔·贝尔《意识形态的终结》,格伦科,1960 年;拉尔夫·达伦多夫著《阶级与阶级冲突》,斯坦福,1959 年。

⑯ 90 年代关于意识形态终结的论调,换了一种说法。1991 年日本人福山的《历史的终结》一书出版,引起诸多的争议。但大多数学院知识分子赞同福山的论调。

⑰ 例如,辛普森案件就是反种族主义的一个惊人的成就,尽管其中缘由与美

国的司法制度的漏洞不无关系,但这也表明反种族歧视的社会力量正在普遍高涨。试想,泰森锒铛入狱,不过是女权主义的一个小小胜利,如果对方是一个白人妇女,可能泰森不至于遭受铁窗之苦,这就是说种族问题可以放置在妇女问题之上。而美国一个西班牙妇女割去丈夫的阳具却能逍遥法外,这也足以说明妇女的地位在发达国家正在迅速提高,妇女的权益不能得到任何侵犯,而以身试法的男人却必然身败名裂。

⑱ 联合总部曾雇佣一名黑人女职员。此人后来被解雇,理由是她工作不认真,处理不好同事关系,由此引发黑人女权主义者的抗议。参见柏棣《平等与差异:西方后现代主义女性主义理论》,载《西方女性主义研究评介》,三联书店1995年。

⑲ 参见苏红军《第三民办妇女与女性主义政治》,同上书,第31页。

⑳ 参见 *The Third World Women and Feminist Politics*(《第三世界妇女与女权主义政治》),Indiana University Press,1991,p. 92.

㉑ 周蕾《在其他国家中的暴力:把中国看做危机,奇观和妇女》,参见 *The Third World Women and Feminist Politics*,Indiana University Press,1991,p. 93.

㉒㉓㉔㉕ 参见赛义德《东方论再思》(Orientalism Reconsidered),转引自 *Literature, Politics and Theory: Papers from the Essex Conference*,1976—1984. Eds. Francis Barker et al. London: Methuen,1986. p. 2100—2129.

㉖㉗ 参见斯皮瓦克《从属阶级能发言吗?》(Can the Subaltern Speak?),载 *Marxism and the Interpretation of Culture*,Urbana: University of Illinois Press,1988.

㉘ 斯皮瓦克的有关论述参见《在教育机器之外》(*Outside in the Teaching Machine*),London,Routledge,1993. 对斯皮瓦克的批评可参见 Aijaz Ahmad 的《文学后殖民性的政治》(The Politics of Literary Postcoloniality),载《当代后殖民理论》(*Contemporary Postcolonial Theory*),Edited by Padmini Mongia,London,p. 279.

㉙ 参见《他者的问题》(The Other Question),该文最近收入《当代后殖民理论》一书,参见 *Contemporary Postcolonial Theory*,Edited by Pandmini Mongia,London,1996.

㉚ 《马克思恩格斯全集》,第26卷,第296页。

㉛㉜ 霍克海默、阿多诺《启蒙辨证法》,重庆出版社,1990年,第145页。

㉝ 雷蒙·威廉斯《漫长的革命》(The Long Revolution),伦敦,1961年,第57页。

㉞ 霍尔这方面的研究可参见"Thatcherism amongst the Theorists, Toad in

the Garden," in C. Nelson and L. Grossberg (eds), *Marxism and the Interpretation of Culture*, London, Macmillan, 1988. 关于霍尔目前研究最详尽和最新的资料可能是 1996 年出版的 *Stuart Hall——Critical Dialogues in Cultural Studies* 一书,该书由 David Morley 和 Kuan—hsing Chen 编辑,由 Routledge 出版,收集霍尔的主要代表作和主要研究文章。

㉟ John Fisk, "Opening the Hollway——Some Remaks on the Fertility of Stuart Hall's Contritbution to Critical Theory," 参见 *Stuart Hall—Critical Dialogues in Cultural Studies* 一书,由 David Morley 和 Kuan—hsing Chen 编辑,Routledge,1996, London, p. 214.

㊱ 关于威廉斯和霍尔对美国大众文化研究的影响,可以参见 Honno Hardt 的"British Cultural Studies and the Return of the Critical in American Mass Communication Research: Accommodation or Radical Change?"参见 *Stuart Hall—Critical Dialogues in Cultural Studies*, ed. by David Morley and Kuan—hsing Chen, Routledge, 1996, London, pp. 102—111.

㊲ John Fisk, *Understanding Popular Culture*, London, Unwin Hyman, 1989, p. 24.

㊳ "Popularity and the Policies of Information," in P. Dahlgren and C. Sparks (eds.), *Journalism and Popular Culture*, London, Sage, 1992, p. 48.

㊴ 史蒂文生的批评可参见 *Understanding Media Cultures*(《理解媒体文化》),Sage, London, 1995, pp. 94—101.

㊵ 1968 年,麦克卢汉出版《地球村的战争与和平》(*War and Peace in the Global Village*) New York, Bantam Books。1989 年,他与 B. R. Powers 合作出版《地球村》一书,应看成是他的总结性著作。

㊶㊷㊸ Jean Baudrillard, *Symbolic Exchange and Death*, Sage, London, 1993, pp. 50, 74.

㊹ 史蒂文生 Nich Stevenson, *Understanding Media Cultures*(《理解媒体文化》),Sage, London, 1995, p. 153.

原载《文化研究》第 1 辑,天津
社会科学院出版社 2000 年 7 月

## 罗 钢 孟登迎

# 文化研究与反学科的知识实践

作为从西方学术体制内部产生的一种反叛实践,文化研究与一般的跨学科研究有着显著的差异。它既不株守于固定的研究领域,也没有统一的研究方法,而是一个不断生成和扩展的知识实践领域,它的"动力部分源自于对既有学科的挑战"。①文化研究所关注的通常是为传统学科所忽视或压抑的边缘性问题,它所警惕的恰恰是不要让自己重新成为一门新兴的学科。就此而言,文化研究不仅改写了传统学术的中心与边缘观念,而且对传统的学科理念和学科建制构成了强烈冲击。

## 一 文化研究与反学科

自从福科提出"知识考古学"的概念以来,反思学科(discipline)的话语型构与社会权力的关系日渐成为学界关注的焦点。以沃勒斯坦(I. Wallerstein)为首的一批学者指出,学科并不是我们今日所见到的静态的知识分类,而是以一定的措辞建构起来的历史产物。学科首先是一门经过分类的知识,而这种分类方法同时也成为这门学科的规范和要求,因此学科代表了知识和权力两方面的结合。现代意义上的学科分化之所以首先出现在 18—19 世纪的西方国家,一个最重要的原因就在于科学已经成为获取利润的手段,而科学的分化有利于提高社会生产力。通过对学科分化史的考察,这些学者发现,近代以自然科学为样板对人文社会科学所进行的划分与资本主义的兴起有着直接的联系。诸如科学主义、欧洲中心主义、父权主义和国家中心主义等观念,都催促了相应学科——如国家地理、文化人类学、种族学、国际政治等的诞生。因此,这种学科的划分实际上暗含着占据支配地位的民族、阶级和性别集团的利益和有利于他们的意识形态。②赛义德在《东方学》一书中揭露了在西方殖民主义与他们所谓的"东方学"之间存在的共谋关系,可以说是最具典型意义的例证。这种"东方学"将研究主体(欧洲)对客体(东方)的建构指称为客体本身的结构规律,将在殖民主义权力关系支配下发生的认知活动看做客观的科学研究,以一种不偏不倚的中立姿态掩盖了自身携带的符号暴力。尽管在内容、程度和表现形式上或有不同,但我们在许多现代学科背后都能发现类似的隐匿起来的话语权力关系。正如布尔迪厄所指出的,在现代社会,学科主要寄植在社会教育体制,尤其是高等教育体制之中,而这种教育体制正是对现存社会统治秩序和不平等结构进行再生产的主要基地。现代学科制度参与这种再生产的方式之一,就是通过标准化、科层化的区分体系形成一种"专业态度"(professionalism),这种"专业态度"使知识分子将其注意力完全集中于狭隘的知识领域,一个知识分子在教育体制中的地位越高,也就意味着他的兴趣和能力越发集中于某一专门领域,意味着对普遍的社会矛盾和社会不公正现象越发地漠不关心,意味着他越发无可避免地流向权力和权威,流向权力的直接雇佣。它的一个直接后果就是使知识分子逐渐丧失了自己的社会公共代表角色,放弃了自己所承担的社会批判责任,成为一些面目模糊的专业人士。正是由于这个原因,赛义德才把这种"专业态度"看做"今天对于知识分子的特别威胁"。

如果我们对于塑造了现代学科体制的那些社会的、政治的权力关系有所了解,就会理解创建伯明翰当代文化研究中心的反学科意义。当霍加特在中心创建之初明确宣告文化研究并没有固定的学科基础时,他所表述的,并不仅仅是一种学术视野的扩展(如从精英文化向大众文化的扩展),而是以英国新左派的理论立场为依据,对当代欧美人文社会学科内部危机做出的积极政治反应。

文化研究是从传统的英国文学学科当中逐渐发展起来的,霍加特、威廉斯两人都曾是文学教师。从20世纪50年代开始,英国文学学科与其他人文学科一样,由于受到科学和工业社会的发展以及两次世界大战的冲击,原来对于社会大众的引导和教化功能日益丧失,文学的影响力也大为减弱。面对学科危机,与大多数躲进自己的专业,和社会日益脱节的同行不同,威廉斯等人力求走出旧的学科体系,尝试建立一种新的研究范式。他们提出文化研究作为新的研究方向,有着直接的反学科动机:一方面要与过去以细读文学文本为中心的旧文学学科决裂,另一方面还要与坚持经济化约论的庸俗马克思主义学说决裂。他们选用"文化"作为关键词,恰恰看中了这一概念内涵的丰富性和包容性。"文化"作为一个与社会权力、经济关系和意识形态信仰有密切关联的范畴,是任何既有的一门学科所很难笼罩和限制的。曾任伯明翰当代文化研究中心主任的约翰生就明确地说:"以为我们可以说,'这个术语(文化)意味着什么什么',并希望能把这个词在历史上所有的含义整理出来,那只是一种理性主义者的幻想。正因为如此,我要挥舞文化的旗帜,继续使用这个并不精确的词。"③ 在《文化的用途》、《文化与社会》、《英国工人阶级的形成》等几部英国文化研究的奠基之作中,对于文化的整体性的关注引导作者打破了各种学科的限制。例如,上述霍加特和威廉斯的著作突破了旧有的文学批评的藩篱,E. P. 汤普逊的著作超越了传统的经济史和政治史的限制,而他们三人的著作都不约而同地抛弃了庸俗马克思主义的经济学模式。这种对于学科化和学科体制的批判和抵抗,构成了英国文化研究的一个重要传统。这种反学科的立场和态度,使从事文化研究的学者易于在被传统学科所忽视和压抑的边缘地带发现具有重大意义的研究课题,例如伯明翰中心在建立之后开展的一项产生了广泛影响的研究,就是对英国工人阶级青少年亚文化的考察。在60年代后期和70年代初期,在英国工人阶级青少年中流行着一系列被视为"反文化"的生活时尚,如剃光头、开飞车、身着奇装异服、沉迷于强烈刺激的黑人音乐等。这种文化现象很难获得既有学科的关注,更不用说在这些学科之内据有一席之地。教育学、社会学、历史学在既有的学科界限和规范之内都很难将它完整地纳入自己的范围。但是,伯明翰中心的学者们却集众人之力,在若干年时间内对这一文化现象进行了深入的研究,相继推出了《工人阶级文化》、《仪式抵抗》、《学习劳动》、《亚文化:风格的意义》等著作。他们指出,这种亚文化构成了对体现中产阶级保守价值观念的英国主流文化的一种象征形式的抵抗,具有深刻的阶级内容。他们的研究实践为把性别、种族、年龄等文化政治因素导入学术研究开了先河。正是通过这种文化政治,英国文化研究把自身与实际的社会政治运动结合起来,文化研究与政治实践的这种相互呼应使英国文化马克思主义与德国法兰克福学派对政治实践的疏远构成了鲜明的对立。

文化研究以其坚定的反学科立场使自身获得了整体的社会视角和介入实际社会政治运动的能力。霍尔坚定地宣称,文化研究拒绝被任何一门学科收编,也拒绝成为一门新的学科。他认为,我们毋宁把它视做一个场所(site),一个区域,一个话题(subject)。文化研究可以采取各个学科的视角和方法,但在采用的过程中又必须对之进行批判和改造。在这一前提下,渗入到文化研究当中的诸多理论资源——马克思主义、女性主义、结构主义、精神分析、民族志学(ethnography)和后殖民理论等,可以在更广阔的领域发挥文化批判功能,从而使文化研究跨越了已有学科的局限并保持了自我批判的内在活力。

## 二 文化研究与学科自省

正如许多学者所概括的那样,文化研究要探求的是个体"主体性"(subjectivities)是如何由社会构建而成的;它不是到个体的理性或主体性当中,而是到社会关系、社会交往和文化政治当中去寻找意义的根源。④这种跨学科的探求使文化研究必然超越传统学科的理念框架,更多触及建构个体主体性的公共文化体系和政治体制问题。这种探求不仅铸就了文化研究的政治批判维度,而且空前扩展了文化研究的问题范围。实际上,文化研究对于主体建构、政治权力和意识形态功能的关注,与现代的批判理论传统有着深刻的关系。正是由于批判理论的引入,才使文化研究不单单成为跨学科的学术实践,还成了一块吸引各种理论的磁石,不断挪用(appropriation)和整合最新出现的激进理论,成为揭示社会秘密的批判性思想运动。

文化研究能在一定程度上摆脱传统学科理念的束缚,除了得益于反学科的政治实践之外,还和它接受的西方学术思想传统有关;它所依赖的批判理论基础已经与传统的研究方法有了深刻的区别。早在 1937 年,霍克海默在《批判理论》一文中区分了两种理论:"传统理论"(traditional theory)与"批判理论"(critical theory)。他指出,在传统理论中,研究对象被看成了先于再现行为的客观存在,主体与认识对象是截然分离的,这使得理论被看成了一种纯粹的思想行为,理论家被看做不带偏见的观察者,理论描述则被认为是对客观世界的真实反映。霍克海默把这种将研究对象看成一系列有待检验的既存事实,将研究主体看做认识行为中消极因素的理论称之为"传统理论"。他所推崇的"批判理论"与之相反,首先将科学和它研究的现实都看做是社会实践的产物。换句话说,研究对象和主体都是由社会建构的,研究对象不是摆在我们面前、等待我们去把握的自然的事实,研究主体也不是一个简单的现实的记录者,无论是研究对象还是研究主体都是复杂的社会过程的结果。⑤因而,批判理论的主要任务是去反思既产生社会现实又产生寻求对这种现实进行解释的理论的社会结构,其中包括对于批判理论自身的建构过程的反思。

循着批判理论的这一思路,我们可以进一步了解文化研究的革命性意义。现代意义上的文化概念出现在 16 世纪的西方,是与作为"主体"的人(类)的概念共生的;文化作为等待认知的客体,被看做是人创造的精神成果,包括伦理、宗教、哲学、科学和文学艺术等,这些精神价值使人脱离"自然"转变为文明的"人类"。按照黑格尔的说法,自然使人停留在必然王国,而文化则使人进入自由之域,在艺术作品中自然因素越多,它就越低劣,而纯粹形式的作品摆脱了自然的束缚,是最高的文化结晶。所谓精英文化与大众文化的分野即源于此。与这种思路相反,文化研究不再把文化看做一种既定的事实,而只看做一种社会建构,一种创造了价值、信仰和知识形式的相互交织的权力关系结构。促成这一思想转折的关键事件就是威廉斯对"文化"的重新解释:"文化是一种整体的生活方式"。既然文化就是社会生活方式本身,那么文化生活就绝不是自由的、自足的和纯粹的,而是各种群体(阶级、种族、民族、性别等)利益冲突和争夺的空间,是意识形态斗争的战场。

如果从社会整体结构,从这一社会结构和成员(agent)之间的互动关系来考察,那么任何主体,包括从事文化研究的研究主体都不可能自外于或超越于这一社会结构。因此,在反思社会结构的同时,文化研究者必须同时反思自己在这一结构中的主体位置,反思制约这种位置的各种社会的和文化体制的权力关系(包括学科在内)。因为这些社会历史条件经过复杂的内化过程已溶入了知识分子的集体无意识,知识分子应该对社会权力机制的规训作用引起足够警惕,自觉反思制约和限定他们思想的学术无意识。

正是由于具备了这种自省意识和自我批判的勇气,文化研究的成果至少在两方面显示出与传统学术的显著差异。首先,文化研究者摒弃了过去那种不偏不倚的超然的研究态度,不但不掩盖自己作为一个社会主体的局限性,相反将自己的经验变成了文化研究所依赖的宝贵材料。霍加特在《文化的用途》中描绘30年代英国工人阶级的文化生活时,就充分利用了自己童年时代的亲身经验,使这部著作带有浓厚的主观色彩。伯明翰中心对工人阶级青少年亚文化所进行的集体研究,更进一步强调研究者的直接参与和长期介入,使更多个人的、政治的、学术的不同因素都渗入到文化研究当中。他们大胆借鉴人类学"民族志"的研究方法来研究本土文化和阶级文化,取得了很好的效果。

第二点——也是文化研究不同于传统学术的更重要的一点,就是它对研究者置身其中的文化体制尤其是学科体制的批判。一个有趣的现象是,由于霍加特深受利维斯文学批评的影响,在当代文化研究中心成立时,他把文学批评仍然作为中心最重要的任务。但到十多年后,当文学从边缘再度成为研究中心关注的对象时,学者关注的已不再是文本或文本的语境,而是文学作为一种制度的实践问题,尤其是作为学科的文化政治意义。这时的英国文学研究,关注文学作为"意识形态"在体制内的定位和权力形式。一些学者开始将正统的英国文学教育看做一种文化政治实践,思考这种权威的英文教育在世界其他英语国家,尤其是英属殖民地国家所发挥的意识形态功能。例如,珍妮特·巴茨丽尔(Janet Batsleer)等人分析了所谓大写的英国文学和"标准英语"在殖民地(如牙买加和尼加拉瓜)英文教育中的意识形态和话语功能。

正如霍尔所说,文化研究与传统的学术体制始终处于一种"尴尬"的关系,尽管它自身不得不附着在现存的学科体制当中,但它一直强调反学科的重要性,反学科实践本身甚至成为文化研究的重要内容。1972年,伯明翰当代文化研究中心完全脱离英文系成为一个独立的单位,现在已经发展成"文化研究与社会学系",拥有稳固的课程、教材和学生。在当今的高等教育体制中,经济和商业对于高等教育的过度索要已经使人文学科陷入不断边缘化的境地。而文化研究要想继续生存,要想吸引学生和获得研究基金,也很难完全抑制被学科化和商业化的趋势。但从总体上来看,正是由于文化研究在学术体制之内发挥了反学科和自我批判的功能,才经受住了多次的研究范式危机,使其在众多的人文社会学科当中脱颖而出,并保持了独树一帜的实践品格和批判意义。

## 三 启示与思考

由于文化研究最初脱胎于文学研究和文学批评领域,因此对于文学批评和文学理念构成的冲击最为剧烈。与之类似,文化研究对于中国学界的影响,以文艺学领域的反响最为强烈。国内目前已经翻译出版了许多英美文化研究学者的重要成果,进行文化研究实践也日渐形成风气。仅就文艺学来说,借鉴文化研究的学科自省和反叛精神,重新审视文艺学自身的知识生产,是非常紧迫的问题之一。

众所周知,在过去很长一段时间里文艺学曾经以科学作为发展的样板,将自己的目标定位在真实地反映文艺发展的基本规律上;文艺学的发展也因此被看做是不断深化这种认识、不断积累文艺学知识的理性过程。但从学科自省的角度来看,这种"科学"追求实际上掩盖了文艺学学科与其他学科和意识形态之间的权力关系。回首近百年以来的文艺学发展史,可以看出,自晚清到1949年,文艺学在高等教育体制中的地位始终是比较暧昧的。"文学概论"最迟在1918年已经是北大中国文学门的首要科目,1920年又被改为选修课,1925年曾被排为必修课,但在1935年的课程表中又被莫名其妙地取消。⑥教学计划制定者对待文学概论的犹豫态度,既表明文学概论在中文系所处的边缘和冷落处境,更表明了计划者自身对这门课地位的认知程度。直到1947年,清华大学中文系才在本系研究所中第一次明确设立"文学批评"组来培养研究生,以适应20世纪的批评主流,但并没有形成学科的规模。⑦值得注意的是,这种情形在50年代突然改观,文艺学学科被牢固地确立起来,而且获得了前所未有的显赫地位。毕达可夫、柯尔尊等人从苏联带来了完整的文艺学体系和教材,并为新中国培养了第一批从事文艺学教育和研究的专门人才,甚至沿用至今的"文艺学"这一学科称谓也是当时从苏联引进的。在相当长一段时期,由于贯彻国家文艺政策的需要,文艺学被认为是指导各类文学研究的最重要的学科,只有那些能够坚持政治方向的人,才被认为有资格担任文艺学的教学和科研任务。显然,文艺学在当时的显要地位,文艺学同其他文学学科之间的所谓主次关系,都是由体现在学术体制之内的权力关系赋予的。

新时期以来,国内渴望交流和追赶西方思潮的焦虑刺激了文艺学对于各种新潮理论的热烈追逐,这一方面使得文艺学关注的问题和方法获得了空前的扩展,成为引领文艺研究走向的时代先锋,另一方面也使得文艺学陷入无尽的话语转换和失落之中。80年代中期兴盛的"文艺美学热",以看似维护美学纯粹性和自足性的姿态,实际上传达了强烈的为自由文艺发展开道的意识形态吁求。"美学热"退潮之后,在中国出现了较多的文艺学专著和流派,中国的文艺学被认为已经走入了体系相对完备的时期。此时的大多数文艺理论教材主张将文艺看成一种特殊的精神实践活动,但对于这种实践活动的阐释却不自觉地陷入到审美自足论的体系当中。对于文学本质、文学活动主体、文本分析和接受的分类和安排,几乎使文艺学变成了一套完整的知识体系。与学科的知识化趋势相匹配,高等学校的文艺学教育也形成了从本科、硕士到博士的分层培养体系。深受"专业"分科概念(源于苏联的实用教育理念和体制)影响的当代中国高等教育,更是将文艺学的研究对象细化到所谓文艺原理、西方文论、中国古典文论、中西诗学比较等分级门类当中。教师和学生被安排到分类森严的文艺学体制当中,从选题到答辩都受到严格的规范,几乎成了在现今文艺理论总体框架之内修补的工匠。从这一点来说,文艺学的教学和研究几乎变成了知识分类和学科规划的体制化生产,成为一小部分学人专有的话语游戏之所,这无疑会压制文艺学应有的挑战性和反学科冲动。

根据以上对于文艺学的学科构建历史的考察,结合文化研究的反学科实践经验,我们至少可以获得如下三点启示。

首先,文艺学的学科理念需要重新反省。文艺学学科的建构过程体现出显而易见的人为性、历史性,这表明文艺学并不简单是一套可以不断修补和扩充的知识体系,它涉及学科之间的权力关系。例如对于文艺原理、西方文论、中国古代文论、文艺美学等分支学科的划分,使得文艺学的研究和教学越来越多地被带上了资格准入、岗位占领和学位等级认证的体制化色彩。这种体制性的分化正暗合了中国高校文学教育体制和管理体制方面的科层化趋向,在培养专业人才和专业态度的同时,却使学者们逐渐丧失掉关注公共问题的热情。这说明为文艺学学术划界和分类的努力,其背后所包含的社会权力意义远远超出了学科知识体系的范围。

其次,文艺学要借鉴文化研究反学科的实践经验,重构自己的研究范式,重新焕发对社会的影响力。自从符号学和文化政治介入文学研究以来,传统的文学学科界限在很大程度已被冲破了。文艺学的研究视野得到了空前的扩展,文艺学也决不是中立的、可以通约的知识体系,而与研究者的政治立场和身份认同发生了更为密切的联系。文艺学要想保持自己的挑战活力,研究者就必须重新理解葛兰西所说"有机知识分子"的政治处境和社会使命。文艺学必须面向现实的社会文化,尤其是大众文化发言,寻找在学术体制之外与社会政治运动建立动态联系的可能性。

第三,文艺学应该始终保持对自身建制的批判性警觉。从文化研究反学科的角度来看,任何一门学科一旦被建立起完备的体系,就可能成为压抑多元思想和自身发展的体制化禁锢,就应该对自我进行批判性的考察。因此,尽管我们重视文化研究反学科实践对于文艺学带来的有益启示,但并不认为文化研究可以取代已有的文学研究范式,也不认为要完全抛弃现有的文艺学学科体制(况且,文化研究自身也面临体制化的危险),而只是强调应该强化对现有学科体制的反思。现有学科体制的存在为我们提供了反思的平台和基地,文艺学可以借鉴文化研究反学科的实践精神,从文艺学与整个学科体制的深层权力关系入手,不断反观与破解自身的体制化倾向,破除研究者本人对于权力关系的人为封闭,以获得突破现今学科规范的更多创新途径。

**注释：**

① 澳大利亚学者 Graeme Turner 的概括，见 Lanwrence Grossberg 等编《文化研究》(Cultural Studies, London & New York: Rouledge, 1992) 第 640 页。

② 刘健芝等编译，华勒斯坦(I. Wallerstein)等著《学科·知识·权力》，北京：三联书店·牛津大学出版社 1999 年，第 16 页。

③ 理查德·约翰生《究竟什么是文化研究》，罗钢、刘象愚主编《文化研究读本》，中国社会科学出版社 2000 年，第 10 页。

④ Patrick Brantlinger, *Crusoe's footprints: cultural studies in Britain and America*. NewYork: Routledge, 1990, p. 16.

⑤ 马克斯·霍克海默《批判理论》，李小兵译，重庆出版社 1989 年，第 181—220 页。

⑥ 见《北京大学日刊增刊》1918 年 9 月 14 日；马越编著《北京大学中文系简史》(1898—1998) 第 19—22 页，及《国立北京大学文学院课程一览》(民国二十三至二十四年度)。

⑦ 见 1947 年 4 月《复员后之清华》"中国文学系"，《清华大学史料选编》(四)(1946—1948)，清华大学出版社 1996 年，第 36 页。

原载《文艺研究》2002 年第 2 期

# 周 宪

## 文化研究：学科抑或策略

近来，文化研究在知识界很是热闹。文学研究似有衰微之势，而文化研究则大行其道。尽管在官方的学科目录中尚未确立文化研究的学科，但确有人把文化研究当做目前学科整合与交叉，新的学术增长空间，并寄希望于文化研究为文学研究带来新的突破。不过，亦有人对文化研究忧心忡忡，他们对这一研究的合法性提出了质疑，其中一种看法是认为，文化研究正在使文学研究失去文学性。显然，这种看法来自文学研究者。

这种担忧并非没有道理，因为文化研究的确潜藏着某种固有的非文学化的潜在"危险"。不过问题也可以从相反的方面来考量。那就是，对文化研究使得文学研究失去文学性的忧虑，显然是从一种比较传统的文学研究视野来考虑的。换言之，忧虑本身已经彰显出两种不同的研究视角：一种是把文化研究纳入传统的文学研究范式，使之具有文学性；另一种则相反，抵制甚至颠覆文学研究的学科化和制度化。为了解答这个问题，有必要对文化研究本身做一番思考。

从语义上说，文化研究显然不同于文学研究，正像文化这个概念大于文学概念一样。但问题远不是这样简单。文化概念大于文学概念，照理说，文化研究远大于文学研究，这是从研究对象的范围或研究方法上来说的。因此，把文化研究看做是文学研究的一种拓展便是顺理成章的。但恰恰是拓展带来了危机。这里有两种方式，一种仍是文学研究的范式，只是考察文学对象时不只限于文本、作家等传统文学范畴，亦考察与文学范畴有关的其他社会文化现象。其实，这种研究在文学社会学研究中早已存在，经典的马克思主义文学研究正是如此。这么来看,文化研究并不新鲜,不过是在新的历史条件下给它以新的命名而已,于是,文化研究失去了当下特定的针对性。

另一种思路有所不同,首先考察的问题是,在有文学研究甚至文学社会学研究的条件下,为什么会出现文化研究?它出现的理由和根据何在?显然,一种研究范式或倾向的出现,自然有其特定的根据和背景。从西方学术界的情况来看,文化研究大约兴盛于60年代,它有两个明显的指向,一是针对英国文学研究的"伟大的传统",亦即源于阿诺德、利维斯的那种将文学视为高雅趣味和价值表征的观念。所以威廉斯径直提出了"文化乃日常的"的命题,霍加特和汤普森则强调对工人阶级而非资产阶级文化的研究。二是与当时欧洲北美兴起的政治文化运动相呼应,对文学研究日益体制化和学科化的一种反动。所以,文化研究初生伊始便带有某种强有力的反叛性和政治倾向性。用英国文化研究的代表人物约翰生的话来说,文化研究有三个前提:"第一,文化研究与社会关系密切相关,尤其是与阶级关系和阶级构型,与性分化,与社会关系和种族的建构,以及与作为从属形式的年龄压迫的关系。第二,文化研究涉及权力问题,有助于促进个体和社会团体能力的非对称发展,使之限定和实现各自的需要。第三,鉴于前两个前提,文化既不是自治的也不是外在的决定的领域,而是社会差异和社会斗争的场所。"①从阶级、种族、性别,到权力和社会斗争,这些界定清楚地表明了文化研究与生俱来的政治意味和指向,它压根儿就不是奔着文学研究而来的,毋宁说它的出现就是要颠覆文学研究也已制度化和学院化的传统。这么来看,文化研究似乎有自己的逻辑,它与那种强调文学性和规范化的文学研究充满深刻的敌意。这也许就是文化研究应运而生的根据。

文化研究何以与文学研究对抗?这是一个值得思考的问题。回到上个世纪 60 年代,特定的政治文化语境造就了文化研究的登场。我以为,以下一些重要原因导致了文化研究的沛兴。首先是人文学科和社会科学的高度制度化和学科化,使得社会文化研究变得越来越局限。作为大学建制的文学研究,起源于 19 世纪下半叶。到了"二战"以后,大学英文系的文学研究者为了和精密科学抗衡,为人文学科找到合法性的根据,诸如新批评这样高度学科化的研究范式就应运而生,后来的结构主义模式也具有相同的倾向,而俄国形式主义和布拉格学派又被重新评价。这一路学科化的研究范式强调的是文学研究自身的审美属性、体裁和风格特性、形式要素和结构。毫无疑问,这些文学研究为确立文学研究的科学性和学科性奠定了根基,但它的局限性也很快彰显出来。日益学科化的文学研究不断地制造着经典的神话,文学研究一方面只关注少数为权威所确认的文学经典,另一方面又把注意力集中在文学自身的形式特征方面,因而导致了文学研究的封闭和僵化,鲜活的思想和复杂的体验被简化为一些刻板形式的教条。文学研究无可避免地面临着危机。②于是,突破这种令人窒息的局面,便是一个刻不容缓的任务。文化研究应该说正是对这种境况的回应。它突破了狭隘的文学研究学科化的格局,把研究的视野从只限于经典名著,转向了诸多边缘文化现象。这个趋势在北美与少数话语或边缘话语的兴起相关,文学史或人文学科的内容不再只限于欧洲白人的文学经典,也开始囊括了亚非甚至土著印地安文学及文化。

　　文化研究对规整刻板的封闭学科化倾向的反叛,不只涉及学术研究自身,更重要的问题在于它涉及一个普遍的问题——知识分子的消失。1968 年以后,在欧洲出现了一种说法,比如福科强调,传统的"万能知识分子"已经消失殆尽了,剩下的只是各种"专家";在北美,老一代的"公共知识分子"已经衰落,学院派的兴起扼杀了知识分子的角色行为,所以雅各比提出了"最后的知识分子"的命题,而赛义德则发出了"业余的知识分子"的吁求。其实,知识分子的消失与学科化是密切相关的,当思考变成经院式的玄学,当知识的对象只是教室里的学生,当知识脱离社会运动实践而成为书斋里的摆设时,象征资本的追求和适应制度的需要,便成为学者们的基本生存方式。于是,文化研究从反学科性入手,强调社会实践性,强调其践履知识分子对社会现实的干预的功能,便成为一种必然的选择。恰如吉罗等人指出的,文化研究塑造了抵抗知识分子,他们的工作不再限于大学讲堂上的教学活动,而且与广阔的社会公共领域及其运动产生深刻的联系。"正确的文化研究应当是与内在的,在充满压迫的社会中必须做的事情相关的。这种行为的前提条件必然是对各种流行的实践批判与对抗。……知识分子必须在这种对抗演化为有政治影响的实践的过程中扮演重要的角色。"③我以为,以霍尔为代表的"伯明翰学派"的文化研究实践,就代表了这种倾向,文化研究与社会运动和实践的紧密结合,使得英国文化研究的影响远远超出了学院范围,撒切尔政府的反应就是明证。

从以上两个层面,我们大致可以看到文化研究的根据何在。也可以瞥见文化研究的基本特征和倾向性是什么。这样来认识文化研究,我们便可以明了它与文学研究的张力关系原因所在。

文化研究从西方到中国,特别是在晚近学界受到关注,其实还有更多的原因值得探究。在这些原因中,既有与西方语境相似的原因,更有中国当前社会文化和学术演变的特殊要求。总括起来,我以为如下方面的问题特别值得分析。

首先,中国学术建设近十多年来有了长足的进步。文学研究已经高度制度化和学科化了,虽然学科规范化呼声震耳欲聋,但文学研究在学科建设、学科细分和制度化运作等方面,已经相当完备。文学研究的这种学院化和制度化倾向,一方面使得学术自治和研究有了相当发展;另一方面,这种格局又给文学研究本身带来了限制、规定甚至压抑。学术性、学术标准和文学规范,从积极的方面来说是学术活动游戏规则的确立,从消极方面来说,它鼓励技术性和操作性的倾向,把文学活生生的肌体割裂为适合于学科细分和主题归纳的刻板格局,无可避免地扼杀了思想的自由发现和富有灵性的创造。文学性作为近10年来文学研究的共识,意在强调文学研究的文学特性,从文体、风格、历史演变,到技巧、语言和主题分析,文学研究的文学性就是把文学研究区别于其他非文学的研究,就是把文学研究划定在一个封闭的狭小领域之中。获得学术界好评的研究成果往往是"局部决定论"(利奥塔)的产物,它们严重地脱离了社会实践和公众。一方面是精神艰涩的语言和分析,另一方面则是与公众和常识距离越来越远。因此,文化研究的必要性就在这里彰显出来,它一方面是对学科化和制度化的文学研究的反叛,另一方面又把种种"非文学性"的路径和视野引入文学研究,因而带来文学研究的深刻变化。在中国文学研究中,我们曾经饱受政治干预和权力话语的歪曲之苦,使得文学研究变得面目全非。在今天,强调学科化的、规范化的自治性的文学研究的确有其合理的根据。但是,问题总有相反的方面,在强调文学研究的非政治化的同时,却把复杂的意识形态遮蔽起来,把文化或文学史上的种种权力关系掩盖起来,使得文学变成一个理所当然的发展历程,而文学性也被视为自然而然的文学研究要求。但对文化研究来说,这些"理所当然"和"自然而然"均不存在,它质疑的正是这种前提。文学性其实也是一个政治性范畴,是某种文学研究对另一种文学研究的政治策略。在肯定文学性研究合理性前提基础上,我们又要注意到它掩盖的某种偏向,使文学研究封闭化、自律化和经院化的倾向。因此,文化研究凸显了研究的政治倾向性,当然这种倾向性并不是回复到过去那种政治干预和权力话语的附庸上去,而是相反,它要挑战的正是文学活动中存在的种种权力关系和压制。于是,从文学性到政治性,无疑拓展了文学研究的空间和视野,缩小了文学知识与社会实践运动业已拉大的距离。

从文化研究的政治倾向性出发,很自然地就引申出一个重要的问题,那就是研究者的立场和价值论态度。学院化和制度化的研究表面上要求一种科学的客观的态度,科学研究就是排除研究主体的个人偏爱和偏见,力求做到"价值中立"。这种实证主义的观念在晚近人文学科和社会科学中非常流行,它最终是服务于文学研究的学科化和制度化目标的。从学理上说,科学的客观的态度的确是任何科学研究的前提,尤其是自然科学和技术科学。然而,作为人文学科的文学研究,似乎有其独特性。一方面,它所面对的现象本身就蕴含了复杂的难以舍弃的价值关系,另一方面,研究主体本身又往往与研究对象错综纠结,处在复杂的价值关系之中。假如说一个科学家可以价值中立地考察对象,那么,对一个人文学科的研究者来说,价值中立是成问题的。而文化研究反对这种看似科学的价值中立立场,并揭露了所谓的价值中立往往被挪用为掩盖真实政治动机和意识形态的借口,因此公开提倡对社会文化现象的价值批判态度。我以为,就当前中国文学研究来说,"客观的"的、"价值中立"的描述性研究已经成为主流,它从某种程度上扼制了研究者对现实问题敏锐的反应和鲜明的价值态度。所以,提倡文化研究的路径,可以重新确立我们价值论的批判立场,对社会文化现实进行规范性的而不只是单纯的描述性研究。特别是在一个相对主义流行,价值中立时髦和多元论态度泛滥的时代,少一些价值中立而多一些价值关怀的研究不但是可能的,而且是必要的。这正是文化研究给我们的一个启示。

从多元论和价值论态度的关系,必然引申出文化研究的另一重要特色:"地方性"的知识。所谓地方性的知识,是相对于总体性的和普遍性的知识而言的。地方性就是局部性,它表征了一种深刻的文化观念,亦即对本质主义和普遍主义文化观的深刻质疑,强调的是具体的语境化研究方法,而非超越时空具体性的本质主义和普遍主义。文化研究在西方的兴起,实际上反应了一种对占主导地位的资产阶级文化观念的抵御和颠覆,它强调工人阶级或人民的文化,强调被压制和被排斥的少数话语的合法性。从这个起源的意义上说,文化研究乃是一种对主流文化观的反抗,具有深刻的人道精神和民主精神。毫无疑问,在任何社会中,文化的不平等和压制总是以这样或那样的方式存在着,文学中的权力关系是无论如何也无法回避的问题。过去权力话语对文学的压制导致了文学形态的畸形发展,甚至塑造了一代文人的堕落;今天,在文学相对自由的境况下,消费文化的兴起,消费主义意识形态的霸权,以及感性欲望的僭越,已经对文学的发展造成了深刻的影响。文化研究对这种占据主导地位的文学现状的批判,必然对少数被排斥的文学,底层民众的文学要求非常敏感。同时,作为一种策略,文化研究进入文学研究领域,并不追求万能的文学价值观,而是强调价值的多元性。因此,对文化研究的价值论来说,它与其说是一种普遍的共同的价值观,不如说是一种局部的地方性的价值立场。这种价值立场充分注意到社会文化的复杂性和差异性,一方面坚持某种价值态度,另一方面又捍卫多元和宽容的立场,并在两者之间保持某种"必要的张力"。这就意味着,文化研究的价值论态度从根本上说避免了带有暴力色彩的"总体论倾向",它揭露了普遍本质之后所掩盖的某种权力关系和压制,为各种地方性的文化要求和知识构成提供了合理化的证明。因此,从这个意义上说,文化研究与学科制度化的文学研究不同,它决不是一种普遍的审美趣味和文学价值的捍卫者,而是多元价值与少数话语合法性的捍卫者。就中国当前的文学现状来说,它继承了传统文学根深蒂固的"人民性"传统,对欲望和身体写作泛滥的消费主义倾向进行有力的批判,而对弱势群体的生存状况及其文学表现的失落深表关切。

由此便进入了文化研究对经典的看法。我们知道,文学研究在中国已有千年以上的悠久历史。文学的历史对后代来说就意味着经典的历史,而学科化和制度化的文学研究,进一步强化了经典在文学研究中的显赫地位。无论是古典文学,还是现当代文学,研究多半是一个"经典化"的过程,一个对文学作品的美学价值发现和肯定的过程。更有趣的是,文学研究的经典化一方面是选择经典和塑造经典的过程,另一方面又是把经典"神圣化"和制定经典判断标准的过程(诸如天才、想像力、个性和大师的种种"神话")。诚然,文学史没有杰作和大师显然黯然失色,但问题在于,第一,文学的本真历史并不是由文学研究者所确立的少数经典构成,鲜活的文学史其实也就是广阔复杂的文化史、社会史,当文学史被浓缩为几个经典时,文学的真实历史也就被扭曲了。第二,确定文学经典,并不是一个无可争议的共识过程。历史表明,在社会和政治上占据主导地位的阶级及其文人,总是依据自己的标准来确立经典,因此,经典既是发现又是遮蔽,因为在确认经典的同时必然忽略了那些所谓的非经典。文化研究的立场是,首先,承认经典是存在的,但同时指出经典确立的复杂性和文化差异性,并解释隐含在经典认可过程中的复杂权力关系。因此,对于业已确定为经典的文学史,文化研究提供了另类视野,它质疑经典的可靠性,揭橥经典确立过程中的阶级的、文化的和历史的原因,提供对经典的别一种解读。第三,它提出文学史非经典的可能性和合法性,进而重写文学史。文化研究丰富了文学史的思考,拓宽了文学的眼界,使研究更加接近文学的历史面貌。比如,历史上被视为对封建文化具有"颠覆性"的作品,诸如《红楼梦》或是《金瓶梅》,用文化研究的视野来考察,这些经典在成为文学史构成物的过程中,已经逐渐被制度化和学科化了。换言之,在文学研究的格局中,研究本身已经将特定的判断和文化标准加诸作品本身了。因此,对文化研究来说,首先需要质疑的正是这种对经典的种种先在的看法和观念。再比如,说魏晋时期文学的生存态度和审美追求具有对抗封建文化的功能,这种说法也是值得疑问的。因此,对文化研究来说,它要求的不是从现有文学研究结论出发,而是对文学研究的种种前提和理所当然的结论的怀疑和批判性反思。对文化研究来说,解构现成的经典观念,把经典"去魅"乃是一个正当的要求。由此我们可以发现更多的值得思考的"文学问题"。

在文化研究对文学研究的解构中,我们已经涉及一个关键的问题,那就是经典是被经典化的。因此,从地方性知识的策略出发,文化研究的批判性眼光要揭露的是经典确立过程中被歪曲或遮蔽了的真相。伟大的马克思主义者葛兰西认为,文化霸权的确立过程决不像经典的马克思主义作家设想的那样是"暴力的",而是一个潜移默化的"认同"过程。在这个过程中,统治阶级总是把自己的价值观和文化装扮成全民族乃至全人类的普遍价值和文化,因此造成了被统治阶级错误地将这些价值和文化也视做自己的东西,进而形成了对文化霸权的认同和首肯,尽管是不自觉的或无意识的。这个理论后来被文化研究的意识形态理论推进一步。比如结构主义的文化研究提出,在文学中许多语言、用法、文体甚至是观念被认为是理所当然的,这种理所当然背后则掩藏着某种意识形态目的。西方马克思主义理论也指出,社会的意识形态常常是被当做某种自然的、普遍的和共同的东西而呈现出来。伊格尔顿指出:"意识形态往往被感到既是自然而然的,又是无处不在的。通过这一系列复杂的话语机制,意识形态把实际上是党派的、有争议的和历史上特殊的价值观,投射为一切时代和地方均如此的东西,因而是自然而然的,不可避免的,并且是不可改变的。"④文化研究的一个重要任务就是把这种"自然的、不可避免的和不可改变"的东西,还其本来面目,进而揭橥隐藏其后的话语霸权或权力关系,揭示出那些已经被许多人所认同为共同文化和价值的东西的真正属性。比如,以通俗文学或大众文学面目出现的作品,既有可能是为大众的,也有可能是反大众的。所谓的大众文学其实只是一个宽泛的概念,种种内容、主题和风格迥然异趣的作品,均可以纳入这个范畴。但是,大众文学并不一定是大众自己的文学,也许在大众文学的面纱下面隐含着某种反大众的本质。用这种观点来看文学史,所谓经典也不再是"自然的、不可避免的和不可改变的"了。再比如,通常所说的审美趣味或高雅趣味,这样先在的美学标准被用于文学批评实践,也往往被认为是不证自明的或不言而喻的。其实,透过文化研究的视野,这样普遍的共同的美学标准或审美趣味其实并不存在。趣味和标准其实隐含了深刻的阶级、性别、历史和社会差异。把一种未经分析论证的趣味加诸所有文学读者或作家,就是以一种看不见的"暴力"在压制有着不同文化的公众。于是,文化研究就要指出这些差异和潜在的文化"暴力"。

其实,文化研究是和一种知识分子的立场或角色行为联系在一起的。今天,随着文学研究日益学科化和制度化,随着知识分子的角色被文学研究专家的角色所取代,越来越多的人已经退守到一个狭小的、封闭的和自治的专业化研究领域,在那些带有技术操作性和适合制度评价的研究课题里皓首穷经。恰如鲍曼指出知识分子角色存在着一个从"立法者"向"阐释者"的深刻转变一样,如今的文学研究者越来越满足于被制度化和学科化所吸纳的研究成果,即使这些成果与真正的文学实践甚至社会运动毫无关联,也有可能被制度和学科评价为具有很高价值的成就。如此一来,专家就意味着只对专门的听众讲授玄学知识的人,而听众也往往只限于学院、学术会议、专业杂志、学术团体等狭小群体。更重要的是,知识分子角色的消失,也就是理论和实践的分离,那种"兼济天下"之士被"独善其身"的专门家取代,理论与社会运动和实践严重脱离。这幅图景其实正悄悄地发生在我们周围。文化研究从根本上看就是重塑知识分子角色的一种话语实践,因为从某种意义上说,较之于学科化和制度化的文学研究,文化研究更具社会实践性,与社会公众和文化语境的联系更加密切。它决不限于刻板封闭的文学学科羁绊,超越了制度化对研究者角色的规定,进入了更加广阔的社会文化层面。或许我们可以这样来表述文化研究与知识分子角色的关系:文化研究对于研究者来说,具有双重意义。第一,文化研究者就在他所研究的对象之中,因此,研究具有某种反身性或反思性。这就要求研究者不能只作为事实的观察者和价值中立者来表达自己的观点,而是必须介入所描述和评价的事实之中,并防止自己所批判和否定的东西重新发生在自己身上。恰如布尔迪厄所指出的:

> 我们一旦观察社会世界,我们就会把偏见引入我们对这个社会世界的认知之中,这是由于这个事实造成的,即为了研究这个社会世界,为了描述它,为了谈论它,我们必须或多或少地从这个社会世界中退出来。……一种真正的反思社会学必须不断地保护自己以抵御认识论中心主义、科学家种族中

心主义,这种中心主义的偏见之所以会形成,是因为分析者把自己放到一个外在于对象的位置上,他是从远方、从高处来考察一切事物的,而且分析者把这种忽略一切、目空一切的观念贯注到他对客体的感知之中。⑤

第二,文化研究者本身有必要通过研究来干预研究对象,影响对象的演变,使之朝向有利于社会进步和民主正义的方向发展。换言之,文化研究是对文学研究局限性的纠偏,是超越这种局限的尝试,它努力使研究者摆脱单纯的"阐释者"角色,回到"立法者"角色,进而对社会文化的发展产生积极的影响。

至此,我想说,文化研究与其说是一门学科,不如说是一种策略。虽然它也征用文学研究的有效手段来丰富自己,但决不走入文学研究学科化和制度化的窠臼。在我看来,文化研究和文学研究之间存在着难以弥合的张力,文化研究不是要完善文学研究,而是要瓦解文学研究,提供一种"另类"非文学的思路。文化研究甚至不是多学科和交叉学科的研究,因为它的本性是反学科化和后学科的,用赛义德话来说,真正的知识分子应该是"业余的",用威廉斯的话来说,真正的文学批评家是"陌生者的职业"。因为这种业余性和陌生眼光才能赋予研究者一种终极关切和发现的兴趣,进而摆脱制度的限制和文化资本的诱惑,进入真正的文化思考。因此我们有理由认为,文化研究具有一种开放性,它超越了书斋和讲堂而进入广泛的社会实践;文化研究具有某种"去魅"功能,它揭去经典的神圣光环并为边缘话语和沉默话语寻求合法性;文化研究是一种"地方性"的话语,它质疑普遍主义和本质主义,主张差异和关系的复杂性;文化研究不但是一种理论研究,更是一种文化实践,它不但关心文化或文学"是什么",更重要的是它关注文化或文学在"做什么"。从这个意义上说,文化研究是无法界定的。美国学者格罗斯伯格说得好:"我们对它(文化研究)谈论得越多,越不清楚自己在谈什么。当文化研究变成某种确定无疑的主张时,它也就失去了特定性。"⑥这也许正是文化研究的魅力所在。它是不确定的,开放的,没有边界的。如果我们把它固定在一个确定的领域里,文化研究被制度化和学科化,那么,文化研究也就失去了它原本具有的活力和颠覆性。它的非规定性正是它的规定性,或者说,它的活力就来自它不为现有的学科体制及其范式所束缚。

**注释:**

① 约翰生《究竟什么是文化研究?》,罗钢、刘象愚主编《文化研究读本》,中国社会科学出版社 2000 年,第 5 页。
② 其实类似的学科性危机不只在文学研究中,广义地说,它广泛地存在于人文学科和社会科学的各个领域。高度的制度化和学科化导致了思想的匮乏和技术操作性的盛行。社会理论取代社会学而异军突起也是出于同样的原因。参见 Steven Seidman and Jeffrey Alexander, eds. *The New Social Theory Reader*, London: Routledge, 2001, pp. 1—3.
③ 吉罗等《文化研究的必要性:抵抗知识分子与对立的公共领域》,罗钢、刘象愚主编《文化研究读本》,中国社会科学出版社 2000 年,第 85 页。
④ Stephen Regan, ed. *The Eagleton Reader*, Oxford: Blackwell, 1998, p. 236.
⑤ 布尔迪厄《文化资本与社会炼金术》,上海人民出版社 1997 年,第 102 页。
⑥ 格罗斯伯格《文化研究的流通》,罗钢、刘象愚主编《文化研究读本》,中国社会科学出版社 2000 年,第 66 页。

原载《文艺研究》2002 年第 2 期

## 陶东风

# 日常生活的审美化与文化研究的兴起
## ——兼论文艺学的学科反思

当代社会与文化的一个突出变化是审美的泛化与日常社会生活的审美化。这一现象在国外已引起文化学家、社会学家以及美学家、艺术理论家等的广泛关注。Eduardo de Fuente 在题为《社会学与美学》①的一篇文献综述中对此进行了富有参考价值的概述。他介绍了当代西方社会学与美学相互渗透的最新趋势,指出:西方的社会正在经历一场深刻的审美化(aestheticization)过程,以至于当代社会的形式越来越像一件艺术品。越来越多的社会学开始把审美化作为自己主要的研究课题之一,并开始重新思考社会学与美学的关系。他纵览最近十多年来的西方社会学、美学著述后指出:许多西方著名的社会学家与美学家都一致认为:审美化正在成为当代社会的重要组织原则。审美化这个论题的一个主要倡导者维尔什(Wolfgang Welsch)在发表于《理论,文化与社会》的《审美化过程:现象,区分与前景》(Aestheticization Process: Phenomena, Distinction and Prospect)中认为:"近来我们无疑在经历着一种美学的膨胀。它从个体的风格化、城市的设计与组织,扩展到理论领域。越来越多的现实因素正笼罩在审美之中。作为一个整体的现实逐渐被看做是一种审美的建构物。"维尔什所说的"审美化过程"实际上不仅限于城市装饰、购物中心的花样翻新、各种城市娱乐活动的剧增等表面的现象。维尔什(以及其他的一些学者)实际上是把审美化看做是一个深刻的、经过媒介而发生的、体现于生产过程与现实建构过程的巨大社会—文化变迁。这种变迁使那些把审美仅仅看做是"蛋糕上的酥皮"的社会学家感到震惊。维尔什理解的深层的"审美化过程"意味着一种重要的社会组织或社会变迁过程,它对于社会学或社会理论具有核心的意义。他甚至认为,如果说经典的社会学家把理性化(韦伯)、社会分层(杜克海姆)等看做是现代性的动力并以此为研究中心,那么今天的社会学研究则应该把审美化作为研究中心,因为审美化无疑与理性化等一样成为社会组织的核心因素之一。

　　文章指出,今天的审美活动已经超出所谓纯艺术/文学的范围、渗透到大众的日常生活中,艺术活动的场所也已经远远逸出与大众的日常生活严重隔离的高雅艺术场馆,深入到大众的日常生活空间,如城市广场、购物中心、超级市场、街心花园等与其他社会活动没有严格界限的社会空间与生活场所。在这些场所中,文化活动、审美活动、商业活动、社交活动之间不存在严格的界限。接着文章分析了在这种审美泛化的语境下文艺学所面临的机遇与挑战以及文化研究兴起的必然性,指出文艺学的出路在于正视审美泛化的事实,紧密关注日常生活中新出现的文化/艺术活动方式,及时地调整、拓宽自己的研究对象与研究方法。

## 一

　　对于文艺学的学科反思正在引起业内人士的关注。② 引发这种反思的根本原因在于人们对于文艺学的现状并不满意,而这种不满又集中表现在文艺学研究与公共领域、社会现实生活之间曾经拥有的积极而活跃的联系正在松懈乃至丧失,即大家所说的文学研究的"边缘化"。对于文学研究的"边缘化",有各种各样的解释。一种是指文学由于获得了独立于政治与经济的地位以后,不再做工具了,因而也就边缘了。这个意义上的"边缘化"很多人认为是好事,我也认为是好事,因为文学研究在革命年代虽然很"中心",但是它是计划体制与专制政治的产物,它实际上是通过自觉地做政治的工具、丧失自主性而成为"中心"的。这种说法我在很大程度上认同,我自己也曾经撰文这样主张过。但是这只是边缘化的一种含义,独立于政治的东西不一定就是边缘化的,文艺学研究摆脱了政治的奴婢地位以后也不见得就一定是边缘化的。"边缘化"的另外一种含义是由于脱离研究对象的实际而造成的封闭孤立。

文艺学知识生产的特殊问题之一表现在不能积极有效地介入当下的社会文化与审美/艺术活动,不能令人满意地解释改革开放以来(特别是 90 年代以来)的文学艺术活动,尤其是大众的日常文化/艺术生产与消费活动所发生的深刻变化。在大学文艺学这个教科书形态的文艺学的研究与教学中,问题尤其严重。学生明显地感觉到课堂上传授的文艺学知识存在严重地脱离实际、僵化教条的问题,从而产生对于文艺学课程的厌倦、不满以及消极应付的态度(当然这是就一般情况而言,不否定有些大学的文艺学教学正在进行改革)。这里,我们无法详细地描述或列举这些变化。③ 而只能把目光集中于因文化的大众化、商业化以及大众传播方式的普及等原因而导致的大众日常生活的审美化以及相应的审美活动的日常生活化(或曰审美的泛化)。

不管我们是否承认,在今天,审美活动已经超出所谓纯艺术/文学的范围,而渗透到大众的日常生活中。占据大众文化生活中心的已经不是小说、诗歌、散文、戏剧、绘画、雕塑等经典的艺术门类,而是一些新兴的泛审美/艺术门类或审美、艺术活动,如广告、流行歌曲、时装、电视连续剧乃至环境设计、城市规划、居室装修等。艺术活动的场所也已经远远逸出与大众的日常生活严重隔离的高雅艺术场馆(如北京的中国美术观、北京音乐厅、首都剧场等),而深入到大众的日常生活空间。可以说,今天的审美/艺术活动更多地发生在城市广场、购物中心、超级市场、街心花园等与其他社会活动没有严格界限的社会空间与生活场所。在这些场所中,文化活动、审美活动、商业活动、社交活动之间不存在严格的界限。

有些后现代主义的研究者或倡导者则把后现代主义与审美化过程联系起来加以分析。这方面最有影响的理论家当推鲍德里亚。鲍德里亚在他的一系列作品中强调"符号与商品的交融"、"实在与类像之间的界限的消弭"、"审美的内爆"等,意在突出符号在现代社会中的建构作用。"对鲍德里亚来说,正是现代社会中影像生产能力的逐步加强、影像密度的加大,它的致密程度,它所涉及到的无所不在的广泛领域,把我们推向了一个全新的社会。在这个社会中,实在与影像之间的差别消失了,日常社会以审美的方式呈现了出来,也即出现了仿真的世界或后现代文化。"④ 鲍得里亚提出了"超美学"的概念,所谓"超美学",指的是"美学已经渗透到经济、政治、文化以及日常生活当中,因而丧失了其自主性与特殊性。艺术形式已经扩散渗透到了一切商品和客体之中,以至于从现在起所有的东西都成了一种美学符号。所有的美学符号共存于一个互不相干的情境中,审美判断已不再可能。"⑤

费瑟斯通的《后现代主义与日常生活的审美化》也是通过日常生活的审美化来讨论后现代社会的重要尝试之一。他认为日常生活的审美化正在消灭艺术和生活的距离,在"把生活转换成艺术"的同时也"把艺术转换成生活"。后现代社会的特点之一就是艺术与日常生活之间的界限的消失。今天,符号与图像的流动已经成为社会生活(尤其是城市社会生活)中的一大景观,它们已经渗透到当代社会的日常生活的肌理中。⑥

## 二

无可否定的是,日常生活的审美化以及审美活动日常生活化深刻地导致了文学艺术以及整个文化领域的生产、传播、消费方式的变化,乃至改变了有关"文学"、"艺术"的定义。这不仅仅是发生在西方发达资本主义社会的现象,我们在中国的许多大城市中分明也可以感受到这种审美的泛化或日常生活的审美化趋势(当然有人把这种"泛化"视为艺术的堕落则属于价值评价的问题,它实际上从另一个角度承认了泛化的事实)。这应该被视做既是对文艺学的挑战,同时也是文艺学千载难逢的机遇。90年代兴起的文化研究/文化批评在我看来就是对这种挑战的回应。它已经极大地超出了体制化、学院化的文艺学研究藩篱,大大地拓展了文艺学的研究范围与方法。这种变化较早地发生在90年代初期关于大众文化、后现代主义、后殖民主义等的讨论中,后来扩展到更加具体的经验性的个案分析,比如王晓明、陈思和等人关于"成功人士"的讨论,包亚明关于上海酒吧的解读,倪伟关于城市广场的分析,等等。⑦笔者则尝试用文化批评与意识形态批判的角度对广告进行了研究。⑧这些研究尽管目前看来还水平不一,有些还停留在比较浅显的印象描述层次,但其研究的对象令人耳目一新,大大地超出了传统的文学艺术作品;其方法也非常不同于传统的文学研究,进入到了文化分析、社会历史分析、话语分析、政治经济学分析的综合运用层次,其研究的主旨则已经不是简单地揭示对象的审美特征或艺术特征,而是文化生产、文化消费与政治经济之间的复杂互动。

但是毋庸讳言的是,从整体上看,我们的文艺学在解释90年代新的文化与文艺状态时依然显得十分无力,许多学者采取消极回避或情绪化拒斥的态度,惟独不能也不想在学理上做出令人信服的解释。我以为,导致这种状况的原因主要有:

中国文艺学的本质主义的思维方式。本质主义是一种形而上学的思维方法,在本体论上,它不是假定事物具有一定的、可以变化的"本质",而是假定事物具有超历史的、永恒不变的普遍/绝对本质。表现在文艺学上,就是不管中外古今的文学都具有万古不变的本质。这种本质在分析具体的文学现象以前已经先验地设定。否认文艺活动的特点与本质是历史地变化、因地方的不同而不同。在认识论上,本质主义坚信人只要掌握了科学的、理性的分析方法就可以获得绝对正确的对于本质的认识,否定知识(包括文艺学知识)的历史性与地方性。

这种本质主义导致文艺学知识创新能力的衰竭,不能随着时代与环境的变化而不断地反思知识的历史性与地方性,从而对变化着的文学艺术活动做出及时而有力的回应。比如在创作论方面,本质主义的文艺学认为文学创作具有固定不变的"过程",设定了僵化固定的创作"阶段"。这种机械的创作论根本无法解释日新月异的创作活动,尤其不能解释今天的网络文学创作。在网络文学创作中,构思、写作乃至批评几乎是同步进行的。在作品论方面,本质主义文艺学假定文学作品的各种体裁都具有僵化固定的本质,而不顾文学史的实际情况早已突破了这种"题材特征"。其结果是大量新兴的文艺作品无法进入现成的题材归类(比如流行歌曲的歌词是否是"诗"?)并被排斥在教科书之外;在欣赏论方面,本质主义的文艺学假定文艺欣赏具有固定的规律——审美心理距离或与审美的无功利性,而实际上,现代大众文化的接受活动已经完全打破这种"审美心理距离"理论。

在我看来,阻止文艺学及时关注与回应当下日新月异的文艺/审美活动的最主要障碍还是封闭的自律论文艺学。这种自律论的文艺学现在看来已经很难解释当代文艺/文化活动的变化,尤其是文化与艺术的市场化、商业化以及日常生活中的泛文艺/审美现象。它还导致文艺学在研究的对象上作茧自缚,拒绝研究日常生活中的审美现象与文化现象(比如流行歌曲、广告、时尚等),把它们排挤出文艺学的研究范围(西方的文化研究与此形成巨大的反差,广告、流行歌曲乃至随身听等都已是西方文化研究的重要研究对象)。

当然,文艺的自律性诉求在80年代是具有进步意义与革命意义的,它直接配合公共领域中的重大论争,紧密联系于当时的思想解放运动,批判与清算"文革工具论"的文艺学,要求给予文艺以独立的地位。这一点必须予以充分肯定。但是80年代的文艺自主性理论本身就是多重力量参与其中的社会历史建构,它与当时具体的政治气候、与意识形态的变化紧密关联,因此并不是什么文学的"一般规律"的表现。如果不能正视这一点,就会使得本来具有革命意义的自主性理论变成排斥新事物的霸权话语。事实上,进入90年代以后,自主性文艺学在许多方面已经表现出自己明显的局限性。诸如:由于坚持纯文学的立场而导致拒绝承认大众文化的合法性,导致文艺学的研究对象过于狭隘,局限于经典的作家作品而排除新出现的文学艺术形式或审美活动的承载方式(比如广告、时尚等)。文艺学如果回避日常生活的审美化以及审美泛化的事实,只讲授与研究历史上的经典作家作品;如果坚持把那些从经典作品中总结出来的特征当做文学的永恒不变的"规律",那么它就无法建立与日常生活与公共领域的积极的建设性的关系,最后导致自己的萎缩与枯竭。在这里,我倒不是呼唤文艺学应该重返权力中心,而是说任何人文科学研究在我看来都应当对变化着的社会文化现象做出及时而有力的回应,这种回应可以是批判性的、站在边缘立场的,但前提必须是把批评建立在严肃的学理分析的基础上。那种只有激情而不愿或不能令人信服地解释对象的所谓"批判"已经太多也太滥了。

## 三

更为根本的是,文艺学研究如欲有效地回应90年代的艺术/

审美新状态,除了扩大研究对象以外,更重要的是调整研究方法与学术范型。由于导致文艺/审美活动巨大变化的根本原因是当代中国的社会文化环境而不是艺术本身,所以文艺学研究的当务之急是重建文艺学与现实生活之间的有机的、积极的联系。在这里,自律论文艺学那种局限于文艺内部的所谓"内部研究"方法已经很难担当这个使命。我们应当大量吸收当代西方的社会文化理论,结合中国的实际,创造性地建立中国的文化研究/文化批评范式,这样才能有效地解释当代文艺与文化活动的变化并对其深刻的社会原因做出分析。这是文化研究/文化批评历史性出场的现实要求。

然而这样做似乎会招来"回到外部研究"乃至"回到庸俗社会学"的指责。已经有不少批评者把文化研究/文化批评归入文艺社会学或所谓"外部研究"。⑨当然,就文化批评与文学社会学都反对封闭的"内部研究",致力于揭示文学艺术与时代、社会环境的紧密联系而言,两者的确存在相似之处。⑩众所周知,文学社会学重视文艺活动的社会环境。埃斯卡皮曾经这样概括文艺社会学的特点:"首先,(文艺社会学)确立了一种文化生产的制度与实践的方法论;其次,把文化作为一种更为广泛的社会和历史框架中的一部分加以研究。"同时,文艺社会学能够有效地解释文艺活动的商业化以及它与经济活动的关系,用埃斯卡皮的话说:"由于文学离不开为宗教所不屑一顾的经济问题,因而就更应当面向社会学。"⑪此外,文艺社会学的优势还体现在否定艺术具有普遍永恒的规律、法则及其"自然的"、"超越"的价值,"与其这样还不如把它们看做是社会历史的产物,是在特定的制度中并通过特殊价值观构成的。"⑫事实上,当代的消费社会及其文化与艺术活动的新变化、生活的审美化与审美的生活化等已经迫切地要求我们改变关于"文学"、"艺术"的观念,大胆地把流行歌曲、广告、时装等吸纳到自己的研究中(至于它们是否属于文学艺术则大可不必急于下结论,许多在当时不被视做"文学"的文本在日后获得认可的事例比比皆是)。我们应该抛弃学者、大学教授以研究广告或时尚为耻的传统观念。英国著名的理论家利维斯(曾经写过研究英国小说的名著《伟大的传统》)就曾经研究过广告。持社会学观点的人一般认为文学的定义是多种多样的,没有一成不变的"文学"的概念。比如埃斯卡皮的《文学社会学》认为:"只要能让人们得到消遣,引起幻想,或者相反,引起沉思,使人们得到陶冶情操,那么,任何一篇写出来的东西都可以变成文学作品。G.K.切斯特顿甚至指出:火车时刻表也有文学用途。"⑬西方马克思主义者伊格尔顿曾经详细地讨论过西方文论史上各种关于"文学"的定义,最后的结论是"什么是文学"是一个历史的变化的问题,"文学"本身就是一个历史与文化的建构,不存在一成不变的"文学",也没有永恒的文学"本质"。他甚至认为,或许有一天,莎士比亚的作品会被排挤出"文学"的大门。⑭而乔纳森·卡勒则更极端地认为:"文学就是一个特定的社会认为是文学的任何作品,也就是由文化来裁决,认为可以算做文学的任何文本。"他甚至举了一个极端的例子:问"什么是文学"就像问"什么是杂草?"答案是:"杂草就是花园的主人不希望长在自己园里的植物。"在卡勒看来,"假如你对杂草感到好奇,力图找到'杂草状态'的本质,于是你就去探讨它们的植物特征,去寻找形式上或实际上明显的、使植物成为杂草的特点,那你可就白费力气了。其实,你应该做的是历史的、社会的,或许还有心理方面的研究,看一看不同的地方、不同的人会把什么样的植物判定为不受欢迎的植物。"⑮因而还不如转移视线,去探讨"是什么让我们(或者其他社会)把一些东西界定为文学的?"这个更有意思的问题。其实,他们的言论并非危言耸听,证诸中外文学史,"文学"的观念的确不是一成不变的。

法国社会学家布尔迪厄更把关于"作家"、"艺术家"的界定看做是一种文化权力的斗争。他认为:"文化生产的场域是一个斗争的场所,在这里最为重要的是拥有一种关于艺术家的支配性的界定权力,以便划定那些被赋予参与界定艺术家的斗争权力的人的数量。业已确立的关于艺术家、作家的界定可能通过扩大在文学事务中有自己的合法声音的人的数量而被极大地改变","虽然每个文学场域都是争夺对作家的界定的权力场所,这一点是确凿的,但是事实依然是,科学的分析如果不想犯把特例普遍化的错误,那么,就必须知道他们只能与关于作家的历史性界定相遇——这种界定与争夺对于作家的合法界定的特定斗争状态相对应。"⑯

## 四

但是,只看到文化研究与文学社会学的相似之处,甚至把它们完全等同起来是具有误导性的。在我国,长期占据支配地位的是诞生于西方19世纪的文艺社会学模式。其中尤其以泰纳为代表的实证主义兼进化论的文学社会学模式,以及以马克思开创的辩证唯物主义文学社会学模式影响最大。关于泰纳(又译为丹纳)的文学社会学,韦勒克曾经分析说:"泰纳代表了处于19世纪十字路口的极复杂、极矛盾的心灵:他结合了黑格尔主义与自然主义心理学,结合了一种历史意识与一种理想的古典主义,一种个体意识与一种普遍的决定论,一种对暴力的崇拜与一种强烈的道德与理性意识。作为一个批评家,从他身上可以发现文学社会学的问题所在。"⑰这段话指出了泰纳文学社会学的要点:1. 孔德的实证主义哲学与兰克的实证主义史学。相信"客观规律"的存在。这反映了19世纪自然科学的进展及其方法对于人文科学的渗透,崇尚客观主义与经验方法,具有机械论特征。2. 理性主义的历史哲学,"时代精神"决定论。相信通过理性可以把握历史的总体过程,相信历史的必然性,从理论模式出发而不是从经验事实出发,但是又把这个理论模式当做"客观规律"。3. 进化论。达尔文的生物进化论在泰纳的艺术(史)社会学中表现为环境决定论,适合于环境的艺术类型会得到发展,否则被淘汰。他的《艺术哲学》频繁地使用生物学术语,用生物学"适者生存"的原理来比附文学艺术的发展。泰纳的《艺术哲学》由著名的翻译家傅雷先生翻译,早在60年代就由人民文学出版社出版,后一再重版,在文学/艺术理论界生产了相当大的影响。其机械决定论色彩与伪装在自然科学外表下的理性主义倾向在中国的文艺社会学中都有相当严重的反映。

马克思主义的文艺社会学(其真正的学科形态是在前苏联建立的)建立在基础与上层建筑这个基本的社会理论构架上。在这个基本框架中,物质/精神、经济基础/上层建筑、存在/意识构成了一系列二元对立关系。文化/艺术被列入精神、上层建筑、意识的范畴。尽管马克思主义的创始人曾经有过对文化/意识形态的相对独立性的强调,但在西方马克思主义以及许多当代的社会理论家看来,马克思主义社会理论的基本框架决定了任何关于上层建筑、文化自主性、文学艺术相对独立性的言论在根本上都不能弥补其忽视文化与精神的独立性(即所谓经济还原主义)的基本缺憾。也就是说,在马克思主义的创始人那里,文化没有被视做一种基本的、同样具有物质性的基本人类实践活动,忽视文化在建构社会现实与人性结构中的重要作用。这一点已经引起西方马克思主义者的普遍警惕。正如亚当·库珀指出的:"马克思主义的美学家(指马克思以后的西方马克思主义——引注)已经避开了那种关于'基础和上层建筑'的简单的、使人误解的比喻说法,这种说法常常具有用经济还原论解释文化的危险,以及将文学和艺术仅仅构想为阶级和经济因素'反映'的危险。"⑬葛兰西、阿多诺、戈德曼、阿尔都塞以及苏联的文论家巴赫金等都在力图克服马克思的经济主义方面做出了极大努力。

总起来看,泰纳等人的文学社会学存在严重的机械决定论、实证主义、进化论倾向,忽视文学艺术的自身规律,这些都成为新批评与形式主义批评的对象。没有吸收西方20世纪语言论转向与文化论转向的成果。特别是马克思主义的文学社会学在前苏联文论界被极大地庸俗化简单化,而对我国文论界产生支配性影响的恰恰就是这种庸俗的马克思主义。

五

在澄清了传统文学社会学的缺陷以后,文化研究与它的差别就显得十分明显了。产生于20世纪60年代的文化研究是在反思传统文学社会学的缺陷的基础上,广泛地吸收20世纪语言论转向的成果以后产生的。以索绪尔的《普通语言学教程》为标志的语言论转向的成果充分反映在包括形式主义、结构主义、后结构主义、新批评、符号学、叙事学等学科中。这些学科虽然存在文本中心主义的问题,但是却可以有效地克服文艺的庸俗社会学倾向。文化研究固然是对于文本中心主义的反拨,它要重建文学与社会的关系,但是这是一种否定之否定,它吸收了语言论转向的基本成果,这种重建因而决不是要回到机械的还原论与决定论。相反,深受20世纪语言哲学,尤其是后结构主义语言哲学影响的文化研究,非常强调语言与文化是一种基本的社会实践,它具有物质性。比如英国著名的文化研究者斯图亚特·霍尔指出:"文化已经不再是生产与事物的'坚实世界'的一个装饰性的附属物,不再是物质世界的蛋糕上的酥皮。这个词(文化——引注)现在已经与世界一样是'物质性的'。通过设计、技术以及风格化,'美学'已经渗透到现代生产的世界,通过市场营销、设计以及风格,'图像'提供了对于躯体的再现模式与虚构叙述模式,绝大多数的现代消费都建立在这个躯体上。现代文化在其实践与生产方式方面都具有坚实的物质性。商品与技术的物质世界具有深广的文化属性。"[19]文化的物质化与物质生产的文化化在法兰克福学派的文化工业理论中有充分的体现,我们不难在今天这个所谓"知识经济"时代的日常生活中观察到这种现象。它不仅印证了日常生活的审美化,同时也使得文化/物质生产、意识形态/上层建筑的二元模式受到挑战。法国著名的社会学家图雷纳在《现代性与文化多样性》中指出:"当前我们正目睹超越工业社会的社会的出现,我们把它们称为'程序化社会',其主要投资包括大批量生产和批发象征性货物。此种商品具有文化的属性,它们是信息、表征和知识,它们不仅仅影响劳动组织,而且影响有关的劳动目标,从而也影响到文化本身","故而说社会在前进,从有能力组织贸易进步到有能力生产工业产品,再进而到能生产'文化产品'。给这些不同类型的社会下定义,不但要着眼于不同类型的投资,而且一定要看到对世界以及主体的特定的表征方式。"[20]

此外,文化研究试图在吸收语言论转向的基础上建构一种超越自律与他律、内在与外在的新的文艺-社会研究的方法。在这个方面,布尔迪厄的研究特别具有启示意义。布尔迪厄文化社会学的一个基本着力点就是要打破内在/外在、个体艺术家/社会环境、自律/他律、文学形式/社会内容、能动性/结构等等之间的二元对立。他通过对"场域"、"习性"等概念的细致阐释,既避免孤立地站在文学形式系统内部看待形式的所谓"内在阅读"方法,也避免了只关注艺术形式与生产者的社会条件的外在分析方法;既避免了个体艺术家的卡里斯马神话——把艺术创作视为纯粹的超功利活动;也避免了把作品与作家简单地等同于阶级代言人的庸俗社会学。[21]

西方文化研究认为,不能把社会关系简单、机械地还原为阶级关系,进而把人际之间的支配与被支配、压迫与被压迫关系简单地还原为资产阶级与工人阶级的关系。机械的阶级论势必忽视社会关系/权力关系的复杂性与多元性以及人的社会身份、社会关系的超阶级的维度,比如民族的维度、性别的维度等。西方的文化研究则依据受到60年代以降新社会运动(如女性主义运动、绿色和平运动、同性恋权利运动等)以及后结构主义的影响,倡导微观政治以及对于社会权力关系的更细微复杂的认识。这种微观政治理论在文学研究中的具体表现,就是在作家与作品分析中避免机械的阶级论取向。应该承认,机械套用阶级论的模式来分析作家以及作品中人物的身份、立场,是前苏联文艺社会学,也是深受其影响的我国很长一个时期的文学社会学之所以显得庸俗的重要原因。而今天的文化研究与此前文学社会学的一个重要区别就是突破了机械的阶级论框架,关注比阶级关系更加复杂细微的社会关系与权力关系——比如性别关系、种族关系等。在这方面,女权主义与后殖民主义批评尤其具有代表性,取得了令人瞩目的成果。比如女性主义批评认为性别不仅关涉到人的生理维度,同时也关涉到人的社会文化维度。他/她热衷于解剖一个社会的文化如何理解并塑造人的性别特征,如何影响到作家对于自己的男女主人公的性征的认识与塑造。正如有人指出的:"承认艺术社会学的多科交叉的特性,也就必须提及女权主义批评家和历史学家的工作,他们已经注意到了妇女被排除出艺术生产和艺术史之外的现象,并提出了挑战……关于'为什么没有伟大的女艺术家'的问题,其答复必定是一种社会学的或社会-历史的答复,而女权主义者的分析使我们得以理解文化产生中性别的单面性以及艺术表象中父权制意识形态的主导性。"㉒

总而言之,新兴的文化研究并不是要回到以前的庸俗社会学,即使认为它要回归文艺社会学,那也是一种经过重建的文艺社会学,克服机械的反映论与阶级论是这种重建的重要环节与议题。

**注释:**

① "Sociology and Aesthetics",发表于《欧洲社会理论杂志》2000年5月号,第239—247页。
② 参见《文学评论》2001年第5期、《文艺研究》2001年第5期陶东风的文章,《文艺争鸣》2001年第3期李春青的文章,《文艺报》2001年7月17日起连续发表的黄应全、魏家川、王南等人的文章。
③ 我在另外一些文章中对此做了比较详细的描述,参见陶东风《大学文艺学的学科反思》,《文学评论》2001年第5期。
④⑥ 参见费瑟斯通《消费主义与后现代文化》,译林出版社2000年,第98页,第94页。
⑤ 鲍得里亚《后现代理论》,第175页。
⑦ 这些文章均收入《在新意识形态的笼罩下》,江苏人民出版社2000年。
⑧ 这组文章以"歪读广告"为题自2001年5月起在《中华读书报》连载。
⑨ 参见《南方文坛》1999年第4期《关于今日批评的答问》。
⑩ 英国伯明翰当代文化研究中心的首任主任霍加特就把"文化研究"当做"文学与社会研究"的一种途径,参见周宪等《当代西方艺术文化学》,北京大学出版社1988年,第28页。
⑪⑬ 埃斯卡皮《文学社会学》,浙江人民出版社1987年,第3页,第9页。
⑫ 亚当·库珀等主编《社会科学百科全书》,上海译文出版社1989年,第42页。
⑭ 参见《二十世纪西方文学理论·导言》,陕西师范大学出版社1986年。
⑮ 乔纳森·卡勒《当代学术入门·文学理论》,辽宁教育出版社,牛津大学出版社1998年,第23页。中国方面相似的观念可以参见章太炎《国故论衡·文学总略》。
⑯ 参见布尔迪厄《文化生产的场域》,中央编译出版社2000年。
⑰ R. Wellek, *A History of Modern Criticism*, IV, Yale University Press, 1965, p. 57.
⑱⑳ 亚当·库珀主编《社会科学百科全书》,第42页,第43页。
⑲ 参见 Eduardo de la Fuente, "Sociology and Aesthetics," *European Journal of Social Theory*, Vol. 3, No. 2, May, 2000, p. 245.
⑳ 《社会转型:多元化多民族社会》,第17页。
㉑ 参见布尔迪厄《艺术的法则》,中央编译出版社2001年。

原载《浙江社会科学》2002年第1期

# 王岳川

## 消费社会的文化权力运作
—— 鲍德里亚后现代消费社会文化理论

在后现代消费社会中,人的心理和行为方式有了显著的变化。如何对这种心理和行为变异进行社会学的深层分析,揭露这个高速发展社会下残存的机制和精神生态困境问题,进而解构旧的体制和认识论、价值论模式,沿着现代性批判理论的道路对西方社会出现的新变化进行分析,理清消费社会中的客体、符号以及符码的多层复杂关系,呈现后现代社会的消费主义本质,成为当代世界学界重量级思想家为之努力的方向。

为了完成对后现代社会的总体性分析,著名法国思想家让·鲍德里亚(Jean Baudrillard)从后现代消费社会理论角度对当代世界加以透视,获得了新的问题意识。他的基本关注层面是:现代性问题与文化危机,消费社会形态转型和媒介传播的结构,消费主义与日常生活,商品拜物教中的精神生态危机,大众传媒与世俗化问题。这些前沿学术问题的研究,对当代世界性的消费社会文化困境的揭示有着重要的意义。鲍德里亚借助诸多新术语,诸如:"仿像"(simulacrum)、"内爆"(implosion)、"超真实"(hyperreality)、"消费"(consume)、"致命"(deadliness)等,重新思考当代世界若干前沿学术问题,代表了当代文化研究的最新理论视野和研究方向,并对当代世界出现的精神生态问题的考察,具有了一种文化生态批评(Ecocriticism)的视野。①

鲍德里亚在齐美尔、马克斯·韦伯之后,直面当今社会的各种问题而大量写作,出版多部论述广泛、颇有影响的著作,主要有《生产之镜》、《仿像与模拟》、《冷酷的回忆》、《完美的罪行》②等。其中《消费社会》等引起触及当代社会的灵魂——消费问题而成为影响深远的著作,系统地提出了当代世界若干前沿学术问题,这些具有宏阔视野和深远历史感的话语,值得我们深加思考。

## 一 现代性问题与"完美的罪行"

对当代传媒形态和全球化境况中生存层面的关注,使鲍德里亚更为关注当代人缺乏交流、闭锁心灵和充满误解误读的现状,这使其将思考的重点放在信息传播和技术霸权问题的研究上,从而为当代信息播撒和心灵整合的研究提供了一个可资重视的文化视点。

在出版《消费社会》、《生产之镜》、《仿像与模拟》、《冷酷的回忆》等著作并获得巨大的声誉后,在其新著《完美的罪行》中,鲍德里亚进一步将自己的研究领域拓宽,不仅研究现代性传媒和技术问题,而且广泛地探索后现代社会中的诸多问题。其中,对完美的罪行、逼真的技术、镜中之物、冷漠和仇恨等当代存在状况进行了深度分析。

在他看来,"罪行"虽然从来不是完美的,但在"完美的罪行"中,完美本身就是罪行,如同在透明的恶中,透明本身就是恶一样。"完美的罪行就是创造一个无缺陷的世界并不留痕迹地离开这个世界的罪行。但是,在这方面,我们没有成功。我们仍然到处留下痕迹——病毒、笔误、病菌和灾难——像在人造世界中心人的签名似的不完善的标记。"③鲍德里亚在分析当今世界的典型事例中,澄清了一系列的误区,诸如当代人容易将虚拟的事物看成现实实在,将心造的幻想当成现实,将超验之思想看成必然的境况,将表面现象当成事情本身。尤其是通过罪行的分析,指明将罪行完美地遮掩使之具有合法性,从而达到消除对世界的激进幻想:"在我们不断积累、增加、竞相许愿的现代性中,我们已忘掉的是:逃避给人以力量,能力产生于不在场。虽然我们不能再对抗不在场的象征性控制,我们今天还是陷入了相反的幻觉之中,屏幕与影像激增的、幻想破灭的幻觉之中。"④

当前,人类正处于一个新的类像时代,计算机信息处理、媒体和自动控制系统,以及按照类像符码和模型而形成的社会组织,已经取代了生产的地位而成为社会的组织原则。后现代时期的商品价值已不再取决于商品本身是否能满足人的需要或具有交换价值,而是取决于交换体系中作为文化功能的符码。鲍德里亚声称:"这个世界的气氛不再是神圣的。这不再是表象神圣的领域,而是绝对商品的领域。其实只是广告性的。在我们符号世界的中心,有一个广告恶神,一个'恶作剧精灵'。它合并了商品及其被摄制时的滑稽动作。"⑤后现代类像时代是一个由模型、符码和控制论所支配的信息与符号时代。任何商品化消费(包括文化艺术),都成为消费者社会心理实现和标示其社会地位、文化品味,区别生活水准高下的文化符号。"长久以来,电视和大众传媒都走出了他们大众传媒的空间,从内部包围'现实'的生活……我们都相信自己的感受器,这就是因为生活和其复制品过于相近、时间和距离萎陷而产生了强烈的雾视效果。……我们曾批评空想的、宗教的、思想的所有幻觉——当时是令人高兴的幻觉破灭的黄金时代。现在只剩下一个:对批评本身的幻觉。进入批评射程的客体——性、梦、工作、历史、权力——以它们自身的消失进行报复,反过来,产生出对真实事物的令人快慰的幻觉。由于不再有受害者可折磨,对批评的幻觉就自己苦恼了。比工业机器更糟,思想的齿轮处于技术性的停转状态。在其行程的尽头,批评思想缠绕在自己身上。"⑥

事实上,当代传媒中的垃圾信息以各种高清晰的图像呈现出来,人们在购买消费、工作选举、填写意见或参加社会活动中,受到传媒不断的鼓动和教唆,大众由此而逐渐滋生一种对立厌恶情绪。于是,冷漠的大众变成了忧郁沉默的一群,社会也因缺乏反馈而消隐。不同阶级、不同意识形态、不同文化形式之间,以及媒体的符号制造术与真实本身之间的各种界限均已消失。镜头代替了任何批判理论模式,因为符号已不再指涉外在的真实世界,而仅仅指涉符号本身的真实性和产生的符号体系本身的真实性。如此一来,"大众传媒的'表现'就导致一种普遍的虚拟,这种虚拟以其不间断的升级使现实终止。这种虚拟的基本概念,就是高清晰度。影像的虚拟,还有时间的虚拟(实时),音乐的虚拟(高保真),性的虚拟(淫画),思维的虚拟(人工智能),语言的虚拟(数字语言),身体的虚拟(遗传基因码和染色体组)。……人工智能不经意落入了一个太高的清晰度、一个对数据和运算的狂热曲解之中,此现象仅仅证明是已实现的对思维的空想。"⑦这一内在而真实的揭示,使人洞悉了当代技术至上主义的内在困境。

更为严重的是,当代人过分依赖计算机,"在普及的接口中,思维自身将变成虚拟的实在,合成影像或文字处理自动输入的等同物。……带着虚拟的实在及其所有的后果,我们走到了技术的尽头,站在作为非常现象的技术一边。在尽头的那一边,不再有可逆性、痕迹,甚至对先前世界的怀念。"⑧鲍德里亚对这种状况甚为忧虑,并进而注意到:非群体性的个体"软性"问题,诸如个人、身体、文化等,成为了当代理论关注的热点。殊不知,对计算机的依赖最终表征为对网络这一新传媒形式的依赖,巨大的页面浏览量已经正在使网络成为平面媒体之后的第四媒体,这种媒体巨大的赢利欲望造就、设定了广告＋电子商务(网上商店)的赢利模式,等着每一个打开网页浏览的人。于是消费和诱导就成功地结合起来。

现在世界盛行的是对理性本身的反动,而事实上理论家们又找不到取代理性之物,于是在思想的空场中,理性日益丧失其当代合法性。人们在日常生活中也日益重视偶然原则、赌博原则、机遇原则,于是抛弃理性标准成为这个时代的思维惯性,并遭遇到若干严重的后果。"大众传媒的真相就是:它们的功能是对世界的特殊、惟一、只叙述事件的特性进行中性化,代之以一个配备了多种相互同质、互为意义并互相参照的传媒的宇宙。在此范围内,它们互相成为内容——而这便是消费社会的总体'信息'。"⑨鲍德里亚已经看到后现代传媒在加剧人们心灵的异化、在肢解社会心理和个体心性的健全方面所造成的严重威胁,并进而对传媒在"文化工业"生产中消蚀意义的功能加以清算,这是颇具独到眼光的。

在一个技术崇拜的时代,复制成为这个世界的最大胆的谋划。"支配这个世界的不再是上帝。是我们自己的感觉器官。……我们甚至不再提亚当的脐的问题:是整个人类必须装上一个逼真的脐,只要我们身上不再有会把我们与真实世界连接起来的期待的任何痕迹。在一定的时间内,我们还是妇女所生,但不久,我们就和试管婴儿这一代人一起返回到亚当的'无脐'的状态:未来的人类将不再有脐。"⑩应该说,鲍德里亚对当代问题的思考是有深度的。在我看来,衡量一位思想家的最好的尺度,就是看它在所谓的流行文化或者泡沫文化前的反思性深度,以及对历史的深切了解所达到的文化批评悟性。只有庸俗的评论家,才会对一切新潮的东西低能地叫好,才会无原则地从事短期行为的平面性文化泡沫活动。

对技术性问题带来的负面效应,对当代新文化现象的剖析,使得鲍德里亚的分析上升到文化哲学高度。于是一种独特的人文悲情跃然纸上:"我们既被吞食,又被吸收和完全排出。列维—斯特劳斯划分了两种文化:吸收、吞食和掠夺的文化——吃人肉的文化,及呕吐、排出、驱逐的文化——吸人血的文化,现代文化。但是,我们的文化,我们的当代文化似乎在两种文化之间,在最深入的结合:功能的结合、空间的结合、人的结合和最激进的排出,几乎是生活必需的排斥之间实现了一个引人注目的综合。"⑪这种激愤的言辞在这部书中可以不断看到,使《完美的罪行》成为当代人真实人生的独特写照,同时也是在新的层面上对现代性的合法性的质疑。

由此,我们明了这个精神生态已经生态失衡的世界和我们的思想平面化状态,以及重建价值平衡的可能性。因为,在现代性的境遇中,思想者的魅力不在于怂恿价值平面化,而是追问深度模式是怎样消失的,而且质疑那些现代性的罪行怎样被新的技术乌托邦修辞成为"完美"的。

## 二 消费社会中的日常生活精神颓败

消费源于人的需要,而人的需要可以不断制造出来。当代人缺乏交流、闭锁心灵和充满误解误读的现状,使鲍德里亚将思考的焦点放在后现代信息传播和消费社会中的人的价值存在研究上。一方面他关注电视传播的正负面效应的研究,为当代信息播撒和心灵整合的研究提供了一个可资重视的文化视点。另一方面,关注消费社会中身体与自我问题、身体与他者问题、肉体取代灵魂而灵魂在肉体中沉睡问题,这些问题已然成为今日文化研究所关注的救赎与解放的问题。

一般而言,当代消费社会具有几个明显特征。

其一,从消费社会根源而言,消费社会以最大限度攫取财富为目的,不断为大众制造新的欲望需要。在个人暴富的历史场景中,每个人都感到幸福生活就是更多地购物和消费,消费本身成为幸福生活的现世写照,成为人们互相攀比互相吹嘘的话语平台。社会物质不再是匮乏的而是过剩的,思想不再是珍贵的而是老生常谈的,节约不再是美德而是过时的陈词,社会财富这块大蛋糕等着人们疯狂地分而割之,"据为己有"成为"丰盛社会"的个体原则。

其二,消费意识的转化,超前消费和一掷万金成为时代精神的表征。消费社会运作结构善于将人们漫无边际的欲望投射到具体产品消费上去,使社会身份同消费品结合起来,消费构成一个欲望满足的对象系统,成为获得身份的商品符码体系和符号信仰的过程。加上广告的轰炸诱导,当代人不断膨胀自己的欲望,纷纷抛弃了独立思考的原则而加入到听从广告消费的物质饕餮大军之中,更多地占有更多地消费更多地享受成为消费社会中虚假的人生指南,甚至消费活动本身也成为人获得自由的精神假象。从而丧失了人与自然、人与社会、人与他人、人与自我的丰满关系,成为全面的商品拜物教的信徒。

正是基于消费社会的特殊性,在《消费社会》中,鲍德里亚鲜明而清晰地剖析了消费社会中人与社会生产、人与物质消费、人与大众传媒、人与精神存在的多重多维关系。强调将消费主义社会与工业资本主义社会加以比较,看到工业资本主义比消费主义少一些诱惑欺骗性。而消费社会却承诺其无法给与的普遍的"幸福"和通过消费达到的"自由"。从而使"幸福自由"本身被消费化了。可以说,这部篇幅不大的书使鲍德里亚成为当今消费社会最为清醒的反思批判家,也使当代问题得以显豁出来:

首先,日常生活中的大众交流问题。

当今世界的物质性使得人们慢慢地变成了官能性物质性的人。人类生活在"物的时代",因不断张扬物质生活的合法性而贬低精神存在,而使人日益成为"物"。这就是鲍德里亚对当代人生活处境的总体判断,这一判断隐含了深刻的批判力量和对未来的忧患意识。

全球化使得整个世界的运行速度加快并超速,速度本身成为人与团体成功的砝码,于是大众交流中获得的不是现实,而是对现实产生的眩晕。这种眩晕不仅是日常生活的节奏加快所造成的,而且是主体在生活中不能真切地把握自身的存在,使日常生活成为生活的河床,并将这种意义加以碎片化造成的。"日常性提供了这样一种奇怪的混合情形:由舒适和被动性所证明出来的快慰,与有可能成为命运牺牲品的'犹豫的快乐'搅到了一起。"⑫ 面对种种日常社会现象的解释,需要关注这种日常生活为人们了解生命的意义提供了怎样的新视界,为观察变动不居的世界提供了怎样的新角度。因为日常生活与日常生活的批判是面对一种事物的不同阐释结果。

在这个后现代或者后物质时代,文化已经商品化,而商品又已经消费化。也就是说,文化只有成为商品进入市场,才能被炒作和被关注,而商品的价值已不再是商品本身是否能满足人的需要或具有交换价值。日常生活的意义正在于其消费性和个体欲望满足性。但是,鲍德里亚同时注意到事物的另一方面:日常经济活动带来了公共环境的破坏。噪音、空气和水污染、自然的破坏和大型公共设施的建造,以及汽车的全球化后果,引起了巨大的技术上、心理上和人力上的赤字。这种现代性的生活,有可能在旋转的生活漩涡中感到世界的庞大和自身的渺小。生活的日常性逐渐演变为一种生活的挫折感并导致一种得过且过的犬儒主义流行。于是,一方面人在国民生产总值的增长中感到幸福生活为期不远,另一方面这种"增长"的神话"掩盖一种集体迷恋的巫术"。⑬ 因此,经济学家成为这个世界的权力运作人,他们一会儿坚持丰盛必将到来的神话,转眼之间又哀叹未来社会的物质匮乏和浪费。使得人生的意义在日常生活的低水平满足中,遗漏了最为重要的重心。在我看来,在日常生活和大众文化交流中,如何弄清个体存在的意义,阐明在物质世界中人的存在的精神性,以及透视经济生活导致的幸福神话,对从事文化研究和日常生活研究的人来说,殊为重要。

其次,消费社会的潜在危险。

消费生活与当代人的生存意义之间有不少差距。"生存意义"的价值贬抑往往在消费社会中意味着经济价值的增长。在日常生活消费中心论者看来,极大丰盛的物质在消费中才有实际意义,而精神生活则好像成为反日常生活的概念。如今在全球化语境中,创业者的传奇已到处让位于消费人的神话。"自我奋斗者"、创始人、先驱者、探险家和垦荒者的一生的传奇色彩已经失效,不再是新生代的偶像。今天的极度消费的"大浪费者生活"亦已成为"简单的"日常生活,生活的意义仅仅是疯狂购物,过花天酒地、纸醉金迷的生活。生活的社会功能和意义在于"奢侈的、无益的、无度的消费功能"。当这一切成为全民共识时,消费中的惊人浪费就成为日常生活的合理景观。"在我们目前的体制中,这种戏剧性的浪费,不再具备它在原始节日与交换礼物的宗教节日里所具备的集体的、象征性的而且起决定作用的意义。这种不可思议的消耗也具有'个性'并由大众传媒来传播。"⑭

更为严重的是,在全球军备和扩军中,用于军事预算和国家官僚开支中的社会财富数额巨大:"这种浪费与赠送礼物的宗教节日里的象征性的芳香毫不搭界,它是一种堕落的政治经济体制中绝望的、生死攸关的解决办法。这种最高层次的'消费'与个人对商品如饥似渴的渴望一样属于消费社会的一部分。……在这个社会中,浪费式消费已变成一种日常义务,一种类似于间接赋税的通常无形的强制性指令、一种对经济秩序束缚的不自觉的参与。"⑮可以说,如今的巨大浪费正是在国家的军事投资、官僚体制的维护、人们消费观念的转变上。这造成了当今社会仅仅追求发展速度和人人拼命竞争的根本原因。说到底,消费社会需要商品来维持这个社会良性发展的假象,而真实的命运是政府和个人在需要物质消费中摧毁这个社会的和平和持续发展。商品过度消费和刺激消费只会导致其社会机体和心理慢性堕落。在这种慢性社会性自杀中,日常生活的原初意义没有得到应有的升华,相反,却使得体制性思想得以顺利征服所有的丧失自我主体的"消费人"。

消费人价值认同的形成,具有相当复杂的社会机制,除了整个生活质量、文化信念、消费程度的社会价值认同外,主要是个体身份的确认,在社会生活中找到自己的位置,获得整个社会的反馈和公认。在鲍德里亚看来,商品消费的象征符号表达不仅是某种流行式样风格,而是名牌政治的声望和权力。人们在消费商品时已不仅仅是消费物品本身具有的内涵,而是在消费物品所代表的社会身份符号价值。诸如富贵、浪漫、时髦、前卫、归属感等象征衍生价值就像异灵附身于商品上,散发出身份符号的魅力魅惑着消费者。消费者在一种被动迷醉状态下被物化成社会存在中的符号——自我身份确认。然而,在日益庞大的消费中,能够获得这种自我身份的真实确认吗?应该说,用消费主义理念支撑的社会,完全有可能成为大众媒体与世俗文化主导的世俗社会。这种社会的运转机制和存在问题都是需要审理的。

其三,广告中虚假幸福与民主的承诺。

大众传媒在不断地造成信息发出、传递、接受三维间的"中断"。传媒"炒"文化的负效应使人们不再重视心灵对话的可能性,而是传媒成为一种话语权力的炒作。这种权力转化为金钱话语使得"广告"成为当代消费社会中的不倒翁。当代广告是商场货品的展示在空间上的巨大扩充。广告通过躯体欲望和消费需要的生产调动人们的内在欲望。在耸人听闻的广告词语后面的"幸福"话语,成为消费社会的人生意义"拯救"的代名词。广告在不断重复的"平等"和"自由"的广而告知中,消解了西方新教伦理对民众的精神垄断和行为规范。这种平等神话的出现,使得社会阶层在消费层面上达到平等,但这种所谓的平等掩盖了内在深刻的不平等。"这种'消息'话语和'消费'话语的精心配量在情感方面独独照顾后者,试图为广告指定一项充当背景、充当一种喋喋不休因而使人安心的网络功能,在这一网络中,通过广告短剧汇集了一切尘世沧桑。这些尘世沧桑,经过剪辑而变得中性化,于是自身也落到了共时消费之下。每日广播并非听上去那样杂乱无章:其有条不紊的轮换强制性地造成了惟一的接受模式,即消费模式。"⑯在消费体系中,广告明白无误地诱导和训导人们该怎样安顿自己的肉身,获得躯体感官的享乐。并由此使得大众彼此的模仿攀比,进入一个高消费的跟潮的消费主义状态。大众在模仿他者偶像之中"挪用"他者的形象,这种消费式的模仿将权力视觉化,或者将话语权力的表征表面化和消费化。⑰

当代理论家莱斯理·斯克莱尔在《文化帝国主义与在第三世界的消费主义文化意识形态》中认为:广告,这种消费主义的文化意识形态传播的主要渠道,常常将自己装扮成教育的,至少是提供信息的正面行为。这里存在两个问题:第三世界的大众媒体问题。对第三世界大众媒体以及其与广告的关系的研究,正适于着手研究消费主义的文化意识形态的运行方式。这一研究应在文化和媒体帝国主义的理论框架之内进行。广告的类型在国家和国家之间尽管有些微差别,在每日出版和定期出版的媒体、电台、电视以及露天宣传栏广告之间也有些差异,但是商品和服务广告的绝大多数都是与消费相关的,而无关于生产。媒体帝国主义在逻辑上是由文化帝国主义所导出的。如果允许美国或者西方对文化的控制,那么它显然是通过对大众媒体的控制来达到,因为它制造了使人服从于"霸权文化"的条件,并且限制了对它进行有效抵抗的可能性。

不难看到,现代广告传媒的权力集中体现在影视和广告等具体形式上。现代生活离不开广告,以致于美国一个年仅16岁的少年,就已长期受到10万条广告的冲击。广告的负面效应在于:充满诱惑的广告本身就是一种世界性的言说方式,一种制约人的意识的不可选择的"选择"。而消费至上所引发的人与人、人与社会、人与世界的紧张关系却不期然地被超前消费性生活包装所掩盖,在国际和国内问题成堆的今天,影视娱乐与传媒广告却无视这些一触即发的问题,甚至以表面的热闹掩盖这些问题,从而呈现不出任何时代的症候。正如鲍德里亚所说的那样"物的量的吸收是有限的,消化系统是有限的,但物的文化系统则是不确定的。相对说来,它还是个无关紧要的系统。广告的窍门和战略性价值就在于此:通过他人来激起每个人对物化社会的神话产生欲望。……动机、欲望、奇遇、刺激、别人的不断判断、不断发展的色情化、信息以及广告的煽动:所有这些在普遍竞争的现实背景中,构成了一种抽象的集体参与的命运。"[18]在这个虚拟时代,是真实的"现实"还是虚假的"复制品"已不再重要。相反,电子时代生产的虚拟形象比真实的现实还要"逼真"。

然而,这种"逼真"毕竟不是"真实"本身。人们看广告似乎常常觉得效果"正相反",上面吹得天花乱坠的同它实际上指涉的东西恰好相反。"问题"正是在其"没有说出的话"中无意透露的。"广告既不让人去理解,也不让人去学习,而是让人去希望,在此意义上,它是一种预言性话语。"[19]现代某些传媒广告在许诺人世间温情时又显示出钱权交易性。这种表面热闹的画面其本质是将虚设和冷漠作为其性格,其外热内冷的冷漠性表征出现代社会意识话语的冷漠性,并以其内部和外部的巨大反差显示了空隙的界限。这表明意识话语同真实历史的冲突关系,从而以自我揭露的方式不断消解虚假。当消费的意识形态通过传媒而上升为大众的显意识时,人们一旦误认为钱是正常的惟一意义所在时,社会的失序就不可避免。

在这个鼓励消费的社会体制中,尽管创造的机遇和分配的制度不是平等的,但"丰盛"社会的新结构使这一问题得到了重新解决。除了巨富以外,剩下的人被排斥在工业体系增长之外成了"穷人"。这样,消费社会的民主问题凸现出来。社会真实平等如能力、责任、社会机遇、幸福的平等,转变成了在物以及社会成就和幸福的其他明显标志面前的平等,转变为地位、电视、汽车和音响等消费形式上的民主。鲍德里亚指出:"在社会矛盾和不平等方面,它又符合宪法中的形式民主。两者互为借口,共同形成了一种总体民主意识,而将民主的缺席以及平等的不可求的真相掩藏了起来。"⑳人们在消费社会中被虚假的自我平衡——崇尚同一时装、在电视上观看同一个节目、大家一起去某俱乐部等所迷惑,甚至用消费平均化术语来掩盖真实问题,其本身就已经是用商品消费与符码标志,来替代对真正不平等问题和对其进行的逻辑的和社会学的分析。进一步看,问题的深层在于:在当代社会中,电视正在对"公共领域"和"私人领域"间的界限加以消解,从而使得一切私人生活空间都有可能被公众化。

其四,人造物质的丰富与自然权力的匮乏。

人造物质的丰富与自然权力的匮乏,跨国传媒的意识形态化造成的东方对西方"文化霸权"的潜移默化的认同,这意味着消费主义的一元性正在排斥其他生活方式和存在方式。一方面是人造物质日益过剩:消费、信息、通讯、文化均由体制安排并组织成新的生产力,以获取最大利润也完成了"从一种暴力结构向另一种非暴力结构转化:它以丰盛和消费替代剥削和战争"㉑。另一方面,是自然物质权力的日益匮乏,即城市工业界的影响使得新的稀有之物出现:"空间和时间、纯净空气、绿色、水、宁静……在生产资料和服务大量提供的时候,一些过去无需花钱唾手可得的财富却变成了惟有特权者才能享用的奢侈品。"㉒在空调、手表、电视机、汽车等日益过剩而贬值的状况下,"绿色"却成为昂贵而需要重新争夺的资源。如今,人们热衷于谈论健康权、空间权、健美权、假期权、知识权和文化权。那么是谁剥夺了这些自然权力?是谁在重新分配这些自然权力?在鲍德里亚看来,"新鲜空气权"意味着作为自然财富的新鲜空气的损失,意味着向商品地位的过渡,意味着不平

等的社会再分配。这种盲目拜物的逻辑就是消费的意识形态。㉓

可以认为,极度生产以及耗费资源,庞大的消费主义并刺激消费欲望,日益成为人们生活大循环中的癌症,使一种丧失了简朴精神生活的状态成为当代物质过剩中的精神贫乏常态。面对这种当代生存状态,应该反思现代性社会的合法性问题。因为:"物质的增长不仅意味着需求增长,以及财富与需求之间的某种不平衡,而且意味着在需求增长与生产力增长之间这种不平衡本身的增长。'心理的贫困化'产生于此。潜在的、慢性的危机状态本身,在功能上与物质增长是联系在一起的。但后者会走向中断的界限,导致爆炸性的矛盾。"㉔鲍德里亚的警告并非耸人听闻,而是将物质丰富化与心理贫困化联系起来,并将过度的物质消费同人的精神生态问题联系起来。

## 三 商品拜物教中的人文审美生态危机

消费社会中的精神生态问题,关涉到人类未来发展的诸多问题。鲍德里亚洞悉后现代传媒在社会心理和个体心性的健全方面所造成的威胁,并进而对传媒在"文化工业"生产中消蚀意义的功能加以清算,是颇具独到眼光的。尤其是他对后现代传媒的审理,进入到后现代理论本身的审理,认为其理论模式已经被"后现代化",理论不再是反思和划定边界,而是为了迎合当今时代的快速、时髦、肤浅和片断化特征。理论在这种自我蒸发中变成了一种"超级商品",成为无思时代兜售和宣扬最时髦消费意识和人生态度的一种谎言工具而已。鲍德里亚尤其关注以下紧迫问题:

首先,城市的异化与人的片断化。

城市从齐美尔开始就被看成是现代性中一个极重要的场域,是现代性膨胀的温床。城市对现代性从生产本位主义的选择与暴富,到消费的无限性,提供了最好的竞争和分配场所。在其中,人与他自己的关系被虚拟化、神秘化,变得更有利于操作。人们在消费物的同时也消费这种主体成功的神话。于是,对一个自由的、有意识的主体提出永恒价值的假设,便成为一种过时的晚装。如今,"消费是一个系统,它维护着符号秩序和组织完整:因此它既是一种道德(一种理想价值体系),也是一种沟通体系、一种交换结构。"㉕事实上,流通、购买、销售,对作了区分的财富及物品符码的占有,这些构成了当代社会语汇和行为的编码,整个社会都在物质和消费层面上获得沟通和交谈。这种消费结构,使得个体的需求及享受成为关键词:"这里起作用的不再是欲望,甚至也不是'品味'或特殊爱好,而是被一种扩散了的牵挂挑动起来的普遍好奇——这便是'娱乐道德',其中充满了自娱的绝对命令,即深入开发能使自我兴奋、享受、满意的一切可能性。"㉖

如果说,在"消费主义"风靡之时,个体就进入到大众生活逻辑之中,成为一种新型权力话语弥漫在世界逻辑中,并有效地排除了人与人之间,以及群体与群体之间面对面的直接交流的需要,从而使文化传播成为一种世俗性的便捷方式。伴随着数码复制的新传媒方式的出现,一种新的大众生活交流方式已然来临,同时也将新的问题摆在了我们面前。

其次,文化消费与"媚俗"的审美时尚。

文化消费中的最严重问题在于精神性的"文化危害",又称为"智力危害"。一种文化模式被另一种话语体系重新论述,并且将历史维度抽离而成为一种非历史的替代品时,就变成了消费对象。这在大众传媒的网络时代尤其明显。

过分的文化消费是对历史的平面化消解,或者对被消费对象进行滑稽追忆,在这个过程中,一切曾经发生的严肃的事情都被加以调侃模仿和游戏化消解。这样,"大众传播将文化和知识排斥在外。它决不可能让那些真正象征性或说教性的过程发生作用,因为那将会损害这一仪式意义所在的集体参与——这种参与只有通过一种礼拜仪式、一套被精心抽空了意义内容的符号形式编码才能得以实现。"㉗这意味着,艺术作品不再成为特殊时间和空间中的被欣赏对象而孤芳自赏,相反,消费大众感到艺术品带来的真正快乐在于在文化工业再生产中可以制造出价廉物美的艺术品"备份"。

于是,在鲍德里亚看来,媚俗成为时代审美的风尚,那些过分粉饰的、伪造的"蹩脚"物品,附属物品、民间小杂什、"纪念品",成为人们生活中的装饰品。"媚俗有一种独特的价值贫乏,而这种价值贫乏是与一种最大的统计效益联系在一起的:某些阶级整个地占有着它。与此相对的是那些稀缺物品的最大独特品质,这是与它们的有限主体联系在一起的。这里与'美'并不相干:相干的是独特性,而这是一种社会学功能。"㉘ 在媚俗而贫乏的文化氛围中,人们分成不同的阶层并形成日益弱化着自身的欣赏趣味。"媚俗"提出了其"模拟美学"——失去原作精神的滑稽模仿。这种缺乏实际操作意义的对功能的模拟美学,是与社会赋予媚俗的功能深刻相关的。"这一功能便是,表达阶级的社会预期和愿望以及对具有高等阶级形式、风尚和符号的某种文化的虚幻参与;这是一种导致了物品亚文化的文化适应美学。"㉙

连结在传媒系统中媚俗,并在多重传播与接受过程中,将不同人的思想、价值认同都整合为同一观念模式和同一价值认同。这种传媒介入所造成的私人空间公众化和世界"类像化"的家庭化,导致了传媒的全球化倾向。从此,"媚俗美学"成为后传播时代的审美风尚,即美学已渗透到了经济、政治、文化以及日常生活中,因而丧失了其自主性和特殊性。"可以把流行定义为心理认知不同层次的一种游戏或操作:一种心理的立体主义,它不根据空间分析,而根据整个文化,以其知识和技术装备,如客观现实、反映写照、绘画表现、技术表现(摄影)、抽象概括、推论叙述等等,为出发点在几个世纪的过程中制定的种种认知模态来寻求对物品进行衍射。另一方面,商标的使用和工业技术造成了分割模式、双重模式、抽象模式、重复模式。"㉚。这导致艺术判断的丧失和艺术市场标准的丧失:一方面是媚俗艺术品漫天要价,使得价格不再代表作品的相对价值,而只是表现了一种"价值的疯狂"和价格的暴力,另一方面,是消费逻辑取消了艺术表现的传统崇高地位,媚俗艺术品成为一个身份和地位的矫情的符码。更为严重的是,将日常性作为艺术作品的精神气质,在重复之中显示重复的乏味,或者在作品中注重对象的日常性、偶然性、粗糙性,使艺术成为生活无力的附庸品,从而将艺术的独创性和革命性加以消解。

第三,电视播撒与消费心理模式。

电视传媒指出的事件是打上了权力话语的烙印的。鲍德里亚强调,媒体让我们看到的世界以牺牲世界的丰富性为代价。人成为媒体的附属或媒体的延伸。媒体将人内化,使人只能如此看、如此听、如此想。"大众传播的这一技术程式造成了某一类非常具有强制性的信息:信息消费之信息,即对世界进行剪辑、戏剧化和曲

解的信息以及把消息当成商品一样进行赋值的信息、对作为符号的内容进行颂扬的信息。简而言之,这是一种包装。"㉛

人从接受的主体成为媒体的隶属品——终端接受器,接受储存了很多信息,而却无法处理,因为人脑已被这些信息塞得满满的,人从思想的动物退化为储存信息的动物,并因超负荷的信息堵塞而导致信息膨胀焦虑症和信息紊乱综合症。"电视带来的'信息',并非它传送的画面,而是它造成的新的关系和感知模式、家庭和集团传统结构的改变。谈得更远一些,在电视和当代大众传媒的情形中,被接受、吸收、'消费'的,与其说是某个场景,不如说是所有场景的潜在性。"㉜电视始终将不同文化、不同习俗、不同品味、不同阶层的人,连结在传媒系统中,并在多重传播与接受过程中,将不同人的思想、体验、价值认同和心理欲望都"整流"为同一频道、同一观念模式和同一价值认同。在这里,人与世界、人与自我、人与他人的对立似乎消失了,似乎不再有主体与客体的对立,不存在超越性和深度性,不再有舞台和镜像,只有网络与屏幕,只有操作的单向涉入与接受的被动性。㉝

值得注意的是,电视在根据某种编码规则对现实进行了重新诠释后又不加区别地将它们播发出来,在鲍德里亚看来,这一编码规则既是一种意识形态结构,也是一种充满大众文化意识形态的编码规则的技术结构。"大众传媒化消费中的意义转向、政治的非政治化、文化的非文化化、主体的非性化都是超越于对内容的'肆意'重新诠释之上的。一切都是在形式上发生了改变:无论何处,在真实的地点和场所之中,都有完全产自编码规则要素组合的一种'新现实'的替代品。"㉞

同时,媒体具有"敞开"(呈现)和"遮蔽"(误导)二重性,当今世界通过镜头组接以后的弥天大谎层出不穷,甚至电脑特技制造的"真实的谎言"或"虚假的真实"比比皆是。于是,媒体不断地造成各种"热点"和"事端",媒体成为当代价值的命名者——在制造虚假和谎言的同时,不断地塞给人们虚假的幸福感和存在感。"电视传媒通过其技术组织所承载的,是一个可以任意显像、任意剪辑并可用画面解读的世界的思想(意识形态)。它承载着的意识形态是,那个对已变成符号系统的世界进行解读的系统是万能的。电视只是希望能成为一个缺席世界的元语言。"㉟

人们通过媒体看到的是,媒体与其他媒体之间不断参照、传译、转录、拼接而成的"超真实"、"超文本"的媒体语境,一个"模拟"组合的"数码复制"的世界。这种复制和再复制使得世界走向我们时,变得主观而疏离。"它就这样伪造了一种消费总体性,按麦克卢汉的说法就是使消费者们重新部落化,就是说通过一种同谋关系,一种与信息但更主要是与媒介自身及其编码规则相适应的内在、即时的勾结关系,透过每一个消费者而瞄准了所有其他消费者,又透过所有其他消费者瞄准了每一个消费者。"㊱尤其是经多媒体电脑加工的文化品,更日益成为沟通中的"绝缘体"。传媒在多频道全天候的持续播出中,人不断接受储存很多芜杂的信息,而这些信息却无法处理,并因超负荷的信息填塞而导致信息膨胀焦虑症和信息紊乱综合症。

当然,就积极意义而言,传媒在促进人们彼此间的信息交流方面,提供了快捷多样的形式。我以为,拒绝传媒是愚蠢的,然而,同时又必须看到,大众传播行使自己的权力时,又在不断地造成信息发出、传递、接受三维间的"中断"。传媒"炒"文化的负效应,使人们跟着影视的诱导和广告的诱惑去确立自身的行为方式,传媒的全能性介入中断了人的独处省内和人我间的交谈。大众传播的播出的单向度属性,是一种"无回应"缺乏反馈的话语输出,但是其自由选择模式掩盖了这种"无回应话语"的不平等话语权力实质。"电视广播传媒提供的、被无意识地深深地解码了并'消费了'的真正信息,并不是通过音像展示出来的内容,而是与这些传媒的技术实质本身联系着的、使事物与现实相脱节而变成互相承接的等同符号的那种强制模式。"㊲

人们凝视电视而达到一种"出神忘我"的状态,这实际上是一种"窥视欲"的生产与再生产。人们借助电影、视盘、电视可以窥视他人的生活,乃至犯罪的过程、性与暴力的过程。人们的私有空间成了媒体聚焦之所,整个世界方方面面的事都不必要地展现在家里。尤其是那些矫情的、色情的、无情的片子,更是使人在迷醉中得到下意识欲望的满足又膨胀出更刺激的欲望。不难看出,这种传媒介入所造成的私人空间公众化和世界"类像"的家庭化,导致了传媒(尤其是卫视)的世界一体化,从而使紊乱的信息传播全球化。这一方面有可能使信息扩张和误读造成"文明的冲突"(亨廷顿），另一方面，传媒信息的膨胀因失去控制而使当代人处于新一轮精神分裂和欲望怂恿的失控状态之中。

其四，身体策略与生命自恋。

人们在放弃了最终的价值承诺以后，开始在消费社会中充分地享受身体欲望的放纵。于是，"在经历了一千年的清教传统之后，对它作为身体和性解放符号的'重新发现'。……人们给它套上的卫生保健学、营养学、医疗学的光环，时时萦绕心头的对青春、美貌、阳刚／阴柔之气的追求，以及附带的护理、饮食制度、健身实践和包裹着它的快感神话——今天的一切都证明身体变成了救赎物品。在这一心理和意识形态功能中它彻底取代了灵魂。"[38]

身体在消费神话中成为新的神话：人具有自己的"处身性"，人的本质不再是一些抽象的形式原则，而是充满肉体欲望和现代感觉的"生命"。身体已经从"面容之美"表现走向了"躯体之力"的表现，从精神意象的呈现走向了欲望肉体的展示。身体成为肉体性、享受性和存在性的证明，脸逐渐被肉体所取代。不仅如此，身体地位成为一种文化表征，在文化话语中，身体关系的组织模式都反映了事物关系的组织模式及社会关系的组织模式。这要求社会说明：身体"这一话语是如何打着协调每个人与自己身体关系的幌子，在主体与作为双重威胁的客观身体之间，重新引入了与社会生活关系相同的关系、与社会关系的规定性相同的规定：讹诈、镇压、被迫害综合症、配偶神经症。"[39]身体的痛苦和走向死亡的灵魂，使得消费社会中个体神经处于高度敏感和麻木无感两极之间，身体欲望由于金钱的强势牵扯，已经很难对真正的精神价值做出切实的判断。

身体的满足成为灵魂逃亡的最新形式——休闲本身的意识形态。于是，在消费中进行集体性的身体"指导性自恋"，成为今天社会欲望再生产的一个无穷宝库。"休息、放松、散心、消遣也许都是出于'需要'，但它们自身并没有规定对休闲本身的苛求，即对时间的消费。自由时间，也许意味着人们用以填满它的种种游戏活动，但它首先意味着可以自由地耗费时间，有时是将它'消磨'掉、纯粹地浪费掉。"[40]休闲并非对时间的自由支配，那只是它的一个标签。身体的外表前所未有地成为虚假的美丽修饰，在错觉的年代里身体策略成为刺激生命原始欲望的方式。人们在高速社会节奏中，将身体和欲望作为交换价值并被它操纵,个体在日常生活的错觉中,自觉主动地变成了金钱和时间的附庸。

鲍德里亚所描述的后现代消费社会,是一个充满风险和危机的社会,隐藏在这个社会表面反常背后的,是模态社会的支配性权力结构。首先,现代性理性在纯粹肉身欲望的冲击中,已经成为理性的碎片,并遭遇到非理性意志全面侵占。享乐主义拜金主义战胜资本主义清教道德而成为整个世界的生存法则,如今的生存指南已经不再是由思想者发出,而是由电视消费广告播撒。消费成为刺激欲望、再生产欲望的人生道德主宰,人在消费欲望之流中才能感到自己的存在意义。消费欲望终于在金钱经济支配的大城市生活中树立起来,它在推动现代人去涉猎私人权力和私人空间当中,却开始抛弃了公共空间和公共权力,随着这种身体空间感和生命时间感的进一步加固,由身体状态的膨胀就引申出这样的当代文化意识形态:个体对异化社会的反抗是没有意义的,坚持理想精神同样是凌空蹈虚而无实际利益,个人无限制地获取欲望满足是正当的,所以无论怎样沉醉在消费中都不过分。在这样的逻辑之下,凡是满足欲望的消费又具有终极合法性,凡是个体身体的欲望就只能释放出来。这样一来,社会意识形态整体上转化为消费意识形态,并不断为消费意识话语所控制,于是人类的道德体系和心智原则有限性终于让位于个体消费欲望的无限性,消费神话在价值失范和道德滑坡中变得冷漠起来。

应该说,在西马学者执著于社会异化、意识形态、阶级斗争、希望绝望问题之后,文化学家开始注视着平等、消费、电视、身体等问题;在解释学与解构学争论文本意义的正读与误读、差异与共识时,消费文化研究深入到日常生活的机制,分析内在运作机制和话语表征关系、文化意识转型。这种从巨型社会文化意识形态分析到微型文化消费意识形态转化,使得问题有可能得到真实的显露。

## 四　白色社会中的大众传媒镜像

人文生态问题成为当代问题的会聚点,有其自身的发展逻辑。在全球化消费主义发展进程中,自然生态和精神生态成为一个问题的两个方面。因为 ego(自我)与 eco(生态)有着内在的和谐联系,需要均衡发展。然而,在这个被鲍德里亚称为日常消费生活的"白色社会"中,这种和谐却被一再地破坏了。鲍德里亚不断审理全球化文化生态失衡在社会心理和个体心性的健全方面所造成的威胁,并进而对传媒在"文化工业"生产中消蚀意义的功能加以清算,是有批判眼光的。

生产过剩的"丰盛"社会中,当代人的活法是"白色"的,没有感情介入,没有形而上冲动,也不可能再有异端邪说。在鲍德里亚看来,后现代时期的商品价值已不再取决于商品本身是否能满足人的需要或具有交换价值,而是取决于交换体系中作为文化功能的符码。这是一个充斥着预防性白色的饱和了的社会,一个没有眩晕没有历史深度的社会,一个除了自身神话或者不断神话之外,没有其他神话可以立足的消费社会。也许只有激进的革命的突发事件和意外的分化瓦解才能打碎这"白色的弥撒"。

在这个日常消费生活的"白色社会"中,我们应该听听思想家的警示:"在利用公共交通工具的情况下,每一个他人都和其他人一样。这样的杂然共在把本己的此在完全消解在'他人的'存在方式中,而各具差别和突出之处的他人则又更其消失不见了。在这种不触目而又不能定局的情况中,常人展开了他的真正独裁。常人怎样享乐,我们就怎样享乐;常人对文学艺术怎样阅读怎样判断,我们就怎样阅读怎样判断;竟至常人怎样从'大众'中抽身,我们也就怎样抽身;常人对什么东西愤怒,我们就对什么东西'愤怒'。这个常人不是任何确定的人,而一切人(却不是作为总和)都是这个常人,就是这个常人指定着日常生活的存在方式。"㊶海德格尔的话,敲响了现代性日常生活世界享乐中"常人"的危险警钟。

同样,当代法国社会思想家皮埃尔·布尔迪厄(Pierre Bourdieu)在《现代世界知识分子的角色》中也认为:经济对人文和科学研究的控制在学科中变得日益明显。知识分子发现,他们越来越被排除在公共论辩之外,而越来越多的人(技术官僚、新闻记者、负责公众意见调查的人、营销顾问,等等)却赋予自己一种知识分子权威,以行使政治权力。这些新贵声称他们的技术或经济—政治文化具有超越传统文化,特别是文学和哲学的优越性。传统文化发现自己被贬到无用雌伏的地位。传统式的知识分子的预言功能被抛弃。"这一套机构只是电视行使了一种形式特别有害的象征暴力。象征暴力是一种通过施行者与承受者的合谋和默契而施加的一种暴力,通常双方都意识不到自己是在施行或在承受……电视成了影响着很大一部分人头脑的某种垄断机器。然而只关注社会新闻,把宝贵的时间浪费在空洞无聊或者无关痛痒的谈资上,这样一来,便排斥了公众为行使民主权利应该掌握的重要信息"㊷。

著名东欧思想家斯拉沃热·齐泽克(Slavoj Zizek),更是从精神内层注意到当代人精神和存在中具有的难以言清的精神错乱的症候,他从拉康的心理分析视角重新描述人类思想和人类欲望的基本结构,认为社会共同体的功能已经失调,每个个体在灵肉濒临崩溃、矛盾焦虑的同时,也在文明内部冲突的现实压力下寻求妥协的身份和欲望:"我们今天亲眼目睹的冲突,与其说是不同文明之间的冲突,不如说是同一文明内部的冲突。也就是说,我们要睁大眼睛看一看,这种'文明冲突'究竟是因何而起的?眼前正在发生的真正'冲突',不都显然与全球资本主义的扩张密切相关吗?……只有在每一个社会都承认,将其撕裂的'冲突'来自其内部,不同社会之间的真正接触才是可能的,这种接触是以参与统一斗争的共同经验为基础的。"㊸这样就把个体内部的欲望同全球化导致的文明内部的冲突联系起来了。

事实上,整个西方社会运动尖锐对峙的矛盾开始为追求幸福生活的信念所抚平,社会境况日益成为消费性的和科技中心的,科技成了新意识形态。政治和文化的尖锐冲突随着时间的冲洗,其价值观、自我的政治观,逐渐为生活的有序感、现实的身份感和理想的幻灭感所取代。于是,人们更多地感到社会共同体中的地位,在整个政治谱系中存在认同意义的延续性,这一延续性意味着政治责任感的持续影响和自己新身份的不断确认。

消费世纪是资本符号下加速了的生产力进程的历史结果,因而这个世纪是彻底异化的世纪。商品逻辑成为整个人类生活的逻辑,犹如一种迷醉剂,消费逻辑不但支配着生产的物质产品,而且支配着整个文化、性欲、人际关系,以至个体的幻想和冲动。在鲍德里亚看来,"一切都由这一逻辑决定着,这不仅在于一切功能、一切需求都被具体化、被操纵为利益的话语,而且在于一个更为深刻的方面,即一切都被戏剧化了,也就是说,被展现、挑动、被编排为形象、符号和可消费的范型。"㊹人类目前正处于一个新的类像时代,计算机、信息处理、媒体、自动控制系统以及按照类像符码和模型而形成的社会组织,已经取代了生产的地位,成为社会的组织原则。尽管媒体也造成事件,媒体制造热点,媒体也忽略那些不应忽略的价值,甚至媒体也制造虚假和谎言。人们所凝视的仅仅是事件与其他媒体之间不断参照、传译、转录、拼接而成的"超真实"的媒体语境,一个"模拟"组合的世界,一个人为的"复制"的世界。

不难看到,鲍德里亚已经洞悉后现代传媒在社会心理和个体心性的健全方面所造成的威胁,并进而对传媒在"文化工业"生产中销蚀意义的功能加以清算,是颇具独到眼光的。尤其是他对后现代传媒的审理,进入到后现代理论本身的审理,认为其理论模式已经被"后现代化"——理论不再是反思和划定边界,而是为了迎合当今时代的快速、时髦、肤浅和片断化特征。理论在这种自我蒸发中变成了一种"超级商品",成为无思时代兜售和宣扬最时髦消费意识和人生态度的一种谎言工具而已。

这位后现代主义者指出,在超真实的符号生产和媒体谎言中,大众传媒(mass media)一方面对经济利益全面追求,另一方面又对大众文化播撒苦心经营。大众传播打破了表层与深层的二元对立的深度模式,以一种"真实的内爆"使出现于屏幕的真等同于在场的真,这种"真实"使人停留在画面的切换上,镜头代替了任何批判理论模式,因为符号已不再指涉外在的真实世界,而仅仅指涉符号本身的真实性和产生符号体系本身的真实性。就本质而言,人们需要传媒是因为人们需要彼此间的信息交流。传播与回应的不均等关系,使权力属于能施予而又使对方无能偿付回应的一方。就这一关键性问题而言,传播是对接受者自由选择的限定,因为说到底,大众传媒的受众只有收看或不收看的自由,而没有对答回应这种平等交流对话的自由。

从更深一层看,电视的确使我们与世界的距离拉近了,它通过编辑好的"实况"的真实世界,使人看得远(tele-)并更为多样地观看这个感性世界;然而,人与世界之间因为有了媒体而"远视"的同时,看的方式却因媒介的中介作用而被限定。然而,信息的传播并非是均质的,而是少数信息发送者支配着文化象征符码的运作权利。这种新沟通系统的多重模式及易变特性,使其成为一种虚拟的真实,并在指涉不同权力利益、价值范围、象征想像和社会冲突

中,具有权力呈现和阻隔二重性。弄清这个系统中的互动者及其权力支配系统,殊为重要。㊺

对完美的罪行的分析、对仿像世界和指涉关系的批判,和对消费社会的审理,使鲍德里亚注重后传播时代仿像流中运作的权力关系和意义消解问题。因为这种不断复制传播的、内爆的、虚假的仿像,使得世界上的政治经济文化消失了界限,社会万象处于目眩神迷的变幻流动之中,哲学话语、社会理论、大众传播理论及政治理论的边缘正在侵蚀消融,甚至不同社会形态和意识形态结构都不再壁垒森严,而是在消费主义中内爆为一种无差别的仿像流,一种现实与仿像彼此不分的新状态。㊻但是这种现实与仿像部分的状态中的问题却相当复杂。法国"五月风暴"后,资本主义社会中传统正统的、官方的价值观伦理观受到前所未有的质疑和消解。解构主义后现代主义对当代电影、电视、小说、社会新闻等文化商品加以权力运作,不断颠覆着各种社会秩序文化禁忌,张扬造反的文化嬉皮士和大众丑学。如此一来,影视传媒中的黑道大盗、冷面杀手成了时代的英雄和人们仿效的对象,镜头的血腥感成为刺激都市人惰性生活的兴奋剂,欲望写作和激情戏成为感官压迫和解放的动力,传媒调动一切手段刺激人们放纵自己的欲望,挑动身体感觉、本能情绪、形而下器官的后现代手法日渐满足人们的窥视欲。于是,文化颓败不可避免地推倒了自己的第一块多米诺骨牌,文化的商品化和文化的世俗化并没有消解官方主流文化,而是日益消解着知识分子的精英文化,并常常打着"主流文化"的招牌或者与之合流,进行世俗文化扩充和当代文化的混杂,使当代社会在全面繁荣的假象下,诞生出内在的意义危机,并播撒着使社会价值系统崩溃的文化细菌——文化商品。

## 五  鲍德里亚文化理论的意义与局限

进入 80 年代,鲍德里亚面对现实的尖锐问题而更加勤奋地写作,出版了《致命的策略》(1983)、《扭曲的神性》(1987)、《冷静的回忆》(1987)、《痛苦的昭示》(1990)等著作,并被大量译介到英语世界,确立并不断巩固了其后现代文化理论家的地位。在反响很大的《致命的策略》中,他依照西方主流学界提出的"主体的消解"论,进一步拆解主体地位和存在价值,要求主体放弃它主宰客体世界的欲求,使自己成为一个坚定的客观主义立场的后现代物质主义者。从某种意义上说,那种文艺复兴时期以来的主体的人,那种具有绝对主体价值的大写的"人",那种被整个西方传统锻造成主体神话的"人",在后现代后殖民时期缺席了。于是"个性化"填充了这个缺席的主体"人"的地位,并且以其日常生活的方式使任何想重建主体之人的想法归于落空。应该说,鲍德里亚的文化研究理论对"个体身体"私人空间的重视,对过去那种唯理性的否定感性生命的做法,确有纠偏作用。但是这种"跟着欲望走",又使当代消费主义在个体的狭窄空间中不断播撒非主体意识,从而使当代个体膨胀中,少了一种社会价值的内在焦虑感而重新被物化为白色的"客体"。

于是,"致命的策略"就成为——将任何逻辑推到极限,从而使其走向自身的反面:消费社会的极限就是无止境地疯狂消费,传媒的极限就是彻底抛弃形而上学而追逐世俗化,从而使这个理性社会走向反面——非理性。在我看来,鲍德里亚已经发现后现代传媒社会的病灶却无力开出药方,这种所谓极端的"策略"本身是"致命"的。因为全球化所带来的消费的全球化,不是通过怂恿和推到极限就可以复归的,相反,这种丧失了人文知识分子精神吁求的非理性做法,可能是雪上加霜,后果不堪设想。这里,也可以看到鲍德里亚理论的内在困境。

同福科、德里达、拉康相比,鲍德里亚的思想影响的深度和广度都不能与之比肩。但80年代后期,鲍德里亚的主要著作被广泛译介到英语世界,参与了后现代谱系的重新修订,并很快确立其后现代理论家的地位。尽管在社会知识谱系分析、形而上学的颠覆、话语心理无意识结构的剖析上,鲍德里亚理论缺乏原创性深度性,但在对消费社会、传播机制、文化心理制约、后现代文化权力运作等方面的研究,无疑具有独到的创建性和启发性,并成为当代十分热门的"文化研究"和"文化批评"的理论基础。因而,鲍德里亚学说具有不容忽视的当代意义:

其一,在对商品拜物教的分析中,鲍德里亚的分析超越了霍克海默和阿多诺的西马分析模式,而采用后现代式的话语权力分析方式——不仅否认直接经验之下有任何实在意义存在,而且不再希望在表层后面能够寻到深层本质,在虚拟的形象后面有任何的真实阐释"深度模式"。其所绘出的后现代社会大众传媒的图景,在某种意义上提供了一种阐释后现代社会镜像的新视角。

其二,在后现代时期,政治、经济、文化、哲学和艺术美学上的转变是根本性的,无论是从经济上清理跨国资本运作与文化霸权的关系,还是从政治上看全球化中的东方主义与西方主义的权力角逐,无论是从文化上看数码复制时代的平面化问题,还是从大众传媒和消费社会的种种问题看人类话语泡沫中的失语,都能发现某种新视角和新问题。具体地说,消费社会已经进入一种文化身份的符号争斗中。商品权力话语消解了高雅文化的壁垒而与通俗文化合谋,轻而易举地通过大众传媒侵入到当代文化的神经,将日常生活作为市场需求和世俗文化模式设定为当下社会文化的普遍原则,并企图将消费主义作为当代人生活的合法性底线。于是在哲学"元话语"失效和中心性、同一性话语消失后,人们在焦虑、绝望中寻找到挽救信仰危机的解救方法。然而传统美学趣味和深度的消失使得"表征紊乱"成为时代的症结,本能欲望的满足和怂恿成为消费时代的焦虑。因而后现代消费时代问题的袒露性,显示出这个时代的复杂性,并对当代问题的深层面揭开了重要的一角。

其三,西方"他者"的警示作用。后现代大众传播和消费社会是西方社会的现实写照,这一问题在全球化的播撒中已经逐渐延伸进当代中国大众生活。中国近年来出现的消费主义思潮和电视媒体膨胀的世俗化倾向,已经和正在深刻地改变着当代中国个体空间和大众场域。鲍德里亚文化理论提醒我们对知识生产重新理解和认识,对其立场、前提、利益冲突、文化产业资本加以深切的反思。应该说,当代中国学者面对的是一系列复杂的世纪之交的问题,除了第一世界所面临的"现代与后现代"传媒和消费问题外,我们自身也面临"现代性转型"问题。因此,如何张扬一种健康的文化,而非一种颓败的文化,如何保持文化理论的有效性和合法性,对各种文化符号资本在社会中的权力运作加以分析定位,并对一切文化特权加以质疑,必得成为我们思考的重要层面。

在我看来,鲍德里亚消费社会和大众传播理论的新颖意义,是与他理论内在的局限矛盾地混合在一起的,这种理论局限性需要深入考察。

首先,过分强调丧失深度价值的传媒时代的技术中心主义情结。除了消费的名牌政治和大众传媒的虚假身份外,其他好像都不再有意义。现实与符号象征再现的区别在象征领域已然被取消,这使生活在象征境遇中的人类沟通模式遭到改写——从手写文明到印刷文明和电子媒体,形成新的"真实虚拟"的沟通系统。这种不同含义的意义编码构成了文化的多重症候,对应着人类文化心灵的各个层面,但由于符号象征系统还能指涉未经编码的内容,因而与其现实的对象又处于非对称状态,使得现实在被感知时成为一种虚拟的状态,成为多余的剩余物,人们就被置于一种"超实在"(hyper reality)的虚无中。[47]应该说,鲍德里亚的这种虚拟理论的关键在于,他已经取消了现实的第一性问题,将观念对现实的折射过分夸大了。同时,值得注意的是,传统意识形态是文字时代用文字与精神意识的对称性来谈论问题,而仿像时代是图文时代甚至图图时代,用仿像的图文表征问题。于是,永无休止的为新而创新传媒形式使最时尚的消费形式成为时代中心,并耗尽了当代人精神内容和信仰形式的全部资源——当代人整体价值观念和生活方式正在发生着深刻的变异。

其次,消费主义成为时代精神和个体享乐的问题。无论如何,在后现代高速发展的经济战车中,人们基于对社会个体身份和历史虚无的理解,不再将理想主义作为自己的存身之道,而是将消费主义作为达到世俗幸福的捷径。于是消费成为获得身份建构自身以及建构与他人关系的关键环节,甚至成为支撑现行体制和团体机构生存发展的润滑剂。消费不再是为了刺激再生产,而是在名牌政治化和时尚崇尚克隆中呈现当代崇洋心态——商品拜物教和西方中心观念。"消费"心态观念与"西方"名牌政治,终于成为一个铜币的两面。

从形而上学理想化到大众传媒时代世俗化的进程,可以看到西方最前沿的历史文化轨迹和精神蜕变脉络。这一脉络表明,从现代社会进入后现代社会以后,每个人的生活维度都不再是单维的,而是集体网络关系中的一员,具有相互交往的深层因素和变异的可能性。这种身份和认同是相互作用的,一个人虽然具有多重身份,但最主要的身份是通过社会交往社会传播获得社会认同。社会认同是随着时间的流逝、政治身份的变化以及他人合作方式的空间转换而相对固定的某种文化属性,这种文化社会身份不是一成不变的,因为身份认同是通过社会过程形成的,随着社会关系的重新组合,在共同语境中不断获得修正和重塑。大众传媒加速了对传统价值颠覆的个体日程,相当多的人进行了自我反叛,个体认同产生了不可忽略的危机。揭示这种危机并开创新的问题领域以化解这种后工业社会中的消费主义症结,成为当代文化研究理论的努力方向。这也许是鲍德里亚文化理论在当今世界不断升温,并日益引起人文学界重视的内在原因。[48]

鲍德里亚《完美的罪行》、《消费社会》、《生产之镜》等的社会文化分析,在当代世界的思想界有相当的影响力。就思想价值取向而言,他对电视传媒的负面效应是持冷峻批判态度的。因此,他被认为是"非乐观态度"的后现代学者。他在洞悉后现代传媒在加剧人们心灵的异化、在肢解社会心理和个体心性的健全方面所造成的严重威胁基础上,进而对传媒在"文化工业"生产中销蚀意义的功能加以清算,[49]这是具有独到眼光的。应该说,鲍德里亚在消费社会中警醒人们关注生命的本真意义,在传媒热衷于制造"追星"群体和消费"热点"之中,给当代精神失重的人们亮出了另一种价值尺度,并为人类走出消费社会消费主义的阴影,重建精神生态的平衡系统做出了前沿性的学术思考。

**注释:**

① 当今出现的"生态批评",或者又称为"生态诗学"(Ecopoetics),注重当代世界文化精神的生态平衡和文化与自然环境的关系,对诸多复杂的问题有新的透视角度,值得重视。可参 Cheryll Glofelty and Harold Fromm: *The Ecocriticism Reader*; *Landmarks In Literary Ecology*. The University of Georgia Press, 1996. 应该说,鲍德里亚对现代现代性问题的审理和"自然物质权力"的关注,同样使他成为注重人文生态平衡的思想家。
② 鲍德里亚《完美的罪行》,商务印书馆 2000 年。
③ 同②,第 43 页。
④ 同②,第 8 页。
⑤ 同②,第 72 页。
⑥ 同②,第 29—30 页。
⑦ 同②,第 32—34 页。
⑧ 同②,第 35—36 页。

⑨ 鲍德里亚《消费社会》,南京大学出版社 2000 年。
⑩ 同②,第 25 页。
⑪ 同②,第 39 页。
⑫ 同⑨,第 14 页。
⑬ 同⑨,第 21 页。
⑭ 同⑨,第 28 页。
⑮ 同⑨,第 29—30 页。
⑯ 同⑨,第 130 页。
⑰ 参见鲍德里亚《物体系》,台湾:时报文化出版社企业公司 1997 年。
⑱ 同⑨,第 52—53 页。
⑲ 同⑨,第 138 页。
⑳ 同⑨,第 34 页。
㉑ 同⑨,第 42 页。
㉒ 同⑨,第 43 页。
㉓ 同⑨,第 44—45 页。
㉔ 同⑨,第 52 页。
㉕ 同⑨,第 68 页。
㉖ 同⑨,第 72—73 页。
㉗ 同⑨,第 106 页。
㉘ 同⑨,第 114 页。
㉙ 同⑨,第 115 页。
㉚ 同⑨,第 127 页。
㉛ 同⑨,第 131 页。
㉜ 同⑨,第 132 页。
㉝ Jean Baudrillard, *The Ecstasy of Communication*, New York: Semioteat, p.12.
㉞ 同⑨,第 136 页。
㉟ 同⑨,第 132 页。
㊱ 同⑨,第 134 页。
㊲ 同⑨,第 131 页。
㊳ 同⑨,第 139 页。
㊴ 同⑨,第 142 页。
㊵ 同⑨,第 172 页。
㊶ 海德格尔《存在与时间》,三联书店 1987 年,第 156 页。
㊷ 布尔迪厄《关于电视》,辽宁教育出版社 2000 年,第 14—15 页。
㊸ 斯拉沃热·齐泽克《意识形态崇高客体》中文版序,中央编译出版社 2002

年,第7—10页。
㊹ 同⑨,第225页。
㊺ 也有研究传媒的学者(如李希光)认为:现代媒体冲破了传统外交的秘密性和信息封锁,极大地扩大了这一重大外交事件的透明度。
㊻ 鲍德里亚《拟仿物与拟象》,台北:时报文化出版企业公司1998年。
㊼ Jean Baudrillard, *The Ecstasy of Communication*, Semioext(e), 1998, pp. 82—83.
㊽ 另参艾伦·杜宁(Alan Durning)《多少算够:消费社会与地球的未来》,毕聿译,吉林人民出版社1997年;提清二《消费社会批判》,朱绍文等译校,经济科学出版社1998年。
㊾ Cf. Jean Baudrillard, *The Mirror of Production*, St Louis, Mo:Telos Press.

原载《北京大学学报》2002年第4期

陈燕谷

# 文化研究与市民社会

对于从事或者仅仅是关注文化研究的人来说,英国学者莫莱(David Morley)和台湾学者陈光兴编辑的《斯图亚特·霍尔:文化研究中的批评对话》(以下简称《霍尔》)是一本非常重要的恐怕也是姗姗来迟的文集。①关于文化研究的历史起源,一般都要追溯到雷蒙·威廉斯、E. P. 汤普森和霍加特的著述和活动,但是实际上,人人都知道我们今天所了解的那种文化研究的成功主要是和霍尔长期不懈的努力联系在一起的,尽管霍尔本人在叙述文化研究的历史时总是要归功于这三位前辈,特别是威廉斯的影响。我们知道霍尔是英国新左派的创始成员之一,是《新左派评论》最早的编辑,是伯明翰"当代文化研究中心"的负责人,然而我们似乎对他本人"文化研究"方面的著述却了解甚少,这一方面是因为他没有写过像威廉斯的《文化与社会》和汤普森的《英国工人阶级的形成》这样的代表性专著,另一方面是因为他的大部分论文都是分散发表在发行量很小的杂志和论文集里,而他本人似乎从来无意将自己在"文化研究"方面的论文编辑成书。直到1988年霍尔才出版了自己的第一本个人论文集《艰难的复兴之路:撒切尔主义与左派的危机》,②这也是迄今为止他惟一的一部个人论文集,从书名可以推测其中所讨论的主要是"政治"问题。所以在一定意义上,我们可以说《霍尔》一书的出版恰恰弥补了"文化研究"在这方面的空缺(当然这本书并不是霍尔的个人论文集,而是包含众多学者的批判性的对话)。文集的编辑方法颇有新意,读者一卷在手既可了解霍尔的成就,也可以从活跃的批评与反批评中得到相当的启发。但是这本文集完全排除了"政治"方面的论文,使人多少有点不安之感,因为文化研究是决不可能离开政治而还能够保持其特性和生命力的。

从80年代末到90年代初,文化研究在美国开始成为一门"显学",并且开始向其他地区扩散,霍尔一时之间似乎成为这门"显学"的鼻祖,不断有人要求他就文化研究的历史和现状发表意见。在这件事情上我们发现霍尔显然处于一种左右为难的境地。一方面他多次表示他并没有处在一个"鼻祖"的地位上可以告诉人们文化研究是什么或不是什么,如果说他是英国早期文化研究的个中人并曾发挥过举足轻重的作用,那么他就尤其需要克制以某种"本质"的名义就文化研究应当如何说三道四的诱惑。但是另一方面,文化研究的国际化特别是在美国学院体制内取得的巨大成功又使他深感不安,锁闭在庞大的学院体制内的美国知识分子似乎有一种把他们吸收的任何有生命力的东西形式主义化的倾向:先是德里达的解构主义,然后是福科的话语/权力分析,现在又轮到文化研究了。英国文化研究有没有它应当珍惜和继续保持的独特传统呢?如果有的话,霍尔认为,那就是政治问题在文化研究中所处的核心地位。在接受陈光兴的采访时他特别指出:"在伯明翰中心,即使是就某些特殊的问题所展开的争论,我们每一个人都知道文化政治是我们的关切和实践的焦点。不是某种特定的宗派主义的政治立场,而是文化与权力的关系:文化政治。简而言之,如果说可以从英国文化研究学习什么东西的话,那就是始终坚持在不同的语境中把握文化与权力的关联和组合的方式。"③从字面意义上看,霍尔所说的这个特点和美国的文化研究似乎没有什么不同。毕竟,在过去的二十多年里,美国文化研究的论著中出现频率最高的词汇,除了文化和权力之外,还能有什么呢?

霍尔不是一个原创性的思想家,也不是像詹姆森那种善于博取百家之长以构筑一个严密体系的学院派马克思主义文化理论家。他领导伯明翰中心完成了从文化主义到结构主义的范式转换,但是从来没有完全切断和威廉斯的联系。在他的理论术语中,除了文化和权力之外,出现频率最高的就是意识形态、领导权,也许还有市民社会,但所有这些术语都是有出处的。在意识形态理论方面,他先是利用阿尔都塞改造经典马克思主义,然后又利用拉克劳的理论批判阿尔都塞的功能主义;他关于领导权和市民社会的思想来自葛兰西的著作,而这只能说是 20 世纪 70 年代以来出现的新葛兰西主义的一部分。总之,如果把霍尔看做是开创了一个新研究领域的"学派"领袖,我们恐怕很难指出属于他个人的独特理论贡献究竟是什么。然而,霍尔的价值在于他是一个真正的"有机知识分子",要想理解霍尔所说的文化研究在美国失去的政治锋芒,我们不应当到《文化研究:两种范式》或者是《编码与解码》这类好像是纯文化研究的文章里去寻找,而是应当探讨他介入现实政治斗争的方式,以及文化研究和政治分析是如何在这种实践中融为一体的。在这方面,霍尔对撒切尔主义的分析和批判提供了一个难得的范例,让我们了解英国文化研究的价值所在,同时也可以让我们了解它的弱点在哪里。我在本文里将对霍尔的文化政治以及他使用的上述概念做一扼要分析,侧重点是文化研究与市民社会的关系。

我们不仅要从政治的角度理解霍尔的文化研究,而且要从文化的角度来理解他的政治分析。在霍尔看来,撒切尔政府于 1979 年上台不仅仅是一个政党政治现象,而且是一个葛兰西所说的领导权现象,它标志着长久以来形成的社会共识和"未成文的社会契约"宣告瓦解,一种新的意识形态或政治哲学即"撒切尔主义"开始在整个社会的范围内占据领导权地位。霍尔所采用的概念以及他对这些概念的改造主要是为了分析撒切尔主义,《意识形态问题:没有保障的马克思主义》可以说是一个非常典型的例子。在这篇文章里霍尔抛弃了传统马克思主义的否定性意识形态概念(即意识形态作为虚假意识是阶级利益和关系的扭曲的反映,是科学认识的对立面),并且以拉伦(Jorge Larrain)所谓的中立性概念取而代之。最大的变化是霍尔否定了意识形态和阶级地位之间的固定关系,也就是说意识形态没有固定的阶级属性:"我所谓意识形态是指由语言、概念、范畴、形象和表象体系构成的心理构架,不同的阶级和社会集团都利用它们来理解、界定和改造社会。"④ 另外一个变化是,受拉克劳的影响,霍尔认为构成意识形态的各种因素(语言、概念和表象等)也不存在固定的联系,在不同的语境中不同的社会集团可以按照不同的需要把它们组合成不同的意识形态。他接受了阿尔都塞的观点,认为意识形态的主要功能就是将个体询唤为主体,但是他反对阿尔都塞的"功能主义"概念,即利用现存的国家机器再生产现存的统治意识形态,以维护现存的生产关系的再生产。在抽象的层面,我们很难看出这些概念的意义何在,相反要理解它们就必须进入霍尔的撒切尔主义分析。首先,和传统的保守党意识形态相比较,撒切尔主义似乎是一个大杂烩:既有传统的父权制的和有机保守主义的托利党意识形态,又有自由企业制度、占有性个人主义和自由竞争等在传统上属于自由党的意识形态,它的能量似乎正是在于把一些以往是互相冲突的意识形态因素融合为一体,从而构成一种充满矛盾但仍然保持着统一性的现代保守主义。⑤可以这么说,撒切尔主义的新颖之处在于它把新的自由市场学说和传统的托利主义的某些因素结合起来的方式。其结果并不是自由主义理论家所说的"最弱意义的国家",而是政治理论家 Andrew Gamble 所说的自由市场和强势国家。撒切尔主义话语同时涉及方方面面的话题:家庭、经济、民族认同、英国特性、道德、犯罪、法律、妇女、人性。这种话语以一种独特的方式把各种意识形态因素混合在一起,如果我们要理解这种话语的逻辑和统一性就必须发现其中隐含的各个不同的主体位置:自立和自利的纳税人——占有性个人,"有责任感的爱国者",热情地维护个人自由并且反对国家侵犯自由的主体,可敬的家庭主妇,土生土长的英国人,等等。总之,在历史变革的关头,撒切尔主义提出的问题是如何把已经长期习惯于某些位置的主体重新安置在新的话语所设定的位置上,这恰恰是阿尔都塞的拉康主义的反历史方法所不能解释的。

80年代许多左派知识分子批判经济决定论的结果是放弃了对资本主义的分析和批判。在这个问题上,霍尔处于一种矛盾的状态。他毫不怀疑撒切尔主义的主要目的当然是摧毁福利国家,解放资本和恢复自由市场经济,但是同时他也坚决反对在狭义的经济意义上来理解撒切尔主义,因为它成功地建立起一种新的意识形态领导权。这种成功不仅表现为扭转了社会思想的方向,改变了政治思想的术语和论证方式,而且为现代保守主义意识形态建立了新的社会基础。对此是无法仅仅从经济的角度说明的,或者说并不存在某种经济状况必然决定其领导权地位。霍尔是在葛兰西的意义上使用领导权概念的(它和霸权不完全是一回事)。领导权概念要求我们放弃对统治方式的静态的理解,而转向一个领导集团的权威的形成过程,因为这种权威是不可能利用强制的方式形成的,而只能通过利用不同的社会力量建立联盟的方式作为自己的基础,建立联盟的过程包含一个重要的特征,就是在被统治阶级中赢得人们对权威的积极赞成。领导权概念的优势在于人民的积极赞成至关重要。霍尔认为这个概念在解释撒切尔主义方面的优越性在于,它能够说明撒切尔主义如何通过斗争赢得对于整个社会的优势,它是如何同时在社会生活的许多方面展开斗争而赢得领导地位的。撒切尔主义者并不是某种既定的意识形态天然的继承者,他们不得不进行意识形态斗争,与自己党内的反对派斗争以建立自己的地位。他们必须消解占主导地位的社会民主共识,必须消解一系列人们早已习以为常并认为是理所当然的意识形态和福利国家的承诺。通过意识形态斗争,他们改变了框架结构,从根本上改变了基本的力量对比关系。我们在这里发现了霍尔否认意识形态有固定的阶级属性的理由:"有些人按照他们的阶级地位本来是不会赞成撒切尔主义的,当这样的人忽然开始发现撒切尔的语言比福利国家和凯恩斯主义的语言更可信,更切合他们的经验,这就是领导权发生转移的转折点。这就是我为什么预言撒切尔将赢得1979年的大选。我发现许多人不再谈论工党、社会民主和福利国家的语言,忽然开始谈论另一种语言:成本效益、货币价值、选择、自由,等等。你无法用一种简单的阶级分析来解释这种现象。……它所取得的显著成功的一个重要标志就是它深深地渗透到左派的社会基础之中,相当大一部分的熟练和半熟练工人、工会组织成员、城市工人阶级、大部分失业者都放弃了对左派的忠诚。这样,撒切尔主义一方面自上而下地推行社会规训,另一方面自下而上地进行民粹主义动员,这两者的结合即权威民粹主义(authoritarian populism)使它赢得被统治阶级相当大一部分人的积极赞成。"⑥这就是说,撒切尔主义利用各种意识形态因素来建构新的社会共识,而这些因素并不是哪个阶级和社会集团所独有的;另一方面,新的社会共识一旦形成就足以影响各个阶级的成员。

在撒切尔主义形成的过程中,霍尔特别关注的另外一个问题是某些私人机构起着至关重要的作用,如经济事务研究所从50年代就开始宣传自由市场、自由竞争等新自由主义学说。它把许多撒切尔主义概念投入公共流通领域,而在那个时候它们还没有直接依附于任何一个政党或党派。应当如何理解这些私人机构及其作用呢?在这个问题上,霍尔则倾向于采用葛兰西的市民社会理论,而不是阿尔都塞的意识形态国家机器理论,因为阿尔都塞认为所有这些机构虽然是私人的,但就其功能而言却属于"国家机器",即凡是通过意识形态维系社会关系再生产的功能都是属于国家的。"阿尔都塞的观点是利用现存的国家机器再生产已经存在的统治意识形态,我的观点是开辟空间以建立意识形态领导权。……阿尔都塞的功能主义使他对意识形态再生产提出一种过分笼统的解释,完全抹杀了国家与市民社会之间的区别,仿佛它没有实际的效果。但是我对撒切尔主义的分析表明,我们不仅不能抹杀而且要坚持国家与市民社会之间的区别,不能把二者混为一谈,因为市民社会是生产社会共识的关键场所。在市民社会的"自由空间"建构的意识形态权威和领导权是一种更为持久更为深刻的权力,因为它不是凭借强制力量赢得人们的认同和追随的。与国家的直接介入不同,在市民社会形成的意识形态领导权仿佛是人们对权力的积极赞成而自由和自发产生的。"⑦霍尔对阿尔都塞的批评有些是正确的,有些则属于误解。正确的部分是对阿尔都塞的功能主义的批评,因为撒切尔主义完全是一个动态的领导权现象,即它的一个突出特征恰恰是其进入所谓的市民社会开拓和占领空间的能力,利用市民社会的空间的能力,利用市民社会的堑壕和堡垒在严格意义的国家之外掌握意识形态和思想权威的能力,以及在正式进入国家权力之前(作为一个必要条件)在权力集团内部进行斗争的能力。阿尔都塞的再生产理论显然不能很好地说明意识形态中无时无刻不在进行的斗争和冲突的状况。但是,另一方面,阿尔都塞的意识形态国家机器和强制性国家机器有着严格的区别,当霍尔说"严格意义的国家"或"国家的直接介入"时,他显然是指强制性国家机器。如果说这里有什么混淆的话,那也是霍尔的而不是阿尔都塞的混淆。更重要的是,在意大利以外阿尔都塞是最早注意到葛兰西的思想家之一,他的意识形态国家机器理论实际上是一次很自觉的对葛兰西的市民社会理论的系统化,他在一个注释里说道:"据我所知,我现在所走的路以前只有葛兰西一人走过。他有一个令人惊异的观念,认为国家不能被缩减为(强制性)国家机器。他提出国家还包括一定数量的市民社会机构,如教会、学校、工会等等。令人遗憾的是,葛兰西没能把这些机构系统化,有关文字仅是一些精辟却不完整的笔记。"⑧问题在于,阿尔都塞系统化的方向是国家理论,也就是说市民社会和国家的关系不是互相对立的而是互相补充的,它们是具有不同功能和运作方式的国家机器,而在80年代人们普遍把市民社会的"自由空间"视为解放的希望之所在的情况下,他的这种努力显然是不合时宜的。霍尔在提到市民社会的"自由空间"时总要加上引号,说明他对此并不抱有空洞的幻想,但在当时特定的语境里他无疑是站在社会思潮的主流一边,强调应当严格地划分国家与市民社会。

80年代以来"市民社会"概念的流行是一个当代话语事件,而不能简单地视为传统市民社会话语的复兴。在16和17世纪的英国政治思想中,"市民社会"这个术语的早期用法决不是用来建构市民社会与国家之间的对立,而是把这两者混为一体,"市民社会"就是"共和国"(commonwealth)或"政治社会"(political society)的同义词,无论是霍布斯还是洛克都是在这个意义上使用"市民社会"一词的。在18世纪,市民社会开始表示一个从国家分化出来的独立的人类关系和活动领域,它既不完全是公共领域也不完全是私人领域,或者可以说它既是公共领域又是私人领域。市民社会中的社会关系主要是从经济角度考虑的:一个历史地形成的经济关系网络,是市场、生产、分配和交换的领域。"市民社会"从概念上完全分化要求出现一种自主的"经济",而这正是自亚当·斯密以来的英国古典政治经济学的市民社会概念。这个概念的重心从政治转向经济有没有什么更深奥的含义,还有待于进一步分析,但是现代资本主义市场经济构成市民社会的基本条件,从此成为市民社会话语主要内容。到19世纪,黑格尔的《法哲学原理》把市民社会表述为需要的体系及其满足方式,是一个劳动和生产财富的私人领域。在《论犹太人问题》等早期著作中,国家与市民社会在概念上的分化成为马克思分析资本主义的先决条件,但是他分析的结果是取消了这个二元对立的存在,国家与市民社会的二元对立在马克思主义政治话语中或多或少消失了。不仅因为马克思一生致力于政治经济学批判,而且因为他把国家视为市民社会中阶级关系的体现,或者说代表着经济领域中统治阶级的利益。在马克思主义传统中是葛兰西对市民社会概念的重新阐述,使它成为社会主义理论的一个基本原理,从而使反对资本主义的斗争不仅针对其经济基础,而且针对其植根于日常生活的文化和意识形态实践。然而,市民社会概念在葛兰西的思想中发生的一个重要变化,用马克思主义的术语来说,就是市民社会的"上层建筑"化。阿尔都塞把葛兰西意义上的市民社会改造成意识形态国家机器理论,也是一种上层建筑化的阐释。在阐述葛兰西思想的诸多著作中,把这个变化说得最清楚的是波比奥的《葛兰西与市民社会的概念》和德克西尔的《葛兰西,上层建筑的理论家:论市民社会的概念》。⑨葛兰西所引进的变化对当代左派的市民社会理论有着决定性的影响,既有积极的也有消极的。我在这里主要分析两个方面的问题:市民社会中的权力关系和资本主义市场经济问题。这两个问题或问题的这两个方面不能混为一谈,但我侧重于从资本主义经济角度分析现代社会中的权力关系。

按照目前流行的用法,市民社会一般用来指称国家之外的一个自由的领域,一个自主性、自愿结合和多样性的空间。这个概念不但突出国家与社会的对立关系,而且它的一个突出特色是尽量把资本主义(或所谓的"经济")化约为现代社会形形色色领域中的一个领域。市民社会的概念可以通过两种方式来达到这个目的。比较通常的做法是把"经济"包括在一个更大的非国家体制和关系的领域之内,英国学者基恩(Johnn Keane)在《民主与市民社会》以及拉克劳和莫芙合著的《领导权与社会主义的策略》均持这种观点。另一方面,市民社会可以表示既反对国家也反对资本主义经济的强制性的多样性本身,美国学者科恩(Jean Cohen)在《阶级与市民社会:马克思主义批判理论的限度》一书以及她与阿雷托合著的《市民社会与政治理论》里提出一种由三个基本成分组成的社会理论:国家、经济和市民社会。⑩按照这种模式,传统上作为市民社会主要构成成分的资本主义市场经济被排除在市民社会之外,而且成为它的对立面,填补其位置,是一种被理想化了的哈贝马斯的公共领域理论。无论按照哪一种观点,市民社会这个范畴都是通过一系列简单的二元对立来界定的:国家(及其军事、警察、法律、行政机构)和非国家的市民社会领域(市场调节的、私人控制的或自愿结合的);政治权力和社会权力;公法和私法;国家支持的宣传和自由流通的公共舆论。按照这种定义,市民社会包括形形色色的体制和关系,从家政、学校、媒体、工会、自愿结社、医院、教会到市场、资本主义企业,也就是说整个资本主义经济。惟一真正有意义的对立关系就是国家与非国家,或者是政治与社会之间的对立。这个二元对立显然是和由国家体现的强制和市民社会中的自由和自愿行动之间的对立相对应的。在这里谈一谈福科在这个问题上的看法或许有助于澄清我们所面对的分歧。福科在谈到市民社会与国家的对立时明确表达了他的不安:它把两种组成对立起来,这样就具有一种马基雅维里式的色彩,赋予"国家"的观念以贬损的含义,同时把"社会"理想化为一个善良、温暖、充满生气的整体。他认为"相信社会通过内部的调节就能够解决自身的问题,这是对社会的一种非常乐观的态度"。与此相反,福科明确表示"对于把市民社会与国家对立起来的做法,我是持审慎的态度的。对于任何一个规划,如果它赋予市民社会以独创和决定性的地位,而把国家看成是以一种独裁的方式把市民社会吞并的话,我们都应该小心:不管是怎样的情形,一种权力关系都会被建立起来,问题仍然是怎样限制它的效应"。和那些市民社会乐观主义者相反,福科的一个突出贡献是说明了在现代社会中权力发生的变化和重新部署。在《权力的眼睛》里福科指出,仅仅把权力"同法律和宪法,或者是国家和国家机器联系起来,那就一定会把权力的问题贫困化。权力与法律和国家机器非常不一样,也比后者更复杂、更稠密、更具有渗透性。"和自由主义关于权力的观点相反,福科认为随着资本主义的诞生,权力不是减少了而是增加了:"19世纪的时髦人物有一种天真的乐观主义,把资产阶级想像成蠢货。正相反,我们还是得承认他们是很聪明的,能够建立权力来保障利润的流通,而利润的流通又反过来强化和改造了权力机器,使之呈现为一种动态的模式。封建权力主要通过苛捐杂税和穷奢极欲得以发挥,最终把自己给埋葬了。资产阶级的权力是不断自我强化的,不是通过保护的方式,而是进行不断的更新。因此它与封建主义不一样,没有一个明确的形态。因此它既不稳定,又充满了创新。"在同一次访谈里福科还间接谈到哈贝马斯的公共领域和公共舆论的问题:"既然公共舆论肯定是好的,是全社会机体的直接意识,他们(18世纪的改革家)认为人们只要在全社会注视的目光之下,就会变得善良。对他们来说,公共舆论是社会契约自发的再现。他们忽视了公共舆论产生的真实条件,公共舆论的"媒介",陷在权力机制中并以报刊、出版及以后的电影和电视形式出现的物质性。"而且他们"也不能看出媒体必然是在经济政治的利益支配之下工作的。他们不能察觉公共舆论的物质和经济构成。他们相信公共舆论天生是公正的,是自发地产生的,是某种民主的监督。"⑪福科的权力理论对文化研究无疑产生过极其深刻的影响,但是霍尔认为福科的无中心权力理论犯了另一个极端的错误:它把市民社会的横向权力和国家的纵向权力的关系这个深刻而又难以解决的问题,完全置之度外了。福科的权力理论也许确实存在着这样的以及其他的问题,但是他对市民社会权力关系的批判是非常深刻的,可以说他是为数不多的主要从权力关系角度研究市民社会的当代思想家之一。

  流行的市民社会理论要求我们把市民社会视为自由和自愿活动的领域以及强制性国家权力的对立面,但是这种划分是非常可疑的。我们能够把现代世界设想成一方面是吉登斯所谓的作为"权力集装箱"的国家,另一方面是作为权力真空地带的市民社会的自由空间吗?在一定意义上,国家确实与市民社会发生了分化,这就是说政治权力通常不采用前现代的方式介入经济领域和社会生活的其他方面;另一方面,这种分化又是非常虚假的,不但市民社会的私人领域中存在各种复杂的权力关系,而且国家的"公共"强制性权力的一个主要功能就是维护市民社会中的私人权力,同时国家也从私人权力得到很多好处。当代市民社会理论确实承认市民社会并不是尽善尽美的自由和民主领域,家庭、工作场所以及社会的各个角落都存在着形形色色的压迫关系,如性别歧视、种族歧视等等。但是人们不认为这些压迫关系是市民社会的结构性特征,而是把它们看做市民社会的机能障碍。按照这种观点,人类解放就在于市民社会的自主性,在于市民社会的扩大、完善和丰富,在于它从国家获得解放以及民主对它的保护。从人们的视野中消失的是市民社会中的剥削和压迫关系以及其他形形色色的权力关系,而所有这些关系都不是外在的可以纠正的错误而是它的内在本质。市民社会作为现代世界特有的社会形式,国家与市民社会分化之所以可能的历史条件,在于市民社会构成社会权力的一种新形式,以往属于国家的许多强制性功能现在转移到"私人"领域之中了,表现为私有财产权,阶级剥削和市场命令。福科是不赞成马克思主义的经济决定论的,但他非常清楚如果没有一种新的权力关系,资本主义市场经济就会失灵:"如果不拥有权力机器,就不可能发展资本主义的生产力。拿18世纪大工场里的劳动分工来说吧:如果没有在生产力管理层面上新的权力分配的话,这种任务的分工怎么可能达到呢?"⑫马克思主义和福科的差异在于,它认为经济领域的权力关系并不是各种权力关系中处于同等地位的一种,而是决定性的权力关系,是资本主义的总体性逻辑。市民社会不但彻底改造了公共领域和私人领域的关系,而且更重要的是它构成一个全新的私人领域,有它自己的压迫形式,独特的权力和控制结构以及无情的体系逻辑。它的独特性在于,一方面是公共权力的私有化;另一方面则是作为私人领域的资本主义市场经济呈现为一种公共存在。⑬所以,市民社会包含着复杂的社会关系和权力网络,我们不能简单把它看做是强制性国家权力的对立面,而是应当视为这些权力的重新部署和重新定位。它包含国家的公共领域和资本主义市场经济之间的一种新的劳动分工,具体表现为占有、剥削和支配脱离了公共权威和社会责任,尽管这种私人权力离不开国家的保护。市民社会使私有财产及其所有者可以支配他人及其日常生活,这种权力得到国家的保护但却不对任何人负责。即使是处于资本的巨大政治权力直接控制范围之外的活动和经验,也无法摆脱市场的竞争和利润法则的支配。资本主义市场经济是对"自生自发秩序"的规约、控制和垄断,⑭它所包含的强制性力量能够让所有的人类价值、活动、经验和关系受制于市场的法则。换言之,强制决不是市民社会的失序或紊乱而是它的一个构造性原则。葛兰西重新阐述市民社会概念毫无疑问是为了更好地进行反对资本主义的斗争,尽管援引葛兰西的权威成为当代左派社会理论的一个特色,但是在流行的市民社会概念的使用中却不再有这种旗帜鲜明的反资本主义内涵了。这里主要的危险是,在市民社会概念的掩护下,资本主义的总体性逻辑和强制性权力消失了,其结果是把资本主义排除在视野之外,把社会分解成为一系列碎片,没有整体性权力,没有总体性统一体,没有系统的强制。换言之,没有资本主义体系及其渗透社会生活每一个方面的扩张性动力和能力。奇怪的是,恰恰是当资本开始进入新一轮全球扩张的时候,左派知识分子却纷纷在批判经济决定论和经济化约主义的名义下,无条件拥抱市民社会的"自由空间"。

霍尔介入市民社会话语的动力不是来自东欧的反极权主义斗争,而是来自英国新右派利用市民社会在西方卷土重来的现实。作为一个民主社会主义者,他不得不在新右派的攻势和胜利面前重新思考社会民主和福利国家的得与失,重新思考社会主义与国家和社会的关系,重新思考资本主义和社会主义各自的逻辑(资本和市场的逻辑对社会需要的逻辑)以及它们之间的互相妥协的利弊得失。毋庸讳言,这种思考是以社会主义在国家问题上的失败为背景的。在他看来,社会主义推论的逻辑是这样的:资本主义有它自己的逻辑,即私有财产、资本积累、占有性个人主义和自由市场的逻辑。这个逻辑的发挥作用会产生不可避免的"代价":人民群众的被剥削、贫困和不安全,阶级不平等,以及它的"成功"必然要造成许多牺牲品。而左派似乎只有一种替代抉择:这就是打破"市场逻辑"并且按照一种不同的逻辑来组建社会——社会主义逻辑。为了实现这个目的,它需要一个不同的权力中心以对抗资本与市场的权力。这个相对抗的权力中心就是国家。在这个问题上,社会主义有两种选择:或者国家可以侵入到"市场逻辑"内部,遏制和缓解它的极端不公正,把一种不同的目标(即需要而不是利润)植入到资本主义体系之中,用分配正义来克服资本主义"自然"产生的不平等的分配资源的方式。这是改良主义的替代抉择。或者必须积极地"打碎"资本和市场的权力(它们隐藏在资本主义国家的背后),主要的生产资料实行"社会化"或逐步吸收到国家中或由国家接管的方式实行公有化。这是革命的道路。两种道路都要通过利用甚至扩大国家的作用以克制市场的逻辑,只是程度有所不同而已。苏联和中国走的是革命的道路,而包括英国在内的西欧国家走的是改良的道路。霍尔在《国家与社会,1880—1930》一文里扼要地分析了从19世纪末以来,社会力量关系对比的改变是如何使资本与劳动的妥协在西欧国家成为可能的,以凯恩斯主义方式实现的历史性妥协是如何在公共领域和私人领域、国家和市民社会之间建立了新的平衡,以及战后资本主义世界的稳定是如何在这个妥协的基础之上建立起来的。⑮ 如果可以把这种历史性妥协看做是一种社会主义的话,那么霍尔深深为这种社会主义在国家问题上的矛盾而苦恼:一方面我们仍然在讲"资本主义国家",但事实上我们已经不再认为它只有一种单一的阶级性。换言之,左派对于福利国家有相当程度的认同,因为没有这样的国家就不可能在各个阶级之间进行利益的再分配。如果我们了解这为无数普通人的生活带来了多么大的好处,我们就不能说它是反社会主义逻辑的。"我们希望更多而不是更少:生活中应该有更多的方面按照类似的原则组织起来。我们倾向于认为1940年代和1950年代的国有化以及对于经济生活的凯恩斯主义干预的失败,不是因为走得太远而是因为还不够彻底。左派依然相信国家在社会主义建构方面的积极作用。"但是,问题不那么简单,社会民主有它阴暗的一面。随着国家的扩张,它的压制性的警察功能也在扩大,人们在日常生活中越来越多地感觉到国家的监控和规训作用。而且更重要的是,福利国家不仅为了工人阶级的利益而对资本施加限制,"更重要的恐怕还在于它对于资本的存在是必不可少的"。⑯霍尔深切感受到人们对国家的不满是非常真实的,即使撒切尔主义对它的解释是错误的。它揭露出现存体系的一个致命弱点,福利国家和社会民主制度的非民主性质。

霍尔比其他左派知识分子更深切地意识到,新右派意识形态占据领导权地位的一个后果是自由的观念被右派垄断,按照他们的解释,自由就是"资本和市场的自由",这种自由观念必然是和平等的观念相对立相冲突的。但是,自由的观念,在社会解放的意义上,向来是社会主义思想的核心概念。在左派的思想体系中,解放的一个必要条件是生活条件的平等,把自由等同于市场和占有性,个人主义恰恰限制了自由,使自由对于大多数人来说成为不可能。所以左派必须重新夺回自由的观念,在深化民主生活的语境中给予它一个不同的意义。问题在于这个社会主义的自由观念和包办一切的国家观念是不相容的。霍尔赞成划分国家与市民社会,反对阿尔都塞把市民社会吸收到国家机器之中,最重要的理由就在这里:社会主义的自由观念是不能允许国家代替人民管理社会的。离开公共概念,社会主义就不可能存在,因为公共性是和资本的逻辑对立的,公共性意味着权力向无权者的转移。公共空间的概念表示一个不是由私人财产权建立起来的空间,而是一个共同活动的空间。公共性代表了对占有性个人主义的限制。另一方面,"公共"不能等同于国家。在打破资本、财产和市场的逻辑之后,标志着向社会主义进步的是社会形式的多样性,是人民群众的首创性,是恢复人民群众的控制,是权力从国家向社会的转移和过渡,社会主义社会只能是一个公共社会。在这样的社会里也许并不是完全没有国家的地位,霍尔认为,"我们可以设想国家与社会之间的'伙伴关系',只要首创性总是来自社会,只要对社会生活的管理没有为一小撮国家精英所控制,只要国家本身植根于人民的力量并且总是从人民的力量中汲取能量。马克思说社会主义就是**社会**革命。市民社会的民主化和削弱国家的官僚制同样重要。"然而,就国家与社会的关系而言,社会必须在社会主义思想中处于绝对优先地位,在社会的各个层面深化民主,在今天的社会主义思想中必须处于绝对的中心地位。民主不是形式主义的选举政治和宪政主义,它是实实在在地把权力转移到无权者手中,让被排斥者拥有权力。这是不能通过一个中心如打碎国家来完成的,而是必须涉及社会生活的方方面面,其中也包括国家。由于国家总是有集中权力的趋势,所以它恰恰是社会主义的一个障碍。"葛兰西的一个深刻思想是领导权的形成不能仅仅靠国家,而是要通过市民社会许许多多的中心同时开展斗争。因此,一个替代的社会主义概念必须包括在所有社会活动领域中使权力民主化的斗争。如果在现代社会中社会主义斗争是一种阵地战,那么我们的社会主义概念就必须是包含无数阵地的社会,我们必须在所有这些阵地上开始重建社会的工作。"⑰

在结束本文之前,我们需要重新回到文化研究上来。和科恩之类美化市民社会的人相比较,霍尔更侧重强调市民社会斗争和冲突的一面。但是,资本主义经济及其总体性逻辑和市民社会的关系并不总是很清楚的,或者可以说文化研究在批判僵化的经济决定论的同时没有就资本主义经济与文化政治的关系给出一个清晰的说明。这种不清晰反映了霍尔对社会主义前景的理解,前面提到的《意识形态问题:没有保障的马克思主义》这篇文章的标题多少透露出一些消息,但对这个问题最明确的表述是另外一篇文章:《20 世纪 80 年代为社会主义思想而斗争》。霍尔在这里提出,没有任何经济上的进步能够保证社会主义的必然实现,相反社主义的成功离不开绝大多数人民的支持和赞成。换言之,社会主义成功的先决条件是建立文化和意识形态领导权,即在思想和道德上的领导地位。⑬在资本的逻辑侵入到人类生活的所有领域,在哈贝马斯所说的"生活世界的殖民化"已经完成的今天,我们确实有理由怀疑霍尔争取文化领导权的努力是否具有可行性。但是另一方面,在消费主义意识形态甚至已经渗透到世界的贫困地带的今天,我们也同样有理由怀疑具备什么样的经济条件才足以打破资本主义世界体系的总体性逻辑。

注释:

① David Morley and Kuan-Hsing Chen, ed. *Stuart Hall: Critical Dialogues in Cultural Studies*, Routledge, London and New York, 1996.
② Stuat Hall, *The Hard Road to Renewal: Thatcherism and the Crisis of the Left*, London: Verso, 1988.
③ Stuart Hall, pp. 395—397.
④ Betty Matthews, ed. *Marx 100 Years On*, Lawrence and Wishart, London, 1983. pp. 57—84.
⑤ John Gray 在"The Undoing of Conservatism,"一文里指出,现代保守主义在经济方面的自由放任主义摧毁了它在文化方面的追求。参见 John Gray, *Enlightenment's Wake*, Routledge, London and New York, 1995, pp. 87—120.
⑥ S. Hall, "The Toad in the Garden: Thatcherism among the Theorists," in C. Nelson and L. Grossberg, eds, *Marxism and the Interpretation of Culture*, Champain: University of Illinois Press, 1988, pp. 35—73.
⑦ 同上。
⑧ 阿尔都塞《意识形态和意识形态国家机器》,李讯译。
⑨ Norberto Bobbio, "Gramsci and the Conception of Civil Society;" Jacques Texier, Gramsci, "Theoretician of Superstructures: on the Concept of Civil Society," in Chantal Mouffe, ed. *Gramsci and Marxist Theory*, Routledge and Kegan Paul, London, 1979, pp. 21—47; pp. 48—79.
⑩ John Keane, ed. *Democracy and Civil Society*, London, 1988; Ernesto Lacao and Chantal Mouffe, *Hegemony and Socialist Strategy*, *toward a Radical Democratic Politics*, The Thetford Press Ltd. London, 1985; Jean Cohen, *Class and Civil Society: The Limits of Marxian Critical Theory*, Amherst, 1982; Jean Cohen and Andrew Arato, *Civil Society*

*and Political Theory*, The MIT Press, Cambridge, 1992.

⑪ 参见《福柯访谈录：权力的眼睛》，严锋译，上海人民出版社 1997 年，第 250 页，第 161—165 页。

⑫ 同上，第 163 页。

⑬ 阿伦特对现代资本主义经济既破坏了私人领域也破坏了公共领域的论断，是富有启发意义的。参见汪晖与陈燕谷编《文化与公共性》，三联书店 1998 年，第 57—124 页。

⑭ 参见汪晖《"科学主义"与社会理论的几个问题》，《天涯》1998 年第 6 期。

⑮ S. Hall, *The Hard Road to Renewal*, pp. 95—121.

⑯ 同上，第 156—176 页。

⑰ 同上。

⑱ 同上，第 177—195 页。

原载《思想文综》第 4 辑，
暨南大学出版社 1999 年

# 张旭东

# 全球化时代的文化悖论：
## 多样性还是单一性

杰姆逊的主要论点之一是，后现代说到底是"经济变成了文化，文化变成了经济"。①在我看来，这是杰姆逊的后现代话语的认识论和政治核心。杰姆逊的后现代话语在他的主要著作《后现代主义：晚期资本主义的文化逻辑》的标题中已经具体化和通俗化了。这个辩证的语式是一个丰富的思想传统——尤其是法兰克福学派——的浪尖。我们对它已经耳熟能详，以致于在做出各种各样的评论时经常忽略了杰姆逊的辩证法所要求的必要分析步骤和最终的政治哲学评价。杰姆逊的方案并没有在后现代游戏式的无差异表层上将文化与经济融合起来，也没有采用全球化之类的通用标签来进行历史情景分析。杰姆逊坚持认为，我们必须格外留心包括经济和文化、市场和力比多、基于生活方式的消费及其对"主体性"的意识形态表达在内的各种结构分化的力量，毫不含糊地将经济因素摆在首位，并且同样毫不含糊地强调对文化的意识形态理解，将文化看成是一种具有显著历史性，同时在历史上又具有全新品质的资本主义活动方式。

毫无疑问，在将后现代和全球性当做自明的东西相提并论之前，必须首先寻绎其历史基质。在理解这种历史基质时，有必要脱开以后现代主义和全球化的名目而为我们所知的那种意识形态补充和文化庆典。若欲达成这种理解，就必须专心致志地解读各种社会、文化和文化政治构成物，因为无论在概念的层面上，还是在历史的层面上，这些构成物都先于后现代—全球性话语的霸权。这种话语表述了自由主义意识形态的普遍要求，下文主要从这个角度来进行一番分析。

那个按后现代主义和全球化思路构想出来的物质、社会和政治世界究竟由哪些因素构成呢？事实上，研究后现代主义和全球化的学者，尤其是从事文学和文化研究的学者甚至不愿提及这些构成因素，这仅仅表明了意识形态—文化氛围的浓厚质密。例如，人们不再感到有必要从通讯或信息技术之类的更平淡的视野去研究后现代性和全球化的条件；事实上，正是通讯或信息技术使现代商业、金融和交易的模式发生了转变，尽管结果很不平衡，转变的方式也十分有限。但是，正如杰姆逊指出的，所有这些技术转变都要以"商业决策"这种精明的逻辑为基础。"商业决策"并不是什么新玩意儿，它与资本主义一样古老。资本主义发展长期处于不平衡的状态，在许多情况下，这种不平衡还在进一步加剧。在当今世界上，财富和权力空前集中。于是，后现代和全球性就变成了市场的自我确认。以消费主义为媒介，市场是按自由、多样性、多元性和普遍性来理解的。就此而言，若欲了解作为意识形态的后现代主义和全球化，就必须考虑到如下问题：两者如何在西方都市中心和西方以外的其他镜像城市生产出日常生活的？在这方面，我们所说的后现代全球性或全球化后现代性不过是指一种被彻底纳入资本主义生产和消费系统的生活方式的普遍性、相同性和标准化。支撑着这个世界的是我们这些生活在第一世界中的人视为理所当然的管理和服务的效率和便利。毫无疑问，即便将这个"全球空间"称为"不连续的连续性"或"分散的同质性"，那也是一种委婉说法，因为这个"全球空间"的日常经验有赖于——取决于——与整个系统的彻底认同；任何人都不能偏离这个系统，否则他/她就会被抛在机器和技术（以及它们所提供的安全感和认同感）这个"巨大的架座"（gigantic enframing）（海德格尔）之外。

商业和意识形态的逻各斯、形象、象征对日常世界的渗透，商品的力比多化和性欲化，商业社会的道德—政治价值使生活世界与文化世界、私人领域和公共领域几乎毫厘不爽地重叠在一起，因为这两个世界和领域在旧的民族国家语境中已经失去了意义和相互联系。盖尔纳（Ernest Gellner）曾经从社会学—哲学的观点出发区分了近代的两种视野："个人主义—原子式的"和"浪漫—有机的"。②如果说这种区分在今日的语境下还有某种使用价值的话，那就在于,这种两分法——盖尔纳正确地认为,其影响遍及于一切民族情景中的一切政治立场——可以帮助我们认识到,现代知识社会学和文化政治学的深陷的断层线已经发生了戏剧性的位移。在后冷战时代,启蒙和普遍理性的那种"个人主义—原子式"的视野几乎已经吸纳了一种"浪漫—有机的"、温暖而又模糊的意识,对共同体、人群和文化有了某种感觉。这种新的普遍主义—个人主义的视野并不是靠挑战和颠覆那些未经批判地建基于习俗和传统之上的世界观,并通过论证而产生出理性协商的知识和伦理。相反,它将自己当做地地道道的文化。如果有人对其缺乏反思的状态提出质疑,它就惊诧不已。赞同"个人主义—原子式"观点的人有时不得不论证他们的立场是超越历史的,是"文明"本身。每当这个时候,如同传统的"浪漫—有机的"人一样,他们都会感到恼怒、惊骇和愤愤不平,他们想不出这还有什么需要论证的。换句话说,新普遍主义话语——后现代主义和全球化话语是其最关键的范畴——认为它所反映的不是一种生活形式,而是人类本质和存在本身。

毫无疑问,晚期资产阶级社会的这种政治本体论最好从形式和理性的层面上——也就是说,用自由主义—普遍主义或个人主义—原子式的反本质、反文化的语言——加以论证。就此而言,罗尔斯关于政治自由主义的构想从各方面来看都比哈贝马斯的方案更彻底、更自信、更现实化。即便仅仅因为哈贝马斯没有将韦伯的幽灵从他的哲学运思中彻底清除出去,这位交往理性的始作俑者就只能在透明理性的稀薄空气中建构他的方案。哈贝马斯乞灵于康德,罗尔斯则在一个多元的世界中提出了"交叠共识"论,以此作为罗马法的现代等价物。德国人最终又一次为"世界历史民族"(马克思、韦伯)从政治或法学的层面上介入的活动提供了一个苍白的哲学注脚,尽管这里涉及到的历史和地缘政治情况完全不同。③

具有讽刺意味的是,对罗尔斯的更可信、也更令人不安的挑战来自理查德·罗蒂。罗蒂一直都在抨击美国学界的左派,指责他们缺乏爱国主义精神。④如果罗蒂只是为美国沙文主义提供了又一种说法,那就不必理会他,但实际上,罗蒂试图复兴更为传统的新政或社会改革政策。他提醒自己的同胞,美国在实质民主(财富分配等等)方面仍是一个很不平等的国家,美国的理想尚未"实现"。罗蒂认为,罗尔斯关于自由民主程序的哲学表述在抽象的层面上真是美妙之极,就连特权阶层、超级富裕阶层、保守人士对它也不会感到有什么问题。这一评论可谓切中要害。不仅如此,有趣的是,罗蒂对美国民族主义的诉求始终是一把双刃剑:它的矛头一方面指向国内政治中的社会不平等,另一方面又指向新兴的"国际超级阶层"。这个新阶层正是威胁着美国政体的全球化势力。(在罗蒂的《实现我们的国家》这本书中,有一个比喻透露出相当敏锐的观察力:横越大陆的班机的前排座位坐着商界精英,坐在飞机尾部的是一大帮赶赴各种国际会议的学界人士,比如今天前来参加这个全球化和大众文化学术研讨会的学者就属于这群人。)罗蒂的观点很值得注意,因为他揭示了自由民主的普遍主义的一个内部裂隙:像罗蒂那样的一批人对任何从政治上或思想上追求超越美国宪法的开放历史视野的努力一般都不抱同情,甚至采取敌视的态度;因此,对他们来说,与自由民主体制的内部问题做斗争的惟一方式就是从更为古老、经典的民族政治模式中寻找灵感,重新唤起民族国家的理念或理想主义。不过,罗蒂复兴美国民族主义的努力只能放在经济、政治、文化领域的跨国流动和冲突的全球语境中来加以审视。从这个观点来看,罗蒂的方案最终难免流于玩世不恭和平庸乏味,这一点可能是他自己所不愿意承认的。换句话说,由于美国军事和经济力量的全球统治地位,由于制度化的全球不平等和等级结构,由于美国的利益按其本性就是全球性的,因此,巩固美国的民族政治和民族意识形态,使它们达成实质的(而非抽象的或程序的)同质化,就应该成为我们的头等大事。美国人和潜在的美国人在其直接的地方性、独特性和褊狭性方面已经并且瞬息间就达到了普遍的水平。对他们来说,罗蒂从哲学上将美国的理念与人类历史的乌托邦理想接通,确实达到了一定程度的具体性。只有在这个基础上,我们才能理解他对杰姆逊的古怪指责:他说杰姆逊的著作缺乏足够的乌托邦冲动。

建基于消费概念之上的晚期资产阶级的主体性概念与其在经济、社会、政治中的普遍性几乎完全重合起来了,这可以部分地解释后现代/全球视野模糊不清的状态。在这种视野中,民族国家,连同其引出的一切正当的和不正当的暴力要求和文化要求,几乎已经杳无踪影了。现在,需要更多地从历史的视角去描述民族国家在这种境况中的作用。鉴于资本主义与国家权力之间存在着历史的相互依存关系,最近几十年的变化主要在于这种关系的范围(以及美国政体的发展,按照杰姆逊的说法,这导致了美国与世界上其他民族国家之间的深刻的不对称),而不在于这种关系本身。⑤诚然,全球资本主义需要全球性的政体形式来提供"法律和秩序",以及更广泛的意识形态合法化。但是,这种新兴的全球体制按其本性就是一种不道德、不人道的政体形式,因为它并不准备将基本的公民权和人权扩及于传统民族疆域以外的臣民,甚至连一点表示都没有。因此,可以说,双重标准是西方新干预主义的内在品质,谁也没有法律或政治上的根据"让统治阶级说话算数",而这正是激进知识分子在挑战自由资产阶级国家的现状时采取的传统政治策略(布洛赫在《自然法与人的尊严》中提供了这种激进民主立场在现代的最后表述之一)。

另一方面,民族国家不仅为非西方世界的许多民族和共同体提供了惟一有意义的保护,使其免于跨国公司的操纵,免于专横的西方通过各类经济和文化代理人而实施的跨领土国家权力的支配,而且还为特定民族情景中的政治参与和行动提供了惟一切实的舞台。考虑到这种现实情况,如果抽象地、非历史地抨击民族国家、民族主权、民族文化和政治生活等理念,那就确然无疑地透露出一种明显的美国中心主义和欧洲中心主义立场,一种普遍一个人主义的信仰和意识形态。一旦采取这样一种立场,对后现代/全球化主体性的确认迟早就会变成对西方的自由和民主理念的重新确认。正如前面讨论过的,最后一点不过是一个特殊共同体的浪漫文化主义的现代翻版而已,其普遍要求迟早会变成罩着一层薄薄面纱的沙文主义和种族主义。

在新自由经济的时代,所有的国家,甚至所有的大陆都被卷入一场你死我活的竞争或"充满怨恨的激烈争吵"(杰姆逊语)中,其焦点是,在全球市场的"看不见的手"面前,"谁比谁更过剩"(Giovanni Arrighi语);⑥新殖民主义在国际货币基金组织的贷款中,在美国的电视节目中,在北约的军事行动中获得了生动的表现。具有讽刺意味的是,在这样一个时代,非西方社会的"传统文化"也进入了以新兴波波斯(波希米亚资产阶级)为特征的西方大都市的消费场景。"波希米亚资产阶级"这个词语出自新保守主义阵营的大卫·布鲁克斯,颇能显示他的机敏和睿智。从社会学的角度来看,这是一个值得注意的意象,因为它突现了一些新的模式:在建构"新的(国际)上层阶级"的过程中,以 90 年代迅速崛起的美国高技术和时装市镇(索霍区、帕洛阿尔托、阿斯彭等等)为引力中心,金融资本与文化资本融汇在一起。作者细致入微地描述了 90 年代瑜珈功修炼者、骑小轮摩托车飞奔者、文化反叛者、对性持开明态度者、政治正确的维护者、具有健康和环境意识者、专业人士,对他们表现出过分的钦佩,颇有讨好之嫌。从这些人身上,我们可以看出,60 年代以及自欧洲浪漫主义以来的全部精神资源已经被一个新的消费概念——毋宁说消费行为——驯化了,吸纳了。这种消费概念或消费行为植根于经济与文化的相互渗透(植根于美国大学与公司文化的新型英才教育、文化与金融资本拥有者的联姻等等,所有这些都构成了《天堂里的波波族》这本书的从社会学角度看十分有趣的方面),两者都同时被理解成资本和身体:在波波族身上,在他们那种立足于消费和文化之上的对个人自由和社会尊严的新感觉中,资本已经变成了身体,反之亦然。⑦

有必要赶紧补充一句:所有这些意识形态概念(自由、多样性、多元性和普遍性)都过分受制于消费主义,因此,在涉及现代资产阶级主体性概念的理解或自我理解时,它们从根本上具有力比多的性质。我们也可以说,这个特殊的主体性概念已经与其早期的——经典的或现代主义的——资产阶级渊源发生了分离,两者之间隔着一道历史的裂痕。这一裂痕产生出关于后现代主义的批判话语,以一种无情的历史逻辑决定了,现代西方与资产阶级革命的普遍理念之间的连续性不过是一种怀旧的、感伤的虚构。于是,我们可以发现,后现代主义和全球化的庆典式的意识形态话语与韦伯使一个解魅的世界理性化的努力处在同一个结构位置上。事实上,韦伯通过其比较宗教社会学(儒教、佛教、印度教等等)将基督教生活世界的毁灭投射到了东方(海德格尔曾接受《明镜报》记者的采访,在这次著名的或臭名昭著的访谈中,海德格尔说,不能指望通过比如说东方的道家思想或神秘主义来拯救西方,拯救之道就在爆发危机的地方。这是对韦伯问题的姗姗来迟的,却更加诚实的回答);与此同时,他又要求建立一个愿意并能够在海外贸易和殖民扩张中与英法两国竞争的"政治上成熟的"——亦即理性化的、自由民主的——德国。⑧作为民族主义者的韦伯为德意志帝国忧心忡忡,作为理性主义者的韦伯又为普遍的现代性劳神费心,这两个韦伯有一种内在的、令人不安的冲突,而在美国版的(帕森斯式的)作为社会科学家的韦伯身上,人们很难面对韦伯的这种困境。但是,若要从历史的和文化政治的层面上理解我们的时代,除了必须面对德里达所认为的马克思的幽灵之外,还必须面对韦伯的幽灵。韦伯的理性化方案所蕴含的文化政治悖论在韦伯死后,也就是说,在后现代/全球化意识形态中才获得解决,这也许再合适不过了。后现代/全球化意识形态使文化和经济彻底地倒在普遍性这个新的一致性平面上,这就是杰姆逊所说的"压抑的多元性"。⑨

这种压抑的多元性通常仍被礼赞为一种多样化的、流动的、创造性的和解放的力量。不过,我们不妨审视一下它那隐藏在包容性背后的排他性、隐藏在平等背后的不平等、隐藏在多样性和异质性背后的意识形态同质性。换句话说,有必要检讨一下自由普遍主义的隐含假定和原则。这种普遍主义历史地植根于作为人类生活的自律领域的政治的概念之中。在这方面,只要读读施米特的相关著述就足够了。施米特讨论了作为普遍性的政治框架的自由民主体制的内在悖论和脆弱性。在《议会民主制的危机》(德文原题是《当今议会制的思想史状况》)中,施米特写道(这是在20世纪20年代初):

> 在表面政治平等的条件下,另外一个领域以实质不平等占优势的领域(在今天,例如经济领域)将支配政治。……无论在什么地方,只要不偏不倚的平等概念在缺乏不平等这个必要的关联概念的条件下实际地控制了一个人类生活领域,这个领域就失去了它的本质,而被另外一个受不平等无情地支配的领域弄得黯然失色。⑩

施米特接着写道:

> 只要是人,就享有平等:但这不是民主,而是一种自由主

义;不是政体形式,而是个人主义—人道主义的伦理观和世界观。近代的大众民主立足于这两者的杂乱的组合。⑪

在这里,施米特将自由主义与伦理观和世界观(在施米特写作的特殊德国语境中,伦理观和世界观两者指的是某种也许可称之为基于文化的民族意识形态的东西)并提。除此之外,还有一点也非常有趣:施米特在自由主义与民主之间打进了一个楔子,将"个人主义—人道主义"的特征归属于前者(自由主义),以便主要按同质性来界定后者(民主)。卢梭的"公意"概念表明,"一个真正国家的存在条件是,人民必须具有高度的同质性,以至于从根本上达到了全体一致"⑫。

现代学者只能以将信将疑的态度对待施米特的敏锐观察。不过,在他的著作中,重要的不是那种多少有点阴险的利他主义。例如,施米特说,"一切实际的民主都建基于这样一个原则之上:不仅平等者是平等的,而且不平等者也将得到平等的对待。"⑬他又说,"如同公意一样,要么存在着全体一致,要么就不存在全体一致",因此,"(社会)契约的存在与否毫无意义"⑭(施米特的意思是说,后者只是一个自由主义的幻想,而不是民主制度的运作方式;民主制度靠的是排斥异质因素,形成共识)。尽管施米特有一种政治机会主义倾向,但他充分地承认,社会正朝着更自由、更民主的方向迈进,这种空前未有的趋势是普遍的、不可逆转的。就历史判断而言,施米特和托克维尔实际上没有太大的区别。在一个全球化和后现代主义的时代,对我们的批判思考更有用的是施米特的一些独特思路。他区分了政治的各种要素和范畴,因而对那些据认为超越了政治的东西达到了更具历史性的理解。他写道:

在政治领域,当人们互相面对时,他们并不是什么抽象物,而是在政治上有利害关系、受政治制约的人,是公民、统治者或被统治者、政治同盟或对手——因此,不管怎么说,这里涉及一系列政治范畴。在政治领域,一个人不可能将政治的东西抽取出来,只留下人的普遍平等。经济领域的情况亦复如此:人不是被设想成人本身,而是被设想成生产者、消费者等等;换言之,这是按特殊的经济范畴来设想人。⑮

正是透过政治这面无情的镜子,施米特抓住了黑格尔"具体思维"的根本历史内核。在《政治的概念》中,施米特以令人折服的思想睿智地评论道:

> 量变转化为质变这个经常被人引用的命题具有十足的政治含义,它表达了这样一个认识:从一切领域都可以到达政治这个点,随之而来的是人类群体的质的新强度。这个命题的实际运用主要是在经济领域,但到了19世纪,它便开始产生出致命的后果。……迄今为止一直处于非政治或事实层面上的东西现在具有了政治性。当它达到一定的数量时,比如说经济财产就变成了明显的社会权力(说得更准确一些,政治权力),propriété(财产)变成了 pouvoir(权力)。原先只是受经济驱动的阶级对立,现在变成了敌对群体的阶级斗争。⑯

这样,施米特的范畴和要素思想就提供了一个有助于阐明历史和阶级意识的产生的辩证概念。这也许就是卢卡契和本雅明高度评价他的原因,尽管晚年的卢卡契在其巨著《理性的毁灭》中指出,施米特的理论运思预示了,欧洲帝国主义秩序将在纳粹的手中瓦解;透过施米特,可以发现纳粹与颠覆了欧洲封建主义的早期资产阶级革命的相似性。但是,在某种程度上,必须承认,受价值驱动的斗争的最激烈的形式或"生活形式"的冲突具有价值中立的性质:施米特所说的政治最终建立在敌友区分的基础之上。巧合的是,毛泽东正是运用这对范畴开始了他对中国社会的分析,提出了强有力的关于中国革命的理论。

经过了里根—撒切尔的私有化十年,又经过了冷战结束后的"世界新秩序"的十年,后现代主义和全球化已经很难被看成是自由民主框架内的一种抽象的、价值中立的和非政治的普遍性了。在这期间,美国在海湾、巴尔干和反恐的无国界空间发动或领导了三次战争。这说明,后现代主义和全球化的时代并没有摆脱"人类群体的(突然)强化",而是发挥着杠杆的作用,将各种各样的冲突推到前台,尽管这些冲突有其传统的限制条件,要受制于地方、民族、地域的隔绝、静止和惰性。如果说一个全球帝国正在形成,它也更多地形成于晚期资产阶级的梦幻之乡,用文明的标尺彻底排斥他者,确保自我的绝对自由和安全。这个全球帝国被假定具有空间的总体性和时间的无限性;它将自己看成是一种并非支配着特殊的社会群体或人类群体,而是"直接支配着人性"(Negri 和 Hardt 语)的文明。这些想法与其说符合资本主义生产和消费的扩张(实际上,即便在最发达的资本主义社会中,这种扩张也很不平衡),还不如说符合以经济与文化、特殊与普遍的交汇为基础的晚期资产阶级主体性这个全新的概念。⑰ 从这种观点来看,也许有某种办法可以矫正 Antonio Negri 和 Michael Hardt 在《帝国》中提出的一个在别的条件下无法质疑,因而也就无关宏旨的口号:"根本没有什么外部"(这是对帝国来说的。这个全球帝国混合了后现代主义和全球化,由于左派对全球乌托邦持有一种唯意志论和非历史的看法,因此,与实际存在的资本主义体制基于不可靠的理由所宣称的相比,它就是一个更规范的概念构成物)。在消费自由、日常生活生产的均质化、同质化的空间里,政治经济学变成了力比多经济学。只要"内部"由这种情况所决定,就可以采取各种各样的方式、按照被排斥在帝国的同质化国家之外的因素来清晰地界定"外部"。换句话说,"内部"与"外部"的这种修辞性的二项对立(或者说,将"外部"从"内部"的位置上清除出去)只有从政治的角度来理解才有意义。但是,一旦从政治的角度来理解这种二项对立,也就是说,一旦"人类群体的强化"——突然的,而又是历史的——达了政治的水平,内部与外部的两分法就像敌友的对立一样昭然若揭和不可避免了。只要看看美国媒体将文化变成政治的手腕,只要看看公众对九一一恐怖袭击的反应,这一点就再清楚不过了。

在这方面,后现代主义和全球化似乎是按与自由民主制相同的政治逻辑运作的:第一,它们需要同质性;第二,如果有必要的话,它们还要清除或根除异质性。"后现代"和"全球性"这两个词标志着文化变成政治的历史时刻,与此同时,"文化变成政治"也必须理解成"政治变成文化"。如果说——正如杰姆逊指出的——"美国生活方式"提供了一种"文化的"同质性,并且使这种同质性超越了经济不均等或政治不平等(实质性平等),从而成功地控制了阶级斗争,那么,后现代和全球化时代显然就是美国化的时代。

这种美国化规模更大,但同样没有什么均等可言。⑱但是,即便在考虑这个将全球后现代性视为全球美国化的规范概念时,我们也必须找到政治上有意义的方法来解释差异、抗拒之类的传统的和现实的阻力,批判地,但又不失同情地分析它们对异质性——而不仅仅是对"可供选择的方案"——的要求,分析其在政治上和文化政治上所采取的自我肯定姿态,最终对这些立场和意识形态在真正的全球政治——以反认同、反标准化的身份建构为特征——中的有用性做出策略性评估。这些立场和意识形态是建构任何一个关于更好的社会制度的有意义概念时必须利用的资源,而不是迅速跳到完全按西方的各种政治立场来界定的全球乌托邦的累赘或障碍。

《帝国》一书提出的一个比较有说服力的论点就是,这种新的政治动物不想打仗,而是想维持和平。但是,如果从施米特的一个思想出发来理解这个论点,就能够进一步增强它的力量。施米特认为,对同质化的"我们"概念的任何极权式建构都自觉或不自觉地建基于一个虚假的、非历史的和不可企及的幻想之上:即我们的生活方式、我们的存在的"绝对安全"。追求和平的冲动确实触及"我们的生活方式"的一切文明—霸权秩序的一个根本特征。从中国的万里长城到美国的国家弹道防御系统,都透露出这种绝对安全的幻想。《共产党宣言》有一段精彩的文字,说万里长城被"资产阶级的廉价商品"象征性地"击垮"了。其实,根本等不到这个时候,历史上游牧部落已经一再突破了这道防线。但是,中国人又一再象征性地或以其他形式重建长城。正如施米特告诉我们的,绝对安全本身建基于敌人的概念之上,而所谓的敌人是遭到否定的他者。长城巍然屹立,象征性地否定了敌人作为人的存在,但实际上又暗中承认了这个被否定的、非人化的敌人从外部和内部对我们的康乐和福祉构成的实实在在的威胁。世贸中心双子座的轰然坍塌给曼哈顿的空中轮廓线留下了一个"缺口",这是何等的令人毛发倒竖,它似乎每天都在提醒纽约人,用一道长城来保卫自己的绝对安全,已经越来越不可能了,但又越来越有必要。我们见过各式各样的长城:现代化和现代性,那种认为财富和权力能够提供安全、保护、荫庇的古典观念(作为殖民主义和帝国主义时代的残余物),地理距离和分隔。曾几何时,这一切都变得弱不禁风而又遥不可及。溯其缘由，一方面，这个世界上确有那么一些人把生命看得比其他"价值"更重（我们只能名之为"邪恶"），另一方面，通常意义上的全球化和后现代过程本身亦难辞其咎。

在这种特殊的意义上，我们也许会承认，全球化和后现代主义作为一种意识形态话语，不过代表着构造一个同质概念的又一次尝试。这个概念并不被用来再现人类状况，而是被用来驾驭人类状况。这个驾驭过程假借了自由、多样性和多元性的名义，也就是说，它所采取的手段是构造和生产主体性以及人性概念本身。在这个意义上，德勒兹关于肯定性、内部分化和同一的多元——所有这些概念都与黑格尔的二项对立、辩证矛盾等经典概念针锋相对——的哲学思考很可能成为意识形态和文化政治论辩的新的哲学基础，因为它一方面为自由民主意识形态的文化主义的自我理解提供了机会，另一方面又为其批评者提供了机会。这些批评者坚持社会系统和文化系统的某些仍处于有关"什么是人性"的同质化文化政治观念之外——在这个特殊的意义上，仍处于自由民主意识形态建基于其上的晚期资产阶级政体的政治权力的控制范围之外——的持久价值。随着不同人类群体在某个特定层次上（也就是说，在全世界的一个特定阶层内部）的沟通和互动的日益增多，以必要的、隐蔽的政治凝聚力和同质性为基础的排斥必须根据文明和人性本身的极端他性来加以界定。即便恐怖主义或伊斯兰原教旨主义不存在，它们也会被创造出来。伊拉克人、塞尔维亚人，在某种程度上还包括中国人，已经处在这样的位置上。此外还有非洲大陆，那里的情况更为隐蔽，这个地区如此彻底地脱离了人们的视线，难道这个现象本身不可怕吗？在这方面，也同样没有什么让人感到新鲜的；而且施米特也同样可以为我们提供一些现成的教益。在《政治的概念》的结尾，施米特指出（这是在 1932 年）：

> 战争受到谴责，但处决、制裁、讨伐、绥靖、国家警察、确保和平的措施依然存在。于是，对手不再被称为敌人，而是被称为扰乱和平者，并因此而被打入不齿于人类的败类之列。为保护或扩大经济权力而进行的战争以宣传为辅翼，必然变成一场十字军东征，变成人类的最后一场战争。这一点隐含于伦理与经济的两极性中：这种两极性具有惊人的系统性和融

贯性。但是，这个据说是非政治的——甚至明显是反政治的——系统服务于现存的或新出现的敌友分类，根本无法逃脱政治的逻辑。[19]

但是，如果我们发现政治在现代（后现代）变成了某种非政治的、文化的、伦理的、力比多的或文明的东西，我们就应该期待着看到文化变成了政治的、社会的、策略的、经济的和特殊的东西。如果卢梭、施米特和毛泽东有什么共同性的话，那就在于这样一个直觉：为国家政治——当然也包括政府本身——提供了终极正当性的人民"公意"基本上是一个通过教育塑造、培养的问题。换句话说，公意是受到国家认可或在政治上受到认可的教育的结果，而教育的功能是要为国家/政府的正当化服务。因此，教育按其本性就先于民主，并且在这个特殊的意义上具有独裁的性质。如果说国王（主权者）是对非常情况做出决断的人，独裁者就是教育者，是了解人民意愿的人。我认为，现在可以回到杰姆逊所说的"压抑的多元性"问题上来了。它使下述常识具有了实质性内容：在全球资本主义及其后现代文化的语境中，说到底，支配人民意愿的是资本主义生产和消费的逻辑。这种利他主义的特殊的现代——或全球化/后现代——新花样是，鉴于文化变成了经济，经济变成了文化，鉴于资本与身体的相互渗透，决定一种隐含地而又必然地具有政治性，并且先于普遍性概念的教育的内容的主权者乃是市场本身。对后现代/全球化状态的历史性的这种政治哲学理解可以促使具有批判意识的知识分子与后现代主义和去中心消费主义的文化话语保持"谨慎的距离"。这些话语是全球化时代的文化财富，不过，对此我们"不能不带着惊恐去观照"（本雅明语）[20]。

**注释：**

① Fredric Jameson, "Notes on Globalization as a Philosophical Issue," in Fredric Jameson and Masao Miyoshi, edited. *The Cultures of Globalization*, Durham, NC: Duke University Press, 1998, pp.54—77.

② Ernest Gellner, *Language and Solitude*, Cambridge and New York: University of Cambridge Press, 1998, pp.3—13.

③ For the Rawls—Habermas debate, see John Rawls, "Reply to Habermas", in *Political Liberalism*, Cambridge, MA: Harvard University

Press, pp. 327—434; Jürgen Habermas, "Political Liberalism: A Debate with John Rawls," in *The Inclusion of the Other: Studies in Political Theory*, Cambridge, MA: Massachusetts Institute of Technology Press, 1999, pp. 49—104.

④ Cf. Richard Rorty, *Achieving Our Country*, Cambridge, MA: Harvard University Press, 1998. 关于罗蒂这本书的思路的中文评论,参见张旭东《知识分子与民族理想》,载《读书》2000 年 10 月号,第 24—33 页。

⑤ Jameson, op. cit., p. 58.

⑥ Ibid., p. 65.

⑦ Cf. David Brooks, *Bobos in Paradise—The New American Upper Class and How They Got There*, New York: Simon and Schuster, 2000.

⑧ Max Weber, op. cit., pp. 24—25.

⑨ Jameson, op. cit., pp. 71—72.

⑩ Carl Schmitt, *The Crisis of Parliamentary Democracy*, Cambridge, MA: Massachusetts Institute of Technology Press, 2001, p. 13.

⑪ Ibid., p. 13.

⑫ Ibid., p. 13.

⑬ Ibid., p. 9.

⑭ Ibid., p. 14.

⑮ Ibid., p. 11.

⑯ Carl Schmitt, *The Concept of the Political*, Chicago: University of Chicago Press, 1996, p. 62.

⑰ Antonio Negri and Michael Hardt, *Empire*, Cambridge, MA: Harvard University Press. 2000, pp. xiv—xv.

⑱ Jameson, op. cit., p. 74.

⑲ Carl Schmitt, *The Concept of the Political*, op. cit., p. 79.

⑳ Walter Benjamin, "Theses of Philosophy of History," in *Illuminations*, edited by Hannah Arendt, translated by Harry Zohn, New York: Schoken Books, 1969, p. 256.

曹卫东

# 文化的剩余价值
## ——哈贝马斯的大众文化批判

作为一个强调总体性批判的社会理论家,哈贝马斯对于现代性危机在文化领域中的表征有着许多独到的看法。换言之,文化批判同样构成了哈贝马斯社会批判理论的有机组成部分。哈贝马斯对文化的批判,基本上继承了第一代法兰克福学派的路径。具体而言,哈贝马斯从大众文化批判入手,致力于解决文化领域中的剩余价值问题。因此,我们或许可以这样认为,哈贝马斯对于大众文化的批判,综合了经典马克思主义和第一代法兰克福学派的工具理性批判传统,并在此基础上向前推进了一步,把大众文化批判提高到了社会批判和意识形态批判的高度,使之规范化。

为了具体阐明大众文化批判在哈贝马斯文化现代性建构过程中的地位,本文将从以下几个方面展开论述:首先,我们将阐明哈贝马斯对从马克思、卢卡契到第一代法兰克福学派(霍克海默和阿多诺)的工具理性批判传统的批判、继承和发展;接着,讨论哈贝马斯对于文化消费主义历史形成的追溯;最后,具体分析哈贝马斯对于广告和公众舆论的理解。

### 一 工具理性批判的批判

哈贝马斯从马克斯·韦伯的合理化范畴出发,把马克思的异化概念、卢卡契的物化学说以及霍克海默和阿多诺的工具理性批判(启蒙的批判)贯穿起来进行分析,认为它们共同的贡献在于深刻揭示了现代社会的两大根本问题:意义丧失和自由丧失。而在这当中,卢卡契的物化学说又起到了承前启后的作用。

在哈贝马斯看来,马克思通过对现代社会化大生产过程中剩余价值的分析,揭示了克服现代社会(资本主义)危机(主要是经济危机)的客观前提,这就是被现代社会(资本主义社会)自身所束缚的生产力。生产力的发展被马克思看做是解决现代性危机的根本出路,而马克思所给出的发展生产力的方法主要包括:科学技术的进步、劳动力的培训以及劳动组织的更加完善等等。

如果说,马克思的杰出贡献仅仅在于揭示了现代资本主义社会中的经济剩余价值,那么,他就难免会落入经济决定论的困境当中。但仔细阅读马克思的著作,我们不难发现,马克思对于经济决定论显然有着清醒的自觉意识。因为,马克思充分注意到了生产力自身的复杂性。也就是说,按照马克思的定义,所谓生产力,不仅包括现代的科学技术,更包括无产阶级(工人阶级)的主观潜能。在马克思的理解当中,无产阶级的主观能动性既表现为他们有创造性的生产活动,也表现为他们有革命性的批判活动。这样看来,马克思实际上已经注意到了剩余价值在人的主观生活世界当中的表现,以及人(无产阶级)对于这种剩余价值的抵抗意识。在这个意义上,马克思认为,资产阶级对剩余价值的攫取,不仅为无产阶级(乃至整个人类)的解放创造了客观前提,同样也创造了主观前提。

卢卡契完整地继承了马克思的剩余价值批判立场,但视角有了很大的转变。具体而言,一方面,卢卡契接受了韦伯的物化批判概念,修正了马克思对于现代科学技术的理解,认为现代科学技术作为一种解放力量具有两重性:即它在带来进步的同时,也制造了一种新的主宰人的意识形态,这就是所谓的科学主义(Szientizismus),最终的结果则是使人在自我解放的途中遭遇到了自我异化——物化。另一方面,卢卡契又进一步深入挖掘了人身上所潜藏着的对于物化的抵抗力量。卢卡契认为,人身上具有一种"自身理性的形式特征",这对于物化构成了一道难以逾越的极限。①

哈贝马斯认为,卢卡契进一步发展韦伯的物化批判,无疑是有其历史贡献的;可惜,卢卡契犯了两个严重的错误,其一,他不加批判地接受了黑格尔的逻辑学,仅仅从精神运动的角度阐述了无产阶级意识之于无产阶级革命和解放的逻辑必然性,而未能从经验批判的角度细致而透彻地阐明无产阶级意识形成和应用的实践必然性。其二,卢卡契在继承韦伯物化批判的同时,拒绝承担其客观主义历史哲学的后果。当然,卢卡契的理论面临的最关键问题还在于,由于革命的失误和现代资本主义社会中出现了未曾预料到的新的认同力量,致使卢卡契的时代诊断和物化批判遭到了彻底的否定。②

在哈贝马斯看来,卢卡契失足或停足的地方,正是霍克海默和阿多诺他们的出发点。换言之,霍克海默和阿多诺从经验批判的角度,对黑格尔的逻辑学以及卢卡契的物化批判提出了质疑,并分析了卢卡契的物化批判之所以失败的历史经验。按照霍克海默和阿多诺的分析,主要有三种历史经验发挥了作用:前苏联的官僚化统治、法西斯主义的兴起以及美国的资本主义发展新趋势等。③通过对这些历史经验的处理,霍克海默和阿多诺提出了一种关于法西斯主义和大众文化的理论,用以解释大众的主观自然怎么会毫无反抗地就被卷入到了社会合理化的旋涡当中,以及物化现象在文化再生产领域当中的种种表现。按照哈贝马斯的理解,霍克海默和阿多诺对法西斯主义和大众文化的分析形成了一种互补关系,前者说明,政治精英故意改变了大众的反抗功能,用主观自然来反对合理化;后者则表明,商品的物化形式蔓延到了文化领域当中。

在实际分析当中,霍克海默和阿多诺相互之间在密切配合的同时,又有一定的分工。具体来说,霍克海默负责分析法西斯主义,而阿多诺则专注于大众文化研究。霍克海默把主观自然对物化的反抗称做"自然的造反"(Revolte der Natur),由此,他认为,法西斯主义就"是利用内在自然的造反来实现内在自然坚决反对的社会合理化":

> (在法西斯主义制度里)合理性达到了一个新的阶段,在这个阶段上,它已经不再仅仅满足于简单地压制自然;合理性现在是在敲诈自然,为此他吸收了自然的造反力量,用以充实自身。纳粹操纵了德国人民被压制的愿望。当纳粹及其在产业界和军界的走狗们兴风作浪时,他们一定会赢得大众的,尽管他们并不代表大众的利益。他们向社会下层发出号召,而这些阶层已经被工业的发展抛弃了,也就是说,他们成为了大

众生产的剥削对象。这些阶层包括农民,手工业者,小商贩,家庭妇女以及小业主等,在被压制的自然中,他们首当其冲,他们是工具理性的牺牲品。没有这些群体的积极支持,纳粹根本就不可能上台掌权。④

这段话不仅阐明了纳粹上台的历史背景,也澄清了纳粹统治的阶级基础(社会下层),更说明了纳粹统治的历史作用:加速"迟到的民族"的现代化,用以补偿广大社会反抗阶层的心理要求。这样,内在自然的造反在纳粹的操纵下就变成了内在自然所反对的强制力量,实际上也就走向了其对立面。

阿多诺的大众文化研究探讨的则是意识通过大众传媒而实现社会一体化的过程。阿多诺借用了卢卡契的"商品拜物教"(Warenfetisch),指出在现代社会里,艺术作品被偶像化为文化商品;艺术享受则倒退成为消费和消遣,这在实际上已经构成了一种"新型的商品拜物教",即"文化的商品拜物教"。阿多诺在其《论音乐的拜物教特征以及听觉的退化》一文中说过这样一段话:

> 当然,在文化物品范围内,交换价值表现得比较特殊。因为这个范围在商品世界里似乎不受交换权力的支配……而这一表象正是文化物品具有交换价值的原因所在……如果商品总是把交换价值和使用价值集合在一起,那么,纯粹的交换价值就会取代纯粹的使用价值,因为纯粹使用价值的幻象在高度发达的资本主义社会中是文化物品所必须具有的,纯粹的交换价值正是作为交换价值才通过欺骗的手段承担起了使用价值的功能。音乐的拜物教特征就表现在这样一种 quid pro quo 里面:交换价值制造的效果提供了直接的表象,而与客体的无关同时又打破了这种表象……人们追问了商品社会究竟是靠什么得以维持的。在一种总体性的观念中,把消费品的使用价值转换成交换价值,这将有助于澄清原因。而在总体性的观念中,任何一种摆脱了交换价值的享受都具有颠覆性质。交换价值在商品中的表现承担了特殊的社会凝聚功能。⑤

哈贝马斯认为,霍克海默和阿多诺的创新之处在于具备了一种文化批判的视角,并且修正了本雅明(Walter Benjamin)对于大众文化的乐观主义立场,批判了洛文塔尔(Leo Loewenthal)对于大众文化的肯定主义立场,而对大众文化保持了一定的怀疑,进而发展出了一种建立在其否定辩证法基础上的否定主义大众文化观。但哈贝马斯同时又指出,霍克海默和阿多诺的大众文化理论也存在着明显的不足,主要在于,他们对大众传媒的社会控制力量的模糊性缺乏明确的把握。

如果说霍克海默和阿多诺的创新之处是由他们注重经验分析所带来的话,那么,他们的不足之处则是由于他们缺乏规范分析而导致的。但不管怎么说,我们认为,霍克海默和阿多诺把法西斯主义理论与大众文化理论相提并论,是值得我们予以高度注意的,因为它们毕竟从不同的角度为现代性批判打开了新的取向。换言之,霍克海默从政治批判的角度讨论了工具理性批判问题,而阿多诺的出发点则是社会层面,他所关注的是工具理性批判在社会层面上的反映。因此,就霍克海默和阿多诺而言,如果说法西斯主义理论成功地揭示了政治的剩余价值的话,那么,大众文化理论则是对文化剩余价值所做的毫不留情的批判,从而在发展经典马克思主义社会批判的基础上,共同把马克思主义社会批判向前大大推进了一步。

## 二 从文化批判到文化消费

哈贝马斯一边充分肯定霍克海默和阿多诺把大众文化作为社会批判范畴的历史意义和现实效果,一边又从规范的角度对他们的大众文化理论提出了尖锐批判,这和他对待第一代法兰克福学派的一贯立场无疑是一脉相承的。但是,这里值得留神的是,哈贝马斯在第一代法兰克福学派成员之间还是有所区别的,并没有把他们简单地一概而论。比如,在大众文化这个问题上,哈贝马斯一方面批判霍克海默和阿多诺的主张缺乏规范性,另一方面却悄悄地接受了洛文塔尔对于大众文化历史功能的分析,尽管有着相当的保留。

我们知道,在法兰克福学派当中,洛文塔尔是惟一一位把大众文化研究作为"志业"的思想家,也是惟一一位发展出一套完整的大众文化理论体系的思想家。他从文化社会学的角度全面清理了大众文化在西方现代社会中的形成、发展和转型,认为不管大众文化在今天的现实当中发生了怎样的功能转变,它在西方现代性形成之初都是有着积极贡献的,主要表现为大众文化培养起了资产阶级的个体认同和集体认同。⑥

哈贝马斯吸收了德国社会历史家魏勒(H. U. Wehler)教授的意见,从社会心理学的角度对洛文塔尔的观点进行了发挥。⑦哈贝马斯认为,大众文化在现代性发生之初的突出贡献在于创造了一个理想型的"资产阶级公共领域"。以当时的德意志为例,到了18世纪末,书籍、杂志和报纸如雨后春笋般涌现出来,作家、出版社和书店也是与日俱增,借书铺、阅览室以及读书会等广泛地建立起来,这样就为当时德国的大众文化生产和接受提供了可能。于是,在德国就出现了一个"具有批判功能的公共领域",其中的公众通过阅读和讨论,相互之间形成了一个紧密的公共交往网络。⑧他们彼此平等,自由讨论,依据多数原则进行决策,很有一点乌托邦色彩。

哈贝马斯强调的一点在于,这种"具有批判功能的公共领域"之所以会产生历史进步意义乃至革命意义,关键不在于其组织形式,而在于其社会功能。这就是其社会批判的功能。相应地,具有社会批判功能的公共领域所培养出来的公众,则是具有批判意识的大众,文化在他们那里不是消遣或愉悦的对象,而是批判的武器;文化批判构成了社会批判的一个必不可少的环节。

然而,到了19世纪下半叶,随着自由资本主义的终结和垄断资本主义的萌芽,资产阶级公共领域在社会功能和政治功能方面发生了转型,相应地,大众文化的功能也急剧变化,具体而言,大众文化由塑造公众的批判意识变成了纵容公众的消费意识,于是,"(作为批判公共领域的)文学公共领域消失了,取而代之的是文化消费的伪公共领域或伪私人领域"⑨。与此同时,文化批判的公众也变成了文化消费的大众。

哈贝马斯从资产阶级公共领域的典型文化机制入手,详细地分析了大众文化的功能转变过程,这个机制就是家庭(familie)。家庭作为一种公共领域,是训练个体、教化个体,最终促使个体社会化的预备场所,也就是说,家庭一直承担着联系个体私人性和个体公共性的中介角色。但从19世纪中叶以后,家庭渐渐地失去了其"文学宣传圈"的功能。主要表现为,昔日那些用于家庭阅读的文学杂志逐渐被扔到了一边,为发行广泛的画报所取代。这样,家庭作为文学接受场所也就宣告结束了,随之兴起的是一种作为文学消费场所的家庭:

> 文化批判公众之间的交往一直都是以阅读为基础,人们是在家庭领域与外界隔绝的空间进行阅读的。相反,文化消费公众的业余活动在同一个社会环境中展开,无须通过讨论继续下去:随着获取信息的私人形式的消失,关于这些获取物的公共交往也消失了。⑩

家庭的功能转变之后,与之相关的一切社交场合不是消失不见了(俱乐部),就是彻底变调了(沙龙)。总之,一句话,资产阶级的社交形式有了新的替代物,虽然形态不同,但它们的性质是一致的:都禁止文学批判、社会批判和政治批判,需要承担社会责任的社交批判活动,变成了无须担负任何社会责任的集体娱乐活动。

那么,究竟是什么导致了大众文化的功能发生变化呢?哈贝马斯毫不留情地指出,是市场这只"无形的手"。哈贝马斯认为,作为文化批判的大众文化虽然要依靠市场来形成自己的批判特征和审美特性,但市场的功能只限于分配文化产品,并将文化产品从个体所有者那里解放出来。交换价值对于文化产品的质量没有丝毫影响。文化商品的生产更不会因为经过了市场而衍生出丝毫的剩余价值。总之,文化商品没有被等同于一般的商品。

但是,随着市场规律在文化商品领域的广泛蔓延,文化的内在固有规则遭到了彻底破坏,市场最终成为了文化创造的内在法则。这里不妨以公共领域当中最活跃的"讨论"(diskussion)为例,来看一看市场的催化功能。过去,在文化批判意识占据主导地位的时代,"讨论"是人们细心培植的对象,人们为了阅读、看戏或欣赏音乐,的确需要支付一定的费用,但那都是为了获取用于"讨论"的信息。而在"讨论"过程当中,人们无须为通过阅读和交流而获取的信息支付任何报酬。一旦文化消费意识取代了文化批判意识,"讨论"本身就受到了管制,一切私人的讨论形式都被公开化了,成为"作秀"的手段,"收费"自然是这样做的根本目的。于是,"讨论"的内容也就无关紧要了,"讨论"本身连同其中的"批判"一道具有了商品形式:

> 讨论进入了交易领域,具有固定的形式;正方和反方受到事先制定的某些游戏规则的约束;在这样的过程中,共识成为多余之物。提问成了成规;原本在公共辩论中解决的争执挤入了个人摩擦层面。如此组织起来的批判讨论当然也具有重要的社会心理学功能,尤其是作为行动替代品的绥靖功能。⑪

哈贝马斯认为,文化商品的商业化一直都是批判的前提,现在却成了追求的目标。作为武器的批判本身,也落入了交换关系的魔爪。从此,大众文化的批判功能和否定功能消失殆尽,它迎合的是教育水平很低的消费群体的娱乐需求和消闲需求,追求的再也不是知识或社会责任,而是剩余价值。文化不是被导向大众,而是自身俯就大众。

当然,文化商业市场也有它的特殊性,这就是在经济功能之外,还发挥着社会心理功能:

> 或者,市场首先创造条件使公众有能力获得文化商品,然后,通过降低产品价格,从经济上增强更多公众的获取能力。或者,市场根据自己的需求,调整文化商品的内容,从而从心理上增强各个阶层民众的获取能力。⑫

文化商业市场的这两种功能在书业协会(Buchgesellschaft)那里有着集中的体现。但哈贝马斯认为,最能反映文化商业化的机制还不是书业协会,而是报刊和影视传媒。就拿报刊来说,19世纪30年代,出现了最早的商业大众报刊,最初的目的是为了减轻大众经济负担和心理压力,以便他们更好地进入公共领域。但到了19世纪末,所谓"黄色办报作风"(报刊图片化),大大推动了报刊的大众化。报刊大众化的直接结果是"惟利是图":获得的是销售量,牺牲掉的是社会批判和政治批判:"(所有报刊都)取消有关道德话题的政治新闻和政治社论,诸如禁酒问题和赌博问题等"。⑬

总之,哈贝马斯认为,随着市场规律渗透到并控制着文化商品流通领域,批判意识逐渐转换成了消费观念,公众之间的公共交往消失了,代替它的则是同质化的个人接受行为:

> 阅读公众的批判逐渐让位于消费者交换彼此品位和爱好。甚至于,有关消费品的交谈,即有关品位认识的测验,也成了消费行为本身的一部分。⑭

一句话,批判主义黯然失色了,消费主义粉墨登场了,并且还唱起了主角。在滚滚而来的消费主义浪潮中,"大众传媒塑造起来的世界所具有的仅仅是公共领域的假象。即便是它对消费者所保障的完整的私人领地,也同样是幻象"。⑮而在消费主义的支配下,公众的个体认同和集体认同发生了分裂:他们不是作为缺乏批判意识的专家(知识分子),就是作为根本没有批判意识的消费大众。公众在一片喧嚣声中重新拣起了商品拜物教的残羹冷炙,社会则在一片欢歌笑语声中丧失了交往方式和文化共识,回归到了昔日一盘散沙的原子状态。

## 三 从新闻写作到广告和宣传

如果说哈贝马斯对大众文化的形成和发展历史的追溯可以看做是对大众文化社会功能演变的阐述的话,那么,哈贝马斯对广告和宣传(舆论)的分析,则既是对大众文化的个案解读,更是对大众文化的政治功能演变的揭示。按照哈贝马斯的解释,新闻写作看似是私人的,实际是公共的,它担负着公共批判的职责;而广告宣传则截然相反,表面上是公共的,其实是私人的,因为它追逐的是纯粹私人或某个集体的经济利益。从新闻写作到广告宣传的转变,反映了理想型的资产阶级公共领域的衰弱,也折射出大众文化在政治领域中的消极影响。

还是以报刊为例。哈贝马斯认为,报刊在沦为私人或集体经济利益角逐场之前,经历了两个发展阶段,一个是私人通信阶段,这也是报刊的萌芽阶段,其组织形式是小型手抄行业,遵循的是利润最大化原则。但很快,报刊就从单纯的新闻报道转变成为思想传播,一种新的因素在和经济因素结合的同时,逐步占据了主导地位:这就是政治因素。⑯欧洲 18 世纪的学术期刊、道德周刊以及政治刊物等都充分地说明了这一点。

这样,报刊的发展实际上已经迈入了第二个阶段,即个人新闻写作阶段。此时,主宰报刊行业的不再是利润最大化原则,而是说教动机和政治动机。报刊从一种经济牟利工具变成了政治舆论交锋的阵地,变成了公共成员相互之间进行私人交往的公共空间:

> 在具有政治功能的公共领域取得永久地位之前,政治报纸的出现和生存,就和争取公共舆论的自由空间的斗争、争取公共性原则的斗争具有同等重要的意义。……传播信念的报刊是公众的一个讨论机制,它首先关注的是确立公众的批判功能;因此在投入经营企业的资本时,如果考虑回报的话,那也是第二位的。⑰

遗憾的是,随着资产阶级法治国家的建立和具有政治功能的公共领域在法律上得到认可,特别是,随着广告行业的独立和迅速发展,报刊进入了新的阶段:第三个阶段。这个阶段的特点是:报刊"抛弃了论战立场,而真正从事商业活动,争取赢利"⑱。至此,报刊的发展在某种程度上不但回到了它的起点,甚至还有了倒退:

> 如果说过去报刊业只是传播和扩散私人公众的批判的媒介,那么现在这种批判反过来从一开始就是大众传媒的产物。随着个人的新闻写作向大众传媒的转变,公共领域因私人利益的注入而发生了改变。……当然,在这个过程中,报刊业的商业化迎合了公共领域向广告传媒的转变。反过来,报刊业的商业化受到了纯粹经济领域中的商业广告需求的推动。⑲

哈贝马斯批判广告的基本出发点就是破除了一个被广泛认可的看法,即:广告与资本主义之间有着密切的因果联系。哈贝马斯认为,广告虽然已经成为市场经济的一个基本要素,但和资本主义之间并没有什么直接的联系,或者说,并没有逻辑上的关系。归根结底,广告只是发达资本主义(垄断资本主义)阶段的一种特殊现象。

广告与资本主义之间既然没有任何逻辑上的关系,那么,广告与市场之间的关系也就值得深入分析了。一般都认为,市场越来越不透明,是广告泛滥的直接原因。但在哈贝马斯看来,这个观点是站不住脚的。他认为,广告与市场之间的因果关系恰恰相反,不是市场在前,广告在后;而是广告在先,市场在后;换言之,广告的泛滥,或者说,广告竞争取代价格竞争,才是市场越来越不透明的根本原因。

那么,广告对市场为什么会有这么大的冲击力?哈贝马斯认为,除了上述经济原因之外,还有社会心理原因。首先,广告颠覆了传统意义上的社会阶层,对社会下层产生了深远的影响,主要的一点在于,让他们在观看和阅读快餐式文化产品中获得了一种想像的满足,误以为自己已经和社会上层同处于一个共同的社会空间之中,从而忘却了自己的现实处境,渐渐地,也就丧失了自我意识、社会意识,从阶级的角度看,还丧失了阶级意识和革命意识。其次,广告还规划了一种全新的生活方式,用以制约人们的消费行为。广告本身已经成为最大的消费意识形态,其本质就在于大众娱乐。

不管广告如何操纵市场,也不管广告如何操纵消费者,如果广告仅仅是出于经济动机,单纯停留在经济领域当中,那么,广告就不会对资产阶级公共领域构成毁灭性的冲击,充其量只是在腐蚀资产阶级公共领域的社会基础。因此,哈贝马斯认为,作为销售手段的广告,制造出来的是一种虚假的经济公共领域,它表面上脱离了政治领域,但实际上是不可能的。

换言之,哈贝马斯觉得,资产阶级公共领域的转型,特别是在政治层面上的转型,在经济原因之外,肯定还有更加值得重视的因素,需要我们去挖掘和揭示。这就是政治因素,或者说,与经济动机融为一体的政治动机。哈贝马斯指出,"私人利益的公开展示,从一开始就与政治利益融合在一起"。[20]这里,我们不难看到,哈贝马斯已经从社会批判过渡到了政治经济学批判,或者说,过渡到了政治意识形态批判。

所谓政治经济学批判,就广告而言,就是要揭示广告当中的政治动机,或者说,揭示阶级乃至政党是怎样利用广告谋取自己的社会利益的:

> 在19世纪中期,在阶级对立多少公开化的阶段,公共领域本身被……一分为二,因此,私人利益的公开展示本身完全具有一种政治意义。在这个领域里,大规模的商业广告也几乎总是具有并非单纯商业广告的性质。……但是,只有在公关实践中,经济广告才能意识到自己的政治性质。[21]

广告政治化或政治广告化,实际上就是舆论宣传和舆论管理了。哈贝马斯根据美国两次世界大战之间的政治动员,分析了宣传(舆论)对于资产阶级公共领域的主宰。他认为,宣传(舆论)与广告之间的区分就在于:

> 私人广告总是针对其他的私人消费者;公共关系则是针对公众舆论或作为公众的私人,而不是直接针对消费者。信息的发出者把自己的商业意图隐藏在一种关于公众福利的角色背后。这种对消费者施加影响的方式是借鉴了经典的公众批判形象的内涵,使自己合法化:公共领域的公认功能和有组织的私人领域之间的竞争被统一了起来。[22]

广告政治化之后,提供给我们的实际是一种公众舆论。"取得共识"是其中心任务。因为只有打着这样的共识幌子,资产阶级统治者才能说服公众接受它们所兜售的个人、产品、组织和意识形态。作为消费者的公众则处于一种被动的迎合状态,没有自己的主体立场。哈贝马斯强调指出,这种人为的公众舆论所提供的共识和通过长期的启蒙和话语而最终达成的共识不可同日而语,因为,在公众舆论的操纵下,资产阶级公共领域被重新封建化了,"公共性仿造了过去那种代表型公共领域赋予个人魅力和超自然权威的神圣光环"[23]。

## 四 结 语

　　以上我们讨论了哈贝马斯对于大众文化的批判思路。哈贝马斯继承了从马克思到第一代法兰克福学派的工具理性批判传统，根据资产阶级公共领域这个理想型，从规范的角度，对大众文化的社会功能和政治功能进行了深入的分析。他一方面充分肯定，大众文化在形成之初是有着历史贡献的，主要表现在对公共性和公众批判意识的培养上面。在这一点上，哈贝马斯显然是接受了洛文塔尔和本雅明的观点。但同时，他也指出，本雅明把大众文化的解放功能宗教化是不能接受的，因为，大众文化的社会功能应当还是在于启蒙和教化。

　　随着自由资本主义时代的结束，垄断资本主义的形成，资产阶级公共领域遭到了严重的破坏；同样，作为资产阶级公共领域组成因素的大众文化也走上了一条肯定现状的路途。[24]在哈贝马斯看来，这样一种大众文化已经彻底丧失了其社会批判和政治批判的功能，变成了一种统治的工具。它给我们带来的只有两样东西，一个就是消费主义，再一个则是"人为的公共领域"。如果说消费主义是主宰社会经济领域的意识形态的话，那么，"人为的公共性"则是政治概念当中处于核心地位的意识形态。而无论是消费主义，还是"人为的公共性"，其本质是一致的，都是为了追求一种文化的剩余价值。从这个意义上说，对大众文化的批判，也是对资本主义剩余价值观念批判的一个有机组成部分。此外，对大众文化进行批判，也可以更好地揭示现代性危机的根源，为重建文化现代性提供了可能。

**注释：**

[1] G. Lukacs, *Geschichte und Klassenbewusstsein*, *Werke*, vol. 2, Neuwied, 1968, p. 276.

[2] J. Habermas, *Theorie des kommunikativen Handelns*, vol. 1, Frankfurt am Main, 1987, p. 489.

[3] 请参阅 Helmut Dubiel, *Wissenschaftsorganisation und politische Erfahrung*, Frankfurt am Main, 1978.

[4] Max Horkheimer, *Zur Kritik der instrumentellen Vernunft*, Frankfurt am

Main, 1967, pp. 118—119.
⑤ Th. W. Adorno, *Ueber den Feitschcharakter in der Musik und die Regression des Hoerens*, *Gesammelte Schriften*, 14, Frankfurt am Main, 1973.
⑥ 请参阅 Leo Loewenthal, *Literature*, *Popular Culture and Society*, Englewood Cliffs, New York, 1961.
⑦ 请参阅哈贝马斯《公共领域的结构转型》导言,曹卫东等译,学林出版社1999年。
⑧ 同⑦,第 3 页。
⑨ 同⑦,第 187 页。
⑩ 同⑦,第 190 页。
⑪ 同⑦,第 191 页。
⑫ 同⑦,第 192 页。
⑬ 同⑦,第 195 页。
⑭ 同⑦,第 196 页。
⑮ 同⑦,第 196—197 页。
⑯ 同⑦,第 219 页。
⑰ 同⑦,第 221 页。
⑱ 同⑦,第 221 页。
⑲ 同⑦,第 225 页。
⑳ 同⑦,第 228 页。
㉑ 同⑦,第 228 页。
㉒ 同⑦,第 228—229 页。
㉓ 同⑦,第 230 页。
㉔ 关于文化的肯定性质,是马尔库塞在其《爱欲与文明》一书讨论的主题,请参阅 Herbert Marcuse, *Eros and Civilization*, Boston, 1955.

原载《文学评论》2002 年第 5 期

汪民安

# 文化研究与大学机器

保罗·德曼曾经夸张地说过,终有一日,解构主义将会帝国主义式地占领大学的文学研究领域,但是直到病逝,德曼也没有看到这一幕,相反,短短十几年后,不是解构主义,而是文化研究却帝国主义式地占领了大学课堂。如今,在美国的学术机器中,文化研究成为一场声势浩大的运动,它有自己的杂志、课堂、会议、教授、听众、组织,文化研究挤进了社会学、文学、人类学、传播学、语言学、历史学,挤进了一切人文科学领域。文化研究像一场狂风暴雨,将美国大学中几十年的形式主义趣味冲刷得干干净净,它几乎让所有的大学知识分子对它产生兴趣,但究竟什么是文化研究? 文化研究的魔力何在? 事实上,文化研究是反定义的,它不是一个学科,不是一个理论流派,不是一个学术行会;它不是定义式的,而是描述性的,它无法组织起一个一致的本质性的学科属性,它仅仅是一个策略性的命名,是对一种学术趋势、趣味的描述,是描写学术转向的权宜之计。文化研究,最好不要将它视做一种方法模式,一种共同的主题探讨,一种理论的完善和深化,最好将它视做一种态度,一种大学机器的策略性调整,一种大学和大学知识分子的某种新的存在方式。

大学是整个社会机制中最具有反思能力的空间,至少,大学并未受到商业逻辑和权力逻辑的过于粗暴的渗透,因而具有某种程度的自律性。这种自律性,长期以来表现为大学的不谙世事,大学对世俗生活毫无兴趣,它始终如一地关注超验性,关注普遍性,关注一以贯之绵延千年的永恒主题,大学深陷于形而上学问题的纠缠中,大学的疑问就是本体论的疑问,大学的猜想就是玄学式的冥想,大学的功能类似于神学功能,大学知识分子就是无所不能的普遍知识分子,他们置疑和玄想的方式就是哲学,因此,哲学在大学中长期享有无限荣光的地位。但是,随着形而上学的捣毁——形而上学的捣毁是一个漫长的过程,它的终结者是福科和德里达——玄想式的哲学的优先位置也变得岌岌可危,那些饱受形而上学压抑之苦的学科兴趣开始有了抛头露面的机会,超验性欲望不再是大学的惟一被承认的学术动力,相反,反超验性、反普遍性成为一股潮流:为什么非要诉之于遥远的无限性呢?为什么一种研究、一种兴趣非要带上本体论式的质疑呢?为什么要信奉那些带有真理意志的哲学要求呢?为什么要把多种多样的经验还原为一个呆滞的"一"呢?总之,我们为什么不能对日常生活产生浓厚的兴趣呢?难道我们每天置身于其中的日常生活与我们无关痛痒?我们为什么要放弃周遭的语境而转向那些难于解答的空洞问题?

文化研究正是大学产生自我怀疑后的一个选择,一大批大学知识分子接受了法国理论对超验性的批判,他们开始转向微观而具体的实际经验,开始转向日常生活,转向世俗文化,如果说法国理论仅仅推翻了形而上学从而为日常生活的批判打开了大门的话,那么,英语国家则因为他们所特有的实用主义禀赋与这种日常生活批判一拍即合,英语国家的知识分子早就为他们的超验能力感到愧疚,他们当中很少涌现出能与欧洲相提并论的哲学家,在纯粹的理论方面,他们只是欧洲人的学生和阐释者,欧洲无论怎样罕见和艰涩的理论家,在英语国家都会得到淋漓尽致的解释。英语国家对欧洲的理论烂熟于心,但是,他们就是产生不了欧洲那样的理论和理论家。他们总是对具体性感兴趣,对眼下的东西感兴趣,对日常生活感兴趣,他们是些不折不扣的经验主义者,他们擅长于具体性的分析和批判,这样,与其说是他们有意地选择了文化研究,不如说是文化研究自然而然地选择了他们。他们和文化研究有一种天然的亲和力。

这样,不是法国和德国,而是美国、英国和澳大利亚的大学在全力鼓动文化研究,文化研究将英语国家的实用潜能激发出来,将他们的理论实践能力激发出来,如果说欧洲的理论是来自于对现实的抽象的话,那么,文化研究将这种抽象而来的理论再一次应用于现实,它是理论的实践,它将多种多样的理论实践化了,它是对理论的肆意消费。在文化研究这里,理论已经化成了一种巨大的方法论资源,或者,反过来说,理论发展到十分严密、十分高级的阶段,它内在地需要文化研究将自身现实化,它需要将文化研究作为它的归宿。确实,在文化研究这个新型的学术机器中,那些交替并置而又有巨大差异的理论形态被有机地组织在一起,各种各样的理论形态的差异性界限似乎被抹去了,理论之间的时间距离也被扯平了,理论像是从各个山谷里涌来的小溪,他们在文化研究这里汇成了河流,这些理论为了获得它们对日常生活的解释能力,他们彼此借用、妥协、改装、协调,它们相互利用,文化研究充分暴露了理论的弹性。在此,理论的协调并非为了生产另一个惰性理论,它也不是组织一把万能的钥匙,不是构成一个静态而顽固的理论模型,它们的协调更多是随机的、稍纵即逝的、一次性的、有具体诱因的,这些理论的协调就是为了和活生生的历史达成一种方便的阐释关系,它就是要和一种当代语境、一种历史实践发生相关性。因此,文化研究并不要求一种成型的理论,但它依赖各种各样的理论,它不是一种理论流派的名称,也不是一个有高度自治性的知识区域,它仅仅是由于当代症候的压力而必须采取反应的庞大的学术机器。

　　这样一个学术机器的兴趣就是当代的世俗文化,文化研究中的"文化"就不再带有精英主义色彩,它不再是那种惯常的高级的知识分子文化,相反,文化在此是政治性的,只要是涉及意义的生产、流通、消费的日常行为都是文化,文化为意义所定义,它不再是纯粹的唯美主义的,而是充满权力色彩的,文化成为意义的斗争场所,最终也是利益的斗争场所,因此,文化研究毫不奇怪地滑向了历史主义,在当代资本主义社会里,阶级、身份、性别、种族的不平等不再通过一种直接的压制关系表现出来,而是对意义隐秘的操纵、争夺、控制的结果;权力不再表现为暴力,现在它粘附在意义上,它借助意义自我掩饰,权力正是借助意义的名义而实践的,意义的生产和消费最终都是权力的战略效应,文化研究的一个基本意愿就是揭开意义的面具、暴露意义的活动机制,最终暴露一种资本主义的权力现实,这样,文化研究既是历史性的,又是政治性的。显而易见,它的源头既在马克思主义传统之内,也在结构主义和后结构主义传统之内,既在工人阶级的左翼传统之内,也在大学知识分子的批判传统之内,文化研究正是受惠于这些各种各样的知识传统。它频繁地在阿尔都塞的意识形态理论、葛兰西的文化霸权理论、福科的权力理论、列维—斯特劳斯的神话理论、罗兰·巴特的神话学理论以及法兰克福学派的批判理论之中穿梭,这些理论无一例外地是对资本主义的压制关系和权力关系的揭发和暴露。文化研究依赖于这些大理论,它有时是对这些理论的直接套用,有时是对它的改良,有时又将他们组装起来。文化研究依据对象的差异性而灵活地运用这些理论,这样,文化研究从来不是一种僵化而呆板的阐释学,它总是在摸索中展开它的叙事,它在整理、调节、归纳、除幻中展开它的叙事,它呆在纷乱的线索里面查询、观望而不是以一种突现的理论形态匆匆作结。文化研究并不企图一劳永逸地解决某个问题,它并没有强烈的理论上的抽象意图,相反,它总是随机的、具体的和策略性的,因而,它并不具备一个稳定的构架,它并没有一个确切的程序、手段、方法,它没有一个确切的定义。

让我们再说一遍,文化研究不是一个流派,不是一个理论组织,它仅仅是大学知识分子对资本主义的不平等关系的校园批判,当然,这种批判并不能触及根本的资本主义体制本身,校园批判尽管是立足于底层的,但底层对此一无所知,校园批判已经变得职业化了,它变成了一个纯粹的知识活动,变成了一个书本作业,变成了一个课堂游戏。如果说,在60年代,资本主义校园内激进的左翼思潮越过了围墙的话,那么,现在,文化研究——毫无疑问,它继承的是左派传统——更多的是大学内部的一种生存形式。

原载 2000 年 9 月 3 日《中华读书报》

# 南 帆

# 文学批评与文化研究

## 一 文化研究的崛起

"文化研究"标志着文学批评的一个新阶段。一些文学教授开始从莎士比亚转向了麦当娜,从《包法利夫人》转向了侦探小说;另一些批评家放弃了诗歌和小说而兴致勃勃地进入广告、MTV 和流行歌曲的研究,甚至考察起了香烟与垃圾的历史脉络。电视肥皂剧、街头舞蹈、服装款式的含义,电影之中的种族冲突或者观众被赋予的性别主体位置——这一切都被纳入文学批评的研究范围。这些批评家的研究方法也是五花八门。除了传统的文本分析,人们还可以看到田野调查、心理分析、定量统计或者深入某一个群体的跟踪观察。目前为止,这些研究都笼统地得到一个命名:文化研究。不少人将文化研究形容为后现代主义以来最富于活力的学术潮流。当然,英语世界文化研究的活跃程度远远超出了欧洲的学术界——这与文化研究的源头密切相关。20 世纪 90 年代后期,中国的文化研究也已经异军突起。

文化研究的一个突出特征就是跨学科活动。从语言学、心理学、符号学到历史学的考据、社会学的问卷调查、经济学的利润分析,文化研究四处征战,行踪不定。人们已经承认,传统的文学研究范围早已被冲得七零八落;但是,迄今为止,人们还无法划定文化研究的确定界限。事实上,文化研究本身就存在一种反学科的倾向。对于某些批评家来说,传统的学科界限是十分可疑的,学科的形成历史本身就是一个重要的研究对象。为什么文化研究与文学研究保持了某种血缘关系？也许这是一个直接的原因：许多从事文化研究的批评家均是从文学研究的阵营里面出来的。的确，文学研究之中的文本分析被大量地运用到文化研究之中。人们当然可以说，文学即是文化的一个部分，文学研究即是文化研究之一种。批评家跨出了封闭的文本而来到了一个更大的世界之上。然而，在更为深刻的意义上，毋宁说文化研究是将整个世界看成了一个需要分析的大型文本。

20世纪90年代是文化研究盛行的时期。然而，文化研究的缘起至少可以追溯到60年代英国的一批理论家。霍加特的《文化的用途》、雷蒙·威廉斯的《文化与社会》、《漫长的革命》和汤普逊的《英国工人阶级的形成》均是奠基之作。在文化思想上，文化研究与英国的新左派一脉相承。新左派对于文化政治的特殊重视成为文化研究的一个重要起点。这些理论家之中，威廉斯的观点产生了重大的影响。传统观念之中，文化时常被想像为某种超功利的文学、艺术、学术，这些文化只能掌握在精英手里，与芸芸众生无关。威廉斯考察了工业革命至当代"文化"概念的种种含义。在他看来，各种形式的知识、制度、风俗、习惯都应当视为文化的内容。文化与人们的日常生活几乎是同义的。另一方面，威廉斯也摒弃了庸俗马克思主义那种简单的经济决定论。威廉斯认为，文化的种种变革不是经济发展的自发性后果，人们的经验同样具有极为重要的意义。经验同样是特定历史时期文化的一个重要组成部分。所以，威廉斯把文化视为一种整体生活的方式："文化是对一种特殊生活方式的描述，这种描述不仅表现艺术和学问中的某些价值和意义，而且也表现制度和日常行为中的某些意义和价值。"它包括"生产组织、家庭结构、表现或制约社会关系的制度的结构、社会成员借以交流的独特方式"。所以，"文化分析就是阐明一种特殊生活方式、一种特殊文化隐含或外显的意义和价值。"① 在很大程度上，这种观点将文化从传统的精英文化定义之中解放出来，并且成为英国文化研究的理论基础。60年代初期，霍加特创建了伯明翰大学当代文化研究中心。从此，伯明翰学派就成为文化研究之中的一个重镇。

按照乔纳森·卡勒的看法，文化研究的另一个渊源可以追溯至法国的罗兰·巴特。② 巴特的早期著作之中有一部《神话集》。

《神话集》对于日常的许多文化活动进行了一系列独到的解读。《神话集》谈论过摔跤、洗衣粉广告、汽车式样、电影明星、脱衣舞、旅游手册、爱因斯坦的大脑,如此等等。巴特的分析说明了日常文化的建构方式。他把这些日常文化称之为"神话"。巴特试图揭开这些日常文化的"自然"的伪装。《神话集》说明,这些日常文化乃是种种人工作品,它们隐藏了特定的意义——巴特的研究焦点是这些神话背后表明意义的机制。《神话集》之中的日常性与意义的质疑均在方法论上对文化研究产生了巨大的启示。

在某些方面看来,文化研究有点像一场新型的学术革命。这场革命主要发生在大学的人文学科之中。以往,这些学科对于世俗的日常生活没有太多的兴趣。学术更多的是关注普遍性,关注形而上学,关注超验、本体和永恒。文化研究开始转向微观、具体、经验和日常的世俗生活。20 世纪的理论体系层出不穷,现在是消费这些理论的时候了。理论不再高高在上的锁在学术的殿堂里面,理论必须在日常生活的分析之中重新获得活力。另一方面,从阶级、身份、性别、种族不平等到意义生产的操纵与控制,日常生活又有那么多问题有待于阐释。这时,文化研究应运而生了。这当然已经不太像传统的文学批评。但是,人们可以想像,研究范围的扩大恰恰像是文学批评的一个意外的贡献。

## 二 文化结构的描述

文化研究的一个理论转折就是反对简单的经济决定论。理论家扩大了文化功能、文化意义以及文化独立性的理解。然而,如何描述文化的功能和结构,法国的马克思主义理论家阿尔都塞有关意识形态的观点产生了很大的影响。

反对简单的经济决定论的时候,威廉斯强调了主观意识的能动性,强调了个人的经验——根据霍尔的批评,这更像是一种"天真的人道主义"。[③]阿尔都塞的意识形态理论重新证明,主体是被决定的——意识形态本身就是一个强大的结构。阿尔都塞认为,意识形态是个人同他周围现实环境的"想像性关系"的再现。意识形态决定了个人如何在社会环境之中为自己定位。意识形态是一个隐蔽而又坚固的观念体系,主体通常根据这种体系形成的框架想像自己与现实环境的关系。许多时候,人们甚至意识不到这种观念体系的存在。尽管如此,意识形态的特殊效果就在于,人们仍然会按照这种框架提供的基本方位和坐标感知、理解、阐释自己的生活状况。在这个意义上,主体和自我不是自足的;意识形态从众多的方面规范了人们如何理解主体和自我。在阿尔都塞理论的启发之下,文化研究的另一个重要范式就是,揭示社会文化如何建构特定历史时期的主体。意识形态不仅表现为各种政治学说或者宣传口号。从风俗礼仪、电视新闻到某一个足球明星的生活花絮,这一切都将作为某种意识形态巨大结构的组成部分塑造着人们的意识。在这个意义上,文化研究拥有的疆域十分广阔,同时,研究的课题又十分细致。例如,文化研究可以分析某些电影如何建构一个男性观众的主体位置——从镜头的运用到故事情节的设置,这些电影隐蔽地制造了种种男性的视角。女性貌似占据了银幕的中心,其实,她们无非是男性色欲想像之中的目标而已。如何拍摄女性,给予女性何种银幕上的位置——这实际上取决于如何取悦男性的目光。的确,这就是劳拉·莫尔维《叙事电影的视觉快感》这篇论文的主要内容。这种文化研究揭示了意识形态的某种功能:某些文化门类——譬如电影——如何隐蔽地构造一个社会的男女关系图景。如果批评家愿意使用类似的方法分析中国的广告、流行歌曲、武侠小说或者皇帝、后妃、太监、宫殿等装配起来的古装电视连续剧,分析这些作品背后的想像框架以及为观众定制的主体位置,甚至分析这种主体位置与现实位置之间的落差,人们肯定会更为深刻地领会现今的文化氛围和文化脉络。

当然,阿尔都塞对于文化结构——也就是结构对于主体的决定性——的强调多少压抑了主体的反抗意义。主体似乎只能无所作为地呆在"结构"指定的位置上,逆来顺受。这种结构主义以来的主导观点无法完整地解释历史上出现的革命——无论是政治革命还是文化革命。这个意义上,葛兰西的理论开启了另一个新的空间。"在《狱中札记》中,葛兰西像阿尔都塞一样,并不把意识形态看做一种'虚假意识',而是看做一切社会构型必不可少的方面。但同时他又不像阿尔都塞那样,把意识形态和人类的主观意图同实践截然分开来,从而在某种程度上克服了文化研究中'文化主义'和'结构主义'的对立。"④葛兰西的文化霸权理论对于资本主义社会的文化结构做出了更为深入的分析。他把上层建筑区分为"政治社会"与"市民社会"。政治社会的执行机构是军队、法庭、监狱等专政工具。市民社会之中,政党、工会、教会、学校、学术文化团体和种种新闻所生产的舆论具有极大的意义。这也就是意识形态领导权的意义——意识形态的领导权是维持社会现状的有力手段。然而,资本主义社会文化霸权的争夺并不是简单地显现为赤裸裸的压迫和反抗。葛兰西发现,统治阶级与被统治阶级在文化霸权的争夺之中存在某种协商、谈判和妥协。统治阶级必须腾出一定的空间考虑被统治阶级的意见。在这个意义上,葛兰西眼中的文化不再是某一个阶级本质的体现,这种文化包含了,或者说混杂了多种社会群体的观点。这种看法对于文化研究的深入具有积极的意义。这时,文化研究就不是单纯地从作品之中分析某一个阶级的本质属性。文化研究也摆脱了过于狭隘的阶级视角。例如,文化研究既可以考察大众文化之中的平民精神,也可以保留精英文化的批判立场。同时,阶级属性之外的文化范畴也将进入文化研究的视域,诸如性别、种族、文化身份等等。批评家可以从这些文化范畴之中发现更为复杂的压迫、反抗、共谋以及隐藏在表象背后的各种权力关系网络。总之,葛兰西的观点不仅启发文化研究考察某一种文化的复杂内涵,另一方面,这些观点还会启发人们发现许多以前未曾意识到的研究课题。

## 三 研究对象的转移

相对于以往的文学批评,文化研究出现了一些显而易见的转移。如果说,以往的文学研究与文学教学时常围绕着文学史上的经典展开,那么,文化研究显然不赞同这种过于精英主义的倾向。所以,文化研究重视的是大众文化——特别是一些大众传播媒介的文化生产。这个意义上,从电视肥皂剧、广告、流行歌曲到酒吧的风格、玩具设计、时装表演,这些不登大雅之堂的科目统统进入了批评家的视域。对于主流文化所排斥的种种边缘文化和亚文化,文化研究也表现出了特殊的兴趣。因此,性别问题、同性恋问题、种族问题、移民问题、身份问题均是文化研究的重点所在。

对于大众文化的研究最为鲜明地体现了文化研究的转移。文化研究之前,法兰克福学派对于大众文化的论述举足轻重。阿多诺与霍克海默于20世纪40年代出版了他们的名著《启蒙辩证法》,这部著作对于大众文化表示了一种严厉的批判态度。这两个法兰克福学派的主将将大众文化命名为"文化工业"。他们甚至对新型的大众文化传播媒介——电影、电视与广播——表示了不可掩饰的憎恨。在他们看来,这些大众文化传播媒介的危险性决不亚于飞机和枪炮。《启蒙辩证法》的矛头首先指向了文化工业的标准化生产。文化产品的生产已经愈来愈像工业产品。从相差无几的预制零件到熟能生巧的装配程序,大众文化产品与生产一辆汽车相仿。这种标准化文化生产的背后隐藏了一种垄断——这时,所有的大众文化都是一致的,它们的结构无不来自某种固定的设计。这个意义上,人们开始默认一个可怕的预设:工业式生产之下的文化主体已经被剥夺了多样性,活跃的文化主体沦为不断重复的机械动作。这无疑是文化商品化的必然后果。类型化显然有助于批量生产与大规模销售。这个过程之中,主体的艺术创造已经没有任何地位。在这个意义上,大众文化对于大众形成了一种强大的控制。大众丧失了主体意识,丧失了创造性的想像。阿多诺和霍克海默深为担忧的是,如果大众仅仅是这种文化的接受者,他们还怎么可能对于资本主义社会做出尖锐的批判?

英国的文化研究体现了迥然不同的立场。他们对于大众保持了更多的信赖、同情和理解。霍加特、汤普逊、威利斯等人对于工人阶级文化的研究无不显示了他们的理论出发点。事实上,大众本身就是一个由多种成分构成的复杂整体。大众之中的各种身份都会发出不同的声音。对于大众的一概而论通常源于一种精英主义的残余意识。费斯克对于大众文化的考察强调了大众的能动性。大众不一定就是电视机前的傀儡。大众将在对作品的解读之中发现各种自己需要的意义。尽管大众无法控制文化的生产,但是,大众有能力控制文化的消费。如同接受理论所显示的那样,读者可能极大地突破作者的意图而找到自己的归宿。霍尔在《编码,解码》一文之中论证说,编码与解码之间并非是完全一致的。不同的读者可能对同一信息采取相异的解码方式。除了服从原有的编码意图之外,读者还可能部分地偏离作者,甚至做出一种完全对抗性的解读。⑤在这个意义上,费斯克发现了快感的积极意义。快感不能仅仅解释为一种推销某种意识形态的形式蛊惑。按照巴赫金与罗兰·巴特的观点,快感还包含了对于既定文化秩序的挑战。快感之中的确包含了对现实的逃避,但是,这种逃避本身就表明了一种不满。在费斯克那里,大众是一个活跃的整体——批评家不能无视大众在文化接受过程中产生的种种奇特的反抗形式。总之,如同乔纳森·卡勒所指出的那样,大众文化的研究之中存在两种倾向:"一种要复苏通俗文化,使其成为人民的表述,或者为群体的文化扬声;另一种是对大众文化的研究,认为它是一种意识形态的强压,形成了压制性的意识形态。一方面,研究通俗文化就是要触及普通人生活中重要的东西——他们的文化——与唯美主义和教授们的文化相对立的文化,另一方面,又有一种强大的推动力要表明人民是如何被塑造的,或者说是如何被文化力量控制操纵的。"⑥

许多人已经看到,"阶级"、"种族"、"性别"是文化研究分析之中的三个核心范畴。文化研究如此重视"阶级"范畴或许与一批理论家出身贫寒有关。对于英国的文化研究说来,"工人阶级"的文化状况是一个长期的研究主题。《工人阶级文化》、《仪式抵抗》、《学习劳动》均是这方面研究的佼佼者。这些著作力图探讨新的历史环境中工人阶级的文化生存。这些研究尤其重视工人阶级文化的异质性和复杂性——种族、性别、年龄、地域、劳动分工均是形成种种差异的原因。这些研究深入到各种亚文化的描述和阐释,不少研究对于工人阶级青少年的文化状况——例如剃光头、开飞车、嬉皮士风格、奇装异服、拒绝学校的规章制度等等——之中所包含的不驯与反抗做出了分析和解释。这些研究之中,批评家采用了一种称之为"民族志"的考察方式:亲身深入某种文化,体验研究对象的生活,理解他们的文化。20世纪70年代,种族问题和性别问题引起了文化研究的关注。白人中心主义与黑人的斗争、欧洲中心主义与后殖民理论逐渐浮上人们的视野。爱德华·赛义德——一个著名的美国理论家——的《东方学》不仅可以视为后殖民理论的一个里程碑,同时,这部著作的考察方式与关注的主题显然与文化研究不谋而合。另一方面,由于女权主义运动的兴起,性别也逐渐成为文化研究的一个重要视角。性别关系之中的权力与压迫得到了揭示。现今的文化研究之中,性别关系与阶级关系、种族关系的交织成为必须详细解析的复杂网络。这时人们可以看出，文化研究正在展开一个十分广阔的前景。

## 四　未来的问题

文化研究的未来将会遇到哪些问题？文化研究会将文学批评带向何方？以文本为中心的文学批评会消亡吗？显然，仓促地对这些事关重大的问题做出预言是鲁莽的。尽管如此，人们还是可以就文化研究与以往文学批评之间的差异进行一些观察。按照乔纳森·卡勒的总结，这些差异的焦点集中在两个问题之上：第一，什么是文学经典；第二，文化研究的方法是否有益于文学研究。⑦

首先，文化研究对于大众文化的青睐是否会冲击传统的文学经典？——后者通常是大学或者中学文学教育的范本。如果流行歌曲代替了杜甫，电视剧湮没了歌德，或者，《还珠格格》压倒了《红楼梦》，那么，文学研究是不是会游离于这个学科的基本对象之外？

乔纳森·卡勒似乎没有这个担忧。在他看来，经典并没有在文化研究之中退席——退席的仅仅是那些无足轻重的作品。换言之，经典仍然充当了文化研究之中的主要话题。文化研究不是踢开经典，相反，文化研究开辟了分析经典的语境："从来没有过如此之多的关于莎士比亚的论文。人们从任何一个可以想像得出的角度研究莎士比亚。用女权主义的、马克思主义的、心理分析学的、历史以及解构主义的词汇去解读莎士比亚。"⑧这种现象表明，文学理论正在打开传统的边界而闯入一个新的领域；与此同时，后结构主义以来的众多思想家——例如，德里达、福科、巴特、哈贝马斯、鲍德里亚——的一系列观点开始逻辑地汇聚到文学理论之中。当然，除了文学经典，文化研究继续将大量的大众文化以及一些边缘性的作品引入课堂。这种做法的背后的确隐藏了文学标准的改变。许多人同意，必须给予各种边缘群体、弱势群体公正的社会待遇；但是，这并不意味着这些群体的文学具有多么高的文学价值。文化研究是否用政治的公正代替文学的判断？

这的确是一个问题。可是，试图回答这个问题的时候人们会发现，所谓的"文学价值"或者"文学的判断"本身就歧义丛生。有没有必要认定，传统的"文学价值"标准具有某种不可侵犯的神圣性？一些人争辩说，纳粹集中营里面的不少指挥官同样是这种标准的热心拥戴者。另一方面，正像乔纳森·卡勒指出的那样，文学的判断始终一直受到非文学标准的干扰。事实上，诸如阶级、种族或者性别的标准总是不断地介入文学的挑选和评价。从以往的文学史编纂到现今的诺贝尔文学奖或者世界性电影奖，什么时候有过让所有的人都心悦诚服的"文学的判断"呢？所以，人们理所当然地考虑到另一面：坚持一种统一的"文学价值"或者"文学的判断"，"它是不是把某一种文化的利益和目的神化了，好像只有它们才是评价文学优劣的惟一标准？"⑨不言而喻，这个问题背后所包含的各种权力机制本身就是文化研究关注的课题。

文化研究产生的第二个问题可以表述得更为清楚一些——文学批评会不会再度放弃文本的详细解读，从而成为一种非量化的社会学？这个时候，作品本身就会变成某种社会学主题——例如，阶级压迫和反抗，民族的独立和解放——的附庸？熟悉苏联或者中国现当代文学批评史的人都会意识到，文学批评之中"庸俗社会学"的幽灵并未走远。的确，不少文化研究从文本的解读开始向社会政治分析转移。乔纳森·卡勒简赅地解释说："仔细解读文本就是对每一点叙述结构都保持敏锐的注意，并且着力研究意义的错综性；而社会政治分析则认为一个给定时代的所有连续剧目都具有同样的意义，都是社会结构的表述。"⑩如果这些文化研究的结论试图说明的是文学问题——无论是说明一部作品的象征意义还是说明一部作品的内在丰富性，那么，文本和形式的研究不可忽视。文化研究可以放大考察的半径，但是，文本和形式始终是一个不可摆脱的圆心。即使在文化研究的名义之下，文学批评仍然要坚持文本和形式的研究。某种程度上可以说，文学批评考察的是意识形态施加在文本和形式之上的压力。

文化研究的出现表明，人们不再将文学想像为一个高贵的殿堂，甚至是不食人间烟火的天国。形形色色的权力和意识形态加入文学的运作，强烈地影响了文学作品的风格以及获得的社会评价；另一方面，文化研究的出现也表明，文学仍然可能产生巨大的感召力。文学正在多方面地嵌入社会生活，甚至成为种种主张和观念的依附对象和争夺对象。无论从哪一种意义上从事文学批评，这都是一些必不可少的基本认识。

**注释:**

① 雷蒙·威廉斯《文化分析》,赵国新译,罗钢、刘象愚主编《文化研究读本》,中国社会科学出版社 2000 年,第 125、126 页。
② 参见乔纳森·卡勒《文学理论》,李平译,辽宁教育出版社、牛津大学出版社 1998 年。
③ 参见斯图亚特·霍尔《文化研究:两种范式》,孟登迎译,罗钢、刘象愚主编《文化研究读本》,中国社会科学出版社 2000 年,第 57、61 页。
④ 罗钢、刘象愚《前言:文化研究的历史、理论与方法》,罗钢、刘象愚主编《文化研究读本》,中国社会科学出版社 2000 年,第 15 页。
⑤ 参见斯图亚特·霍尔《编码,解码》,王广州译,罗钢、刘象愚主编《文化研究读本》,中国社会科学出版社 2000 年。
⑥ 同②,第 48 页。
⑦ 同②,第 50 页。
⑧ 同②,第 51 页。
⑨ 同②,第 52 页。
⑩ 同②,第 54 页。

选自《双重视域》,
江苏人民出版社 2001 年

# 金元浦

# 定义大众文化

## 一

近几年,文化研究成了西方和中国争相趋骛的热门学问,其中大众文化研究又成了首当其冲的显学。

什么是大众文化?谁能说得清?后现代讲一切都没有边界,怎么都行,可我还是鬼使神差地写下了"定义大众文化"的题目。也许是出于职业的习惯,才会做这么愚蠢的事情。不是要划定什么,只是想看看人家的说法,也给自己一个说法。

英语中文化的定义有二百六十多种,据说是英语词汇中意义最丰富的二三个词之一。大众文化虽多了"大众"的限定,其含义仍然多得惊人。西方马克思主义法兰克福学派本雅明、霍克海默、阿多诺等理论家都曾对大众流行文化定过义;英国新马克思主义伯明翰学派霍加特、威廉斯、霍尔、汤普森从张扬大众文化起家,成为当代大众文化研究的奠基人;英美理论家杰姆逊、费斯克以及法国学者布尔迪厄、鲍德里亚等也对当代大众流行文化说了不少观点不同,意义却都十分深刻的话,还有一大批媒介通俗流行文化理论家批评家,他们的理解与思考构成了当代大众文化研究的"另类"。

先找找有关大众文化的主要说法吧。

定义一,广受欢迎或者众人喜好的文化;威廉斯在《关键词》一书中界定大众文化的四种含义,第一种就是"众人喜好的文化"。广受欢迎或者众人喜好的关键在受欢迎的程度,在达到一定的量的指标。量的重要性毋庸置疑,但反证随手就有,比如唱遍世界的"三高"演唱会是高雅文化还是大众文化?

定义二,一切来自广场而非庙堂的民间的文化,威廉斯称"不登大雅之堂的文化";发端于巴赫金的平民主义狂欢节理论,流布于世界变革于中国。比如刚刚过去的申办奥运之夜狂欢节或者XX歌迷会什么的。

定义三,无产阶级的、革命的、普及的、面向工农兵的大众文化;毛泽东提出或集中代表的"大众化"及"化大众"的革命文化理论与实践。

定义四,资产阶级的国家意识形态,一种以标准化、陈腐老套、保守主义、虚伪、满足浮华幻想的、受操纵的文化工业产品为标志的文化。致力于劳动阶级的非政治化,维护社会的统治权威,制造大众的虚假的需求,是欺骗群众的统治工具。这是法兰克福学派阿多诺等人的理论。

定义五,次标准文化或剩余文化,即去除了高雅文化之后剩余的那部分文化。高雅文化有没有标准或共识,如果有,那么凡是低于高雅文化标准的文化作品或文化产品与文化实践就是大众文化。无疑,高雅文化与大众文化的确存在着差别,但区别的标准是什么,这个标准由谁来定,又由谁来评判。谁立法,谁起诉,谁判决,谁执行?

定义六,商业消费文化,即那种用于大量消费的,为商业目的"有意迎合大众口味"而大批量生产的消费品,是"商人雇佣技术人员创造的"。大众文化与商业自然有着无法也毋庸避讳的关系,这从肥皂剧卖肥皂,文化明星做广告时就开始了。问题是,它究竟是文化呢还是商业?文化在其中居于何种地位?明星做广告是卖"明星"还是卖货物?文化搭台,经济唱戏?

定义七,美国通俗艺术的意识形态或美国文化的代名词。欧洲人说大众文化,那往往是指"美国特有"的"不安分守己"的通俗文化,是从美国传播到世界各地的文化。美国是大众文化的"家园",在所有大众文化中"规模最大",它向世界"预示"了老态龙钟的贵族文化的"消亡"。

定义八,社会统治集团通过精神和道德领导的手段赢得被统治群体赞同而形成和产生的文化;源自葛兰西的文化霸权或文化领导权的理论。采用这种"新葛兰西主义"霸权理论观点的人,将大众文化视为社会被统治群体的反抗力量与社会统治集团的"兼并"力量之间斗争的场所。这里的大众文化既不是自上而下的统治阶级意识形态的强制文化,也不是与之对立的自发的自下而上的"人民"文化,而是两者交战的场所,是以反抗与兼并为标志的领域,是葛兰西所称的"折衷平衡"的内运动。

定义九,来自于人民的文化;人民群众积极创造的他们所需要的一种民间文化。费斯克等不同意以霍克海默和阿多诺为代表的大众文化观。对他们先前的否定论文化批评重新进行了审视和批判。费斯克不完全同意法兰克福学派把批判的矛头指向文化工业对大众意识的控制的观点,不同意把大众只看做被动受控的客体,而认为大众文化中也隐含着一种积极能动的自主性力量。他提出重新理解大众文化,重新审视大众传媒,在某种程度上肯定了大众文化的启蒙性和独创性。他们认为,民间文化是从下面长出来的,是人们自发的土生土长的表达,是根据自己的需要创造出来的,"几乎没有得到高雅文化的益处"。通俗文化是地地道道的人民的文化,是为人民服务的文化,作为工人阶级的文化是现代资本主义内部象征性反抗的主要表现形式。问题出来了,谁有资格列入"人民"的范畴,资格由谁来确定？霍尔说,大众文化就是一个争论和确定关于"人民"的政治构成以及他们与权力集团关系的场所。在这里,他们有可能团结起来,组成相对于权力集团的人民。

定义十,伴随着城市化、工业化的出现而产生的城市工业文化;威廉斯说,这是一个早在英国工业革命时期就已经进入了英国人思想的文化。因为工业化和城市化的进程从根本上改变了与大众文化有关的各种关系。其实,大众文化发展到后工业时代后,越发展现了其当代城市娱乐文化与产业文化的特征。

定义十一,在后现代消弭了高雅文化和通俗文化差异之后形成的当代文化形式。这是一种不再区分高雅与通俗差异的文化。原先意义上的精英文化将走向终结,代之而起的是经济、政治、科技、商业与文化的全面渗透或互相交融。

定义十二,以当代电子高新科技为传播媒介的,在时间和事件上同步的,全球化的文化。传统的神话已经远去,今天的神话是以电子媒介传播的大众文化。

定义十三,……

天哪,这么罗列下去还有完没完?编辑限定的字数已经快到了,我自己总得说点什么吧。

## 二

我们今天所说的大众文化是一个特定范畴,它主要是指兴起于当代都市的,与当代大工业密切相关的,以全球化的现代传媒(特别是电子传媒)为介质大批量生产的当代文化形态,是处于消费时代或准消费时代的,由消费意识形态来筹划、引导大众的,采取时尚化运作方式的当代文化消费形态。它是现代工业和市场经济充分发展后的产物。是当代大众大规模地共同参与的当代社会文化公共空间或公共领域,是有史以来人类广泛参与的,历史上规模最大的文化事件。

当代大众文化的兴起,作为中国世俗化发展过程中的重要方面,具有开放的、变革的意义。正是大众文化,实际地改变着中国当代的意识形态,在建立公共文化空间和文化场域上,在社会生活的民主化进程中发挥了积极的作用。

20世纪90年代开始兴起的中国大众文化首先是一场解神圣化的世俗化运动。它是市场经济条件下社会整体变革的一部分,它表明了市民社会对自身文化利益的普遍肯定,表明了小康时代大众文化生活需求的合理性,以及它处于上升期的内在动力与相应的批判意识。它在建立初期所表现出来的非政治、非道德价值、非艺术,甚至非审美的某些现象特征正是它对过去时代极端的政治价值观的反拨和对先前政治—伦理一元价值结构的冲击。在变革政治一体化的阶级斗争意识形态上,它具有看似漫漶实则相当坚定的力量。它在结束大半个世纪以来文化作为"附皮之毛"完全依附于政治的传统格局与运作方式上,发挥了重要作用。它以其独特的方式,参与改变了文化与政治的主仆关系,而出现了文化面对经济和政治的"两主一仆"的现实景观。在某种程度上,帮助开辟了当代文化与经济、政治三极并立获得相对独立的社会与制度定位,并对当代政治、经济产生重大影响与制约的可能道路。

大众文化的形成是中国当代市场经济条件下市民(公民)社会

成长的伴生物。它开辟了迥异于单位所属制的政治(档案)等级空间和家族血缘伦理关系网的另一自由交往的公共文化空间。从歌迷会、球迷会、练歌房……直到网上聊天室。它提供了文化的个人空间和个性表达方式。提供了个人在公共空间特别是媒体空间拓展想像、选择趣味、虚拟地实现个人情感生活的某种可能。

大众文化不仅对于改革开放前的意识形态有冲击和批判,更重要的是,当代大众文化的主体是大众,它本能地具有一种依托大众的、趋向民主的品格,指向开放的双向交往的多元化的意识形态。大众文化改变了原有的文化资源分配方式,进行了文化资源的再分配。它开辟或创建了新的公共文化场域,建立了大量新的文化资本及其积累与运作方式,大大改变了原有的单一政治文化资本的拥有方式(不需要经过政治的特许)或独享(专有)方式,创建了适应各种不同层次和等级的文化消费空间和消费方式,使大多数人可以更自由方便快捷地获得自己喜爱的文化资源。大众文化还创建了大众的新的文化时尚与公共文化话题。从一部流行的电视剧,一张VCD、磁带或者一场足球比赛,到服饰、旅游、家居装修,它日用而不察地形塑着现代人的日常生活方式,并进而进入一种制度形态。

依托于现代电子媒介的大众文化必然是跨国的、全球的、世界的,又是本土的、民族的、地缘的和社群的。作为公共空间,它是不同意识形态汇集、交流、沟通、共享、对立、冲突的公共场域,又是社群特别是弱势群体和边缘话语的表达场域。文化研究一直致力于关注社会中弱势群体的利益,批判、解构精英主义的文化概念,重新审视文化转型期大众弱势群体在不平等社会现实中的地位变迁。这样,文化研究就发展出了一种尝试重新发现与评价被忽视边缘群体的文化的研究机制。由此决定了文化研究的一个基本原则,即它坚持审美现代性的批判意识和分析方式,不追逐所谓永恒、中立的形而上价值关怀,相反它更关注充满压抑、压迫和对立的生活实践,关注现实语境,对晚期资本主义文化制度形态进行了严肃的不妥协的批判。在文化研究的初期,这种立场表现为对于工人阶级文化的历史与形式的关注,而后来的大众文化研究、女性主义研究、后殖民主义研究等等也都坚持了这一从边缘颠覆中心的立场与策略。可以说,对于文化与权力的关系的关注以及对于支配性权势集团及其文化意识形态的批判、否定和超越,是大众文化研究保持其持久生命力的原动力。

三

无疑,西方的理论具有很强的借鉴意义,但更重要的是中国当代大众文化有其自身发展的语境。离开了中国当代文化发展的实际境况,我们的讨论就会变成空中楼阁。在我国,"文化研究"实际上早已开始。90年代兴起的中国当代大众文化是在中国由计划经济向市场经济转型时期得到迅速发展的。它与我国当前意识形态的变革和价值观念的转型有着深刻的关联。前一阶段我国学术界主要倾向于批判大众文化的否定面,忽视了大众文化与现代传媒、现代科技和现代生活的密切联系。批判地借鉴西方的大众文化理论,使我们有了一个借以发展的基础和较高的起点,对建立中国特色的大众文化研究方法和批评话语,具有重要意义。

问题是,不管大众文化是恶魔还是福音,它都是20世纪冷战结束后人类最重大的历史事件,它的存在改变了我们的生活。它与这一阶段的人类最重大的变革——如经济全球化、意识形态变革、媒体革命、高科技与互联网、新经济浪潮与当代世界文化产业的发展都有着千丝万缕的联系。它的存在是形构当代社会体系与生活实践甚至制度构架的重要方面。我们不能熟视无睹或视而不见。但在理论研究领域,大众文化却一直被正统文艺学或文化学特别是传统的学院研究放逐在理论的边缘,被认为是不能登大雅之堂的低俗文艺形式,不具备理论研究的价值。或者囿于传统的学科划分和原有的学科界限,固守文学种类与体裁的藩篱,不敢越雷池一步。实际上,当代文学/文化在实践中已大大突破原有的边界,向综合的交叉的新的文艺/文化方式推进。它与其他文艺形式和现代传媒结合,创造出了远远超过以往的大众文艺的新的文类与体裁,也借助于现代高科技,创造出了新的更为普遍的传播方式。同时,电视文艺、大众音像、流行歌曲、综艺报刊文化和网络多媒体文艺等大众文艺形式实际上已占据当代文学/文化的重要地位,在现实中发挥着不可低估的影响。当代文艺学必须对此做出理论上的概括与总结,打破传统精英主义对大众文化的固有见解,重新认识、理解和解释当代大众流行文化,以回答现实提出的问题。所以我们必须对当代大众流行文化的性质与特征进行再思考,探讨当代大众流行文化与政治意识形态、当代大众流行文化与当代传媒、当代大众流行文化与当代高科技的关系。关注当代大众流行文化与当代文化受众,特别是广大青年受众的关系;关注当代大众流行文化的产业运作方式,并应注重进行个案分析。

原载《中国社会科学》2000年第6期

何 群

# 从配方程式到程式配方
—— 论大众文本的类型与出新

在大众文化雄起的时代,在汹涌的大众文化的批判潮水中,无论中西方,"类型"以及与类型相伴随的"类型化"、"平面化"、"模式化"等,一直是高频率出现的词语,它作为美学依据,成为大众文化及文本低劣、缺乏创新性的有力说明。想当年,阿多诺以"标准化"这一措词强烈抨击了流行音乐的类型化、模式化特点:"美国流行音乐在内容上,只是重复熟知的主题的有限范围,赞美母亲或家庭欢乐的歌曲,胡闹和追求新奇的歌曲,伪装的儿童歌曲或对失去的女友的悲伤。另一方面,流行音乐节奏的结构也被严格地、加以标准地统制,而不允许有什么变化;即使有点小小变化,其目的不过是为了力图隐瞒实质上千篇一律的缺点","不管怎样,正是节拍与和声是流行歌曲的基石,即它的各个部分的首尾一致必须效仿一种标准的模式,这加强了最基本的结构而不论其中也许会发生什么偏离。……没有任何真正新的东西被允许闯入,只有有意的效果——向千篇一律的作品加一些风味而又不会对千篇一律有所威胁",并由此认为,"歌曲的'标准化'透过群众的收听活动而把其顾客安排在预先的队列中,而'假个体主义'则使顾客一方面忘记他们自己所听的恰恰是他们收听过的和预先消化过的;另一方面又使听众任其摆布"。① 在国内,不少学者也认为,"模式化、批量化、标准化、通用化的生产方式恰恰是与文化品位、个性、风格格格不入的,而后者恰恰是文化的魅力之所在。当一部电视剧让人看了前事便能猜出后事如何的时候,当一部小说所描写的人物让人轻易与同类小说中的人物相互混淆的时候,便不难看出,这种复制特点所导致的恰恰是文化品位、个性和风格的严重失落。"② 这里所说的"复制特点"即大众文化的类型化、模式化品性。不同的历史时期,不同的国度,对大众文本类型基质的指责如出一辙,不能不令我们深思。

的确,大众文化的类型化倾向在大众文本中表现得非常明显,出现了各种各样的大众文本类型,如电影中的战争片、强盗片、武打片、科幻片、西部片、歌舞片、言情片等,电视剧中的肥皂剧、情景喜剧、律师剧、医生剧等,通俗小说中的武侠小说、言情小说、侦探小说、黑幕小说等。这种类型化的大众文本的数量是难以详尽的,尤其是在美国和日本,甚至高达几百种。而每一种大众文本类型都往往有着基本固定的叙事模式,善恶分明的扁平人物形象,和不断重现的语言谱系,就像美国西部片中那似乎是永不变化的牛仔的命运、性格和装扮一样。也许正是由于类型片、类型剧、类型小说等类型文本之间的摹仿、因袭等重复性因素很多,而常被知识界抓住把柄,不屑一顾,甚至肆意贬低。但是,在大众文化日益甚嚣尘上,社会影响越来越大的今天,知识界的漠视已然不可能,而重新审视大众文本的类型化、模式化特点,给大众文化一个应有的社会位置,使其发挥应有的文化功能,已经成为一个非常迫切的问题。

一

类型,其实是一个歧义迭出的概念,在现有的文艺学体系中,它是与风格、典型截然不同的概念。风格往往指文艺创作中具有标志性的个人特征,独特是其根本。这与富于雷同感的文本类型有天壤之别。在福斯特的《小说面面观》里,性格复杂、立体的"圆形人物"是典型形象,相反,性格单一、简单的"扁平人物"就是类型化形象。在这种比较中,类型化的基本特征已然显露,即雷同、单一,文本之间相互模仿,不同文本中的形象大同小异,因袭之处甚多,创新之点少有。当然,对于类型,还有其他用法,如在美国弗吉尼亚大学坎南英文讲座教授、《新文学史》杂志主编拉尔夫·科恩那里,类型则被大致定义为两类,"一类列出长串共同特征、态度、人物、范围、场所等等——即强调组成类型的语义因素。另一类则强调未确定的或可变因素之间的关系——这些关系可称为类型的基本句法。不难看出,语义方式强调类型的建构材料,而句法方式则关注这些材料安排在一起的结构"。③然而,无论哪一种定义,对于类型或类型化的基本内涵的运用,对于其基本特征的把握,大致相同,即共同性、单一性。

自然,我们也是在类型的基本意义上来谈论大众文本的类型的。但要明确的一点是,类型决不仅仅是大众文化的专利,类型理论几乎可以适用于任何创作或制作性文本。拉尔夫·科恩就曾经重点分析了建构知识史、文学史的类型,提到了在女性主义批评、后殖民批评、第三世界文学批评话语出场之后出现的奴隶叙事、家庭日记、女性自传和忏悔录等新文学类型,④这些类型的主体当然不是大众文本,但类型观念同样渗入其中。而在斯特劳斯、普洛普、托多洛夫、巴特等结构主义者的笔下,以每一部作品作为具体体现的那个共同的"结构"、"抽象结构"、"惯例"、"一般叙述"等术语本身就带有极强的类型痕迹,而结构主义理论从某种程度上来说就是一种类型学,不然巴特不会在区分"阅读性的"和"创造性的"文本(即读者式文本和作者式文本)基础上提出他所谓的"类型学"。⑤至于他们进行结构主义分析实验的神话、《十日谈》、《追忆逝水年华》、詹姆斯的短篇小说等文本,绝对不是我们现在所称谓的大众文本,更多的是典型的精英文本。精英文本的类型实质上已经形成了某种类型理论,而这种类型理论的类型,正是建立在上文中提到的拉尔夫·科恩关于类型的两个分类定义上。在那个定义里,结构主义的精灵不是跃然纸上吗?

当然,精英文本并不是完全像结构主义所裁定的那样,"每部作品只能看做是一种更加宽泛的抽象结构的具体体现"⑥,是语言的、惯例的。应该说这只是精英文本的一个层面,另一个层面上的言语性、差异性,结构主义者们意识到了,但并未注意和强调。这一点后来得到了结构主义之后的学者们的强化。从本质上讲,精英文本是"语言"与"言语"、"结构"与"解构"、"惯例"与"创新"、"共同"与"差异"的整合体,是类型与反类型的较量之所。大众文本则抑制了精英文本的"言语"、"解构"、"创新"、"差异"层面,只一味夸大"语言"、"结构"、"惯例"、"共同"等类型化的倾向,从而将精英文本那种渗透着创新精神的"类型"发扬到了只剩下"类型"的地步,发扬到了妇孺皆知、人所共赏的普及地步。显然,正是这一滤去了所谓"创新"因子的大众文本的"类型",是我们的研究对象。

大众文本的类型,在知识者的印象中,是千篇一律的"老调重弹",是"贫乏"的文本。这一点连美国著名的为大众辩护的文化学者约翰·费斯克都予以承认。他认为大众虽然是有"辨识力"的大众,但"大众的辨识力并不作用在文本之间或者文本内部的文本特质层面上,而是旨在识别和筛选文本与日常生活之间相关的切入点"。⑦大众在随意进出大众文本、利用文本资源进行自我目的的意义生产时,文本自身是"贫困"、"过度"与"浅白"的:"大众文本是被使用、被消费、被弃置的,因为其功能在于,它们是使意义和快感在社会中加以流通的中介;作为对象本身,它们是贫乏的"。⑧虽然他已经意识到了文本的复杂性,但他认为"大众文本的复杂性既在于它的使用方式,也在于它的内在结构。文本意义所赖以存在的复杂密集的关系网,是社会的而不是文本的,是由读者而不是文本作者创造出来的"。⑨由此可见,即使是在不少当代文化理论学者那里,大众文本依然是一个被"印象"遮蔽了真实面目、很少被深入研究的对象。

## 二

大众文本遭致冷落甚至鄙夷的缘由多半是因为造成其贫困的类型化,而类型化显然又是由其叙事的模式化、意义的平面性及语言的图谱化所造成的。

对叙事模式化的研究,最早可追溯到亚里士多德在《诗学》中对古典戏剧结构的论述,但是真正把古典戏剧结构用明确的图示法表示出来的是德国学者古斯塔夫·弗莱塔格,他用一个倒V字形图示说明了这个叙述模式:"叙述结构从一次公开的冲突开始,在随后的行动的逐步升级的场面中冲突越来越激烈。与冲突无关的细节被删除,或者当做插曲来处理。主要人物与他或她的对手之间的斗争在高潮时达到顶点,在冲突的解决中,故事的线索结束,动作停止,生活恢复正常。"⑩这个戏剧结构模式的总结堪称经典,对许多叙事类的文本创作具有重要影响,而对大众文本的影响就更为直接而恒久。如果说精英文本在创作中有时也会遵循这种叙事模式,但作者总是试图打破模式,重建某种叙述方式和程序,以体现创新性、个性化的追求的话,那么,大众文本的作者却总是有意顺从这种叙述模式,以取得与接受者的亲近感和认同感。因此,模式在两种文本叙述中体现的程度自然相异。这也就是精英文本总是给人以陌生感、距离感和新鲜感,而大众文本常给人以似曾相识的印象的缘由。

大众文本有意识地顺应叙事模式,这在诞生才百余年的世界电影尤其是好莱坞电影中体现得淋漓尽致。美国著名电影学教授路易斯·贾内梯认为,通常被称为"经典的"好莱坞电影的"经典模式",往往就是古斯塔夫·弗莱塔格倒 V 字形古典戏剧模式的翻版,"强调戏剧的整体性、表面上合理的动机、各个组成部分的连贯性。每一个镜头都不露痕迹地过渡到下一个镜头,力求使动作顺利地展开,造成一种不可避免的感觉。为了增加冲突的紧迫感,导演有时加上某种最后期限,从而强化感情","经典的情节结构是线性的,往往采取一次旅行、一次追逐或一次搜索的形式。甚至人物也主要根据他们的所作所为来规定","故事以某种形式的结局——按照传统,在喜剧中是婚礼或舞会,在悲剧中是死亡,在一般戏剧中是团圆或恢复正常生活——结束。最后一个镜头由于它的特殊地位,往往是某种哲学概括,总结前面的这些素材的意义"。⑪路易斯·贾内梯通过分析好莱坞影片《将军号》,对这一叙事模式及特点,进行了细致的说明。其实,不仅是在电影中,电视剧、通俗小说等叙事类大众文本同样遵循着这个模式。美国电视里的肥皂剧、系列剧等,虽然情节不断延伸,但始终跳不出矛盾(开端)——冲突(发展)——对抗(高潮)——解决(结局)的叙述循环圈。系列剧尤其如此,几乎每一集都要演示一遍这个流程,而集与集之间则构成不断的往复、循环。曾在中国播出过的美国室内电视系列剧《成长的烦恼》,是这样,中国的《编辑部的故事》同样如此。

平面性,是有关后现代主义论述中一个必不可少的词汇。美国著名学者杰姆逊在谈到后现代文化时,把平面性与深度模式相提并论,他指出,随着空间深度、精神心理分析深度、存在主义理论深度、符号学深度等的消失,人们不再像过去那样坚信在表面的现象之下必有某种意义,认为解释的目的就是要千方百计地走进那个内在的意义里去,相反,认为表面的现象或存在本身就是现实,就是意义。于是,满世界里都是现象的堆积,形象的轰炸,和文本的泛滥,但惟独没有现象后面的本质,形象下面的真实,和文本背后的意义,因而后现代社会的一切都被平面化或"去深化"了,尤其是作为后现代社会文化主力的大众文化。

　　毋庸置疑,大众文本的确是一种驱逐了"深度"、不再拥有意义、不再带领受众追索人文精神和终极关怀的平面体。它那漂亮的外部形式里虽然也承载着人生的感慨、情感的咏叹和谆谆的教诲,但那只不过是千百年来知识精英者们早已慨叹过的哲思的翻版,是一种"意象的翻新"。它所能给予大众的至多是一种浅显的"生活指南"或"心理安慰"式的可实用性,甚至有时除了眩目的外在包装,什么"内里"也没有,带给受众的只是感官的享受和快乐。正因如此,其诗集曾在短期内卖出了 15 万册的汪国真,被青春期的中学生们视为"人生导师",但却成为文坛上"倒汪运动"的批判对象。故事曲折缠绵的琼瑶的言情小说、影视剧捧红了几代影视明星,红遍了整个华人世界,赚取了人们无以数尽的眼泪,但批评界至今对此不屑一顾、视而不见。大众文本的平面性与从古希腊到现代的知识精英的深度模式发生了尖锐的冲突,在深度模式视野中的大众文本,自然是平面的、肤浅的。

　　语言的图谱化,是指大众文本中反复出现的一些基本表达形式,这些表达形式,由于在一种类型文本中经常被采用,而成为此种类型的标志性符号。它们在好莱坞类型电影中常被称为"视觉图谱",即在每一种好莱坞电影类型中必然会出现的一些"外部形式"或视觉惯例。英国学者爱·布斯康布认为电影类型的分类标准,首先就是作用于视觉的"外部形式",如背景、衣着、职业工具、及一些起造型作用的杂品等。⑫如荒原、山岭、酒店、宽边帽、紧身牛仔裤、马刺、高跟皮靴、柯尔特45、温彻斯特和斯泼林菲尔德来复枪、马匹、原始的火车等造型元素,就是美国西部片的外部形式,是在几乎每一部西部片中都会出现的视觉元素,因而成为西部类型片区别于其他类型影片的标志。类型小说、电视剧同样如此。如武侠小说的图谱性因素有名山宝刹、武学秘籍、神剑宝刀、打斗场面等。情景喜剧则总是固定的地点,有数的人物,必不可少的噱头,及场外配置的笑声等。这些图谱性的因素就好像是十四行诗的诗体一样,为叙事提供了一个框架,甚至还影响到了所叙述故事的性质,使武侠小说乃至武打影视剧都充满了气壮山河的仙剑豪情,情景喜剧似乎永远是就事论事的戏剧小品,明显地有别于缠绵缱绻的言情和扑朔迷离的侦探等其他类型的小说及影视剧作品。

叙事的模式化、意义的平面性和语言的图谱化,必然导致大众文本类型化的出现,产生众多的大众文本类型,这是已经被人们广泛注意到的无可争议的事实。但是,我们在面对这个事实时,却常常忽视了另外一些有目共睹的现象,如大众文本也经常"装扮一新",带给大众一个惊喜,从而引发一个又一个流行潮;大众文本的类型往往比精英文本具有更久长的历史寿命;大众文本常常要比个人化的精英文本更能反映出观众的兴趣、迷恋和道德标准,更有适应任何时代的活力和变通力,等等。否则,"才子佳人"的言情模式不会穿越宋元戏曲、明清小说、鸳鸯蝴蝶派作品、琼瑶的文学与影视创作等等,以"常穿常新"的魅力一直招摇到今天。而武侠类的大众文本的源流,在中国恐怕更为悠久,头绪复杂得更难令我们梳理出一个清晰的脉络,而它在今天的发展势头之强劲,也是众多的精英文本无法望其项背的。对这些现象的忽视,其实正是对大众文本魅力的遮蔽。而大众文本的魅力,绝对不可能仅仅是类型化的共同性和单一性所致,因此,本文认为,它与"出新"有关。当然,这种"出新"与精英文本的创新不同,它是大众文本固有的类型"轮换"策略、独特的创新机制以及类型自身配方程式不断变化的产物。

三

**轮换策略**

就一种单一的大众文本类型来说,由于它有着自身相对固定的"配方程式",即基本相同的叙事方式、意义指向及表现图谱,一段时期内总在受众面前保持一副老面孔,因而难免很快引起人们的厌倦。然而,大众文本的类型之多、之丰富,又在总量上造成了它纷繁杂多的面貌构成。这种构成就像一个巨大的资料库,为大众文本的"轮换"机制的形成,提供了丰厚的资源。所谓轮换机制,即一种大众文本类型受到欢迎后,制作者就会群起制作这种类型,一旦受众烦厌了,马上就会换上另一种。如一轮科幻片落市了,便换上一轮恐怖片。这种轮换性,我们一贯把它归结为大众文化的一种市场行为,是外在于大众文本的。但事实上并非完全如此。美国学者斯·卡维尔说:"电影的轮换现象是人们所熟悉的历史事实,这个事实曾经被某些电影理论家看做不择手段的商业化现象,实际上却是电影固有的一种可能性,甚至可以说,这是已经创造出一种媒介的最好象征。因为一次轮换就是一个类型(监狱片、南北战争片、恐怖片等等);而一个类型就是一种媒介。"⑬卡维尔的意思是说,每一次轮换都意味着一种新的表达可能性即类型的产生,因为与前一类型相比,后一类型必然会表现出一种迥然不同的"个性",而这种个性及两种"个性"之间的落差无疑会给受众带来耳目一新的感受。至于类型的这种"个性"的形成,固然有两种类型由于上、落市时间的接踵而至在受众心目中所造成的反差的原因,但文本自身的特性即一种类型的独特性,才是最根本的决定因素。而文本"个性"的内涵,他认为,就如同人的类型与个性之关系,因为"使某个人属于某种类型的东西,并不是他同这个类型的其他的相似之处,而是他同其他类型的人的明显差异"。⑭因而类型的差异就是电影等大众文本所表达的"个性"。不仅如此,卡维尔还认为,每一种类型都是给与一种表达可能性以特定意义的媒介,只不过这个媒介的意义不在于揭示"人的某种个性"和具有"社会作用",而在于通向"人性的整个领域",表达人类共通的感受。也就是说,一种类型的成功就意味着它的那些常规已自动确立在人们的普遍意识之中,并已成为传达一系列特定的心态和某种特定美学效果的被确认的媒介。在这个意义上,大众文本的类型无疑是一条条通道,一个个中介,它通过其对普遍价值的寻求,对理想生活方式的歌咏,对完美的英雄人物的赞颂,将我们的目光引向类型所喻示的人类心底普遍的、基本的欲望。因而它们是一个个梦幻般的现代神话,填补着人们生活中的缺失,表达着人们心底的渴望,宣泄着人们积郁已久的情感,仿佛一个"大众的情人",给人以适意的抚慰和快感。

如果我们从卡维尔的论述出发,大众文本类型的轮换就有了新的阐释。也就是说,如果我们把卡维尔所谓的"人性的整个领域"视为一个完整的世界的话,那么,每一个类型的意义指向所叩击的就是这个世界的一个侧面;当一个侧面被反复刺激、趋于麻木的时候,另一类型就会因为找到了一个新的兴奋点(这个兴奋点的出现与此时大众的社会心理有关)而备受人们青睐,流行一时。但这并不是说,被击打得麻木的那个侧面,就此失去了任何感受力,相反,当某种类型或者添加了新质的原有类型再次轮回的时候,经过一段时期的休整和沉寂之后的这个部位,会再次被唤醒,而且同样令人激奋不已。因为人性领域的任何一个侧面都不会消失,或被人们丢弃,它一直存在于人类的心灵深处,之于现实中人,它只有唤醒与沉睡之分。当一个唤醒点被反复刺激后就会产生疲累,就会令人厌倦而进入沉睡状态。但既然有沉睡,就有再次被唤醒的可能,这也就是为什么同一类型在发展过程中能崛起、消沉、再崛起、再消沉的缘由。因此,类型的轮换,绝不仅仅是一种商业或市场化的文本调换,也不仅仅是更新一下人们的感官感觉,它是人类心底的需求的反映,是对人们各种基本的、永恒的愿望的轮番重温。这种重温也许不会给人以一种"天外来音"般的全新的感受,但却回荡着所有人都熟悉的像故乡一般亲切的认同感、温馨感、平易感、轻松感。故乡不会令我们新奇,但却是我们历久弥新、走到哪里都难以释怀、愿意无数次重归的地方。大众文本的意义世界——人性的领域,就是大众灵魂的故乡。由于与灵魂相接,大众文本也就具有了一份令大众产生"他乡遇故知"的欣喜感的新鲜。

**创新机制**

大众文本不仅能够在诸多类型之间由于轮换而产生新意,而且在同一类型内部也有自己的创新机制。精英文本的类型是诸多文本在相同的方向上逐步探索的结果,而大众文本类型则是众多文本对"首开风气"的文本纷纷"跟风"所致。前者的每一个文本的创新性可见,后者则模仿痕迹明显。然而这并不表明,相同类型的大众文本完全相同,是互相抄袭之作。一般来说,在"跟风"的过程中,出现的大多是平庸之作,其中不乏盲目模仿者和质量低劣者。但当模仿达到困境时,"跟风"之作也会反思自身,谋求变化,于是就有了类型电影的自觉革新,就有了"青出于蓝而胜于蓝"的优秀之作。紧接着,既集大成又展现出新质的优秀文本,会再一次引发"跟风"新潮。因此,大众文本并非没有创新,只不过它的创新不是体现在每一部作品中,而主要体现在"开风气"的那一部经典之作;它的新异性也不是像精英文本那样落实为"可以燎原"的"星星之火",而是表现为流泻不息的江河上的道道大坝,坝的壮观令人叹息,但坝与坝之间的江河水则往往只有顺流和延展。

在这方面,好莱坞的西部片是一个绝好的例证。最早的一部《火车大劫案》是首开风气的滥觞之作,之后的西部片基本延续它的套路,直到20年代约翰·福特拍摄的默片《铁骑》,以典型的史诗式的形式,代表了无声西部片的最高成就;在有声影片诞生的前后,西部片有一个较为沉寂的时期,直到1939年出品的有声片《关山飞渡》,因为其导演"约翰·福特把西部片中的社会传奇、历史再现、心理真实和传统的场面调度格局糅合在一起,做到了完美和均衡",从而"达到了经典性的、风格臻至成熟的、相当完美的代表作",[15]于是被公认为是西部片的又一里程碑;之后西部片一直顺延到1950年前后,才终于走向了"成年",出现了霍克斯的《红河》、齐纳曼的《正午》和史蒂文斯的《原野奇侠》等杰出的作品。然后几十年中由于反传统类型的新好莱坞电影的崛起,西部片一直处于低迷状态,一直到1990年《与狼共舞》的出现,西部片才又攀上了一个历史新高峰。这些历史长河上的道道大坝,由于其创新性,依然是颗颗灿烂的明珠,它们集聚在一起,同样是一条创新之链。因此,类型影片并非没有优秀的原创之作,只是它体现的方式与精英文本不同,数量没有精英文本那么多而已。

当然,即使是富于创新意义的大众文本,其创新程度也与精英文本不同。罗伯特·瓦尔肖在一篇论强盗片的文章中说:"首创性只有在这样的程度上,亦即当它只是加强了所期待的体验而不是根本改变它时才是受欢迎的。"[16]这就是说,大众文本的创新是有限的,是在经典类型规则的框架里所作的部分更新,是一种改良,而非革命性的颠覆。而且,这种更新不能改变类型结构的整体意义,而只能补充意义。只有这样,"首创性"的大众文本才能确保万无一失地继续拥有原类型固定的观众群。德国电影研究者格尼玛拉在论及70年代好莱坞一群年轻电影导演的成功时说,他们的影片"都是根据好莱坞的成功模式定做的,同时又加入了现代动画制作技术和他们高质量编剧的新标准",而他们之所以这样做,是因为"类型作品的风险是可以预测的:形式是熟悉的,制作没有困难,影片作为标准的大众产品可以卖给全世界最大多数的观众"。[17]正因如此,大众文本很难摆脱模式化、类型化的轨迹,商业利润像一把悬在头顶的达摩克利斯剑,随时都在左右着作者们的创作选择,使他们或被迫、或主动地在类型化的轨道上前行。但这并不是说,改良后的大众文本是"换汤不换药"的完全重复之作,事实上,新好莱坞之后的那些现代类型影片,是在充分吸收了经典类型片、欧洲艺术片、新好莱坞的非类型片的优长的基础上的新的建构,是现代类型电影对既往类型影片的"超越"。它们的创新性虽无法与精英文本相媲美,但那是类型文本的"首创",是大众文化特有的"创新"体现。在此意义上,我们说大众文本、文化是富于活力的事物。

**配方程式与程式配方**

大众文本的创新机制与其文本内部的结构变化有关。任何一种类型文本都有自己的配方程式,这是一个不言自明的事实,否则不成其为类型。但类型的配方程式也在发生变化与革新,并且由于配方程式的变化,类型也在发生变化。如就好莱坞电影来说,从好莱坞到新好莱坞,再到新好莱坞之后,其文本结构就走过了一条从配方程式到程式配方,再到配方程式的类型化道路。好莱坞的配方程式,是指在经典好莱坞电影时期已经发展成熟了的各种类型电影的叙事方式、意义指向及表现图谱。它们在歌舞片中表现为小人物成为大明星、有情人终成眷属之类的基本情节,能歌善舞然而命运多舛的定型人物,以及五彩缤纷如入仙境的宏大歌舞场面等;在强盗片中体现为以禁酒时期进行的有组织的暴力活动为故事主线,以强盗、匪徒等为主人公,讲述他们怎样由一个"小人物"(一个从战场上复员的老兵,或一个贫民窟的失业年轻人)最后成为匪帮老大的故事,以及半记录性的表现手法和报道性的格调等;在恐怖片中则呈现为吸血鬼、僵尸、怪物、有毁灭欲的疯子、机器人和疯狂的科学家等主人公形象,他们往往危害一时,引起社会秩序的混乱和人们的极度恐慌,但最后,经过正义力量或人类的拯救,社会重新进入正常轨道,而其基本主题是对科学或未知的超自然力量的本能恐惧,等等。这些配方程式是好莱坞人在大量的商业电影制作中一方面极力迎合观众的观看需求,另一方面研究和揣摩观众的观赏趣味而逐渐形成的,并且得到了高票房的印证,因此它们的出现势必引发观众的兴趣,而观众的兴趣又注定使它们成为了一种类型的、轻易难以更改的配方程式。

业已形成的配方程式虽然难以更改,但当一种类型发展到巅峰、市场价值下滑时，对商业利润的无尽追求就会使制作者们自动启动一个打破类型、重新配方的转型期，在这个转型期里出品的文本，我们可能说不出它属于哪一种类型，但又分明能感觉到它对当年那些类型众多构件的汲取，众多图谱符号的选择和重新编排。文本依然是配方式的，只不过配方不再以原有的程式现身，而是将原有程式打乱之后进行重组（我们称之为"程式配方"），从而呈现出了新的面貌。20 世纪 60 年代产生的"新好莱坞"电影，就是这样一个产物。作为新好莱坞电影开山之作的《邦尼和克莱德》就是一部具有强盗片、惊险片、警匪片、传记片、喜剧片等许多类型片的特点但同时又不属于任何影片类型的影片。它的社会评论性质，它的情节淡化、分段结构、基调和节奏的转换等等，都使人想起欧洲的艺术影片，但分明又与欧洲影片有区别。这种"超越类型界限的不同话语合成在一起"⑱的现象，就是新好莱坞电影的根本特征。也就是说，《邦尼和克莱德》所开启的新好莱坞电影的最大特点，就是打破传统类型影片的配方程式，然后对各种传统类型以及精英文本中的构件随心所欲地加以拣用，然后用新的配方重新加以组织、合成。这种合成就是"程式配方"。这里的"程式"指传统类型文本的配方程式，而这里的"配方"指将原来的配方程式打乱之后重新进行的组合或合成。

　　程式配方的文本结构在新好莱坞的许多影片中都存在，而且导演在选取原有"程式"形成新配方时的意图也是多种多样的。除了探索一种新的电影文本构成之外，还多多少少地表达着创作者们对以往好莱坞类型电影的批判。新好莱坞电影的发起者之一罗伯特·阿尔特曼，在他的一些影片中"使用了一些类型电影的规律，目的是为了在一些方面用类型电影的方法讽刺类型电影，从而反抗构成美国基础的基本理念"。⑲因此，他的影片《麦凯布与米勒夫人》是一部用西部片和喜剧片等的类型因素结合起来的反西部片，《外科医生》则是将战争片和讽刺剧因素组合起来的对战争片的刻毒模仿与嘲讽。同样，吉姆·萨曼拍摄的歌舞片《摇滚恐怖图片展》，用带着恐怖与迷信的欢闹气氛，嘲弄了鬼怪片、科幻片和歌舞片中的各种类型因素。应该说，正是在电影创作者们这种有意识的抗逆和追求下，新好莱坞电影打破了传统类型电影的各种界限，走向一种类似于惊险动作恐怖片、卡通生活故事片、科幻惊险战争片等混合体形式。毫无疑问,这种"混合体"是一种表达了创作者批判意识的富于艺术性的新的建构,是新好莱坞电影用以反抗类型电影的武器,是对经典好莱坞电影的超越。

然而,需要明确的一点是,人们经常把新好莱坞电影指称为非类型影片,以为是对昔时配方式、类型化道路的离弃与超越,其实不然。在我看来,它的所谓"非类型"化,只不过是对原有影片类型的悖逆,而非对电影类型化道路的背叛,实质上,它是对一个更高层次的类型化阶段的启动,和新的配方程式的形成与发展,它在时间上的延续,落实到文本上,必将是又一个类型电影时代的到来,和新的配方程式的诞生。这种情形在中国的武侠和新武侠小说、电影中同样存在。

很显然,从配方程式到程式配方,再到新的配方程式,大众文本在这条发展之链的任何一个环节上,都表现出了它特有的创新能力和新的质素。这种创新能力和新的质素的显现,既是市场竞争和商业价值的驱动所致,也是永远视大众的需求为至上追求的大众文本自身的生长规律。没有这种生长,大众文本就不会像今天这样肌体强大,生命力旺盛,变通力惊人。

类型虽然以共同性取胜,但同样蕴含着各种各样的出新招数,这是我们所认定的大众文本的基本品格。并且,类型与创新,这一对看似矛盾的范畴,恰恰构成了大众文本的内在张力,构成了一种"带着镣铐跳舞"的制作境况。但是,这里的"镣铐",并不是对创新的束缚,相反,它是一种现有的创作材料,一种直接通向大众心灵的途径,对它的恰当的运用,恰恰能够成为电影制作者创作和票房双成功的重要保证。这正如斯坦利·J.所罗门在《程式之外》中所指出的那样,"某一类型的真正典型的要素——包括视觉和戏剧两方面的要素——未必是那些拙劣的电影与电视模仿作品所具有的最显著的道具和手法。其次——而且这对领悟类型内的质量上的变更具有首要的意义——无论怎么说,这些典型的要素可不是在电影制片厂图书馆里或档案柜里保存的那些乏味的、老一套的图样或模型,而是储藏在像阿尔弗雷德·希区柯克和约翰·福特那样一些电影大师们的脑子里的艺术洞察力",在此基础上,我们深为赞同所罗门提出的中心论点,"即某一重要类型的最有概括意义的作品——最'典型的'作品——也就是这一类型在艺术上和理智上的最佳作品"。⑳

注释：
① 陈学明等《社会水泥》，云南人民出版社1998年，第55、56页。
② 姚文放《大众审美文化的复制性》，《天津社会科学》1995年第2期。
③ (美)拉尔夫·科恩《类型理论、文学史与历史变化》，《天津社会科学》1996年第5期。
④ 同③。
⑤ (英)安纳·杰弗森、戴维·罗比等《西方现代文学理论概述与比较》，湖南文艺出版社1986年，第116页。
⑥ 同⑤，第99页。
⑦ (美)约翰·费斯科《理解大众文化》，中央编译出版社2001年，第156页。
⑧ 同⑦，第149页。
⑨ 同⑦，第148页。
⑩ (美)路易斯·贾内梯《认识电影》，中国电影出版社1997年，图片第8—9。
⑪ 同⑩，第212页。
⑫ (英)《美国电影中的类型观念》，《电影理论文选》，中国电影出版社1990年，第345页。
⑬ (美)斯·卡维尔《看见的世界——关于电影本体论的思考》，《电影理论文选》，第289页。
⑭ 同上，第287页。
⑮ 安德烈·巴赞语，转引自郑雪来《世界电影鉴赏辞典》(续编)，福建教育出版社1993年，第75页。
⑯ 罗伯特·瓦尔肖《直接的体验》，转引自(美)托马斯·沙兹《旧好莱坞/新好莱坞：仪式、艺术与工业》，周传基、周欢译，中国广播电视出版社1992年，第41页。
⑰ (德)格尼玛拉《电影》，黑龙江美术出版社2001年，第168、167页。
⑱ 同③。
⑲ 同⑰，第173页。
⑳ 转引自(美)T.贝沃特、T.索布夏克《类型批评法：程式电影分析》，《世界电影》1997年第1期。

原载《文化研究》第4辑，中央编译出版社2003年8月

## 黄鸣奋

# 互文性:网络时代对后结构主义的追思

由于光盘技术及万维网(WWW)的广泛应用,电子超文本正在迅速深入我们的生活。它既是一种新技术,又代表了一种新理念。这种理念与后结构主义有着千丝万缕的关系。对此,超文本理论家公开予以承认。兰道便指出:超文本与晚近文本及批评理论有颇多共同之处。超文本重新提出了巴特和德里达关于作者、读者及他们所阅读的文本的早已有之的假设;为超文本提供了标志性特点之一的电子链接,也将朱丽亚·克里丝蒂娃关于互文性的观念具体化了。超文本的观念成型与后结构主义的发展几乎同时,但它们的会聚并非仅属偶然,因为二者都源于对印刷书籍和层系思想这类相关现象的不满。①波斯特也认为:"后结构主义的理论价值在于,它非常适合于分析被电子媒介的独特语言特质所浸透的文化。"②这种理论价值的重要体现之一,便是关于"互文性"(intertextuality,又译"文本间性")的主张与实践。

### "互文性"的背景

"互文性"一词源于拉丁文 intertexto,意为在编织时加以混合。在文学理论中,"互文性"是一个专门的术语,意指通过归因发现某一文本(或意义)是从其他文本(或意义)中析取或据以建构的。它着眼于特定文本(或意义)与其他文本(或意义)的联系。互文性是广泛存在的。兼综诸说的教材或旁征博引的史书固然颇富互文性,即使是号称"独创"的文学作品,同样依靠互文性来建构与展示自己的内涵,用典就是诉诸互文性的常见手法之一。当然,互文性并非单指文本之间的关系而言,历史的、社会的条件同样是改变与影响文学实践的重要因素,读者先前的阅读经历、知识储备和在文化环境所处的地位也形成至关紧要的互文性。互文性虽然广泛存在,但学术界公认它作为术语是 20 世纪 60 年代后期由克里丝蒂娃发明的。

朱丽亚·克里丝蒂娃(Julia Kristeva,1941—)是法国精神分析学家、语言学教授、符号学家、小说家与修辞学家,欧美学术界知名的学者。她于 1964 年从保加利亚来到巴黎攻读博士学位,自此定居于法国。1968 年,她加入了左翼学生运动。1973 年获得博士学位,学位论文于 1984 年以《诗歌语言中的革命》为题出版。1974 年起,她在巴黎大学担任语言学教师,并不时到美国哥伦比亚大学开课。她的学术生涯是从语言学开始的。其后,她吸收了弗洛伊德与拉康的学说,变成了精神分析学家,但又将这些先驱者的学说与后现代语境结合起来,形成了自己的特色。所出版的著作涉及符号学、文学批评、心理分析、哲学、政治学、神学,以至于半自传体的小说。克里丝蒂娃曾以其学术贡献获法国政府奖励。

在《词语,对话与小说》等论文中,克里丝蒂娃试图打破关于文本系由作者所规定的传统观念,主张一切能指系统都是由它们对先前能指系统的变形方式所界定的。文本并不单纯是某一作者的产品,而是它对其他文本、对语言结构本身的联系的产品。根据她的看法,"任何文本都是作为引文的马赛克被建构的,任何文本都是其他文本的熔铸与变形"③,任何文本都受读者已经阅读的其他文本及读者自身的文化背景影响。在博士论文《诗歌语言中的革命》里,克里丝蒂娃进一步发展了互文性的概念。弗洛伊德曾经区分出在无意识中起作用的四种过程,即压缩(condensation)、移置(displacement)、视像(visual images)与润饰(secondary elaboration)。④克里丝蒂娃加上了另一种过程,即从一种符号系统向另一种符号系统的变换(transposition)。在上述过程中,旧的系统被解构,新的系统得以产生。新的系统可能运用同样的或不同的能指材料,变化多端的诸多意义彼此交叠,这就是互文性的由来。"互文性"这一范畴表明:每个文本都存在于与其他文本的关系之中。事实上,与文本及其生产者的关系相比,文本之间的相互关系重要得多。既有的文本为其他文本的创造与阐释提供上下文。从文体学的观点来看,正是将特定文本定位于某种文体,才能对它进行恰当的说明。不过,互文性并非传统意义上的文体学概念。因为它反映了文本边界的流动性,同时也表现了文体功能的某些混合。写实小说(faction)可以为例,它是"事实"(fact)与"虚构"(fiction)的融合。

克里丝蒂娃提出"互文性"的概念,所针对的是将文本视为自足的封闭实体的传统。她宣称任何文本都是对其他文本的吸收与变形。这一范畴获得了其他后结构主义者的首肯。巴特探讨了在文学背景中的互文性,得出了任何文本都是过去的引文的新织物的看法。德里达则将互文性确认为文学研究的惟一方式,将文本理解为自我参照的系统。不仅如此,"互文性"是相当宽泛的,不只适用于文本之间、书本与作者之间的关系,而且适用于文本与前在的能指系统的关系。所谓"能指系统",可能包括社会话语的"文本"或主体身份。它因此可以理解为一种不求助于传统作者观念的解释文学与非文学的材料的作用的方式。自足的、密封的、置前景的能指系统被转换成为有所待的、开放的、置后景的能指系统,写作也成了反复再反复、重写再重写的过程。

## 互文性与解构

德里达以对西方从柏拉图以来重语音轻文字的传统的批判树起了迥异于索绪尔所代表的结构主义的旗帜。他不但着力避免在赋予"所谓时间上的语音实体"以特权的同时排斥"空间上的书写实体",而且将赋意过程看成一种差异的形式游戏。他说:"差异游戏必须先假定综合和参照,它们在任何时刻或任何意义上,都禁止这样一种单一的要素(自身在场并且仅仅指涉自身)。无论是在口头话语还是在文字话语的体系中,每个要素作为符号起作用,就必须具备指涉另一个自身并非简单在场的要素。这一交织的结果就导致了每一个'要素'(语音素或文字素),都建立在符号链上或系统的其他要素的踪迹上。这一交织和织品仅仅是在另一个文本的变化中产生出来的'文本'。在要素之中或系统中,不存在任何简单在场或不在场的东西。只有差异和踪迹、踪迹之踪迹遍布四处。"⑤德里达作为前提加以肯定的综合和参照,并非发生于文本内部,而是发生于文本之间。作为阅读对象的特定文本是在场的,但它的意义不能由自身的指涉获得,而只能在与不在场的其他要素的联系中赋予。因此,他的理论与克里丝蒂娃关于互文性的主张是同气相求,同声相应的。

德里达发明了"延异"(differance)这一新词来概括文字以在场和不在场这一对立为基础的运动。根据他的解说,延异是差异、差异之踪迹的系统游戏,也是"间隔"的系统游戏,正是通过"间隔",要素之间才相互联系起来。这一解释完全可以移用来说明电子超文本的特性。电子超文本的基本要素是一个个的文本单位,这些文本单位因为彼此之间存在间隔(不构成连续文本),才得以组成超文本,就此而言,间隔是积极的,是联想生成的空间。当然,间隔使得这些文本单位彼此之间存在差异,这些差异使得锚地的在场与否成为一种悬念,当我们点击网页上的链接,在经历了需要耐心的等待之后迎来的是浏览器上"此页不存在"的提示之后,完全可以体验到间隔本身的消极性(这是阅读连续文本时体验不到的)。构成文本单位之联系的链接因为这些单位之间的差异而得以延续(从一个页面指向另一个页面);反过来,链接本身又因为上述延续而产生变异(页1与页2的链接并非页2与页3的链接)。这种因异而延、因延而异的运动正是电子超文本所固有的。诚如德里达所言,"作为文字的间隔是主体退席的过程,是主体成为无意识的过程。"⑥因为有间隔,链接才成为必要;因为有链接,间隔才不是纯然无物的空白,而是一种特殊形式的文字。间隔出现时,原有的阅读或写作中断,主体从而退席;但是,这种退席与其说是撒手而去,还不如说是新的出席的准备。间隔也促成了用户心理由意识向无意识的转化,这种转化不过是相反的心理运动的前导。在等待原有的文本退场、新的文本出场之际,电子超文本网络的用户尽可抓紧时间从事其他活动(打开另一个浏览器窗口,喝茶等)。因此,间隔增加了信息接受过程中的干扰。但是,这段时间亦可被用户作为反思之用,有助于从新的内心视点审察先前浏览的文本,因此,间隔又增强了信息接受过程中的理性精神。这就是超文本的间隔所包含的辩证法。

德里达所铸造的"延异"一词,表明了后结构主义与自己的前身的差别。结构主义看重共时性而非历时性,认为结构的各种要素是同时出现的。相比之下,德里达则注意到要素在时间上的差异。"延异"之延,正是时间性的;"延异"之异,才是空间性的。因此,"延异"恰好是时空的统一。理解"延异"这一概念对把握超文本的特性大有裨益。超文本的多种路径可以通过地图等形式在空间中展示出来,但是,对于这些路径却不能同时加以探寻。因此,超文本的结构本身就包含了时间与空间的矛盾。当用户选中某一种路径时,其他路径在空间上便由在场转化为不在场,对它们的探寻相应也就被延缓下来。当然,这种延缓并不是结构的破坏,而是超文本的结构魅力之所在:在每次探寻之外总是存在新的探寻的可能性,路外有路,山外有山,峰回路转,奥妙无穷。德里达所谓"延异"实际上是将结构理解成为无限开放的"意指链"(a chain of signification),而超文本则使这种意指链从观念转化为物理存在,从而创造了新的文本空间。

德里达还使用"播撒"来表达一切文字固有的能力,揭示意义的特性和文本的文本性。在德里达看来,意义就像播种时四处分撒的种子一样,没有任何中心,而且不断变化;文本不再是自我完足的结构,而是曲径通幽的解构世界。不存在所谓终极意义,那么,表意活动的游戏就拥有了无限的境地。这个隐喻同样可以移用来概括写作与阅读电子超文本时意义的变化。如果说线性文本强调文本的内部关系,因而强调意义的会聚性(所谓"主题"正是这种会聚性的概括)的话,那么,超文本则更为重视文本的外部关系,因而使意义的发散性显得相当重要。漫游于电子超文本网络之中,我们从一个页面进入另一个页面,也就是从一个语境进入另一个语境,这种运动是随着我们的兴趣而延续的,通过阅读所把握的意义随着上述运动而"播撒",无所谓中心,也无所谓终极。即使上网时心存中心(例如搜寻特定主题的资料),这种中心也为电子超文本网络的特性所消解;即使上网作为一种活动存在为用户的时间和支付能力所决定而间断,但这种间断并不是发展的螺旋式上升,亦非对终极意义的领悟,不过是新的漫游的准备。

我国古代治学传统中,早就有"六经注我"与"我注六经"的分别。德里达眼里的读者,同样有着重主观与重客观的分野。重主观的读者自以为有权力随便增添什么东西,重客观的读者则拘谨得不敢投入任何自己的东西。德里达认为这两类人都不懂得阅读,要求超出二者之外而进行解构阅读。解构阅读是文本自身解构而造成的意义播撒(dissemination of meaning),依赖于文本而又不为文本所囿。它不追求思想和表达的连贯性,也不追求传统意义上的阐释或说明。它强调互文性,企图抹去学科界限,这在精神上与超文本相通。

　　德里达认为解构是"写作和提出另一个文本的一种方式"⑦。超文本的阅读同时也是写作。网上一位知名作者指出:"众所周知,解构阅读和传统阅读的最大区别在于'可写'和'可读',传统阅读是重复性的可读,解构阅读是批判性的可写。……网络上面的联手小说,正是这么一种解构阅读产生的怪胎:没有刻意安排好的故事线索,没有什么主旨、主旋律之类的群众伦理诉求。每个续写者都只是他对于原来的文章进行解构阅读后的主观观察和本体理解,他没有也不肯去猜想故事是否有着在公认价值体系下的统一所指,在网络联手的过程中,这也是不可能的,因为联手者来自各种不同的社会价值环境。"作者参与发起的网络联手小说《守门》(http://eway.963.net)中,任何一个人都可以用一个虚构的角色参加进去。"角色扮演类型的《守门》让每个人保留独自的视觉,任何场景和事件都是个体的感受,与他人所知无关,这是一种最为自由的个人精神的张扬。在这样的网络联手小说中,道德、价值观念、文笔、风格都成为了段落性的个别东西,整个情节发展只有能指,没有所指。重复的只是某一个具体生命由于其经历和所思所感在一次叙述中的表露,那不是历史道德的积累,也不需要反映狭隘区域利益的法规。在传统媒体社会中,个体生命感觉的文化表达总是很难拥有最大传播范围的可能,而网络角色扮演小说让这种个人自由叙事伦理得到一个最广阔的相容空间,网络社会环境确实是解构主义的一个最大最好的舞台。"⑧

## 互文性与本文

　　后现代主义强调能指与所指的分裂,巴特就是如此。巴特原来是个结构主义者,在1968年"五月风暴"失败之后倒戈,对结构主义的美学理论和批评方法加以批判,从而转向后结构主义。巴特反对结构主义试图从一个故事中抽取模型,从模型中概括出具有普遍性的叙事结构,再将这一结构应用于其他故事的做法,主张将"本文"与"作品"加以区别。根据他的看法,"作品"的概念是相对于结构主义而言的。作品中的能指与所指相互统一,存在固定的、对应的象征意义,存在作为最终探索目标的所指或意义的结构。阅读的意义就在于探寻这种结构。"本文"的概念则是巴特新创的。本文是能指的天地。能指与所指相分裂,彼此之间发生了自由的、无目的的意指,这是一种无穷无尽的象征活动,由此而产生的任何意义都是随时生灭的,没有中心、没有连贯。对"作品"的阅读仅仅是一种理解、一种文化消费,而对本文的阅读则是一种创造,这种创造实际上是一种游戏。巴特的《S/Z》一书,既为后结构主义树立了阅读范例,又为超文本阅读开了先河。这本书将巴尔扎克的短篇小说《萨拉辛》切成561个阅读单元,逐一进行讨论,然后以令人惊讶的错综复杂的方式将这些讨论组织成交叉参考,在这一过程中生产出篇幅远过于原作的文本来。

巴特的"本文"观包含了某种网络的观念。这里有两个层次的问题:其一,某个语词之存在,都以其他语词的存在为条件,语词的意义是由其他语词所组成的无形词典所规定的;其二,文本之所以成为文本,也以其他文本的存在为条件,文本的意义同样是由其他文本所组成的无形网络所规定的。巴特心目中的理想文本,是一种链接众多、彼此交互的网络,是一个能指的星系,没有所指的结构,没有开头,可以颠倒。读者可从几个不同入口访问它,没有一个入口可以由作者宣布为主要的。这一理想正为万维网所实现。在万维网上,任何一个作者都可以将自己所写的超文本文件链接于其他任何文件,如果这种可能性被所有的作者都加以探索的话,那么,每个文件就将链接到其他所有的文件,从而产生无穷无尽的可能的文本。通过链接,文本分了支,这种分支近于无限,远非任何个别作者或个别读者所能穷尽。万维网既无开端,又无结尾,只是呈现为一个不断膨胀的中部。在理想的超文本中,没有一个节点具备相对于其他节点的优先权,各个要素的顺序可以任意跳跃。

罗兰·巴特的文本观导源于对"作者具有某种君临读者之上的权利"的传统观念的反拨。他将"文"区分为两类,即"能引人写作者"(le scriptible)与"能引人阅读者"(le lisible)。前者是"有可能写作的东西",后者是"不再可能写作的东西"。罗兰·巴特认为能引人写作者是价值所在,"因为文学工作(将文学看做工作)的目的,在令读者做文的生产者,而非消费者"。相比之下,能引人阅读者充其量仅具有相反的价值,即能够让人阅读,无法引人写作。他将能引人阅读者称为"古典之文",因它在传统的文学体制下获得肯定。其时,读者陷入一种闲置的境地,不与对象交合,不把自身的功能施展出来,不能完全地体味到能指的狂喜,无法领略及写作的快感,阅读仅仅是行使选择权。他所向往的文学体制,自然是与传统文学体制背道而驰的,它为读者从事写作、实现角色转换提供了高度的自由。传统意义上的作者因此完全丧失了君临读者的权利。很明显,电子超文本就是这种"能引人写作者",它将作者和读者变成了合作者(co-writer)。

罗兰·巴特所谓"能引人写作之文"与"能引人阅读之文",存在一条重要区别:前者是生产,后者是产品。在传统的时代,是产品(亦即"能引人阅读之文")构成了文学的巨大本体。然而,理想之文不应是产品,而应是生产,亦即"正写作着的我们",或者说是"无虚构的小说,无韵的韵文,无论述的论文,无风格的写作,无产品的生产,无结构体式的构造活动",说到底是随意为之。"在这理想之文内,网络系统触目皆是,且交互作用,每一系统,均无等级;这类文乃是能指的银河系,而非所指的结构;无始;可逆;门道纵横,随处可入,无一能昂然而言'此处大门';流通的种种符码(codes)蔓衍繁生,幽远惚恍,无以确定(既定法则从来不曾支配过意义,掷骰子的偶然倒是可以);诸意义系统可接收此类绝对复数的文,然其数目,永无结算之时,这是因为它所依据的群体语言无穷尽的缘故。"在罗兰·巴特看来,存在两种截然相反的考察角度:一种是"将一切文置于归纳和演绎兼具的往复运动中,以不偏不倚的科学目光,对它们一视同仁,从归纳的方向,强使它们重返总摹本(la Copie),而后一切文都将从这总摹本演绎生发出来";另一种是"把每篇文都放回到运作过程中",看它如何无休止地"穿行于无穷无尽的文、群体语言(languages)及系统而呈现出来"。罗兰·巴特显然是倾向于第二种角度的。这种角度事实上就是强调文本的动态过程而非其稳态特征(所谓"独特性")。⑨

罗兰·巴特的上述观点,实在相当精彩,为后来的超文本理论家所服膺。他所说的"能引人写作之文"的特点,也就是超文本所具备的交互性、交叉性与动态性。他所写的《符号帝国》(1970)一书,将符号学理论糅入自己所观察与思考的日本文化现象中,蕴含着某种超文本的旨趣,诚如夫子自道:"本文和影像交织在一起,力图使身体、面孔、书写这些施指符号得以循环互换;我们可从中阅读到符号的撤退。"⑩据作者自述,《S/Z》一书乃因由高等研究实验学院 1968 与 1969 这两个学年的研讨班而形成的工作印迹。其时,电子超文本尚在酝酿中。但是,罗兰·巴特论"理想之文"论述已经接触到了电子超文本在交互参照方面的重要特征:其一,电子超文本自身是网络(内部有节点与链接),同时又和其他超文本相互联系,既无中心,又无边缘,更无所谓等级。其二,电子超文本自身形成了"能指的银河系",即后人所说的"文本宇宙"。其三,作为网络的电子超文本无所谓"始",也无所谓"终",任何一个网页都可以被设定为首页。其四,电子超文本的运作是可逆的,目前许多超文本浏览器都有"前进"、"后退"功能。其五,电子超文本网络的信息资源呈分布式存在,一方面"门道纵横,随处可入",另一方面没有哪一处算得上传统意义上的"大门"(常言之"门户站点"就有许多家)。其六,对于链接的追踪凭联想而定,与其说遵循既定法则,还不如说是随心所欲。其七,电子超文本网络所能包容的文本数量,在诸网互联条件下,事实上是无止境的。

## "互文性"的价值

在文本观念的发展史上,互文性这一范畴具有重要价值。对此,可以从以下三方面加以认识:

打破关于原创性的神话。除了学术写作经常加注解或附上参考文献篇目之外,某种文本对其他文本的依赖关系很少被明示,所谓"文学创作"尤然。久而久之,在社会上形成并扩散了有关作者(特别是作家)的"独创性"的神话。"互文性"却抹去了这些人头上的灵光,揭示了他们对于前人已有作品的依赖性。事实上,从个体的角度看,任何作者都是从读者转化而来的。从来没有读过任何文本的人根本无法从事写作,正如从来没有听过说话的人完全不可能具备言语能力那样。宣示自己对前人作品的取鉴无损于作者的贡献,前提是这种取鉴并未流为抄袭。影片《大话西游》之类作品公开宣示渊源有自,对它的理解有赖于阅读相关作品的经验,这种做法是扩大了自身的影响而非相反。"互文性"这一范畴从而深化了我们对于作者和读者之交互的理解,有助于将文学活动看成写作和阅读递相转化、作者和读者的角色不断转换的过程。虽然克里丝蒂娃本人未曾明言,但互文性看来并非文本自身的一项特性,而是对它的阅读在作者及读者之间制造的某种默契。正因为作者与读者在某种程度上享有共同的知识背景,或者说作者与读者之间并不存在鸿沟天堑,互文性才得以实现。

增进了对于文本特性的认识。"互文性"这一范畴的提出,打破了文本作为自足的密封整体的观念,代之以文学生产是在其他文本在场的情况下进行的观念。据此看来,任何文本事实上都是对既有文本的重写。对于克里丝蒂娃来说,任何文本事实上都是互文本,都是一个与不计其数的其他文本(包括未来的文本)互动的站点。这种互动,既包括公开、明显的引用或参考,又包括对已有文本的同化或模仿,还包括对于既定惯例的认同与遵循。不仅如此,肯定"互文性"的存在,每个文本都有其边界的观念便成了问题。任何文本都存在于巨大的、涉及多样文体与媒体的"文本宇宙"中,没有一个文本是独立的孤岛。既然文本通过相互联系形成了硕大无朋的网络,哪儿是它的开端?哪儿又是它的结尾?"'互文性'的观念戏剧性地混淆了书本的轮廓,将它的整体性形象消解成关系与联系、解释与碎片、文本与上下文的无界无限的编织品。"⑪"互文性"的观念也使我们以新的眼光来看待电视,不是将它看成由离散文本组成的系列,而是视之为绵延的视频流。不论是对于什么媒体而言,文本都是可塑的,其界限可以由读者重划。而且,"互文性"还开拓了文艺批评和文艺研究的思路。既然文本以彼此交织成网络的形态存在,我们便可以将有待评析的特定文本视为网上的纽结,通过比较对同一主题的不同处理(或者对不同主题的同一处理)等做法来把握其特征。互文性通常被界定为一个文本间接提到另一个文本之处。但是,既然阐释是个活跃的、个人化的过程,文本可能也包含甚至其作者都未意识到的对其他文本的隐蔽涉及。揭示这种隐蔽涉及也是文艺批评与研究的任务之一。

描绘了新的文本空间。虽然索绪尔强调符号之关系的重要性,但结构主义的缺点之一是将个别文本作为离散的、封闭的实体,将视野集中在文本的内部结构上。相比之下,克里丝蒂娃则更为强调文本之间的关系或其外部结构。她曾经勾勒了由写作主体、接受者(理想读者)和外部文本构成的对话图式,并将文本空间描绘为具有纵、横两轴的交互平台。水平的轴线连结着文本的作者与读者,垂直的轴线连结着特定文本与其他文本。"词的状态因此被从纵、横两方面加以界定。就水平轴线而言,文本中的词语既属于写作主体,又属于接受者;就垂直轴线而言,文本中的词语被定向于在前的或同时存在的文丛。"⑫上述两轴创造出二维空间。在这一空间中,上述四种要素并没有固定的位置,只有作者、读者、文本与互涉文本之间的运动。这种运动就是延异,只能通过在阐释中获得说明的痕迹加以追踪。复调的虚拟存在被织进文本间的相互关系。在现实主义传统中,观众被说服相信置身于进行中的叙事现实。相比之下,互文性提醒我们:我们是生活在一个以媒体为中介的现实之中。我们从现实主义作品得到一种情感卷入的愉悦,而后结构主义则试图给读者批判性解构的愉悦。对于超文本作者与理论家来说,互文性提供了一种有关新的文本空间的适当描述。在电子超文本网络中,每次点击都打开了一个新的文本空间。这些空间可以层叠,可以跳转。只要知道网络上的页面已有数亿之多,而且每时每刻还在增加,便不难知道文本空间构成单元的数量是近于无穷的。我们在网上以冲浪的方式进行浏览,事实上也就是追踪文本意义的播撒,就是证明延异的存在与互文性的重要。

## "互文性"的发展

后结构主义者所提出的"互文性"观念,为后人所发展。在这方面,值得一提的是从"互文性"到"跨文本性"、从词语到图像、从网络到泛网络的变化。

受"互文性"这一概念的启发,西方学者吉尼特(G. Genette)于1982年提出了包容范围更广的范畴——跨文本性(transtextuality)。他开列了五个子类:其一,互文性。其二,侧互文性(paratextuality),指主要文本与其派生文本(paratext)之间的关系。如果将通常所说的正文当成主要文本的话,那么,派生文本便包括前言、献词、鸣谢、目录、注解、图例、后记等。其三,原互文性(architextuality),指的是将一个文本视为某一文体(或某些文体)的一部分所形成的关系。其四,元互文性(metatextuality),指的是一个文本对另一个文本外显的或暗含的评论关系。其五,超互文性(hypotextuality),即一个文本与作为其基础但又被变形、修饰、发挥或扩展的文本或文体之间的关系,见于滑稽模仿等场合。其后,斯塔姆(Stam)等人又指出:"互文性"就其原义而言指的是外互文性(extratextuality),即文本的外部关系。与互文性相对而言的另一个范畴可称为内互文性(intratextuality),即同一文本内部各种要素的关系。在以上目录中,还应加上基于计算机的超文本性(hypertextuality),其特点是一个文本能够将读者直接引向另一个文本,不管其作者或位置。⑬

在实践中,互文性的概念不仅应用于文学批评,而且被用以阐释由图像组织的文本。例如,一位学者所做的分析表明:一幅香烟广告将所宣传的产品和白兰地酒、咖啡并置,利用后者在西方消费者心目中所具有的力量、富足及优质的含义,诱导对香烟的相应联想,便是利用了内互文性。由于法规不允许做试图说服公众吸烟的广告,这种暗示性的联想对香烟推销是相当重要的。外互文性同样在香烟广告中得到利用。Benson&Hedges 公司在推销 Silk Cut 牌子的产品时,打出的广告在画面上只出现一幅紫红色的丝绸(silk),中部沿着对角线加上一条卵形的切割线(代表"cut")。虽然广告本身没有出现任何与自己的品牌或香烟有关的字样,但附加的规定性说明"政府敬告市民,吸烟有害健康"的字样已经成为广告的注解。在 Silk Cut 的牌子广为人知之后,公司做广告甚至不必再亮出丝绸与切割线之类图形。例如,1992 年推出的一幅广告只在白底上绘出一只犀牛,犀牛头顶紫色的帽子,帽子中部有个洞,露出犀牛角来。帽子未必是丝绸的,洞虽然和切割或切口有关,但毕竟不那么直接,可是,广告却利用互文性调动了人们的知识背景,使之联想到这是 Silk Cut 牌子的香烟广告。当然,这种联想是间接而非直接的。不过,倘若观者经过一番玩味才悟出广告的奥秘,那么,这种解开谜底般的快感据说可能增强广告的说服力,因为它在肯定观众的颖悟的同时解除了他们出于自我防御机制对广告之诱导的抵抗。和直言性广告相比,基于互文性的广告更需要接受者知解力的配合,这种配合有些时候会出现始料未及的情况。例如,画面上出现半盛咖啡之杯的广告,本是为了暗喻香烟的可口、优质,却可能会使接受者误认为杯中所盛为牛奶、冰淇淋等,从而和其他类似产品的广告相混淆,结果广告所增加的并非香烟的销量;再如,以丝绸寓意阴柔,加上切口或切割,可能会使人产生性侵犯的联想。相比之下,超文本以物化的形态将所欲引导的联想固定下来,链接本身具有很强的确定性,误解的概率无疑大大降低。⑭不仅词语之间、图像之间存在互文性,词语与图像之间同样存在互文现象。为了说明这一点,罗兰·巴特引入了"锚地"的概念。⑮语言要素可以用来固定或限制一个图像的解读,反过来,一个图像的说明性用法可以固定对于模糊的词语文本的理解。我国古代的题画诗、现代流行一时的连环画,便是图文相互参照的例证。互文现象同样见于音响与其他信号的关系之中,音乐的标题可以为例。由此看来,互文性这一范畴完全可以用来分析结合了多媒体信息的超文本,说明各种因素相辅相成的关系。

由于电子超文本网络的建设,昔日仅仅是观念形态的互文性已经借助数码技术获得了新生。媒体(并不只是文本或意义)间的互文性早已成为值得关注的研究课题。例如,同一题材的作品(如《三国演义》)既见于电影,又通过广播传送;既以书本形态被阅读,又在电子游戏中被把玩。不仅如此,我们正在进入电力网、电信网、广电网和电子超文本网络趋于合一的泛网络时代,各种媒体上的信息流动、信息形态转换也已提上议事日程。处在这样的时代,互文性具备了更为丰富的含义。

应当指出:电子超文本技术不仅展现了互文性的丰采,同时也提供了检验与审视关于互文性的理论的方法。据介绍,曾有位教授引导学生开展这类研究。学生们用的是 Macintosh 计算机上的超文本软件,教授让他们对德莱顿(J. Dryden,1631—1700)、佩皮斯(S. Pepys,1633—1703)、弥尔顿(J. Milton,1608—1674)和斯普拉特(T. Sprat,1635—1713)这几位大家的作品进行分析,所有选定的文本均写于 1667 年。学生们用计算机来确定每个文本是否能通过词或概念与其他文本关联起来。实验的条件虽然限制了结果的确定性,但有些学生显然能够发现文本中的一些观念不能追溯到其他文本。而这些观念也许就是原创性的,不受互文性的影响。⑯由此看来,"互文性"这一范畴是增进而非穷尽了对于文本特性的认识。它本身也还有待于进一步界定。例如,如何对互文性加以评价呢？互文性是否有强弱之分？若有的话,互文性最强的作品是另一个文本的不可辨别的复制吗？互文性最弱的作品是接近无所依傍的匠心独运吗？前者是否趋向于"无一字无来历"？后者是否趋向于仅仅涉及自身(无一字有来历)这一不可企及的目标？诸如此类的问题都颇足深思。

注释:

① Landow, George P. "What's a Critic to Do? Critical Theory in the Age of Hypertext." In *Hyper/Text/Theory*. ed. George P. Landow. Baltimore (Md.): Johns HopkinsUniversity Press, 1994, p. 1.

② 马克·波斯特《信息方式：后结构主义与社会语境》,范静哗译,商务印书馆 2000 年,第 113 页。

③ Kristeva, Julia. "Word, Dialogue, and the Novel." In *The Kristeva Reader*. ed. T. Moi. New York: Columbia University Press, 1986, p. 37.

④ 弗洛依德《精神分析引论》,高觉敷译,商务印书馆 1986 年,第 129—139 页。

⑤ 巴里·斯密里斯等《德里达的学位,一个荣誉的问题》,《一种疯狂守护着思想:德里达访谈录》,何佩群译,上海人民出版社 1997 年,第 76 页。

⑥ 德里达《论文字学》,汪克家译,上海译文出版社 1999 年,第 97 页。

⑦ 同⑤,第 19 页。

⑧ 笨狸(http://banly.yeah.net/)《网络联手小说——真正的解构文本》,《网络世界》1999 年 4 月 5 日,50 版。

⑨ 罗兰·巴特《S/Z》,屠友祥译,上海人民出版社 2000 年,第 51、56、62、55—56 页。

⑩ 罗兰·巴特《符号帝国》,孙乃修译,商务印书馆 1994 年,第 1 页。

⑪ Christopher Keep, et al. "Intertextuality." http://jefferson.village.virginia.edu/elab/hf10226.html.

⑫ Kristeva, Julia. "Word, Dialogue, and the Novel." In *The Kristeva Reader*. ed. T. Moi. New York: Columbia University Press, 1986, pp. 35—61.

⑬ Chandler, Daniel. "Semiotics for Beginners." http://www.aber.ac/uk/

～dgc/semind.html.
⑭ Langan, Carherine R. "Intertextuality in Advertisements for Silk Cut Cigarettes." http://www.aber.ac.uk/～ednwww/Undgrad/ED30610/crl502.html.
⑮ Barthes, Roland. *Image — Music — Text*. Collins: Fontana, 1977, p. 37.
⑯ 迈克尔·海姆《从界面到网络空间——虚拟实在的形而上学》,金吾伦、刘钢译,上海科技教育出版社 2000 年,第 31 页。

选自《超文本诗学》,厦门<br>大学出版社 2001 年 12 月

# 尹 鸿

# 全球化、好莱坞与民族电影

　　现代化的动力,在20世纪的最后二十多年中,将中国别无选择地推向了国际政治经济文化舞台,跟跟跄跄地卷入了以跨国公司、跨国市场的形成为基础,以传播和媒体科技的发展为助力的全球化过程中,尽管中国政府在维护社会结构和文化产业利益的双重诉求下,对电影、电视以及大众传媒的资讯资源的全球化流通一直采取比较谨慎的立场,但随着中国在政治、经济上融入一体化世界的程度增加,随着中国与国际社会的联系日益密切,也随着国际国内各种冲击和压力的增大,中国的大众传媒业也逐渐被卷入了全球化的旋涡。然而,当全球化处在以强势国家的政治经济文化优势为主导力量的后殖民背景中时,好莱坞电影便成为了文化帝国主义大军的一支生力之师,它用《泰坦尼克号》、《星球大战前传》等一颗又一颗重磅炸弹轰炸全球,几乎将全世界变成了美国电影的超级市场,好莱坞不仅在获得巨大经济利益的同时吞噬着其他国家的本土电影工业,而且还因为其对美国式的时尚、风格、意识形态价值、文化理念的传播而深刻地影响着其他国家的民族想像和文化认同,因而,以经济、政治、文化力量为驱动的全球化过程往往不可避免地呈现一种"单向性",一种单向的"同质化"和"同步化",这一点,也越来越突出地表现在好莱坞电影对中国所产生的影响中。显然,一方面,全球化为电影文化的广泛流通,甚至为创造世界性的文化空间提供了背景,但另一方面也对维护各个民族的文化传统、保持多元的文化趣味和思想价值提出了挑战,潜在的媒介帝国主义垄断在一定程度上影响着文化的开放性、丰富性以及创造活力的保持。正是从这个意义上说,讨论全球化背景中的好莱坞与中国民族电影便具有了意义。

一

　　20世纪以来,伴随美国政治、经济力量的壮大,特别是媒介产业的迅速发展,好莱坞电影一直是世界电影工业体制中最引人注目的现象。中国从世纪初期就开始进口好莱坞电影,"国片"一直处在洋片的冲击下,早在1946年11月,《中美商约》签订以后,好莱坞电影当时的年进口量就多达了200多部,"米高梅"等八大电影公司还试图利用《中美商约》垄断中国各大城市的电影院业务,甚至提出要自由支配电影院线的营业方针并限制国产片的放映。好莱坞电影对中国电影市场的占领在1949年以后,由于特殊的历史原因宣告结束,美国电影几乎完全被拒之门外。

　　直到70年代末,好莱坞电影又重新逐渐进入中国。90年代以后,由于全球化的经济交往和资讯传播的发展,世界越来越成为一个密切互动的网路,全球化不但作为一种背景而且也作为一种动力,交互作用于中国的政治/经济/文化。而中国大陆电影则正处在这种全球化互动语境之中,再次面对好莱坞的挑战。特别是从1994年开始,中国允许按照分账发行方式进口外国"大片",美国电影更加直接和迅速地进入中国电影市场,尽管中国国产电影具有数量上的绝对优势,而且政府规定各电影院必须保证国产电影占有2/3以上的营业放映时间,但在90年代的最后几年,10部左右的进口影片(其中多数为美国电影)、1/3以下的放映时间,在中国各大城市却几乎占有了电影票房的60%以上。[1] 1999年11月15日中美双边签署了关于中国加入世界贸易组织的协定,根据协定,"入世"后,每年将可能有20部美国电影进入中国市场,而且,与1946年相似的是,美国也提出要在中国建立自己的电影院线,好莱坞各大公司甚至已展开对中国电影市场的全面研究,有的还设立了"中国部",以进行更适合中国市场的调整。好莱坞已经对中国电影市场虎视眈眈。显然,加入WTO以后,中国电影将面对美国电影更大规模的进入,这对于中国电影来说,既是政治权力问题,也是工业经济问题,同时还是文化主权问题。许多人担心,好莱坞电影所贯穿的美国式神话是否会在影响国族认同的同时创造一种美国情结,好莱坞电影那种个人英雄的叙事原型是否会解构民族发展的自我凝聚力,好莱坞电影那种奇观化趋势是否会压抑人们对本土生存状态的关怀和体验,好莱坞电影那种消费主义的价值观是否会对第三世界国家的价值观念产生负面的影响,好莱坞电影的艺术规则是否会完全替代中国叙事美学的传统,好莱坞电影是否会彻底摧毁中国的民族电影工业,好莱坞电影是否会使中国电影丧失所有的本土意识和本土责任。应该说,在中国电影目前的情况下,所有这些威胁都是一种现实的存在。

　　好莱坞电影对于中国电影的威胁,来自于美国国家力量和"现代化"文化的强势背景,也来自于百年来美国资本主义电影工业机制的经验,还来自于其对国际电影文化消费市场的多年培育,当然也来自于它利用自己的优势对于电影人才、资金、技术的广泛吸纳和融合。面对这种威胁,中国政府采取了种种行政措施来支援国产影片的生产和流通并限制和控制进口电影的数量和传播,并采用制作、发行、放映业的体制变革和走大型化集团化的方式来与外来电影抗衡,而与此同时,中国的许多电影人则试图在中国意识形态的有限空间中通过电影文化的选择来寻找本土电影的生存道路:或者,通过国际化策略扩展电影的生存空间,如张艺谋、陈凯歌的电影;或者通过本土的产业化运作,制作消费娱乐电影,如冯小刚的"贺岁片";或者,通过对本土文化和民族生存现实的关照来提供一种本土人文关怀,突出好莱坞重围,在全球化进程中保持民族的视野,如黄建新的城市影片。……显然,正如中国电影艺术家协会主办的重要学术刊物《电影艺术》2000年第二期的首栏标题一样,"面对WTO增强中国电影的竞争力"已经成为当前中国电影面临的现实考验。

二

　　当前世界这种被称为"后殖民"图景的不平衡互动性带来了"第三世界"国家在全球化状态中的一种普遍的民族情结:走向世界。而所谓"世界"在很大意义上就是支配世界主导经济文化秩序的西方发达国家,而所谓"走向"则意味着试图受到西方本位的世界主流经济文化秩序的接受和肯定。因而,进入世界市场一直是中国电影积极争取进入电影全球化进程的一种方式。80 年代后期以来,许多中国电影人采用各种方式来寻求进入国际电影市场的通道,在投资上,有的中国电影从海外获得相对于本土投资更为雄厚的制作经费以提供能与世界电影发展相适应的制作水平;在发行上,中国大陆电影借助于与海外的合作制片来开发更具回收潜力的海外市场;在途径上,中国大陆电影依靠各种国际性电影节和跨国电影交流来获得世界命名和被世界认可,获得国际通行权;而在制作上,一些中国大陆电影也努力按照所谓的世界性标准来进行意识形态/文化/美学包装和改造。

90 年代初期,随着张艺谋的《红高粱》、《菊豆》、《大红灯笼高高挂》、《秋菊打官司》,陈凯歌的《霸王别姬》等纷纷成功地"走向世界",一种"国际化电影"类型在当时便流行于中国大陆。这种类型为中国最优秀的电影导演提供了一个填平电影的艺术性与商业性、民族性与世界性之间的鸿沟的有效的手段,同时也为这些影片寻求到了获得国际舆论、跨国资本支撑并承受意识形态压力的可能性。于是,在滕文骥的《黄河谣》、何平的《双旗镇刀客》等影片之后,经典"国际化电影"创造了它新的摹本:从黄建新的《五魁》,我们看到了对《红高粱》的叙事结构和影像造型的摹仿,从何平的《炮打双灯》,我们看到了《红高粱》、《黄河谣》、《大红灯笼高高挂》的各种文学元素和电影元素的奇特的混合,从周晓文的《二嫫》,我们看到了对《秋菊打官司》的有意无意的重复,还有《桃花满天红》和青年导演刘冰鉴的《砚床》,都走着几乎同一条国际化的道路……中国大陆电影的国际化已经形成了一系列成规化策略:黄土地、大宅院、小桥流水、亭台楼阁的造型,京剧、皮影、婚丧嫁娶、红卫兵造反的场面,与乱伦、偷情、窥视等相联系的罪与罚的故事,由执拗不驯的女性、忍辱负重的男人以及专横残酷的长者构成的人物群像,由注重空间性、强调人与环境的共存状态的影像构成所形成的风格,使这些电影具有了一种能够被辨认的能指系统,获得了一种公共形象走向了世界,创造了一种中国式样的电影商标或者说品牌。尽管电影的这种全球化策略如今仍然还为一些后来者摹仿,但随着以张艺谋、陈凯歌为代表的中国电影逐渐进入国际艺术电影的主流,这些电影所具备的边缘性优势开始消失,尽管张艺谋、陈凯歌都试图改良他们的全球化电影策略,但是他们电影的国际影响却已经减弱。随着这些电影的类型化,它曾经在一定意义上所具有的某些艺术和观念的前卫性和探索性消失殆尽,艺术创造力和想像力也因为不断的自我复制而失去了精神震撼力和美学震撼力,中国电影通过国际电影节进入全球化的道路应该说已经不是一条康庄大道了。

如果说,从80年代后期张艺谋的《红高粱》到90年代中期新生代导演张元等人的《北京杂种》等几乎都还是通过国际电影节来开辟国际化道路的话,那么90年代中期以后,从《秦颂》、《兰陵王》到后来的《红色恋人》、《鸦片战争》、《红河谷》、《黄河绝恋》、《洗澡》等影片则试图通过一种国际化的商业运作方式强化电影的全球性,进入国际电影市场。这些影片都具有自觉的国际意识,在制作水平和工艺水平上力图最大限度达到国际通用标准,特别是在文化/艺术层面上也都试图与西方通用意识沟通交流。许多影片不仅投资巨大,而且有意识地采取了东西方交叉的故事题材或者东方化的奇观策略,甚至在《红色恋人》中还基本采用了英文的对白处理。这种国际化的意图,在很大程度上创造了一批按照赛义德所谓的西方人的"东方主义"进行文化编码的中国影片。而1999年最典型的影片样本之一就是青年导演张扬执导的由西安艺玛电影技术有限公司(外资公司)和西安电影制片厂联合摄制的《洗澡》。

《洗澡》具有特殊的文本意义,这不仅因为该片在加拿大、西班牙或者其他地方获得了各种大奖小奖,更重要的是因为它提供了一个90年代末期全球化背景中的一部具有明显"东方主义"色彩并试图进入西方世界的样本。这是一部贯穿父子关系的影片。80年代,在第五代电影中,作为一种精神依托的"父亲"形象悄然退场,陈凯歌、张艺谋在《黄土地》中所塑造的那个苍老、沧桑、愚钝的父亲形象正如同罗中立那幅经典油画《父亲》中的形象一样,是对"父亲"/传统的一种含泪的追忆和无奈的告别,小憨憨与父辈们的逆流而动,正象喻了与过去的艰难而执著的决绝。进入90年代以后,当第五代解开了那个曾经让他们神采飞扬的俄狄浦斯情结而不断出席各种国内外的加冕仪式的时候,60—70年代出生的更年轻的一代电影人则开始了新一轮的电影冲击,在他们的影片中,常常情不自禁地表达出"父亲死了"的空洞、绝望和寻找"父亲"的迷惘、努力。先是阿年在《感光时代》中,叙述了一个在物欲现实中青年人的成长故事,一个与商品社会格格不入的艺术青年在"父亲/精神"和"母亲/物质"之间进行着艰难的拒绝与认同,在那个教育他成长的"父亲"一样的老人死去以后,这位青年也告别了那个试图豢养他的"母亲"一样的款姐,最后成了一个孤苦无告的流浪者;路学长更是在《长大成人》一开始,就借用唐山大地震来隐喻失去精神之父的后毛泽东时代的降临,直到故事结束,一对青年男女还在继续他们寻找早已失踪的父亲式的"朱赫来"②的心路旅程。新生代电影一次又一次地表现了一群没有父亲庇护、也没有父亲管制的青年人那种飘荡和游离的迷惘和狂乱,处处洋溢一种没有家园和憩居的青春骄傲。但是,在《洗澡》中,那个被告别、被遗忘、被丢失的父亲却重新款款登场,而且不仅是以一种家庭身份出场,还以一种文化符号出场,在影片所提供的父与子的冲突中、父与子的隔膜中,最后以子对父的全面认同而结束了叙事。影片中的父亲老刘,是一位"澡堂"老板,不仅外貌造型慈祥、温和,而且性格开朗、豁达,倔强但通情达理、与人为善,叙事极力回避"澡堂"作为经营实体的经济运作和金钱效益而极力渲染"澡堂"对于社区、对于远亲近邻的亲和作用和凝聚作用,"澡堂"似乎是一个供人们共享天伦之乐、人情之乐的大家园,而老刘就是这个家园的家长。不仅各种各样性格各异、年龄各异、身份各异的人都能在这里得到快乐,而且即便是二明这样的傻儿子也能够在这一世外桃源中找到自己的位置。这似乎更像是一个老少咸宜、妇孺同乐的人间天堂。而影片中惟一与这个天堂般的"澡堂"世界格格不入的人,就是老刘的大儿子大明。大明因为不认同父亲的"澡堂"生活,曾经离开(背叛)了父亲和他的澡堂,离家出走到了被80年代中国文化符号化为与"内地文化"、"传统文化"迥然区别的"他者"——深圳淘金,显然,父与子的冲突不仅仅是一种血缘亲情的冲突,而是澡堂文化与深圳文化的冲突,或者可以更准确地说是父/传统/东方与子/现代/西方的冲突(由濮存昕饰演大明,显然与这位演员被当做消费社会中男性偶像的广告象征有互文本联系)。而影片的意义并不在于父与子的冲突,子对父的背叛在影片中是被作为过去时来间接叙述的,或者说,背叛在影片中几乎从来没有真正出场过,我们在影片中看到的仅仅是当二明用一幅图画将大明从深圳"误骗"回北京以后,大明如何亲眼目睹父亲的"澡堂/天堂"生活的过程,如何亲身体验父亲的"澡堂/天堂"生活的魅力,最后终于意识到自己的早年叛逆的轻狂,而心甘情愿地臣服在父亲慈祥的形象面前,不仅成为了一个"浪子回头金不换"的血缘亲情意义上的孝子,而且也成为了告别叛逆、皈依传统的父亲所维护的"澡堂"文化的精神遗产继承者。大明一直被安置在一个被动的观看位置上,他在影片中没有任何真正意义上的主动性,他只是一个被教育者,如同我们所有观众一样,是通过看而成为了父亲和父亲所代表的"澡堂文化"的俘虏,我们被父亲的宽厚、被父亲的亲切、被父亲与周围人的和谐和睦、被父亲所代表的超功利性的东方人伦情感所感动、所征服,于是我们也同大明一样,在不知不觉中完成了恋父认同,也完成了对"澡堂文化"的认同。

"洗澡"离不开"水",但是在《洗澡》中,"水"却是负载了明确文化意义的符号。在影片中,当老刘回忆陕北缺水的过去时,插入了一个相当突然的陕北农民祈求雨水的画面,无论是画面造型或是秀儿、弟弟的人物设置,都使我们不得不联想到当年的《黄土地》,或者更准确地说,这一段落其实就是想让我们联想到《黄土地》。而在《黄土地》中人们所祈求的"雨水"渺茫无望,翠巧消失在黄河的滔滔急流中,憨憨仍然在绝望地期待,但《洗澡》中,人们终于有了源源不断(但隐逸了来源)的水,这水就是所谓东方的仁慈、宽厚、和睦、亲情,是一种以老刘和他的"澡堂文化"所代表的东方人伦。在《黄土地》中,"水"是一个悲剧性的期待,而在《洗澡》中,"水"则成为了一个正剧性拯救。《黄土地》中的西部造型被有意识地生硬地插入当代都市空间中,的确显示了张扬整合第五代的勃勃野心,那似乎是对第五代的一种消解:当年陈凯歌、张艺谋们沉痛地展示了中国农民祈求"水"的执著和愚昧,而这救命之"水"在《洗澡》中早已预备妥当,《黄土地》中那个逆人流而奔向新生活的憨憨已经得到了"水"的滋养。第五代的文化反省经过15年的衍化,在《洗澡》中成为了文化回归。几乎可以说,影片中所有对"水"的赞美,其实都是对父亲、父亲所代表的"澡堂文化"、"澡堂文化"所象喻的东方传统的赞美,我们不但在影片中看到了赫然醒目的"上善若水"的匾额,而且也一次又一次地听到人们对水的崇拜和留念,水之万能在影片中被作为一种意念反复得到强调。当然,我们可能会提出质疑,水(传统人伦)之万能作为一种神话,它是否真的能够解决我们正在经历的走向现代化的危机和我们每天体验的生存危机。

任何人都能清晰地感受到这部影片是如何将东方与西方、现代与传统、市场与天伦进行二元对立的设计的,我们也会感受到这部影片是如何将东方、将传统、将人伦想像为人间天堂的,尽管我们其实面对的是一个被西方强势文化诱惑着"走向世界"、"国际接轨"、"现代化"的现实。在西方人的"东方主义"中,东方其实常常都是一个双面人,一面是面目狰狞的妖魔化的东方,专制、愚昧、落后,那是西方人通过一个"反面"的"他者"来确立自己的优越性的文化/心理策略;另一面则是含情脉脉的天使化的东方,温馨、宁静、祥和,这是西方人借助一个"正面"的"他者"来平衡自己文化矛盾的另一种文化/心理策略,其实,无论是妖魔化的中国,还是天使化的中国,都与我们正在遭遇和正在经历的中国无关,东方主义视野中的中国只是他们为了他们自己的需要而建构和想像出来的中国,正如我们从义和团、五四运动直到现在也常常有一种将西方想像为天堂和地狱、使者和强盗的西方主义一样。但是,在文化全球化背景中,西方的东方主义不仅是西方人的想像,它也可能成为东方人的自我想像,特别是当我们试图"走向世界",试图"国际接轨",试图"文化输出"的时候更是如此。而《洗澡》则正是在一个西方人精心策划下满足了西方人的东方主义想像的精巧文本,它将以澡堂文化为象征的东方传统人伦书写得如此暖气融融,无论是澡堂内那腾腾的热气,或是人与人和平共处的大量的全景镜头以及两人或两人以上相濡以沫的镜头,或是关于父与子关系的叙述、关于"水"的隐喻,都提供了一个想像的安全、温暖、平和、干净的东方家园,那也许可以为处在后现代主义、后工业时代的西方人饭后茶余提供一点多愁善感,为他们在丰衣足食、灯红酒绿之外呈上一盆奇花异草。《洗澡》与西方人的东方主义视野中那种天使化东方的需要有谋而合。加上影片本身制作精良、节奏流畅、造型鲜明,一些细节也相当精彩,它能够在西方国家得到认可、接纳(当然,作为对西方主流文化的一种补充,这种认可和接纳的空间相当有限)并不奇怪。

显然,《洗澡》是自觉地试图将新时期以来的文化反省转化为文化回归，影片在叙事上的从容、视听造型上的精致以及影像、声画表意上的营造，都显示了一种远离弑父渴望、恐惧和焦虑的恋父认同。这一认同的意义相当复杂，联系到影片的投资者身份，也联系到这部影片诞生的特殊语境，我们说，一方面它是对青年一代叛逆意识的审判和对权威文化的一次靠近，同时也是对西方主流文化中的"东方主义"的一次义演，在满足西方人的"东方想像"的同时，影片也为我们自身提供了抵制西方他者的优秀民族传统的"自我"想像。这是一个既满足了世界主流文化对东方的文化想像也满足了中国权威文化对自我的文化想像的电影大餐。弘扬传统的主旋律化策略与面向西方的东方主义策略在《洗澡》中竟然如此天衣无缝地叠合在一起。尽管这两种文化策略的立场和出发点并不完全相同，但是它们却殊途同归。正像《红色恋人》、《黄河绝恋》用一个人道博爱、高大英俊的美国男性（阳性/主动者）对年轻、美丽、楚楚动人的中国女性（阴性/被动者）的认识、理解、崇拜来证明革命历史的合法性一样，在《洗澡》中，主旋律也利用西方人的东方主义来强化传统的承继性、民族的同根性以及民众的向心力，而西方人的东方主义则借用主旋律将中国故事变成了一个情意绵绵的文化传奇。《洗澡》和它的制作人通过对主旋律化和东方主义的双重满足，获得了自己的主流定位和利益回报。

应该说，中国电影的国际化往往只能像《洗澡》这样，通过将自己奇观化来作为以好莱坞电影为中心的世界主流电影市场的陪衬。对于大多数中国电影来说，它们很难获得真正意义上的国际交流的公正性，中国电影在全球电影市场的位置是与中国在全球的政治/经济/文化位置联系在一起的，作为一个发展中国家的基本定位，使得中国电影很难在国际市场上占据重要的地位。

## 三

在全球化背景中，中国电影试图进入国际电影市场，但是却举步艰难；与此同时，中国电影也试图通过对电影工业的商业化改造来抵御好莱坞电影对国内市场的占领。现在，好莱坞电影和其他国家的电影通过各种合法和非法的方式，以及各种传媒手段纷纷进入中国，于是，中国电影也试图模仿好莱坞，借用商业娱乐元素争取票房利益,不但那些直接面向市场运作的商业/类型电影追求电影的娱乐性,而且许多主旋律影片也都自觉地采用了商业/类型电影的策略,呈现主旋律电影商业化的趋势。然而,从 90 年代中期以来,电影成为了国家主旋律文化的焦点领域,在电影意识形态化的处境中,中国主流电影事实上很难成为完全意义上的好莱坞式的商业/类型电影,好莱坞电影那种个体宣泄、个人英雄、感官刺激、弑父原型的叙事策略与中国主旋律文化所强调的稳定、团结、昂扬的基调并不和谐,因而,中国模仿好莱坞的商业/类型电影往往又或多或少地被进行了主旋律改造,呈现出商业电影主旋律化的趋势。

1999 年出品的由张建亚导演的《紧急迫降》就是一部体现了在好莱坞与主旋律之间尴尬徘徊的当前中国商业娱乐电影处境的典型文本。这部以一次飞机空难事件为题材的影片试图模仿和遵循一个我们早已熟悉的好莱坞灾难片的类型模式:倾斜的构图、轰鸣的飞机声、简短而紧张的剪辑……似乎都为正在草地上玩耍的李嘉棠父女俩蒙上了灾难的阴影;接下来夫妻俩的冷眼相向和冷言相对也揭开了家庭危机的序幕;当两人不期而然地登上同一架波音客机的时候,观众已经开始期待一个冲突与解决的故事;伴随那些透露着紧张和不安的短促的镜头剪辑和令人心惊的效果声音,一种山雨欲来风满楼的气氛已经为这部影片提供了充分的关于灾难的预期。飞机上的婴儿使我们联想到了"奥德萨阶梯"中婴儿车所起的惊险而恐慌的叙事功能;农民企业家作为喜剧性调节因素进入了惊险叙事的格局;两位西方人为飞机上即将出现的事故埋下了文化冲突的伏笔;端然而坐的气功大师似乎为飞机内喧嚣的空间提供了某种诡异莫测、老谋深算的神秘;李嘉棠、刘远和丘叶华的出现使人们意识到两个男人和一个女人的三角恋爱故事将在与世隔绝的飞机上和陆地间拉开序幕……影片到这里,似乎一切都准备就绪了,正如那架即将冲天而起的飞机一样,观众也正等待着一个虽然并不陌生但却始终充满刺激的灾难性的电影游戏旅程的开始。

但是,电影并没有按照我们的预期进行。影片虽然给了我们一切关于灾难的预期和伏笔,但灾难,甚至是微小的灾难都没有真正发生,严格地来说,这部按照灾难片模式开始的影片在灾难还没有出现时就迅速地被一个救难的故事所替代。于是,尽管影片采用了大量的交叉性、对比性的蒙太奇剪辑来强化视听效果的危机感,大量使用短镜头、小景别的快速切换来制造节奏上的紧张感,大量使用电脑特技来创造各种貌似惊险的空中场面和离奇景观,最后甚至采用了夫妻俩逃离记者独自团聚的好莱坞类型电影的典型片段作结尾,这一切似乎都想使观众能够继续以一部灾难片的预期来完成叙事经历,但是,我们还是逐渐意识到,我们面对的不是、也不可能是一部真正的灾难片。灾难在这部影片中是被放逐的、被遮蔽的。牺牲、受难甚至惊恐在影片中都被降低了,惟一的灾难奇观只能通过一场假想的可能性被展示而失去了逼真所带来的惊恐体验,我们没有看到英雄的出现而只是看到了所有人都按部就班地采用一切常规手段排除故障直到脱离似乎危险性并不大的危险,以致于影片一开始埋下的许多人物的伏笔、设计的许多叙事功能到后来都有头无尾地消失了,观众对于灾难片的期待被影片的进程逐渐否决了。

　　影片不是一个灾难的故事而是一个救助的故事,在这个故事中我们目睹的是上下同心、四方协力的患难与共的场景。从中央到地方,从党、政、军到企业、百姓都无一遗漏地出现在影片救难过程中,从民航总局、市委领导到航空公司、消防部门都直接在影片的叙事中亮相,而尤勇所扮演的刘远无非是这种集体智慧的代表。几乎所有的救助者都是一种无个体性的功能性符号,是共用相同的思想和行为模式的"群体人"的代表,人与人之间没有矛盾、没有冲突、没有差异,在整个救助过程中,参与者构成了共性化的群像,从而也构成了万众一心的社会理想的象征。而飞机上的几乎所有人都成为了被救者,都失去了行为的主动性,只是等待救助或者等待救助的命令。在救助故事中,没有一般灾难片类型中不可缺少的个体化的行为英雄,他们都没有表现出作为英雄所独有的巨大的智慧、勇气或者个人意识、胆魄。影片展示的救助过程,是一个表现集体智慧、集体团结的过程,个人仅仅是"集体"指令的模范接受者和操作人,以至于机长的"英雄性"最后只能通过妻子的广播来得以传达。显然,这是用集体力量、用团结来解决危机的主流文化模式的一种自觉阐释,在这一阐释系统中,基本上没有为好莱坞式的个人英雄主义精神留下空间,甚至也没有为中国电影传统中那种革命英雄主义精神留下空间。

　　毫不奇怪,从《紧急迫降》以及当前许多中国的所谓商业类型电影中,我们主要看到的并不是关于勇气、关于牺牲、关于生死考验的故事,而是关于信仰、信心、团结、理解的故事,这是没有英雄崇拜的故事,是找不到牺牲者和受难人的故事,是没有人性冲突和人格较量的故事,是依靠集体力量、依靠团结精神渡过危机的故事,应该说,几乎所有我们主流文化对于现实和现实危机的理解都通过差使灾难性事件得到了完整呈现。因此,这些电影讲述的不是自救的救助故事而是一部被救的救助故事,我们从这部影片中得到的不是英雄主义的崇高感而是一种被人救助的庆幸感,从而影片完成着它主流意识形态的使命:我们面对危机但是我们能够渡过危机,如同"抗洪抢险"一样,这部影片也是一个党政军民众志成城的大叙事的组成部分——无论我们面临什么样的危机和患难,只要我们有核心,有秩序,甘苦与共,那么所有的危机和患难都不过是一场虚惊。

　　尽管许多人都认为好莱坞主流电影也是一种"主旋律"影片,但那是一种美国/西方式的主旋律影片,那是建立在个性主义、自由主义基础上的主旋律影片,它的基本意识形态策略是通过欲望的宣泄来完成个体的净化,通过对叛逆情绪的疏通来维护核心秩序的稳定,通过对个人自由的渲染来证明人道主义的意念。而在我们当前的主旋律意识中,欲望、享乐、宣泄、叛逆、刺激等商业/类型元素的生存空间却相当狭窄。因而,主旋律化与商业化的共谋往往很难在宣泄与认同、叛逆与维护、个体与整体之间达成共识,因而也很难在权威的价值观念与观众的观影快感之间达成共识。而这正是中国主流电影文化所面对的"症候性"难题。从《龙年警官》到《烈火金刚》直到《紧急迫降》,都是当前处在市场产业与规划控制、消费领域与政治领域夹缝中中国主流电影应对好莱坞电影进入的一种方式,当好莱坞电影培养了越来越多的好莱坞观众的时候,民族商业电影这种"欲学还休"的尴尬很难为国产电影保存广阔的市场疆域。

## 四

　　尽管全球化为中国电影带来了一种未必公平、公正但却越来越自由的竞争环境，尽管好莱坞电影对于中国民族电影带来了越来越大的冲击，但民族电影正如本土文化一样，始终是这个民族文化经验的一个组成部分。对于中国来说，人口众多、地域辽阔，源远流长的文化传统、纷繁复杂的现实处境、民族认同的社会心理都仍然为民族电影的生存和发展提供了条件。

　　近年来，在世界上的一些国家和地区，本土民族电影都显示出了市场竞争力和生存力。如日本1997年以来票房纪录前10名的影片中都有多部本土电影，1997年国产电影《幽灵公主》还以100亿日元的票房高居榜首。在波兰，国产影片《凶手》的票房收入达到了380万美元，超过了当年美国影片《空中大灌篮》240万美元的票房纪录。③而在中国大陆从1995年到2000年，各地都有国产影片突破进口大片票房纪录的现象。从历史上看，在1949年以前，好莱坞影片曾经大量进入中国，但据当时的票房记录，30年代最卖座的影片是《渔光曲》，40年代票房纪录的保持者是《一江春水向东流》。90年代以后，国产影片《阳光灿烂的日子》、《红樱桃》、《我的父亲母亲》、《黄河绝恋》、《不见不散》，以及神话题材的动画片《宝莲灯》等，都在每年10部外国"大片"进入中国以后创造了辉煌的市场成绩，许多影片的票房收入甚至超过了当年的进口好莱坞电影，1997年《甲方乙方》在北京的票房达到1150万，创造了当时北京单片票房的历史纪录。④可以说，华人世界有着深厚的历史文化根基，有其独特的人生观、价值观与审美观，这些都是民族电影得天独厚的文化优势。

　　当我们为像《橄榄树下的情人》这样朴素地展示人性善恶的伊朗电影所打动，为《中央车站》这样细腻地揭示人与人之间的隔膜和沟通的巴西电影所感染，为《美丽人生》这样凄苦地叙述生命故事的意大利电影所征服，为《香港制造》这样富于想像力地表达都市人困惑和迷乱的香港影片所震动，为《青青校树》、《给我一个爸》这样娓娓地透视人的心灵的捷克电影所吸引的时候，甚至也为《真实节目》这样创造性地揭示当代人梦幻困境的美国电影所惊异的时候,反省民族电影,也许会意识到,中国电影所缺乏的不仅仅是电影市场运作机制,不仅仅是金钱和技术,不仅仅是艺术能力和艺术想像,最缺乏的还是对于本土生活的真诚、洞察和热情。应该说,面对好莱坞电影的进入,中国民族电影真正能够具有生存优势的,还是在广泛融合和吸收世界文化氛围的基础上,充分利用本土的文化资源,关注本土的社会人生,与中国人自己的生存状态和文化状态相联结,成为对于人,首先是中国人的生命、生存和心灵的观照、呵护和热爱。

中国作为一个发展中国家,正处在转型和发展的过渡时代,面对着与西方国家完全不同的社会现实和经历着完全不同的文化体验,社会关系、人际关系、家庭关系都处在不断的变动和调整中,人的命运以及人们的价值观念、心理状态都在转型中动荡、变化,几乎所有人都在这个翻云覆雨的社会动荡中丢失和寻找自己的人生位置,现实的生活本身已经提供了比任何戏剧都更加富于戏剧性的素材,也提供了比任何故事都更加鲜活的人生传奇,因而,对于中国观众来说,不仅仅需要电影教导我们如何独善其身或者兼济天下,也不仅仅需要电影带给我们梦幻想像和心理刺激,同时也需要通过电影这面"镜子"来"反映"心灵的变异和外观世界的诡异,通过电影来与同样处在转型时期的其他人共用苦难、迷惘、欣悦和渴望,通过电影来理解、面对和解释我们所遭遇的现实。

然而,这一切恰恰被许多民族电影有意无意地遗忘了。民族电影的危机不仅来自好莱坞电影的冲击,更多地也是来自实用主义和商业主义的双重威胁。电影脱离了人文关怀,也脱离了人们对于电影的期待。因而,在政治/道德电影和商业/娱乐电影之外,应该期望真正的民族电影的生存可能和成长空间,期待一些真诚地关怀人的生存状态、现实境遇、人生困境和人性经验的电影的出现,这样的电影将不再是对好莱坞电影模式的东施效颦,也不是对王冠和花冠的翘首以待,而是对我们所遭遇的现实和我们所经历的人生的一种挚爱,它们将连通我们对现实的体验,不是用利益而是用真诚守望人生,与观众对话。

应该说,90年代以来,在政治/道德电影和商业/娱乐电影的夹缝中,这种民族电影,依然还是在默默地坚守和默默地生长着。这些影片虽然一直不是电影市场运作和电影政治活动的中心,但却一直是中国电影中最具艺术震撼力和现实主义精神的作品。李少红的《四十不惑》、《红西服》,宁瀛的《找乐》、《民警故事》,刘苗苗的《杂嘴子》,张艺谋的《秋菊打官司》、《有话好好说》、《一个都不能少》,黄亚洲的《没事偷着乐》,黄建新的《站直了别趴下》、《背靠背脸对脸》、《埋伏》、《红灯停绿灯行》等系列影片,特别是90年代后期出现的一些新生代青年导演拍摄的影片如《巫山云雨》、《城市爱情》、《美丽新世界》、《那人那山那狗》、《天字码头》、《爱情麻辣烫》、《成长》等,都显示了对于人性、对于艺术、对于电影的诚实,这些影片最基本的艺术动机不是去演绎先验的道德政治寓言或政治道德传奇,也不是去构造一个超现实的欲望奇观或梦想成真的集体幻觉,而是试图通过对风云变幻的社会图景的再现和对离合悲欢的普通平民命运的展示,不但表达对转型期现实的体验,而且也表达人们所表现出来的生存渴望、意志、智慧和希冀。

  这些影片因为对当下中国普通人身心状态和境遇的关怀而以其洞察力、同情心和现实精神,与大众共享对于自我以及自我所生存的这一世界的理解,从而与观众达成心灵的融合。观众从那些仿佛生活在周围的"熟悉的陌生人"所经历的事件中,从平日的那些司空见惯的行为中体会到了其中常常被忽视或者遗忘的生命的哀乐愁苦,传达出了一种对于人和生活的关怀。这些作品不仅以其真实而且也以其人文关怀为观众带来一种"无情世界的感情"。尽管由于电影市场本身的不健全,也由于各种原因使这些影片在表述现实时还没有足够的力度,使得这些影片并没有成为市场的主流,但是它们无论是对人性的理解和关怀,或是对现实的观察和体验,甚至包括对电影艺术美学潜力的发掘,都成为这一时期电影文化发展高度的一种标志,也体现了民族电影不可替代的生存价值。

  尽管好莱坞电影依赖其强势力量,正在继续将全世界变成美国电影的超级市场,正如一位学者在谈到全球的文化同步化时所说的那样,"以前从来没有过一个特定文化类型的同步化,充斥全球到了这样的程度和广度"⑤,但近年来,欧洲艺术电影的坚守,日本新电影的崛起,东欧国家优秀电影的不断出现,伊朗电影的独树一帜,韩国电影的本土追求,也都对好莱坞电影帝国提出了挑战。对于中国这个有着几千年东方文化历史和承受着浩大的现实磨难的民族来说,好莱坞电影更不可能替代我们对本土现实、本土文化和本土体验的殷切关怀。因而,中国的本土电影也许应该成为一种艺术力量,与亚洲、西欧、东欧、美洲的所有"民族电影"一起,形成与好莱坞电影不同的更现实、更人性、更关怀、更丰富的世界性多元电影思潮,为全球化提供一种多元的而不是一元的格局。保持这种多元,当然不是根源于一种复活传统文化符号、推广民族神话、创造保守的国族统一体的狭隘民族主义,也不是用"文化帝国主义"的借口来自我封闭,而是试图维护一种能够相互补充、相互借鉴、相互影响的世界格局,全球化的未来也许不应该是霸权化同质化而是意味着更多的选择,更多的边缘和弱势享受到相对平等的权力。在一定程度上说,文化的多元,是文化活力的前提。

注释:

① 参见王庚年《一年好景君须记 最是橘黄橙绿时》,《当代电影》2000年第1期。
② 前苏联作家奥斯特洛夫斯基小说《钢铁是怎样炼成的》中的共产党员英雄形象的名字。
③ 参见《中国电影周报》1998年2月19日市场报道。
④ 参见高军《聚焦一九九七——北京市场"九七"国产片述评》,《当代电影》1998年第1期。
⑤ 参见 C. J. Hamelink, *Cultural Autonomy in Global Communication*, New York Longmans, p. 4.

原载台湾《当代》1999年第4期

## 金元浦

# 电视：最大众的大众文化

当代世界最不引人注目却又最与人们的日常生活息息相关的社会现象是什么？电视。电视观众恐怕是当代世界最广泛的文化研究对象。研究电视，是理解与大众传播中心问题有关的整个社会和文化进程的潜在的关键。因为，电视观众是今天人类日常生活中社会和文化的最主要的实体。

在当代世界，与电视有关的生产者的力量日益强大，而与之相应的消费者的力量也日益强大。20世纪60年代末70年代初德国接受美学兴起时的一个重要契机就是其创始人敏锐地感受到了当时大众流行文化的兴起。后来，接受美学又突破了其早期读者中心论的藩篱，向 communication 转化。communication 这个词既是交流，也是传播。随着现代科技的发展，传播及其传播媒体已成为现代社会一刻不可或缺的生存手段。

按照传统的观念，消费的基本要素是其实用性或有效性，也就是说，购买一种产品，一定是于人有用的。而其之所以有用，是因为人的需求奠定了其效用的基础。但是从现代观念来看，人的需求是养成的。现代人的消费也在不断发明着、制造着、涵养着他们自身的需求，特别是人们的精神的和文化的需求。消费本身是一个构筑意义的过程，它"关注的是日常生活中文化的内化"，是文化的生成、漫漶、固化的过程。我们无法想像，30年前中国社会会对当代流行音乐有如此巨大而狂热的需求。10年前有位朋友从西方归来，谈及西方电视观众对某一电视主持人的喜爱和依赖。一位年长的时事政论主持人因度假，节目改由他人主持，竟然有几十万观众写信打电话要求他回来，他们声称无法忍受没有他的日子。

当时对此深感不解。几年后我国电视也重演了这一活剧，使我们深骇于电视的力量：电视改变着我们的生活。

从世界范围来看，现代科技的发展尤其是传播技术的发展，现代科技广泛地运用于各类文化艺术活动之中，在文化领域掀起了新科技革命的旋风，已经导致新兴文化形态的崛起和传统文化形态的更新。文化生产方式工业化，实现了从文化手工业到现代文化大工业的深刻变革，直接导致文化工业革命。文化作坊让位于文化工厂，社会化文化大生产取代个人化文化小生产，极大地解放和发展了文化生产力。高新技术的产生和现代工业的发展，不仅导致所有传统艺术形式的升级换代和现代更新，而且创造了大量崭新的艺术形式。

文化传播形式随着现代大众传媒从纸媒质到电媒质的创生变换，经历了一场深刻的媒体革命。广播、电影、电视、音像、多媒体相继产生，不仅创造了崭新的文化工业——广播工业、电影工业、电视工业。音像文化乃至多媒体文化代替图书文化，成为新兴的主导文化形式，并且在图书的基础上创造了电子报刊，新闻产业、广告产业等等相继诞生，文化不断经历创新扩容。文化的领土前所未有地猛烈扩张。

相对而言，如果说中国 20 世纪初叶经历的新文化运动实现了中国文化的新旧置换，是一场具有中国历史意义的文化本体革命；那么，以电子媒质为代表的现代大众传媒的升级换代和创新发展，使人类具有了崭新的现代文化，实现了文化本体的更新发展和创新扩容，是具有世界历史意义的文化革命。

人类童年时代的文学艺术是通过口耳相传的。古代的游吟诗人就是通过不断的游走吟唱来传播艺术、故事和历史的。诗歌特别是史诗成了那个时代人类最主要的艺术方式。但是口耳相传的艺术是没有原本的艺术，是在传播中创作和加工的艺术。印刷术的发明，使人类知识的传播手段有了巨大的进步。阅读成了获得知识，展开想像力，享受艺术，开拓人类精神领域的最佳方式。正是纸媒质确立了文学在诸种艺术形式中的宗主地位。

从纸介质的传播媒体向广播电视等电子介质的传播媒体转化，是人类史上最伟大的飞跃之一。电子传媒比印刷传媒拥有更为强大的力量。

今天科技对文化的渗透,其中一个重要的表现就是艺术的媒介化趋向。艺术的媒介化以越来越多的大众文化产品进入人们的日常生活为标志。它表现为艺术的传播越来越受到媒介工业技术和体制的制约。借助媒介,艺术传播的速度更快,传播范围更广,传播效率更高。而且,媒介介入了艺术的创作过程,成为艺术的一部分。传播媒介给艺术带来的直接后果是艺术作品与艺术创作原初语境的分离,即所谓"取消语境"(decontextualization),在一个虚拟时间虚拟地点重构一个新语境,此所谓"重置语境"(recontextualization),艺术传播和媒介技术带来的语境的分离和重构,也从根本上改变了艺术创作反映生活的传统观念。是媒介手段创造了比现实更真实的"超现实"或"超真实"。

如果说过去的艺术作品只有一个作者的话,现代的电子媒介艺术的作者则是一大群。这只要看看每一部电视剧后面长长的名单就了然了。当代电视艺术作品除了作者(编剧)外,还有导演、制作人、工程师,以及广告公司或传媒公司决策人员的介入。甚至作品的发行人员都可以指手划脚,说三道四。时尚潮流更多地影响艺术创作。

传统的神话已经远去,今天的神话是以电子媒介传播的大众文化。而电视就是当代大众文化的神话与象征系统。电视作为技术,为其使用者创造了一个空间,这是一个操作的空间,又是一个能够创造意义的空间,一个有着可能性及不确定性而有待填补有待扩展的空间。虽然没有绝对的分界,电视(以及其他信息与传播技术)区别于非交流性的家用电器的地方,就在于它的双重连接作用。它本身具有意义,同时,它还是意义的传送者。

先前的媒体研究认为,这一研究的核心论题应当是媒体节目的共同性与观众要求的特殊性之间的矛盾;是媒体的强制性压抑、消弭了观众主体的能动性,使观众成为被动的接受者。但是,当前高科技传媒的发展告诉我们,今日的媒体是在一个日益复杂、日益多样化、竞争日益激烈的世界里运转和发展的,先前某一两种媒体如电视或某一两家电视台独霸世界的时代已一去不复返了。随着媒体种类与数量的急剧增加,媒体技术的日新月异的发展,媒体的传播功能与创造意义的功能逐渐合一,特别是互联网技术的高速发展,人们的选择性越来越高,主动性越来越强,某一种媒体或某一家媒体凭借一种行政命令或长官意志完全地直接地影响大众的时代即将过去。如果我们说当今世界媒体的力量在左右着人类的话,那么,媒体的迅速发展也在不断产生着消解其霸权的力量。媒体的多样性和多元性,以及内容的极其丰富性,赋予受众更大的选择的能动性与自由度。竞争使媒体与接受者的关系由原来的教育、指导甚至命令变为服务与被服务的关系。收费上网、有线电视使接受者白得免费午餐的受赠意识,传统形成的受教育、听报告的意识大为减弱,而代之以我作为一个消费者的个人购买与消费行为的意识。既然是服务与被服务的关系,我就有权要求得到更合乎我的个人意愿的服务;既然可以有多种选择,我当然选择最符合我的个性特征的节目。

但是这些众多的选择,仍然只能在一种任何人也无法逃脱的文化语境和公共空间中展开,在一定的文化与经济的场域中实施。因而民族的、地域的、性别的、阶层的特征就凸现出来,观众由文化所圈定的主观倾向性便自然而然地显现出来,尽管这一显现仍然显得那么随意、漫漶、毫不经意。

从媒体来看,其"服务"的多样性也是有条件和受制约的。尽管电视节目千变万化,它众多的表现类型叫人目眩神迷,但它本身实际上是一种"配方式媒介"。西方电视美学家赫拉斯·纽肯默指出,"成功的电视配方被广为模仿……能够存在下来的配方一定是广有观众的。""配方成了组织和界定世界的特殊方式。情景喜剧和电视所创造的其他形式的世界都给人不真实的感觉,但是,我认为情景喜剧和电视却创造了一种特殊的现实感。每种类型都有它自己的价值系统……打破这种现实也就是创造一种新的配方。在某些情况下,这也就创造出一种新的电视艺术形式。"

当然,媒体的伟大与可怕还在于它水滴石穿、有意无意地塑造观众的趣味、喜好之类型,欣赏习惯、文化生活之模式乃至深层心理文化结构的功能。

对于观众的研究可以是相当抽象的,但世界上的任何观赏行为都是具体的,都是在一定的场景中展开的。迄今为止的主体媒介电视主要是在家庭中观看的,它更多地带有一种小型的群体性质,观众之间有感应,有共鸣,有交流。正在迅速崛起的网络媒体的观看行为则更加个人化或私人化。由于动态的互动关系,先前观者之间的感应交流已被网上的互动交流所代替,先前极为重要的此时此地的具体时空场景,现在已相形见绌,不再那么绝对重要了。

媒体的文本分析是十分重要的。它是意义产生的主要源泉。其后来所产生的社会影响,对观众的引导或与观众的互动都先在于生成而预存于文本之中。所以从某种角度讲,观众早被镌刻在文本之中。

但是,只有媒体的文本研究是远远不够的,当代接受研究早已把文本研究与观众的社会学、人类学研究结合起来,并由此出发,向媒体文本与观众的社会接受之间的对话交往研究发展,向媒体的文本研究与媒体的社会功能、技术功能的对话互动研究转化,向一种更具涵容性也更具多样性的文化研究模式发展。从这一点看,六七十年代的英国文化研究在方法论上没有什么惊人之笔。倒是它对大众文化研究的首倡,对于当代传媒研究的首倡,对于高等教育中设立文化研究的系所、学制与学位的首倡,成就了它昭彰于世的赫赫声名。

因此,大众传播的研究成为文化研究的主战场之一,不是几个研究者像20世纪80年代一样,又趸来什么新鲜洋货(货物早已不新鲜),而是切切实实的现实需要。文学与文化的现实已发生了很大变化,我们不能还在原有的范畴概念的圈子里打转。

原载《天津社会科学》2000年第4期

## 戴锦华

# 大众文化的隐形政治学

## 广场一市场

在 90 年代中国的文化风景线上,一个有趣的译名,或许可以成为解读这一时代的索引之一。随着诸多现代、后现代风格的摩天大楼于中国都市拔地而起,不断突破和改写着城市的天际线;诸多的大型商城、购物中心、专卖店、连锁店、仓储式商场,以及这些新的建筑群所终日吞吐的人流,无疑成了这一风景线上最引人注目的段落。此间,plaza——这类集商城、超级市场、餐厅、连锁快餐店、健身馆、办公楼(今日之所谓"写字楼")、宾馆、商务中心于一体的巨型建筑,或许提供了中国大都市国际化,或曰全球化的最佳例证。如何以自己民族的语言命名这类新的空间,或许是每一个后发现代化国家诸多问题背后的细枝末节之一。于是,在 1995－1996 年前后,这类空间在借用人们熟悉的称谓"大厦"、"中心"之后,获得了一个"新"的译名:plaza(广场)。一时间,烟尘四起的建筑工地围墙上,"广场"的字样随处可见。作为一种中国特色,一如你会在一个偏远的县城中遇到一个被称为"中国大饭店"的小餐馆;继 Plaza 之为"广场"之后,形形色色的大型或中型专卖店,亦开始称"广场":诸如"电器广场"或"时装广场"。而在 1993 年前后,爆炸式地出现的数量浩繁的报纸周末版和消闲、娱乐型报刊,则同样以"广场"来命名种种时尚栏目。

来自西班牙语的 plaza,意为被重要建筑所环绕的圆形广场。在资本主义文明兴起的欧洲现代都市中,plaza 从一开始,便不仅有着政治、文化中心的功能,而且充当着城市的商业中心。而将巨型商城称为plaza(广场),却有着欧洲—美国—亚洲发达国家、地区(对我们说来,最重要的是香港)的语词旅行脉络。将类似建筑直译为广场,就所谓规范汉语而言,并非一个恰当的意译。但一如当代中国,乃至整个现代中国的文化史上的诸多例证,一个新的名称总是携带着新的希望,新的兴奋甚或狂喜。于是"丰联广场"便成了一个远比"燕莎购物中心"更诱人的称谓。

"广场"在现代中国史上,始终不是一个普通的名词。我们或许可以说,作为中国知识分子记忆清单的必然组成部分,"广场"不仅指涉着一个现代空间。爆发于天安门广场的五四运动成了中国现代史(当然更是中国现代文化史)的开端。伴随着社会主义中国的建立,天安门广场成了开国大典、阅兵式之所在,因而成了新中国及社会主义政权的象征,亦指称着人民——消融了阶级和个体差异的巨大的群体。而1966—1967年间,毛泽东八次接见红卫兵,则在广场——天安门广场这一特定的空间上,添加了集权与革命、膜拜与狂欢、极端权力与秩序的坍塌、青年学生的激情与对过剩权力的分享的冲突意义。爆发于1976年的天安门广场上的四五运动——事实上成了结束"文革"及"四人帮"政权的先导,但仍在搬演社会主义的经典样式:群众运动(以及不无荒诞的"诗歌运动")恢复了现代社会的广场和平示威的形式。

如果说,法国大革命为现代法国提供了自己的革命模式:城市起义、街垒战、人民临时政权,那么,五四运动则提供了现代中国的革命方式:以青年学生为先导,以广场运动为高潮,并以最终引发全社会,尤其是上海工人的参与而改写并载入历史。因此,广场,作为中国文化语境中特定的能指,联系着不同历史阶段中的"革命"与政治的记忆;其自身便是"中国版"的现代性话语的重要组成部分,并且记录着中国现代化进程的特殊实践。广场,在中国几乎是一个专有名词,特指着具有神圣感的天安门广场,当代中国的政治中心,于是,当plaza被称之为"广场"的时候,便不仅是某种时髦的称谓,而且在有意无意间显现了90年代中国一种特定的意识形态症候与其实践内容。

## 挪用与遮蔽

或许可以说,在当代中国文化,尤其是新时期文化中,存在着某种"广场情结"。因此针对着这一多重编码的形象,类似的僭越与亵渎在80年代后期已悄然开始。在1987—1988年间,广场与社会主义革命时代神圣的禁忌便开始成为游戏和调侃的对象。1987年著名的第五代导演田壮壮成功的商业电影《摇滚青年》中,出现了天安门红墙下的摇滚场景。在1988年(所谓"电影王朔年")四部改编自王朔小说的影片便有两部出现了主人公在天安门广场上恶作剧的插曲。1989年中央电视台的元旦联欢晚会上,相声演员姜昆用一个关于"天安门广场改成农贸市场"的"谣言",令观众大为开心;在一段时间之内这一说法几乎被视为有趣的社会和政治预言。

如果说,八九十年代之交的毛泽东热、"文革"热、政治怀旧潮,在对昔日禁忌、神圣、意识形态的消费中,构成了复杂的政治情绪的发露;①那么,在90年代前半期,它在消费和消解昔日意识形态的同时,成功地充当着一架特殊的文化浮桥,将政治禁忌与创伤记忆转换为一种新的文化时尚。因此,plaza——商城被名之为"广场",便不但是一种政治性的僭越,而且更接近于一次置换与挪用。我们知道,一次不"恰当"的挪用,固然包含着对被挪用者的冒犯与僭越;但它同时可能成为对挪用对象的借重与仿同。如果说,在社会主义中国的历史上,天安门广场曾在新的"中国中心"想像里,被指认为"世界革命的中心","红色的心脏";那么,高速公路、连锁店、摩天大楼、大型商城、奢华消费的人流则以一幅典型的世界无名大都市的图画,成就着全球一体化的景观,成就着所谓"后工业社会"特有的"高速公路两侧的快餐店风景"。七八十年代之交,中国经历着再一次的"遭遇世界"。这一悲喜剧式的遭遇,一度有力地碎裂了很多人心目中中国作为世界革命中心的想像。于是,作为一次新的合法化论证,在对毛泽东"第三世界/发展中国家"的论述的有效挪用中,中国似乎开始接受自己在(西方中心的)世界历史中"滞后的现实",开始承认置身于(西方中心的)世界边缘位置。整个80年代,最为有效而有力的主流意识形态表述,是官方与精英知识分子达成的深刻共识,即"改革开放"、"走向世界"、"历史进步战胜历史循环"、"现代文明战胜东方愚昧"、"朝向蔚蓝色文明"、"地球村与中国的球籍问题"。类似的主流意识形态话语,无疑将中国对自身边缘位置的接受,定义为朝向世界中心、突破中心并终有一天取而代之的伟大进军。尽管此间经历了80年代终结处的风波,但以1992年邓小平南方讲话为转折,社会主义市场经济或曰全球化、商业化的过程,陡然由潜流奔涌而出。中国社会一夜间再度由沉寂而市声鼎沸,似乎成为"历史规律"不可抗拒的明证。于是,以plaza作为昔日之广场的替代物,似乎成了一个"恰如其分"的逻辑结果。

从某种意义上说,对"广场"这一特定能指的挪用,是一次遮蔽中的暴露;它似乎在明确地告知一个革命时代的过去,一个消费时代的降临。这里有两个颇为有趣的例证。1996年,作为一次经典的政治教育活动,举办了大型图片和实物展览:《红岩》。展览所呈现的本是现代中国史上黑暗而酷烈的一幕:它揭露了在"中美合作所"——美国CIA与国民党当局的情报机构辖下的两所监禁政治犯的秘密监狱——"白公馆"和"渣滓洞"中的暴行,即共产党人及形形色色政治异见者,当年被施以酷刑,最终在1949年前被集体灭绝。60年代,亲历者的回忆录《在烈火中永生》、借此创作的著名长篇小说《红岩》以及根据小说改编的电影《烈火中永生》,不但成为60年代中国文化的代表,而且无疑是革命文化的经典之作。它指称着伟大而圣洁的共产主义精神,指称着共产党人不可摧毁、永难毁灭的信仰与意志。对于中年以上的中国人说来,它赫然端居于人们的记忆清单之中,至少在20年乃至更长的岁月中成为最感人且迷人的英雄范式。然而,这同一主题的展览,到了1996年却成了出资承办这一展览的企业"富贵花开公司"的商业广告行为。比"红岩"更为响亮的,是"富贵花开公司"的广告词:"让烈士的鲜血浇灌富贵花"。在此,笔者毋需赘言"富贵花开"作为典型的"旧中国"阶级社会与市民文化的向往,与革命烈士为之献身的共产主义图景间存在着怎样巨大的裂痕;但与政治波普的有意识戏仿不同,它与其说是对立的意识形态话语之不谐的展示,不如说是一次(尽管不一定成功的)置换与缝合。共产主义前景、社会主义实践被全球化景观、小康社会的未来、更为富有且舒适的"现世"

(不如说是消费主义的)生活所取代。

另一个例子或许更为直观而清晰。那是1996—1997年间矗立在北京老城的主干道长安街中心地段的巨幅广告,三棱柱形的活动翻板不间断地依次变换、展示着三幅画面。其中之一是一幅政治性的公益广告:红色衬底上白色的等线体字样书写着"深化改革,建设有中国特色的社会主义";继而出现的则是连续两幅画面华丽、色调迷人的"轩尼诗(Hennessy)XO"的广告②。我们间或可以将其视为一处呈现90年代文化冲突的空间:公益广告所采取的经典社会主义宣传品的形式,及其内容所昭示的是当代中国作为最后一个社会主义堡垒的意义;与之共处的是轩尼诗广告所负载的跨国资本形象,消费主义所感召的奢靡、豪华的西方"现代"生活范本。这里无疑存在着某种"冷战"时代形同水火的意识形态对立,存在着F.杰姆逊所谓第三世界的民族国家文化与帝国主义文化的"生死搏斗"③。但事实上,这正是一处颇为典型的90年代文化的共用空间:它所展现的与其说是一种冲突,不如说是一次合谋。其1:2的时空比,则暗示着一次中心偏移与中心再置的过程。

经济拯救取代(经典社会主义的或政治民主的)政治拯救,成为别无选择的中国未来之路;作为全球化过程必然的伴生物,消费主义便成了90年代中国很多地方社会、文化景观最强有力的构造者。然而,这里发生着的并非一个线性过程。如果说,在上海——中国第一工业都市、昔日的东方第一港、"十里洋场"、西方"冒险家的乐园"——人民广场确已连缀在消费风景之中;那么,在北京——中国的政治文化中心,"广场"仍并置在两种乃至多种意识形态的社会运作之中。当众多的商城、商厦、购物中心、连锁店、专卖店吞吐并分割着都市的人流时,天安门广场仍是国庆盛典及1997年6月30日为庆祝"对香港恢复行使主权"而组织彻夜联欢的场所。而在南中国的第一都市广州,一种更为"和谐"的组合是"青年文化广场":大商城间的空间成了"社会主义精神文明建设"项目——青年联欢及组织"文艺演出"的场所。因此,"广场"称谓的挪用,是一份繁复而深刻的暴露与遮蔽,它暴露并遮蔽着转型期中国极度复杂的意识形态现实,暴露并遮蔽着经济起飞的繁荣背后跨国资本的大规模渗透。但对于90年代很多中国人来说,远为重要的,是迷人的消费主义风景线,遮蔽了急剧的市场化过程中中国社会所经历的社会再度分化的沉重现实。

## "无名"的阶级现实

90年代,围绕着plaza,在中国都市铺展开去的全球化风景,不仅是商城、商厦,也不仅是星罗棋布于中国主要都市的麦当劳、必胜客;而且还有充满"欧陆风情"的"布艺商店"(家居、室内装饰店)、"花艺教室"(花店)、"饼屋"(面包房,这一次是台湾译名)、咖啡馆、酒吧和迪厅(舞厅),还有拔地而起的"高尚住宅"区,以及以"一方世外桃源,欧式私家别墅"、"时代经典,现代传奇"或"艺术大地"为广告或为名称的别墅群。曾作为80年代精英知识分子话语核心的"走向世界"、"球籍"、"落后挨打"、"撞击世纪之门",在这新的都市风景间也成为可望并可及的"景点":商业国际电脑网络的节点站的广告云:"中国人离信息高速公路到底有多远?——向北1500米";长安街上的咖啡馆取名为"五月花",地质科学院办的对外营业餐厅名曰"地球村"。命名为"世纪"、"新世纪"、"现代"或"当代"的商城、饭店,名目各异的公司多如牛毛,不胜枚举。一时间,中国人作为"快乐的消费者"取代了"幸福的人民"或"愤怒的公民"的形象。似乎是一次"逻辑"的延伸,"在消费上消灭阶级"的"后现代"社会图景,取代了无阶级、无差异、各取所需、物质产品极大丰富的共产主义远景,成了人们所向往、追逐的现世天堂。

与此同时,于1994年以后再度急剧膨胀和爆炸的大众传媒系统(电视台、有线电视台、报纸周末版及周报、大型豪华型休闲刊物),以及成功市场化的出版业,不但丰满并装点着全球化进程中的中国生活,而且也常常屏壁式地遮挡社会现实。比如新富(new rich)群体的崭露头角引人注目;与此相关的文化呈现是呼唤、构造中国的中产阶级社群。作为80年代知识分子话语构造成功的一例,90年代的社会文化"常识"之一,是精英文化与流行文化共享的对"中产阶级"的情有独钟。因为在80年代的文化讨论中,尤其是在对战后实现经济起飞的亚洲国家之例证的援引中,一个庞大的、成为社会主体的中产阶级群体的形成,标识着经济起飞的实现,指称着对第三世界国家地位的逃离,意味着社会民主将伴随不可抗拒的"自然"进程(以非革命的方式)来临。此间,为 80 年代有关讨论所忽略、为 90 年代的类似表述有意遗忘的,是无人问及 13 亿人口之众的中国,面对着瓜分完毕、极度成熟的全球化市场,背负着难于记数的历史重负,有没有可能成为一个以中产阶级为主体的国度;更没有关心那些无法跻身于中产阶级的人群("大众"或"小众")将面临着怎样的生存境遇。

一个更为有趣的事实,于 90 年代陡然繁荣之至的大众文化与大众传媒,至少在 1993—1995 年间,不约而同地将自己定位在所谓中产阶级的趣味与消费之上。这与其说是一种现实的文化需求,不如说是基于某种有效的文化想像;作为一个倒置的过程,它以自身的强大攻势,在尝试"喂养"、构造中国的中产阶级社群。除却法国时装杂志《ELLE》的中国大陆版《世界时装之苑》外,大型豪华休闲刊物《时尚》、《新现代》、《How》等纷纷创刊。如果参照 1996 年国家公布的各城市贫困线收入,类似杂志定价高达中国"最低生活保障"收入的 1/10 或 1/20(在国家公布的《全国部分城市最低生活标准》中,北京、上海、广州分别为 170、185、200 元人民币)。④价格相对低廉,因而更为成功的是形形色色的商业型小报。后者索性名之为《精品购物指南》、《购物导报》、《为您服务报》。类似出版物不但以其自身充当着"高尚趣味"的标识,而且确乎体贴入微地教化着人们,如何做一个"合格"的中产阶级成员,如何使自己的"包装"吻合于自己的阶级身份。1995 年的《精品购物指南》上索性刊载文章,具体告之,收入达五千元者应穿戴某一/某些品牌的时装、搭配何种品牌的皮带、皮鞋、皮包、手表;并依次类推出四千元、三千元、两千元者又当如何如何。某些售房广告引人注目地标明:"为名流编写身份的建筑"⑤。于是,商品的品牌文化便作为最安全、又最赤裸的阶级文化登堂入室。与此同时,以所谓"中国第一部百集大型室内剧(准肥皂剧)"《京都纪事》为标识,名曰《儒商》、《东方商人》、《公关小姐》、《白领丽人》、《总统套房》等等的电视连续剧,充斥在全国不同电视台的黄金时段之中;所谓"商战"故事,显然在以不甚娴熟得法的方式,展示着中产阶级或曰新富阶级的日常生活情境与魅力。如果说,在 90 年代初,类似电视剧尚且是由 plaza 风景、五星级饭店、总统套房式的豪华公寓、一夜骤富的泡沫经济奇迹、红男绿女、时装品牌组成的"视觉冰淇淋";那么,到90年代中期,颇为风行的电视连续剧《过把瘾》、《东边日出西边雨》等等,已不仅准确地把握着一份温馨忧伤的中产阶级情调,而且开始以曲折动人的故事,娓娓诉说着中产阶级的道德、价值规范。恰是在1994—1996年间,曾被目为具有政治颠覆性的、以王朔为代表的通俗文化,开始有效地参与构造中产阶级文化,或曰大众文化,至少其颠覆性因素已获得了有效的吸纳与改写;⑥倡导后现代主义的文学批评者亦开始明确倡议"为中产阶级写作"。于是,在90年代,尤其是1993年以降的中国文化风景线上,种种话语实践凸现着一个形成之中的阶级文化;但除却优雅宜人的中产阶级趣味与生活方式,确乎处在阶级急剧分化中的中国社会状况,却成了一个"不可见"的事实。

"让一部分人先富起来"的国家政策,当然是推动市场经济的现实必须,但如何"富",却有诸多殊异选择。与其说90年代中国出现了一个稳定、富足的中产阶级社群,倒不如说,在所有制转换过程中(将计划经济的国家资产转化为企业乃至个人资本),在泡沫经济的奇观内,很多地方出现了一个不无怪诞而洋洋自得的新富群体;与此相伴生的,不但是在有限的资源分配中必然出现的另一部分人绝对生活水准的下降,而且是在国营大中型企业中所经历的体制转轨中,数量颇巨的失业、下岗工人,以及在中国都市化、非农化过程中,涌入城市的"打工族"已形成弱势群体。尽管相对于六七十年代,中国社会消费水准的平均值大大提高是一个不争的事实,但从某种意义上说,触目惊心的贫富两极分化正在被热闹非凡的消费风景遮蔽。1996年11月,登载在《北京青年报》上的一则消息堪为一例。有趣的是,这是一则讨论广告方式是否得当的文章,题为《浙江一条广告惹众怒》。文章报道浙江一家服装公司为"树立企业形象"打出了一条广告,曰:"50万元能买几套海德绅西服?"答案是10套。因为这是用进口高档面料,嵌宝石的纯金纽扣制作而成的豪华服装,定价分别为6.8万、4.8万及2万。报道云,这则广告大犯众怒,并特别引证了一则钢铁厂青年工人的来信:"我在炼钢炉边已战斗了五个春秋,流了多少汗水,留下多少伤疤,你是无法想像的。这本是我的骄傲和自豪,但我现在感到很可悲,因为我五年的劳动所得,还不够买你公司的一套西服……"因众怒难犯,该公司"向消费者致歉":"我们忽视了它带来的负面影响,这容易误导消费者,助长高消费,不利于社会主义精神文明建设"。但同一篇报道提及:"据悉,这10套豪华西服目前已有9套被人买走或订购。据称这9个买主绝大部分是生意人和建筑业主。"这篇关于一则"失败"(?)的广告报道,固然涉及了商品社会游戏规则的讨论,但它显然在有意无意间展露了无差异的消费图景背后日渐尖锐的阶级现实,而且于不期然处,触及了并置在中国的社会现实中彼此冲突的意识形态话语系统,触及了转型期中国的身份政治与身份危机。

　　在这种不期然的,或曰"化装"形式之下,贫富分化的现实绝少被提及,即使不得不涉及,也决不使用"阶级"字样。事实上,这或许是 90 年代中国最为典型的、葛兰西所谓的意识形态"合法化"与"文化霸权"的实践。历经 80 年代的文化实践及其非意识形态化的意识形态构造,"告别革命"成为 90 年代很多人的一种社会共识。与"革命"同时遭到放逐的,是有关阶级、平等的观念及其讨论。革命、社会平等的理想及其实践,被简单地等同于谎言、灾难,甚至等同于"文化大革命"的记忆;作为 90 年代中国的社会奇观之一,是除却少数有名无实的官样文章,马克思主义的理论、社会批判的立场,不但事实上成了文化的缺席者,而且公开或半公开地成了中国知识界的文化"公敌"。取而代之的,是所谓"经济规律"、"公平竞争"、"呼唤强者"、"社会进步"。因此,在 1993—1995 年间,陡然迸发、释放出的物欲与拜金狂热,不但必然携带着社会性生存与身份焦虑,而且在对激增的欲望指数、生存压力的表达中混杂着无名的敌意与仇恨。似乎指认阶级、探讨平等,便意味着拒绝改革开放,要求历史"倒退";便意味着拒绝"民主",侵犯"自由"。甚至最朴素的社会平等理想亦被拒绝或改写——售房广告云:"东环广厦千万间,大庇天下人杰俱欢颜";对照一下杜甫的名句"安得广厦千万间,大庇天下寒士俱欢颜"便一切尽在不言之中。⑦ 于是,尽管不可见的社会分化现实触目可观,比比皆是,但它作为一个匿名的事实,却隐身于社会生活之中。如果说,那份巨大而无名的敌意必须得到发露;那么,人们宁肯赋予它别一指认与称谓,人们宁愿接受它来自某个外在的敌人,而非内在威胁。因此,1996 年,中国文化舞台上引人注目的演出:民族主义的快速升温(以《中国可以说不》为肇始),尽管无疑有着极为复杂的政治、经济、历史、文化的成因,但成功地命名并转移了充塞着中国社会的"无名仇恨"——这显然是其深刻而内在的动因之一。1996年以后,极为有限地出现在传媒之中的关于资方残酷剥削、虐待工人的报道,也都无例外地涉及"外商"的恶行,社会内部阶级矛盾便被成功地转换为民族(至少是地域)冲突。

## 对现实的"修辞"

　　1997年夏,袭击北京的百年未遇的酷暑,最初以持续摄氏40度以上的高温,似乎使消费景观颇为热烈:各类品牌的空调机销售一空;但继而是不堪重负的城市供电系统频频断电;显露而出的,并非"后现代"的逍遥惬意,相反是一份第三世界的生存处境。更为有趣的,"国际接轨"的"广场"上出现了异样风景:每晚"七点一过",商场内便水泄不通,附近居民"穿着拖鞋、睡衣,摇着扇子,拿着板凳","一家子一家子"地来到商场。来者不仅并非奢华的购物者,甚至不是来"逛商场";他们仅仅是来"分享"商场内充足的冷气——那无疑是消费不起空调的下层市民。事实上,如果说消费主义成了90年代中国最有力的书写之手,那么也正是消费的可能与方式清晰地划定了不同阶级、阶层的活动空间。比"广场"更为普遍而火爆的,是建筑在居民区之内的"仓储式商店"和形形色色的小商品批发市场;如果说在发达国家,所谓"仓储式商店"原本与郊区别墅、高速公路、私人轿车相伴生;那么,在这里,它却是廉价便民商店的代名词。于是,提着沉重的购物袋步行或搭乘公共汽车的购物者便成为中国都市人流中的别一点缀。而尽管人人皆知所谓"小商品批发市场"是种种假冒乃至伪劣产品的集散地,但它极为低廉的价格仍吸引着络绎不绝的人群。在"正常"情况下,市内"仓储式商店"与小商品批发市场的消费者并不光顾"广场"一类的"购物天堂",至少绝非那里的常客。只是不期而至的酷暑颠覆了这井然有序的社会层次。

　　不仅如此。伴随着"大中型企业的转轨",企业破产、兼并及其他重大经济问题使得失业、下岗人数持续增长,而社会保障体系极不健全,确乎使部分失业、下岗工人面临着生存困境;而在社会主义"单位制"(生老病死有依靠,而绝无失业之虞)下成长起来的一代人,确乎完全缺乏应对类似变迁的心理机制。于是,这庞大的,并且在继续增长着的无业大军,不仅成为90年代中国巨大的社会问题,还在多方面成了难于彻底消除的隐患。犹如被撕裂的迷人景象,这一严酷的社会事实开始不"和谐"地出现在豪华生活、优雅趣味所充满的大众传媒之上。在不无"忧虑"的"中国大学生高消费"的讨论之畔,是关于呼吁救助衣食不全的高校"特困生"的报道;在关于"富裕的生活环境下长大的亚洲新一代"(他们青春期反抗的语言是:"他们老以为我还是吃麦当劳的年龄!我已经该吃必胜客了!")的写真近旁,是"希望工程"失学儿童令人心碎的故事。甚至在同一版面,平行的位置,刊载着《最新调查结果显示,中国大都市居民消费信心在上升》和《再就业为何这样难——来自北京市下岗女工的调查报告》。⑧

然而,这凸现而出的阶级事实,并未真正使中国知识界动容。迄今为止,除极少数人文、社会学者之外,中国知识界始终鲜有人真正面对现实发言。这与其说是出自某种政治的禁忌和文化的误区,不如说它确乎出自某种拒绝反思、"告别革命"的立场选择。如果说,80年代对类似现实的修辞,即改革的"阵痛"、历史的"代价"与进步的"过程"等等,已不足以有效地阐释/遮蔽这突出的社会困境;那么,90年代新的修辞方式则是更加冷漠而脆弱的。1996年以降,开始频频出现在传媒之上的关于失业/下岗工人的报导、讨论,连篇累牍地将再就业的困境解释为失业者自身的"观念转变"问题、"素质"问题、"缺乏专业技能"问题。类似讨论,全然无视原有体制的问题(首先是社会保障制度的缺席),无视很多劳动者作为社会主人公朝向经济与文化的社会底层的坠落,无视在失业/再就业过程中,公然而赤裸的年龄歧视和性别歧视。或许可以说,正是类似讨论实践着意识形态合法化的过程,它不仅潜在地将失业工人指认为"公平竞争"中"合理的劣汰者";而且将他们无法成功地再就业的事实,不做具体分析地完全归之于他们自身的原因。更为重要的是,如果说,失业/下岗工人确实在城市内部为迅速进入的跨国资本和中国的"新富群"提供了新的廉价劳动力资源,那么他们可能面临的低廉工资、高强度劳动,及权益与福利难获保障的现实也正在遭到很多知识精英的忽视。更为荒诞的是,普通工人,一经下岗并"转变观念",便抓住了"机遇",陡然"劳动"致富——在众多这些夸张的故事里,失业/下岗竟然成了天赐良机。

如果说,类似"修辞"尚不能完全成功地遮蔽社会现实,那么,迅速改观了的电视剧与部分文学作品的趋向——"现实主义骑马归来",则是作为另一种相对有效的社会"修辞"方式。1995年底,似乎是一个不期然的转变,在电视连续剧的舞台上,白领、商战故事的狂潮悄然隐去;取而代之的,是家庭情节剧,而且是颇具中国通俗文化传统的"苦情戏"。换言之,是穷人的故事取代了新富的传奇;已在80年代退出了时代底景的大杂院、新工房(老式公寓楼)再度出场,替换了"广场"风景。其中收视率最高,并且再度成为街谈巷议之资的,是两部家庭苦情戏《咱爸咱妈》(1996年)和《儿女情长》(1997年)。不约而同地,两部电视连续剧都以老工人的父亲突然患不治之症病倒,他们原来服务的工厂无力提供医疗所必需的费用为核心情节,结构起一幕温馨苦涩的父/母慈子孝、手足情深的多子女家庭情节剧。在底层家庭或医院病床的场景中,不再为无所不包的社会主义体制所庇护的底层生活场景显影而出:这里有老人,尤其是工人的境遇问题、高昂的医疗费用问题、下岗女工问题、公开或隐晦的阶级歧视问题……然而,这与其说是现实主义的触摸,不如说是情节剧式的遮蔽。因为,在这两部连续剧中,尖锐的现实以及下层社会的苦难,被转移为传统中国的血缘亲情、家庭伦理命题;原国营大中型企业工人所面临的生存问题不再呈现为当代中国的社会问题,相反成了一个特殊的"机遇",用以展现"血比水浓"的亲情;成了验证和复活中国传统孝悌之道的极好舞台。于是,中国式的三代、四代同"堂"的血缘(而非核心)家庭再度浮现,充当着涉渡"苦海"的一叶小舟。其中更为有趣的是《儿女情长》。该电视连续剧的核心情节,是严重脑溢血的父亲和身患癌症的母亲,顽强地延续着自己的生命,为了保持人口数,以便在城市改建、旧房搬迁的机会中,为孩子们赢得更多的住房。于是,下层社会的获救愿望仍有待于"现代化"的全面实现。但如果说,底层老人的舐犊之情,终于使孩子们赢得了宽敞的新居,那么真正使这个家庭面临的复杂困境获得解决、将这个家庭救离苦海的,却是出自一位新富的"善行":这位"大款"爱上了家中身为单亲母亲的长女。在历经商海沉浮、人情冷暖、两性游戏之后,"大款"懂得了自己所需要的是一个善良、朴素、年龄相仿、宜家宜室的女人;于是,他昔日的学校"同桌"、今日的中年下岗女工幸运"入选"。"大款"小小的慷慨相助,便使这个家庭的问题烟消云散;开出租车的幼子得以另结良缘;次子惨淡经营的小小书摊有了资金保障;工厂下岗的长女和幼子的新妇——地位低微的街道清扫女工成了豪华街道上的花店女主人。

以另一角度触动并消解这一现实的,是被称之为"文学的现实主义冲击波"的系列小说的出现。以刘醒龙的中篇小说《分享艰难》为开端,以谈歌的《大厂》、关仁山的《大雪无痕》、何申的《年前年后》、周梅森的《人间正道》为代表。正是这类作品,为正统宣传与大众文化的再度携手,提供了一种新的空间。所谓"现实主义"之说,显然得自于这些小说大胆触及了此前完全无名、不予揭示的"社会阴暗面":国营大中型企业的举步艰难,工人面临的生存困境,官僚阶层的贪污腐败,农民遭到的层层勒索。然而,颇为有趣的是,类似小说同时确乎是社会主义工农兵文艺的再现,只不过是经过了商业化的改写。在这些作品里,苦难的主题是直接而具体的,但拯救的给出则含混和暧昧得多。社会结构分化的现实转化为"好人"和"坏人"的修辞方式,其中阶级字样只由两种类型人物"特权"地使用:其一,是最终会在故事的结局中被指认为"经济犯罪分子",并终被绳之以法的"坏人",因此他口中赤裸的资本主义"宣言"与洋洋自得的阶级压迫性的语词,便无疑是一种谬误;其二,则是一些王朔或准王朔式的角色,他们把政治性的"套话"移置在不恰当的语境之中,于是关于"资本家"、"剥削"、"老板"、"穷工人"、"受苦人"、"资本家的走狗"等,竟然成了毫无意义的玩笑和套话。在这里,王朔式的语言风格,有效地颠覆了这些话语自身所携带的颠覆性,重要的社会现实在凸现中被重新遮蔽,使其仍为一个未获命名的现实。

类似小说中的第一主角通常并非社会苦难的直接背负者:普通的工人或农民,而大多是中层或基层干部、行政或企业的管理者:厂长、市长、乡长、车间主任。于是,这个桥梁式的人物便连接起社会的不同层面:政府、新富阶级、跨国资本之代理与下层民众。从某种意义上说,他/她似乎是苦难的承担者,也应该是拯救的给出者;但事实上,在小说情境中,他/她更像无助的替罪羊与无奈、无辜的帮凶者。他/她无疑充满良知,深切地同情着下层民众的苦难,但只能因此而倍受折磨、无能为力,甚至"不得已"加入压榨者的行列,至少是默认或首肯他们的行为。但就阅读、接受而言,显然是这些主角,而并非真正无助的工人、农民,获得了读者的满腔同情。我们在对他/她的认同与同情间,认可了现实的残忍与无奈,认可了这不尽如人意的一切毕竟是我们惟一"合法"的现实。

  文学并不等于社会学,有偏见或缺陷的作品也有艺术上的高下优劣之分,但这并不意味着文学作品中的意识形态无须解读与清理。90年代,大众文化无疑成了中国文化舞台上的主角。在流光溢彩、盛世繁华的表象下,是远为深刻的隐形书写。在似乎相互对抗的意识形态话语的并置与合谋之中,在种种非/超意识形态的表述之中,大众文化的政治学有效地完成着新的意识形态实践。从某种意义上说,这一新的合法化过程,很少遭遇真正的文化抵抗。在很多人那里,社会主义时代的精神遗产或被废弃,或被应用于相反的目的。我们正经历一个社会批判立场缺席的年代。

**注释:**

① 参见笔者的《救赎与消费:九十年代文化描述之一》,《钟山》1995年第3期。英译文见 Positions,1996年春季号。

② 这幅广告的有趣形式显然引起了王朔一族的兴趣,于是,它成了王朔自编自导的电影《爸爸》(改编自王朔的长篇小说《我是你爸爸》)一个场景中始终如一的背景。这无疑是一种王朔式的调侃。广告于1997年10月被更换,"轩尼诗XO"的两幅依旧,公益广告的一幅换成了毛泽东语录:"发展体育运动,增强人民体质。"

③ (美)F.杰姆逊《处于跨国资本主义时代的第三世界文学》,张京媛译,《当代电影》1989年第6期。

④ 参见《全国部分城市最低生活保障标准》,《资产新闻报》,1997年2月28日,总第76期,第三版。

⑤ 此为1995年九鼎轩文化策划公司为北京法政实业总公司(司法部下属公司)所做的房地产广告用语。

⑥ 笔者所谓的"王朔一族",指90年代围绕在王朔周围,并逐渐成为大众传媒制作系统中颇为出色、活跃的一批创作者。以1990年在中国大部分地区构成轰动效应的中国第一部大型电视室内剧《渴望》(王朔作为主要策划者之一)为契机,王朔、冯小刚、李晓明等成为影视通俗作品制作业的主力。从1990—1995年,诸多重要的影视作品都与这一一度名之为"海马创作中心"的群体有关。

⑦ 这块广告牌树立在北京主干线之一的三环路上。类似的广告还有"冠盖满京华,名人独潇洒"(原古诗句为"冠盖满京华,斯人独憔悴")。
⑧ 参见《北京青年报》1996年11月20日,第八版。

原载《天涯》1999年第2期

孟繁华

# 传媒与社会主义文化领导权

　　现代传媒的发展,已不止是科技神话,无所不能的现代技术和光怪陆离的资讯及想像的合谋,使传媒的整体形象正趋于"人妖之间"。一方面,它几乎无处不在地填充着日常生活,以尽其所能的方式为所有的人提供"满足"和欲望对象,在这个意义上,它似乎仅仅是看得见的可供选择的视觉符号;一方面,也正是这些貌似"亲和"的符号,"不为人知"地改变和控制了人们的思维方式和生活习性,在这个意义上,它又是一只"看不见的隐形之手"。因此,传媒研究成为当下学界的一门显学,就不应将其看做是一种随波逐流的庸俗时尚。这个由印刷和电子符号构成的幻觉世界,使人们产生了生活仿佛被"故事"置换的虚幻感,在传媒中构成的那个世界不断地闪灭,可期望而不可指望的现代"故事",就像街头广告一样,它若隐若现但并不属于你,同时,我们在传媒不间断的宣谕中又时常体验着快乐和需要。传媒带来的失落和满足,背后隐含的也就是对"文化帝国主义"的复杂心态。

　　现代传媒改变了传统的文化生产和传播方式,被称为"印刷资本主义"的早期现代传媒的出现,使人与人或群体与群体之间的交流,无须再面对面就可以实现。生产和交流方式决定的以地域而形成的流派,也代之以传媒为中心。更重要的是,传媒不止是工具,它是带着它的观念一起走进现代社会的。现代传媒在中国的出现,是被现代化的追求呼唤出来的,它适应了社会政治动员的需要,国家与民族的共同体认同,被现代传媒整合起来。或者说,是现代传媒推动或支配了中国思想文化的发展动向。那些与现代民族国家相关的观念和思想,正是通过传媒得以播散的。从这个意义上也可以说,传媒甚至成了某一时代的象征。比如"五四"与《新青年》,延安与《解放日报》,新中国与《人民日报》,"文化大革命"与"两报一刊"等等。因此,传媒被称为"一种新型的权力"①。这个权力不止是话语权力,在其传播的过程中如果为民间社会所认同,它也就获得了"文化领导权"。传媒和文化领导权的关系是密切地联系在一起的。

当然,问题远不这样简单。在阿帕杜莱看来,"印刷资本主义的革命,以及由它释放出来的文化凝聚力与对话关系,只是我们现在居住的这个世界的一个作用有限的先驱。"当电子传媒统领了这个世界之后,虚假的"地球村"带给我们的矛盾则是:"一方面是个人与个人以及群体与群体之间的异化状态和心理距离,另一方面则是那种天涯若比邻的电子幻觉(或梦魇)。我们正是在这里才开始触及到今日世界上各种文化进程的核心问题"。②因此传媒的复杂性可能是我们在当下情境中遇到的最大难题之一。这里所要讨论的问题与传媒密切相关,但我将重点讨论的问题,限定于传媒与中国社会主义文化领导权的关系上。

一

文化领导权的概念是由葛兰西首先提出的。英语 hegemony 在中文的翻译中多译为"霸权",如被普遍使用的"文化霸权","话语霸权"等等。在这个意义上"文化霸权"同汤林森(Tomlison)使用的"文化帝国主义"的内涵极为相似。在葛兰西的理论中,研究者和翻译者将其译为"领导权"是非常准确的。文化领导权就是"文明的领导权",它是政治民主的根本原则,是民众同意的领导权。它不是意识形态的强制推行,也不是对某种政治文化的被迫忠于。因此,在葛兰西那里,"文化领导权"非常酷似"婚姻"和"合同",它是以自愿的方式为前提并最终得以实现的。葛兰西这一理论的提出,原本是试图探寻出一条适合西方发达资本主义国家进行社会主义革命的道路和策略。在他看来,西方发达资本主义国家政权结构和革命胜利前的沙皇俄国的国家政权结构是非常不同的:在俄罗斯,(革命前的)国家是包罗万象,代表一切,市民社会却是方兴未艾,呈现胶状冻结的状态。在西方国家与市民之间有着适当的关系,一旦国家根基动摇,则市民社会坚实的基础就显现出来。西方的国家只是城市外围的壕沟,在它之后屹立着堡垒围墙般的强有力的体系。因此,在发达的西方社会要进行社会主义革命,像俄罗斯那样仅仅通过"运动战"——用暴力夺取政权是不可能的。更有效的途径是应该通过"阵地战"的形式,在市民社会建立起关于社会主义的道德和文化的领导权。他的具体解释是:"一个社会集团通过两条途径来表现它自己的至高无上的权力:作为'统治者'和作为'文化和道德的领导者'。一个社会集团统治敌对集团,它总想'清除'他们,或者有时甚至动用武力对他们进行镇压;它领导着与它亲近的和它结成联盟的集团。一个社会集团能够的确也必须在取得政府权力之前已经在行使'领导权力'(这的确是赢得这种权力的基本条件之一);当它行使权力的时候,接着它就变成统治力量,但是即使它牢牢掌握权力,也仍然继续'领导'"③也就是说,社会主义在取得革命成功之前,必须取得文化领导权;在革命成功之后,并不意味着"领导权"永远掌握在自己的手中,它仍处在被认同的过程中,仍有旁落的危险。

在葛兰西的"领导权"理论中,"市民社会"是一个至关重要的概念。它是与"国家"不同的属于上层建筑的概念。在他看来,强制,统治,暴力属于国家;而同意,领导权,文明则属于市民社会:"现在我们固定两个主要的上层建筑方向——一个可以称为'市民社会',即是通常称做'私人的'有机体的总体,另一个可以称作'政治社会'或国家。这两个方面中的一个方面符合于统治集团对整个社会行使的'领导权'功能,另一个方面则符合于通过国家或'法律上的'政府行使的'直接统治'或指挥。"④在另一处他又说:"我所谓市民社会是指一个社会集团通过像社会,工会或者学校这样一些所谓的私人组织而行使的整个国家的领导权。"⑤因此,市民社会是指不受国家干预的相对独立的社会组织,没有市民社会文化领导权也就不能诉诸实施。同样的道理,国家也并不等于强权政治,它还必须有为民众认同的伦理基础,这就是葛兰西所说的"道德国家","文化国家"。⑥葛兰西的这一理论,他自认为是来自列宁,在《马克思主义》一文中他说:领导权这一概念是由伊里奇负责(制定和实现)的。⑦研究界也普遍认为它是来自列宁的理论,新近出版的著作还认为:"'领导权'概念是列宁首先提出来的,他主要强调的是政治领导权,其核心是无产阶级专政,即通过暴力夺取政权。"⑧葛兰西的自述是令人费解的,因为在列宁的著作中根本没有出现过领导权(hegemony)这个词。而研究者试图用谱系的方法寻找葛兰西理论的来源,但其论证出来的结果恰恰说明了列宁理论与葛兰西的矛盾。也就是说,列宁强调的是无产阶级专政的理论,是暴力夺取政权的理论,而葛兰西所强调的是通过道德与知识在市民社会建立起文化的领导权。列宁是急风暴雨式的,是"运动战",葛兰西是渐进式的,是"阵地战"。因此葛兰西与列宁不存在谱系关系,倒是意大利学者萨尔沃·马斯泰罗内在《对〈狱中札记〉的历时性解读》中,对葛兰西的理论来源做出了令人信服的解释。他说:"葛兰西眼中注视着列宁的形象,但他心里一直牢记着马克思的思想。葛兰西的研究者们没有记住,马克思在《法兰西内战》英文版中不仅谈到'凌驾于市民社会之上的中央集权国家机器',而且还谈到'由市民社会和人民群众重新夺回国家权力'。"⑨因此,毋宁说葛兰西的关于领导权理论来自马克思更可靠。

　　文化领导权显然也是一种意识形态,但它是一种有别于"权力意志"的意识形态。马克思在《德意志意识形态》中说,"统治阶级的思想在每一时代都是占统治地位的思想。这就是说,一个阶级是社会上占统治地位的物资力量,同时也是社会上占统治地位的精神力量。"意识形态不仅支配着物资生产,同时还支配着精神生产。重要的是这种意识形态又在不断的强制推行中,试图抹去它的"虚假意识",并极力凸现它的"合理性"、"普遍性"、"永恒性"。在这样的意识形态支配下,对其认同的程度,也就决定了一个人在多大程度上进入社会。因此表达权力意志的意识形态也就成了一个人进入社会的"许可证",⑩它与接受者的关系是统治与被统治的关系。但是文化领导权作为一种意识形态,是以市民社会的"同意"为前提的,它不是一种统治和支配关系。葛兰西在谈到"文化"时指出:文化不是百科全书式的知识,文化人也不是塞满了经验主义的材料和一大堆不连贯的原始事实的容器。文化不是这种东西,"它是一个人内心的组织和陶冶,一种同人们自身的个性的妥协;文化是达到一种更高的自觉境界,人们借助于它懂得自己的历史价值,懂得自己在生活中的作用,以及自己的权力和义务。"⑪但是"这些东西的产生都不可能通过自发的演变,通过不依赖于人们自身意志的一系列作用和反作用,如同动物界和植物界的情况一样,在那里每一个品种都是不自觉地,通过一种宿命的自然法则被选择出来,并且确定了自己特有的机体。"⑫在这个意义上葛兰西不是个"唯物论"者,他强调的"人首先是精神,也就是说他是历史的产物,而不是自然的产物。"⑬葛兰西对文化的理解以及他对人的认识,构成了文化领导权理论的基础背景,也使他的理论成为关于人的解放的学说。人的解放的普遍要求也必将成为"指导"人们行动的意识形态。在这个意义上葛兰西的理论具有鲜明的道德/伦理色彩。这一看法也为葛兰西的革命实践所证实。他不仅积极倡导精神道德改革,而且还创建了一个"道德生活俱乐部",这个俱乐部里充满了一种近乎宗教般的气氛。在他看来,为了在意大利进行革命,必须首先造就新一代的革命者,而这样的革命者"能够做天性玩世不恭的意大利人不会做的事情,那就是献身于一项事业。"⑭葛兰西自己身体力行。《新秩序》周刊在他接管之前,因其内容多为文化性质的题材,对工人运动毫无影响。葛兰西接任主编之后,深入到工厂调查研究,改变了办刊思想。并以选举的方式将都灵的"厂内委员会"代之以"工厂委员会"。葛兰西认为:所有工人,职员,技术人员以及所有农民,总之社会上所有积极因素,都应当由生产过程的执行者变为生产过程的领导者,由资本家管理的机器的小齿轮变为主人公。⑮《新秩序》于是也成了"工厂委员会"的报纸。这即是葛兰西实施"阵地战"的具体实践,同时也是他关于人的解放的具体实践。

但是葛兰西的理论显然也有自相矛盾的问题。这不止是说都灵"工厂委员会"最后以失败告终,罢工最后导致了流血政治。而且在理论上他也遇到了难以解决的麻烦。在他看来,知识分子是统治集团实施社会领导权和政治统治职能的"帮手",因此,统治集团必须拥有自己的知识分子,对于无产阶级来说,他们应该是新型的、有机的知识分子。这些知识分子必须和人民建立情感联系,并能促进整个社会的文化发展。这样他与人民群众就建立起了"良性循环"的关系,也就是"高明者"与"卑贱者"之间建立的永久性关系。"'高明者'的任务就是回答(和适应)来自卑贱者的政治,社会和文化问题;卑贱者的任务则是按照民主政治的形式和规则提出这些问题。"⑯但是葛兰西的这一设想又与他另外的论述构成了矛盾。他曾有过关于"属下阶级"的重要论述,所谓"属下"也就是"从属"或"低一等"的处于社会边缘的集团或人群。他在《现代君主》的有关论述中也承认确实存在着政治生活中"支配与被支配,领导与被领导的"[17]事实。那么,领导权在诉诸实践的过程中,诸如"庶民"、lazzari(无业游民)、农民等边缘群体如何表达他们的"同意"呢?在诸如工会、教会、学校、行会、社区等市民社会组织中,又是谁在讲述"同意"呢?因此,葛兰西的文化领导权理论在后殖民的语境中,无可避免地会遇到问题。当面对那些丧失话语权力的人群时,斯皮瓦克揭示出了一个令人震惊的秘密:"属下不能说话"[18]。是话语权力的拥有者在"代表"属下说话,但他们不是在"再现"属下阶级的意愿和要求,而是"狭义上的自我表现"。属下阶级不仅没有机会表达他们的要求,甚至他们的"历史"也是被代言叙述的。如果将这个文化逻辑放大,那么葛兰西的"西方文化对世界文化的领导权"也已不能成立,东西方的文化关系,已是弱势文化和文化帝国主义的关系。

因此,葛兰西的理论被意大利的学者称为是"一个未完成的政治思索",是非常确切的。在葛兰西的时代,他不可能想像60年之后的世界图像,自然也不能想像东西方政治、经济、文化的差异和问题。但需要指出的是,葛兰西的"文化领导权"理论仍然对我们有重要的启示意义。他虽然是通过研究西方发达资本主义社会结构寻找出的进行社会主义革命的策略,但我们在落后的中国革命历史进程中,却也发现了相似的问题。

## 二

在葛兰西看来,东方国家的强权专制性质,决定了无产阶级可以用暴力迅速夺取政权,也就是说,由于东方国家市民社会的微弱,不存在对抗革命的强大堡垒,无产阶级不必进行细致、漫长的精神和道德渗透,缓慢地夺取文化领导权之后才有可能夺取政权。在东方,无产阶级只要打碎了旧的国家机器,也就意味着夺取政权的完成。这与在西方资本主义社会进行社会主义革命是完全不同的。但是,中国革命的具体实践与葛兰西的这一设定,既有相似性,也有极大的不同。或者说,中国共产党以暴力的形式摧毁旧的国家机器的时候,城市几乎没有起什么作用,但它的精神和道德的力量获得了包括知识分子在内的中国民众的广泛支持。在中国共产党革命成功之前,许多知识分子放弃了优裕的生活,或从家庭叛逃,或从国统区奔赴延安。这里除了个人要求和对传统中国生活方式的不满之外,与中国共产党的道德精神感召不能说没有联系。不然,我们也就不能解释陕北农民李有源为什么会创作出歌颂毛泽东的歌曲《东方红》。

因此,美国学者莫里斯·梅斯纳在《中华人民共和国史》中,一方面热情地赞颂中国革命的象征性意义,不亚于1789年的法国大革命和1917年的俄国十月革命,其政治摧毁的范围和为社会发展的空前新进程而开辟道路方面,也不亚于那两场革命。但是,值得注意的是:"与法国革命和俄国革命不同,中国革命并没有一个突然改变历史方向的政治行动。中国革命没有一个像巴黎群众攻打巴士底狱或者像俄国布尔什维克党人在'震撼世界的十日'中夺取政权那样的,戏剧性的革命事件。对中国革命家来说,并没有要攻打的巴士底狱,也没有要占领的冬宫。现代中国历史环境的特殊性提出了极为不同而且困难得多的各种革命任务。当中华人民共和国于1949年10月1日正式宣布成立的时候,中国革命家们已经展开并且赢得了那些摧毁旧秩序的战斗。10月1日在北京并不是一个革命暴力的时刻,而是变成统治者的革命家可以回顾过去并且展望未来的一天,那一天他们可以追溯和反思使他们掌权的那些斗争和牺牲的漫长岁月,展望他们国家的,充满希望的和平任务。在摧毁旧政权的几十年革命暴力期间,新国家和新社会的胚胎已经逐渐成长起来。"⑲这一描述隐含了两方面值得注意的内容:一方面,中国共产党是以暴力摧毁了旧的国家机器,但那漫长的革命岁月也孕育了"新国家和新社会的胚胎"。这一"胚胎"的形成和最后分娩,其过程就是中国共产党对文化领导权掌握的过程。不同的是,它不是通过葛兰西的"市民社会",而是通过中国最广泛的民众实现的。当然,这一过程是十分复杂的,其间不仅有民众被动员组织起来之后极易形成的暴力倾向,也有民族战争中被伤害后的"保家卫国"的正义要求。但值得注意的是,当民族战争结束之后,在同国民党的战争中,到处都出现了"支前"的民众队伍,在条件极其恶劣的情况下,是民众没有条件地支持了要"解放"他们的中国共产党。如果仅从民众缺乏理性，易于受"战时文化"煽动这一点来解释是没有说服力的。国民党掌握着国家机器，他们的"煽动"条件要远远优于共产党。因此，我们就不能不从共产党的精神和道德感召上，去解释民众对它的认同和追随。

中国共产党的文化是"新文化"，这个文化的提出者和权威阐释者是毛泽东。在毛泽东还没有走向中国政治舞台中心的时候，他也像许多杰出的政治家一样办过传媒，试图通过传媒传播自己的政治主张。他于"五四"时期创办的《湘江评论》，虽然是湖南省学生联合会的会刊，但它气吞山河的气象不仅已经显示了毛泽东的政治抱负，而且也简单地构建起了他未来思想的雏形。在创刊宣言中，他提出了两个问题：一个是"吃饭问题最大"，一个是"民众联合的力量最强"。联合民众的目的是为了打倒强权。因此，号召民众造反，让被压迫者获得解放，是毛泽东建立的新文化的出发点。要建立新文化，首先要批判旧文化，新文化虽然是个不明之物，但旧文化却是清楚的，"不把这种东西打倒，什么新文化都是建立不起来的"。⑳在这种"破坏"的意识形态的支配下，凡是与"新文化"猜想格格不入的"旧文化"，都在批判和破坏之列。对于底层的民众来说，"破坏"的欲望只要稍加引导便可迅速点燃，并以百倍的仇恨去实现它。在这个意义上，"新文化"的领导权是通过中国最底层的民众得以实现的。值得注意的是，毛泽东对于"新文化"的阐释并不一定为民众所理解，他说，所谓中华民族的新文化，就是"新民主主义性质的文化"㉑，"所谓新民主主义的文化，一句话，就是无产阶级领导的人民大众的反帝反封建的文化"㉒。这种断裂式的文化变革，其内容是新民主主义、社会主义的，但形式却必须是民族主义的。对于没有文化的中国底层民众来说，要他们在理论上接受新民主主义和社会主义显然是困难的。这时，新文化的提出者为了让最广大的民众接受这一想像，在文化传播的过程中事实上进行了两次同步的"转译"：首先是将抽象的理论"转译"为形象的文艺，同时将"五四"时期知识分子个人主义的"小资产阶级"的语言和感伤、浪漫、痛苦、迷惘的情调"转译"为为老百姓所喜闻乐见的语言和形式。因此，"新文化"又可以解释为"革命的民族文化"，它要具有"民族的形式，新民主主义的内容"，它是"新鲜活泼的，为中国老百姓所喜闻乐见的中国作风和中国气派"的文化。

在新文化的内涵被确定之后,一个重要的问题就是形式的问题:
"谁来确定民族的本质内涵?由谁提出民族文化的语言?这个问
题对于中国的知识分子来说,在30年代的民族危机中已经很迫
切;他们对'古老的'精英文化和20年代的西方主义都抱怀疑态
度。他们带着现代性在中国的历史经验中寻求一种新的文化源
泉;这种文化将会是中国的,因为它植根于中国的经验;但同时又
是当代的,因为这一经验不可避免地是现代的。不少人认为'人
民'的文化,特别是乡村人民的文化,为创造一种本土的现代文化
提供了最佳希望。"㉓这一资源后来衍生出了有关"新文化"的一系
列理论。应该说,这是一条建设"新文化"的卓有成效的途径。在
迈向这条道路的过程中,白毛女,小二黑,李有才,王贵与李香香,
开荒的兄妹等中国农民形象,不但第一次成为文艺作品的主人,而
且对实现最广泛的民众动员起到了难以想像的作用。那一时代,
共产党有了相对稳定的根据地,毛泽东也可以抽出时间亲自过问
他历来重视的传媒问题。1941年5月16日起,中央决定将延安
的《新中华报》、《今日新闻》合并,出版《解放日报》。毛泽东不仅为
报纸写了七份"解放日报"报头供报社选用,而且亲自撰写了《发刊
词》。亲自给报社社长打电话,并且亲自撰写社论,甚至亲自校对
报纸清样。后来有人回忆说,延安《解放日报》出版六年,毛泽东为
报纸写的按语最多。㉔这些细节足以说明毛泽东对传媒和文化权
之关系的深刻理解。但是,在战乱的年代,对于落后的中国民众来
说,即便是有能力读报纸的人,也是相当有限的。因此,街头诗、秧
歌剧、朗诵诗、黑板报、战地通讯等,这些相当原始的传媒所构建的
公共空间,却因它的民族形式有效地提高了它的传播效率。

　　毛泽东的新文化观念,正像后来有的研究者指出的那样:"对
普通民众——他们绝大多数是贫困的,没有文化,受剥削和压
迫——的价值观和愿望,怀有一种偏爱,显然是由于政治上的缘
故。他认为,这些人,正是中国潜在的革命者。"㉕这的确是一种政
治上的缘故,但是实现这一政治目标的内在动力,对于民众来说则
是"偏爱"中蕴涵的道德力量。

　　在毛泽东处理现实和展望未来的所有表达中,他都毫不犹豫
地站在了民众一边。他对民众运动的热情赞颂,对农民思想品质
的想像性构造和倾心认同,都使知识分子相形见绌。而且,知识分

子在"五四"时期建立起的"个人主义"在与农民的比照中,已经成为不可容忍的内部异己。在葛兰西那里,他对"有机知识分子"是十分重视的,因为他们负有回答"卑贱者"提出的问题的义务。但是,在毛泽东那里,知识分子并不负有这样的义务。准确地说,他们没有资格,也没有能力来承担这个任务。能回答这些问题的只有毛泽东一个人,知识分子只负有阐释和宣传的义务。因此在现代中国革命史上,只有毛泽东才是革命的导师,只有他才是真正的理论家。也正是在这样一种不作宣告的规约和语境中,毛泽东才成为具有"超凡魅力"的领袖。我们还注意到,当民众的精神和道德在毛泽东的想像中被成倍地放大直至近乎完美之后,对精神和道德的追随,事实上也就被置换为对民众的想像和追随。中国现当代文学史上的经典作品所塑造的可效仿的"典型人物",几乎无一不是农民,或者是农民出身的军人。他们纯粹、透明、乐观,充满了理想主义和英雄主义。这种"新文化"所期待的人物,在毛泽东自己的作品中,就是张思德、白求恩和愚公。这些人物在毛泽东的热情赞颂和诗性表达中,显示了道德理想无可抗拒的巨大魅力:张思德是为人民的利益而死的,他的死比泰山还重;纪念白求恩,就是要学习他毫无自私自利之心的精神;而愚公挖山不止,坚忍不拔,充满了战胜自然的乐观精神等等,一起构成了道德理想的内涵。在文学艺术领域,"新的人民文艺"也以人民群众喜闻乐见的形式,建构起了新文化的道德理想的形象谱系。这些表达道德理想的形象在民众那里获得了广泛的认同,因为他们是和人民的"解放事业"紧密地联系在一起的。因此,在1949年10月1日中华人民共和国宣布诞生之前,中国共产党在民众那里已经获得了文化领导权是没有疑问的。

## 三

中国共产党在取得政权之前就已经获得了文化领导权,不仅反映在民众的倾心认同和追随上,甚至自由知识分子也清醒地认识到这是大势所趋。抗战胜利后,自由知识分子储安平虽然对共产党在短期内掌握政权还缺乏足够的信任,但他仍在《客观》上放言:"假如中国能真正实行民主,共产党在大选中获得的选票和议席,为数恐不在少。"㉖这种理性的分析,自然是根据共产党的所作所为给出的。应该说,在延安时期,除了对知识分子的"个人主义"和被怀疑的"异己"分子,给予了"残酷斗争,无情打击"之外,对来自民众的声音还是能够认真听取和对待的。边区征收公粮,从1939年到1941年,由5万石,9万石到20万石,年年大幅度增长,1942年还没有公布征粮数字,群众的不满情绪就已经公开流露了。1941年6月,边区政府召开县长联席会议,天下大雨,会议室突然遭到雷击,县长李彩云被击死。事后一个农民说:老天爷不长眼,咋不打死毛泽东?问这位农民为什么?他说公粮负担太重了。毛泽东听到后,说农民交公粮,还要交公草,还要运输公盐,负担确实很重,建议研究减轻群众负担,并提出了丰衣足食,自力更生,开展大生产运动的号召。那位骂毛泽东的农民不仅检讨了错误,而且还要代毛泽东承担个人的生产任务。㉗这样的民主作风受到人民的欢迎是在情理之中。共产党在这一时代的领导权也就是人民"同意"的领导权。

进入人民共和国之后,进一步纯洁社会生活的运动在全国范围内展开,禁娼,禁毒,"三反"、"五反",惩处反革命,抗议帝国主义罪行,成立高级社,对城市工商业的社会主义改造等,建立并巩固了更纯粹的社会主义、集体主义的道德观念和理想。在"跑步进入社会主义"的狂欢庆典中,不仅工人,店员,手工业者深怀发自内心的喜悦,上海市的不苟言笑、举止沉稳的资本家也穿着西服扭起了秧歌,他们的家属拿着鲜花跳起了集体舞。"红色资本家"荣毅仁与记者有这样一段对话:

> 记者:您作为一个资本家,为什么选择了社会主义道路?
> 荣毅仁:是的,我是一个资本家,但我首先是一个中国人。昨天,我的全家都出动了。我的爱人出席了全市工商界家属代表会议,她参加这次会议的筹备工作,已经忙碌好多天了;我的弟弟出席了工商界青年代表会议,他还要去北京参加全国工商界青年积极分子大会;我的三个在中学念书的孩子出席了工商界子女大会。他们都在上万人的大会上讲话,拥护共产党,感谢毛主席,不仅喜欢社会主义,还盼望早点实现共产主义。

> 记者:消灭剥削,废除资本主义制度,对于您失去了什么?得到了什么?
>
> 荣毅仁:对于我,失去的是我个人的一些剥削所得,它比起国家第一个五年计划的投资总额是多么的渺小;得到的却是一个人人富裕,繁荣强盛的社会主义国家。对于我,失去的是剥削阶级人与人之间的尔虞我诈,互不信任;得到的是作为劳动人民的人与人之间的友爱与信任,而这是金钱买不到的。因为我积极拥护共产党和人民政府,自愿接受改造,在工商界做了一些有利于社会主义的工作,我受到了政府的信任和人民的尊重,得到了荣誉和地位。从物资生活上看,实际上我没有失去什么,我还是过得很好。㉘

这就是社会主义道德理想不可抗拒的魅力。但也正是在同一时代,另一种倾向也在悄然地发展着。这就是毛泽东不断发动的对于知识分子思想的整肃运动。毛泽东对知识分子似乎总是缺少信任,他希望知识分子能够真诚地走向革命的道路,帮助共产党实现建立现代民族国家的整体目标,因此当知识分子表达了向往革命愿望的时候,毛泽东是可以礼贤下士的。延安时期,毛泽东与丁玲、艾青、萧军、舒群等文化人的交往,都表明了毛的胸怀和气度。但是,当知识分子表现出另外一种性格的时候,毛则会毫不犹豫地抛弃他们。在毛泽东看来,知识分子的"不洁"是与生俱来的,他们时不时就会翘起尾巴,他们只会夸夸其谈。毛泽东对知识分子的恶劣成见,很可能与他对王明教条主义的痛苦记忆有关。在王明之前,他似乎还没有表现出对知识分子情感上的怨恨。这一痛苦记忆仿佛使他从骨子里认清了知识分子的劣根性。因此,建国以后历次思想批判运动几乎都是以知识分子为对象的。不仅对党内知识分子不断地进行整肃,就是对党外的知识分子的不同意见,毛泽东也开始丧失了倾听的耐心。1953年,毛泽东与梁漱溟的交恶,典型地表现了"文化领导权"向"文化霸权"的转化。在政协扩大会议上,周恩来做关于梁漱溟问题的长篇报告时,毛泽东不断插话,说跟他这个人打交道,是不能认真的。他这个人没有逻辑,只会胡扯,并说他是个用笔杀人的伪君子。这一情形与延安时期能认真倾听一个农民的怨恨漫骂相比,已经是恍如隔世了。

值得注意的是,历次思想整肃运动,都要通过传媒播散到全国,无数次的重复使几乎所有的人都坚信了传媒的真理性,因为所批判的对象有悖于正在建构的社会主义道德。没有人会怀疑批判《武训传》、胡适、俞平伯、胡风、右派等的政治复杂性。而这时的传媒已经完全在国家的控制之中,民间的、同仁性质的报刊已经被全部关闭。甚至黑板报,标语乃至民间文艺等在民间传播的媒介,也因流于对主流传媒的简单"转述"而形同虚设。在不断的整肃过程中,一方面建立了新的社会秩序,进一步纯洁了社会主义的道德,一方面也确立了毛泽东无可替代的权威地位。1961年9月,蒙哥马利元帅访华时,他曾以"不引人注意的方式"突然向普通中国人提问"最拥护谁?"得到的回答无一例外的是"毛泽东"。这种心态是"惟一"的。因为他们相信,毛泽东就是真理的化身,是人民利益无可怀疑的代表,他一个人的思想足以处理所有的公共事务和问题。这种绝对的"文化领导权"虽然仍被人民"热烈地赞同",是因为作为"属下"的人民已别无选择。"属下"在这时是不能说话的。但是,就在这一领导权达到极至的时候,也正是危机到来的时候。"文化大革命"在这样的基础上展开,也同样因这样的基础而导致失败。社会主义道德在不断的净化中演变为一种道德的宰制力量,它不再是一种询唤和感召,而变为一种向人性和道德宣战的实践。社会道德的净化,是以排除全部日常生活为代价的,任何与人相关的情感和欲望,都被视为是"不洁"和不道德的。这时,"文化领导权"事实上已为占统治地位的意识形态所替代。这是道德理想走向幻灭的重要原因之一。

## 四

"文革"结束之后,社会主义文化领导权开始了重新建构。它在形态上改变的标示,是将强烈的道德理想追求转变为现实的物质积累。激进的"新文化想像"在以经济建设为中心的意识形态覆盖下,几近自行崩解。值得注意的是,无论是道德精神的渗透,还是转向经济建设,对于中国更广大的人民来说,他们都是首先从传媒上获得消息的。美国学者曾不无夸耀地说,由于中国传媒的神秘性,"美国的学者发展了许多技术,以严密的方法去'破译'中国报刊里的'密码'。例如,研究上层政治的人要审慎地盯住那些高层领导人在《人民日报》上公开露面,消失,在照片上的排列顺序,领导人常常提到的口号的变化,以及领导人的职务变换。"㉙ 而对中国的普通民众来说这早已不是什么秘密,因为国家控制的报纸和其他传媒是获得各种消息的惟一来源。

但是,随着改革开放不可遏止的发展,市场经济必然要为传媒带来相对广阔的生存空间。各种传媒不同的目标和利益关怀,使社会主义文化领导权有了重新阐释的可能。它具有的"不确定性",我们可以将它称为"后社会主义文化领导权"。这种重建的文化领导权,分解了"文化霸权"的一体化统治。这既符合"弘扬主旋律,提倡多样化","建设有中国特色的社会主义"的主流意识形态的要求,同时也适应了冷战结束后实现国家新的战略目标的需要。特别是进入 90 年代之后,各种传媒包括权威传媒的变化应该说是前所未有的。但需要指出的是,它的开放性和宽容度还仅仅限于市场号召和消费主义的引导。利益的驱动已经不加遮掩,娱乐性节目和报刊有惊人的收视效率和发行量,而它的背后则是巨额的商业广告在拉动。特别是白领趣味的媒体,它们事实上已不关心读者的真实需要,他在悄然地改变着年轻人的生活观念,培育着他们狂热消费、享乐欲望的同时,所做的一切都是为了迎合广告商人或跨国投资者的趣味,因为广告收入已成为进入市场的传媒的主要利润来源。它在无情地将思想文化性和不具有市场号召力的传媒挤出市场的同时,也以其对现实问题的拒绝触动而获得了"合法性"。事实上,它的意识形态宣传从来也没有停止过。因此,一种隐形的支配正在形成新的文化"领导权",这也正是当下学界密切关注的"全球化"问题的表面形式之一。

因此,当社会主义文化领导权的危机在重建中得以缓解之后,我们所面临的恰恰是一个被放大了的文化逻辑:即文化帝国主义试图实现的全球一体化的文化统治。所谓"全球化"事实上就是美国化。这一逐渐实施的美国文化战略,不仅引起了第三世界知识界广泛的关注,同时也引起了其他发达资本主义国家的密切关注。所谓"资本主义反对资本主义",也正是在这样一种语境下发生的。因此,在重建社会主义文化领导权的过程中,对"文化帝国主义"和传媒政治的警惕显然是十分必要的。

**注释：**

①② 阿尔君·阿帕杜莱《全球文化经济中的断裂与差异》，陈燕谷译，见汪晖，陈燕谷主编《文化与公共性》，三联书店1998年，第523—524页。
③《葛兰西政治著作选》(1921—1926)，1978年伦敦版，第57—58页。转引自李青宜著"西方马克思主义"的当代资本主义理论》，重庆出版社1990年，第137页。
④⑤ 同上，第138页，第139页。
⑥《葛兰西文选》，人民出版社1992年，第439页。
⑦ 同上，第459页。
⑧ 周穗明等《新马克思主义先驱者》，中央编译出版社1998年，第174页。
⑨ 萨尔沃·马斯泰罗内《一个未完成的政治思索：葛兰西的〈狱中札记〉》，社会科学出版社2000年，第14页。
⑩ 俞吾金《意识形态论》，上海人民出版社1993年，第3页。
⑪⑫⑬⑰ 同⑥，第5页，第237—238页。
⑭⑯ 同⑨，第120页，第200页。
⑮ 同⑧，第151页。
⑱ 加亚特里·查克拉沃尔蒂·斯皮瓦克《属下能说话吗？》，见罗钢，刘象愚主编《后殖民主义文化理论》，中国社会科学出版社1999年，第157页。
⑲ 莫里斯·梅斯纳《毛泽东的中国及其发展——中华人民共和国史》，社会科学文献出版社1992年，第3页。
⑳㉑㉒ 毛泽东《新民主主义论》，《毛泽东选集》第二卷，人民出版社1991年，第695页，第698页。
㉓ 阿瑞夫·德里克《现代主义和反现代主义——毛泽东的马克思主义》，见《外国学者评毛泽东》第一卷，工人出版社1997年，第217—218页。
㉔ 黎辛《毛泽东与延安〈解放日报〉》，《纵横》1997年11期。
㉕（澳大利亚）王衮吾《作为马克思主义者和中国人的毛泽东》，见《历史的天平上》，工人出版社1997年，第139页。
㉖ 储安平《共产党的前途》，《客观》第4期。
㉗ 黎辛《毛泽东与延安〈解放日报〉》，《纵横》1997年12期。
㉘《人民记忆50年》，甘肃人民出版社1998年，第118—119页。
㉙ 王景伦《毛泽东的理想主义和邓小平的现实主义——美国学者论中国》，时事出版社1996年，第10页。

原载《山花》2000年第6期

周宪

# 反抗人为的视觉暴力
——关于一个视觉文化悖论的思考

## 视觉与生存

心理学上有一个经典的实验,亦即所谓"感觉剥夺"实验,在特定时间内剥夺被试者的一切感觉刺激来源,让他处于一种人为的与外界隔离的状态,视觉、听觉等一切感觉通道都被堵塞了。实验结果是可怕的,几乎每一个被试者都有一种难以忍受的恐惧,不少人中途放弃了实验,逃回现实世界。我的解释也许和心理学家的看法不同,在我看来,这个实验是高度象征性的,它揭示了当一个人被剥夺了与世界的感官联系时,他的生存便受到了威胁。

因此,有理由认为,康德式的表述——我在世界上,世界在我心中的表述,在相当程度上有赖于人与世界的感官上联系。如果我们把康德的表述与黑格尔的一个命题联系起来,思考的焦点便指向了人的两种主要感知形态——视觉和听觉。黑格尔认为,在人的所有感官中,惟有视觉和听觉是"认识性的感官",所谓"认识性的感官",意指视听与其他感官形态不同,可以理解和把握世界及其意义。在心理学上,视听被称之为"远距性感官",这个特殊的概念正好解释了黑格尔想要表述的东西。较之于人的其他感官形式,视听无须直接接触或消耗对象来理解对象的意义,眼睛可在远处观察事物和理解事物,但触觉和味觉则局限得多。

我想进一步补充的是,在人的视听感知中,视觉又有某种优越性而超越了听觉。如果我们不是从感官通道本身,而是从感官形态与文化联系上来思索,视觉的优越性不但体现在其直观、感性和理解的直接性上,而且与图像或形象密切相关。这样一来,我们便可把视觉和听觉的关系问题,转化到视觉—图像和听觉—语言的二重结构上来。即是说,视觉对听觉的优越性也就呈现为图像对语言的优越性。这么来表述,并不是要在视—听或像—言之间断言孰优孰劣,而是要通过这种二元性的结构转换来考察文化本身的历史转型及其内在的文化逻辑。

说视觉和图像具有优越性,首先是指人对世界的把握和理解,主要是通过视觉通道。有实验证明,人对外部世界的信息的把握,绝大多数是通过视觉获得的。其次,从历史的发生学的角度说,看也是先于说,恰如英国著名美术批评家伯格所言:"看先于词语,儿童先是看和辨认,然后才说。"① 其实,不只是儿童个体,如果我们超越个体发生学,进入种系发生学的层面,同样的历史过程也会呈现出来,那就是从种系发生的角度说,各个民族最初都是用形象而非语言来理解和表达他们所生活的世界的。阿尔塔米拉的洞穴壁画就是一个明证。

假如我们把以上结论性的意见结合起来,答案不过是一个常识观念的再次确认:如果我们失去了视觉上对世界的理解和把握,这个世界就会变得难以理解。正是在这个意义上,视觉文化对于我们的生存,具有极其重要的意义。

## 视觉需求与视觉文化

既然视觉是我们的生存不可或缺的,那么,对文化的任何思考就不能忽略其视觉层面。中西哲学史上都有强烈的视觉主义倾向。比如柏拉图著名的关于洞穴的寓言,再比如孔子的诗学,所谓诗可以"观",可以"多识于鸟兽草木之名",就是强调了视觉的重要性。现代哲学中,维特根斯坦的早期理论,强调"图画论",亦是关注视觉问题的表征。人—生存—视觉的关系,或许可以作如下表述:大凡是人,总有视觉需求,就像人本心理学所指出的种种需求一样(马斯洛),视觉需求也不可或缺。这一点,无论是从神经心理学的层面上说,还是从文化社会学层面上说,都是如此。

视觉需求的历史,同时也就是文化生产的历史。人类学上有一个发现值得注意:原始文化中,人们对形和线条的理解远不同于现代人,因为在原始文化中,自然形态的事物占据着主要的地位,人眼力所及,都是一些自然物,当然也包括人自身。在自然的线条和形态中,几乎没有笔直的直线,规整的直角和三角形,或是理想的圆形或椭圆形等几何形状,所以,原始人对这些带有很大程度的人为的形和线的构成是很不敏感的。相反,在现代社会,各种人为的设计和结构,对现代人来说是司空见惯的,因此,他们对这样的线条和形状的反应是敏锐的,其辨别力远在原始部族居民之上。对我们这里关心的问题而言,这个发现的重要意义是多方面的。

首先,这个发现揭示了一个现象,人类文化的发展是一个不断发展变化的漫长历史过程。在这个过程中,不但人的视觉对象变得丰富多彩、愈加复杂了,而且相应地,人的视觉观念也随之发生了很大的变化,甚至人的视觉能力也获得了极大的提高(对规整的线条和形状的把握能力就是一例)。这两个方面其实是辩证统一的,前者与后者是同一过程的相辅相成的两个方面。其次,人类视觉文化的历史,有一个从自然形态向人为形态转变的内在逻辑。这个逻辑具体地呈现为我们的视觉图像从自然物,向人为设计的符号的深刻转变。这就意味着,文明的进步体现为现代化,而现代化又展现为都市化。以德国历史学家斯宾格勒的话来说,现代文明和传统文明的一个分界就在于,前者是都市文明,后者是乡野文明,前者以金钱为主导,后者以人与土地的关系为纽结。现代文明就是人失去了与土地的原初的联系。在浪漫主义诗人那里,在从尼采到海德格尔等哲人的思考中,我们反反复复地聆听到这个主题。以至于西方一些学者(如鲍德里亚)指出,我们越来越生存于一个人为符号的虚拟世界中,符号也已失去了与实在本来所具有的模仿和再现关系。从图像史的角度来说,这个趋向也十分明显。倘使说古典绘画(无论中国的抑或西方的)偏重于对自然对象的描摹刻画的话,那么,当代造型艺术早已越出了对自然物的崇拜,日益转向人为的事物甚至完全不存在的幻想之物的表现。美术史家休斯说得好:"我们与祖辈不同,我们是生活在一个我们自己制造的世界里。……'自然'已经被拥塞的文化取代了,这里指城市及大众宣传工具的拥塞。"② 至于其他影像工业领域,从广告到影视,从印刷到摄影,这个特征更是昭然若揭。或许我们有理由认为,不但我们的生存环境越来越"人为('文化')化"(这里"文化"的意义与"自然"相对),而且我们的视觉也越来越如此。

从以上趋势性的发展来看,一个结论是合乎逻辑的,那就是,当人类社会越来越都市化(现代化),我们的视觉对象越来越复杂多样,而我们的视觉经验也越来越复杂敏锐时,在历史比较的意义上说,现代人与古代人相比,他们的视觉需求大大地提高了。就好像人对美食的需求随着饮食水平提高而攀升一样(所谓"食不厌精"),人的视觉需求也随着文化的发展而日益提高。我们已经不满足于那些单纯的自然形态的视觉形象,在其复杂性、视觉冲击力和联想等方面,现代文化已经走得很远了。只要我们对当代视觉文化稍加注意,就不难看出这个倾向。举电影为例,电影在视觉效果的发展方面,可谓无所不用其极,无论是画面的逼真性,还是场面的视觉冲击力等诸多方面,都已达到了传统文化难以想像的地步。在这个意义上说,以好莱坞为代表的高科技电影,不但创造了新的视觉现实,同时也极大地提高了观众对电影的视觉需求。

从客观方面来说,日益复杂多变的视觉文化,有一个不断趋向于完善和纷杂的发展逻辑;从主观方面来看,作为文化生产和消费的主体,人的视觉要求和期待也是不断提升的对应过程。

## 视觉文化悖论

至此,我们可以进入本文的主题——视觉文化悖论的讨论了。所谓视觉文化的悖论,是指现代文化的发展,尤其是媒介文化或影像文化的高度发展,人为的符号化已成为普遍的文化景观。在这样的条件下,视觉文化在成为文化"主因"或主导形态的同时,带来了一个令人困惑的视觉文化的悖论。

一方面,视觉文化的生产、传播和消费越来越丰富和复杂,人们面对的是远比历史上任何一个时期都丰富复杂得多的视觉文化现实,即是说,形形色色的视觉文化对象充斥在我们日常生活的各个角落,以至于我们无论在何处都无法摆脱人造的视觉形象的追踪。因此,在比较的意义上说,现代人是生活在一个视觉刺激富裕甚至过剩的文化中。另一方面,尽管在当前的文化中,视觉形象的过度生产和消费特征越来越明显,尽管种种新奇古怪的视觉形象不断被创造出来,由于影像越加倾向于人为的、刻意的策划和刺激,却又使得生活在这样的文化中的人们感到某种视觉要求的匮乏或缺失。这个悖论可以具体描述为两个方面,从客体文化方面来说,它体现为视觉形象的复杂性、多样性和效果的急速倍增;同时又展现为这些形象的同质性、类型化和仿像化倾向的增长;而从主体文化方面来说,这个悖论呈现为一方面文化的消费者大量甚至过量地消费种种形象,出现了心理学上所说的"神经餍足现象",另一方面又由于形象的同质化和类型化,尤其是人为设计和虚拟化,又使得消费者在过剩之后感到缺少某种形象的"匮乏",以至于人们在这样的视觉形象充裕的社会和文化中努力寻找逃避的途径,到大自然和野外去,到荒无人迹的、未经"人化"的自然中去寻找新的视觉经验,这在相当程度上可以视为一个主体心理的反抗。逃避人为的刻意策划的形象世界,回到人与自然和谐的自然形象世界中去,摆脱人为符号的追踪和压制,体验自然和观照自然。这也许不是什么危言耸听:当代文化的这个视觉悖论在相当程度上被人们忽略了,但这个悖论却揭示了当代文化的某种紧张关系。它进一步涉及主体与对象世界的复杂关系,涉及人为符号与自然符号之间的复杂关系,也涉及未来我们的生存质量问题。

以下我们进一步来描述这一悖论的种种表征。

我们今天所生活的环境有一些值得注意的文化特征。第一,这是一个以城市为主要空间的生存环境。用斯宾格勒的话来说,传统社会是人与大地和谐相处的时期,是乡野的充满自然活力的时期;而城市化开启了现代化的进程,人们逐渐脱离了乡野大地而生活在人造的世界里。于是,金钱取代了土地,理性取代了宗教,文明取代了文化,彻底的世俗化急剧膨胀起来。第二,城市化在其发展过程中,不但使得大批人口集中在城市里,使得劳动场所和家庭分离开来,而且加速了工业化的进程。在这个进程中,由于技术的工具理性越来越深入地渗透在社会各个领域,媒介文化的出现是不可避免的发展趋势。所谓媒介文化,是指在我们的现实文化中,媒介不但广泛地制约着我们的观念、价值和意识形态,而且使人处于一种越来越依赖媒介的情境之中。麦克卢汉通过对人类传播方式历史发展的研究,提出了从面对面的口传文化,向印刷文化,再向电子文化转变的发展轨迹。这个过程形象地说明了传统社会那种"本地生活在场的有效性"的消失。由于"在场"不再是我们交往的必要条件,于是,媒介制约便以种种"远距作用"(吉登斯)的形式出现。③换言之,我们所生活的世界,是一个完全由媒介符号所营造的世界。在这个媒介社会中,形象是一种最为基本的符号或表征类型。恰如美国哲学家凯尔纳所说:

  一种媒介文化已经出现,在这种文化中,形象、声音和景观有助于生产出日常生活的构架,它支配着闲暇时间,塑造着种种政治观点和社会行为,提供了人们构造自己身份的种种素材。……媒介文化是一种形象的文化,它往往利用视觉和听觉。诸多媒介——广播、电影、电视、音乐,以及杂志、报纸、和卡通画等印刷媒介——要么突出视觉,要么突出听觉,或是将两者混合起来,以广泛地作用于各种情绪、情感和观念。④

  虽然凯尔纳的这段描述是针对西方社会而言的,但把它用于中国当代社会也同样是合适的。换言之,我们正在进入一个越来越明显的媒介文化,其中形象的支配和霸权越发突出。第三,城市化和工业化的另一个表述是高度的市场化,而高度的市场化必然带来人类物质和精神生产的商品化。倘使说现代化有一个从以生产为中心的社会向以消费为中心的社会的转变的话,那么,中国进入"小康社会",转向"小康文化",便有一个明显的特征——消费社会和文化。其实从媒介文化的角度来说,它的另一个层面就是文化工业,恰如凯尔纳所指出的,"媒介文化是工业文化,它是依照大批量生产的模式组织的,它是依照不同类型(或体裁,依循传统的公式、代码或规则)而生产出来的,为的是大量受众。因此,媒介文化是一种商业文化形式,其产品乃是商品。"⑤消费社会的日常生活意识形态(诸如闲暇意识,消费主义,享乐主义等)总是这样或那样地呈现出来。于是,形象的生产和消费,就不是一个单纯的生产和消费的问题,而是一种带有商品性质的符号的生产和消费。可以说,在消费社会里,一切形象都带有商品的属性。综合以上三个方面可以看出,我们的文化正在进入城市文化、媒介文化和消费文化,三者的合力塑造了形象符号的基本属性。我们面对广告、影视或印刷物,不仅是面对个别的形象,同时也是在消费着形象。形象的使用价值和交换价值之间的辩证关系,制约着形象的传播和理解。

　　都市化的社会,媒介文化和消费文化的特征,必然转向一种对形象化生存的诉求。从社会学角度看,这种社会与文化形态内在地要求形象作为一种符号化环境;反之,形象的生产和消费,又反过来强化和维系着这样的社会与文化的内在要求。两者是辩证的互动关系。

　　伯格在其颇有影响的《看的方式》一书中,曾经形象地描述了现代形象化生存的现状,他写道:"在我们所生活的城市里,我们所有人会见到成百上千的我们日常生活广告形象。没有任何其他形象会如此频繁地面对我们。在历史上任何其他形式的社会中,未曾有过如此集中的形象,如此密集的视觉信息。"所以,他断言,过去是人们接近形象,比如到美术馆里去欣赏各种绘画作品,现在则是形象逼近人们,我们越来越生活在一个被各种形象包围的世界里。⑥从人接近形象,到形象逼近人,这是一个深刻的转变。依照我的理解,这里的形象主要是指人造的种种形象,从影视到广告,从报纸到卡通。人造符号的充分形象化已经在许多方面呈现出来,关于这一点,只要对十多年前的印刷物(无论是报纸还是杂志)和今天的印刷物稍做比较,就不难发现一个重要的转变。在今天的印刷物中,图片资料的急剧增长是一个显著的趋势。如果说十多年前印刷物是以文字为主的话,那么,在今天的印刷物中,即使不能说总体上图像已经超过了文字,但图像的急剧增长却是一个值得关注的事实,以至于有些人欢呼"读图时代"的来临。在这些印刷物中,文字的功能较之于过去,显然已经从叙述主导,转向对图像的说明性和辅助性的功能。换言之,以图像为主的印刷品时代,将要或已经到来。回到伯格的判断上来,如果说过去是人接近图像,意思是说人对人造的种种图像的接近是一种自觉的主体行为,因为在前媒介文化中,人造的图像并不是随处可见或人人都可接近的。关于这一点,本雅明指出,在传统社会中,艺术品有一种此时此地的独一无二的特征——"韵味",正是这种"韵味"使得艺术品有一种高贵、稀罕和难以接近的特征。比如,希腊的雕塑,文艺复兴"三杰"的作品,或王羲之的书法,或吴道子的画,接近这些古代艺术品决非易事。但是,本雅明发现,在机械复制的现代社会,这种情况发生了巨大转变,艺术品可以通过机械复制来大量生产,"韵味"被"震惊"效果所取代。于是,构成古典艺术的社会——文化传统便崩溃了。伯格的理论其实正是对本雅明理论的一种深度阐述。从人趋近形象,到形象逼近人,这个转变不正是从"韵味"向"震惊"的转变吗?由于大量的机械复制成为可能,由于我们越来越生存于一个人为的符号化的社会之中,形象对人的包围和追踪便是一个不可遏制的趋势和普泛的日常生活景观。

更进一步,从人趋近形象向形象逼近人的转变过程,是和我们前面讨论的视觉文化的自然形态向人为形态的转化一致的,是后一种转变越加显著和加速的征兆。当一个社会到处充斥着种种人造的视觉形象和图形,当作为生存主体的人无法逃避这种形象的包围和追踪时,我们说,视觉文化便进入了一种新的时期——"视觉富裕或过剩期"。所谓的"视觉富裕或过剩",在这里当然是一个比较的概念,是和历史上其他时期相比较而得出的一个判断。与传统文化相比,当代媒介文化和消费文化的形象生产与消费的高度发展是一个显著的特征。于是,我们的生存环境便逐渐远离了乡土的、原野的自然形态,越发地趋向于一种人造的形象符号化的都市环境。这是我们现实的生存境况,是值得深究的文化生态。

形象生产和消费上的富裕甚至过剩,必然导致当代视觉文化的一种偏向:它一方面呈现为形象的生产技术和手段的不断更新,形象构成方式和视觉冲击力的不断提高(只要对当代广告形象与"文革"时期的宣传画稍做比较,就不难发现这个巨大的进步)。于是,我们面对的是一个视觉刺激已无以复加的阶段,形象的构成和视觉诱惑可谓登峰造极。然而,视觉文化的辩证法有时就是令人费解。在形象的视觉质量和诱惑力高度提升的同时,相反的倾向也呈现出来,那就是在人们对种种新的视觉形象接纳、消费并认可的同时,"视觉餍足"现象应运而生。恰如俗话所说,见惯不惊。种种视觉花样的轰炸,反倒使得人为的刻意的形象失去了震撼力和冲击力,在其视觉刺激无所不用其极的同时,在不断强化视觉刺激效果的同时,它也在钝化乃至麻痹了人们对种种新奇独特形象的视觉反应,使人对它视而不见,甚至出现了冷淡、无动于衷的现象。

形象消费的过度或过剩,导致了视觉餍足甚至厌恶。这在一定程度上表明,我们的视觉生态环境有某种缺憾和不足。虚拟的人造形象充斥在我们的日常生活中,从摩天大楼,到影视广告,从室内设计,到公园展馆,人工设计的各种机巧手段遮蔽了我们对自然风光和景物的视线,形象人为构成的过度夸张,以及对我们的视觉诉求的强力和冲击,唤起了人们对平淡自然事物的向往。我们的视觉文化人为的消费主义的形象过度泛滥,显然缺少某种东西或特质。于是,逃避人为形象的逼促便成为潜在的倾向,需要平淡自然的视觉关怀乃是一种"视觉过剩期"的必然追求。

## 重返自然的启示

城市/乡野,人造形象/自然景物,艳俗/平淡,这些二元结构在一定程度上揭橥了文化的转变和人性的两极。从城市化的形象符号的重压中逃脱,转向质朴的原生态的自然,就是抵制人为视觉的暴力和压制的一种策略。随着我们的视觉文化生态的恶化,这种策略的重要性日渐彰显。因此,我们不得不从视觉文化的角度来重新思考人与自然的关系。

晚近自然风光旅游蔚然成风。当农村人口的"盲流"涌向城市时,都市人的"盲流"却反向流动,涌向自然和乡野。对此,经济学家也许从经济发展和社会生活水平的提高来解释,社会学家也许从闲暇时间的增多来解释,我以为,都市居民钟情于对自然风光甚至原始风景,这里恐怕有某种更加深层的心理根源。那就是对城市文化、媒介文化和消费文化形象重压和暴政的逃避。回归自然不仅是一种空间的转换,也不仅是物象的替代,更重要的是一种对眼寻求自由的渴望,一种让身心回归自然的选择,一种对形象人为性和压制的反抗,它表明在视觉富裕乃至过剩的条件下,人仍有某种视觉饥渴和匮乏。

更重要的是,如德国哲学家齐美尔所发现,都市的空间与自然的空间有一个根本的差异,那就是前者有一个明确界划和区分的生存空间的功能,在这样的生存空间中,空间的独特性和特殊性是和社会关系的强度相一致的。而在自然中,这种明确界划和区分的功能消失了,自然空间的广袤和绵延特征,使得它不具有明确的区分和界划特性。我们可以顺着齐美尔的思路进一步思考。即是说,人造的都市化环境有一种将人和文化区分出来的功能,诚如大都市的不同的街区有不同的居住者及其文化一样。更重要的是,都市的视觉文化除了本身带有明显的限制性和排他性,尤其是在商业社会和消费社会的历史条件下。这个结论可以转换为都市视觉文化的封闭性和排他性的说明。与此不同,自然却为人们提供了一种不受限制的视觉畅游的可能性,因为自然本身是无限的,其视觉构成的空间本身也是无所限制的。因此,当人们逃离都市的自闭压力而渴望自然时,不正是一种对限制和封闭的反叛吗?因为在自然中,大千世界的无限绵延,视觉的自由特征,使人获得了一种在都市视觉生活中无法获得的超越和解放。这个结论对于我们深入思考当代视觉文化的悖论是有重要启示的。

在九寨沟,人们赞叹于大自然的宁静和宽容;在黄山,人们惊异于大自然的鬼斧神工和造化;在海南岛,人们陶然于大海的壮阔胸怀和广袤无垠的视野……这样的视觉满足是身陷于都市囹圄之中根本无法获得的。这里,人的视觉是高度自由的,主体对自然景物的流连不再是人为视觉符号的包围和重压,而是一种人与自然的默契,一种眼与心的协调。这种视觉静观带有某种程度的颐养性情的作用,与人为形象的视觉刺激所激发的焦虑截然不同。

或许我们可以推论说,在高度人为性的视觉文化中,这些充塞在一切角落的人为视像遮挡了我们对自然形态的视像的观照。我们逐渐被包围在一个刻意追求人为视觉效果的符号世界里,忘却了人与自然的某种深层的本原性关系。恰如城市中可见的大块泥土越来越少,到处是水泥路面和砖块遮蔽的人造景观。这高度地象征着人工的世界对自然世界的遮蔽和排挤。举目四顾,到处是人为的精巧设计和形象,甚至人自身的自然也已不再自然,而是高度人为形象化,诸如种种新奇的时尚、服饰、健身、美容、染发等。形象设计所改变的不只是客观的物质世界,同时也深刻地改变了我们自身的主体世界和主体自身。在这种背景下,亲近自然乃是一种内心的深刻需求,是一种对人为形象暴力的暂时摆脱,是一种对人性和人的视觉自然的调节和平衡。于是,回归自然也就是回归人与自然的本原关系,也就是重新开启已被人们忘却和遮蔽了的人与自然的关系。这是劳顿的眼睛对休息的需要,也是焦虑的心对宁静的渴望。从这个意义上来看,重归自然乡野,其意义远不只是空间的变化和视觉的转移。

诚然,以上所分析的视觉文化悖论必须作辩证的理解。视觉的富裕和过剩所带来的局限和弊端,并不表明我们要放弃这种视觉生态环境,回到纯粹原始自然的状态之中去,重蹈老子"离形去智"的虚无主义之覆辙。面对高度符号化和人为化的视觉世界,我们应从这个悖论中看到富裕过剩之下的另一种匮乏和需要。这个悖论以及亲近自然最有启迪的地方便是,如何在高度都市化、媒介化和消费化的当代视觉文化中,恢复和保留人与自然的本原关系,遏制人为视觉形象对主体的暴力,赋予我们的视觉以自由,这显然是未来我们必须深思的一个重要的文化课题。

**注释:**

① John Berger, *Ways of Seeing*, New York: Penguin Books, 1973, p.7.
② 休斯《新艺术的震撼》,上海人民美术出版社 1989 年,第 285 页。
③ Anthony Giddens, *Modernity and Self—Identity*, Cambridge: Polity, 1991, pp.10—25.
④ Douglas Kellner, *Media Culture*, London: Routledge, 1995, P.1.
⑤ 同上。
⑥ 同①, p.129, p.20.
⑦ 参见 David Frisby, *Simmel and Since: Essays on Georg Simmel's Social Theory*, London: Routledge, 1992, p.105.

原载《文艺研究》2000 年第 5 期

## 陶东风

# 广告的文化解读

当代社会的一个重大特征是符号,尤其是图像符号的剧增。我们生活在一个符号的帝国里,而广告是这个符号帝国的"国王"。日常生活的基本经验告诉我们,我们的生存环境正在大幅度地广告化。有人形象地说:"我们呼吸的空气是由氧气、氮气和广告组成。"①这略显夸张但并不虚妄。外国学者观察到当今发达社会的两件怪事,一是看电视成为人的主要社会活动之一,人们花费在这上面的时间仅次于工作与睡觉;二是所有的社会群体都在观看广告,尤以儿童、老人以及家庭妇女为最甚。②这两件怪事同样也发生在中国。

的确,无论我们走到哪里,无论把眼光投向哪里,都无法躲避广告的侵扰。无论打开电视机、收音机,翻开报纸杂志,还是挤进地铁与公共汽车,广告处处"在场"……最后竟至于你闭上眼睛或做梦时也还是广告!

广告对于社会、大众的影响绝不限于购物。有学者认为,"我们可以从不同的角度看待电视广告……可以不把广告死板地看做是经济事件,而把它看做是一种社会政治事件,它讲述着或参与着社会场中各种力量之间正在进行的游戏。"③作为一个人文学者,我更加关心的是:广告已经成为塑造大众信仰、世界观、价值观的最重要媒介之一。我甚至于觉得,今日的人类灵魂工程师,不是作家,也不是教师,而是广告!君不见广告中的"成功人士"早已是大众模仿偶像,广告中倡导的"理想生活"早已深深地渗透到大众现实生活的设计与美妙未来的蓝图之中。尤其对于青少年来说,广告的影响要远远超过教师、家长以及教科书。对于这么重要的社会文化现象，人文知识分子没有权利回避。正如美国加州大学历史系教授马克·波斯特指出的："电视广告是重大的社会事件，是发达工业社会图景中的显著特征。它们是一种范围甚广的屡发现象，公司行政人员、政客、宗教界人士以及社会批判家都看到了它们的重要性。"④

除了认识到广告的普遍重要性以外，一个更加重要的问题是如何阐释广告？我们都已经知道广告的重要性，也看到了广告对于大众精神世界的负面影响，但广告是通过什么方式作用于人、影响人的？为什么崇尚科学与理性的现代人（其中包括相当数量的知识分子），不能识破广告中一些再明显不过的谎言与神话？

## 广告，谎言，意识形态

我们必须要看到，广告虽然首先是一种商业推销手段，但它也是一种文化。成功的广告常常并不赤裸裸地"王婆卖瓜"；相反，它要把自己的商业动机乃至商业性质巧妙地掩藏起来，给人的感觉仿佛不是在做广告。这个时候它就要借助于文化，尤其是要借助一种巧妙的修辞方法、叙述方法。它要用美学与艺术来包装自己。这就是广告制作中至关重要的**话语转换**。利用美仑美奂的图像与声音，调动各种似乎是非商业化、非功利性的情感资源"以情动人"（所谓"问寒问暖，日立先知"），盗用各种古今中外的文化资源，等等，都是广告修辞的常见手段，是广告常用的话语转换方式：把买海尔空调转化为对于父母的关爱，把买富康轿车转化为对于自由的向往，⑤等等，等等。

从符号学的角度看，广告中最常见的修辞与叙事技巧是意义的嫁接。也就是说，把一种与某个产品（符号学上说的能指）并不具有必然联系的意义（所指）"嫁接"到该产品。鲍德里亚把符号学方法与政治经济学方法结合起来批判性地解读广告，认为"产品本身并非首要的兴趣所在；必须在该产品上嫁接一套与该产品没有内在联系的意义才能把它卖掉。"⑥这样，消费这种产品与消费一种意义（常常是一种非商业化的、非功利的意义）就被牵强地，但常常又是不被知觉地联系起来。比如"雪碧"广告没有太多地展示商品本身，也没有描述人们的饮用过程，却拍了许多似乎"无关"的东西:白浪滔天的大海,扑向少男少女的晶莹浪花。其实这才是广告修辞的核心:把"雪碧"这种饮料与一种超越的、非功利的意义和情感、一种审美的人生态度(对大自然的热爱、人与自然的统一等)焊接在一起。说起来,这种技巧的开创者还是西方人。著名的万宝路香烟广告把万宝路香烟与一系列关乎男子气概的意象——广袤无边的西部沙漠、豪放不羁的牛仔、奔腾的烈马等——剪接在一起,因而暗示人们:使用这种香烟就是阳刚之气的表现;而更深层的潜台词是:抽万宝路香烟的人因为他的阳刚之气而会赢得女性的青睐,他们在性征服的游戏中将会胜利。这样,一个隐含的"公式"产生了:万宝路=男子气概=成功地征服女性。还有一个西方人做的百事可乐的广告,表现的是不同年龄、阶级、人种、性别的人在一起共享这种饮料。波斯特对这个广告的潜意识层面的寓意的解读是:"喝百事可乐与其说是消费一种碳酸气饮料,还不如说是在消费一种意义、一个符号——一种社群感。"⑦无独有偶,另外一个版本的雪碧广告也把一种饮料品牌与和谐的人际关系这一附加的意义联系起来:现代都市中拥挤、表情麻木的人群,他们人人带着面具(象征人际关系的冷漠)。歌星张惠妹突然出现在人群中,只见她率先揭掉自己脸上的面具,并用歌声与手势鼓动大家也揭开面具。果然众人纷纷响应,扔掉面具与她一起起舞,友谊、诚信、和谐一时间仿佛梦一般又回到了人间。此时张惠妹高举手中的雪碧,喊道:"我就是你。"屏幕上打出"雪碧,亮晶晶"。显然,这个广告刻意在雪碧(能指)与真实的自我、和谐的人际关系、友爱、诚信之间划等号。虽然实际上这两者之间不存在任何必然联系。

　　这样,受广告影响的消费者所消费的就不仅是产品的使用价值,而且还有人为地附加其上的符号价值或象征价值,是人为地、不乏强暴地焊接上去的"意义"。尤其是一些名牌产品,**它的象征意义与符号价值常常超过物质/使用价值**(比如商务通、人头马、皮尔·卡丹等消费品被认为意味着一种特定的身份,这种身份认同常常成为人们购买与使用产品的主要原因)。"广告以极大的弹性构筑一个微现实(mini-reality),事物在其中的并置方式有悖日常生活的规律。尤为特别的是,电视广告所联系的意义、内涵以及情绪在现实中是不恰当的,在对话交流中必然遭致异议,但在表达欲望、潜意识和想像这一层面却很有效"⑧,"广告并没有把语言预设为对一种'实在之物'的指涉,而是将它预设为能指的任意关联。广告径自重新排列那些能指,悖逆它们的'正常'指涉。广告的目的便是在叙述称心如意的生活方式时令人联想到一个能指链:例如:百事可乐＝年轻＝性感＝受欢迎＝好玩。"⑨

由于广告在能指与所指、产品与意义之间的这种任意联结,它常常就具有欺骗的性质。广告是幸福生活的空幻许诺,是社会矛盾与个人生存困境的虚幻解决。广告中充满了谎言(不是说所有广告都与实际的产品质量相反,而是说它所赋予产品的"形而上"意义是具有欺骗性的)。有这样一则雕牌牙膏广告:"我"有了一个新妈妈,可"我"一点也不喜欢她。无论是这位"新妈妈"为"我"打毛衣,还是在雨天接"我"回家,都无济于事。但有一天"我"在卫生间看到了"新妈妈"为"我"买的雕牌牙膏,而且为"我"挤好了放在那里,才顿时觉得她"好像并不那么讨厌"。于是矛盾化解、幸福的新生活开始了。所谓"真情付出,心灵交汇——雕牌牙膏传递真情"(广告主题语)。看来当好"后娘"一点不难,只要多买几盒雕牌牙膏就行了。"幸福生活"的空幻许诺、人际矛盾的虚幻解决,在此可以说达到了登峰造极的地步。"在电视广告中,汽车象征着社会地位,腋下除味剂实现了革命抱负,复印机促进了上帝的劳作,乘飞机也成了狂欢经历;妇女的身体被贬损,健康的价值观遭到败坏,无辜的儿童成了贪婪的受害者。"⑩

从阿尔都塞的意识形态理论来看,这正是广告中隐含的意识形态作用:维护与强化个体与他/她的生活条件之间的想像性的、虚假的关系。广告的观众被结构为一个消费主体,广告把个体与他/她的"生存的真实条件"间的关系再现为一种想像的(虚假的)关系,使主体生产虚幻意识而同时又**不能认识到这种意识的虚幻性**。广告把个体建构成一个能够自由地选择与购买产品的主体,一个想买什么就买什么的主体。对于绝大多数人来说,这当然是虚假的。但它强有力地诱使、呼唤观看者与商品认同,从而成为一个消费主体,"广告不仅刺激人们选择某一物体,做出一次认知决定,做出一次理性评价,而且力图在其他语言学层面上制造种种使观看者与该产品合而为一、彼此依附的效果。观看者是广告中缺席的男女主角。观看者被引诱,而把他或她自己置换进广告之中,从而使该观看者与产品意义合而为一。"⑪

广告之所以能够成功地发挥这种意识形态作用,使消费者放松警惕,丧失理性思维能力,甚至产生对于自己的生存状况的虚幻意识,根本的原因在于:广告总是通过各种方式作用于人们的无意识欲望。不管广告使用的修辞手段是什么,调用的文化与情感资源是什么,有一点是不变的:所有的广告最终都必须切入人的无意识深层欲望。理查德·奥曼说:"也许所有广告都包括或者意味着某种意识形态。它们试图让观众做或者相信符合广告商利益的一些事情。观众与广告商默契的地方是关于优裕和美好的社会等笼统的观点或形象。正如很多人说过的,广告作为一个整体传达某些重要的意识形态信息:商业能够解决所有的人类问题;商业在满足'我们的'最深切的需求;美国人的生活方式基本上是良好的;尽管总是存在着问题,但是这些问题会将通过商业与消费者的相互合作得以解决——解决问题就是进步。"⑫著名西方马克思主义理论家杰姆逊也认为:如果要使广告形象起作用,就必须在消费者那里存在着欲望,同时,广告形象必须与这个欲望相吻合。但是广告又不能只是对直接的欲望说话。……广告必须作用于更深一层的欲望,甚至是无意识的需要(其中有些和性欲有关)。比如某些饮料广告便有这个特色,它宣传说你只要喝这种饮料,就会有妙龄女郎偎依着你,你会感到生活极其美好,充满了浪漫色彩。诸如此类的夸张。这样,"直接的欲望和深层的无意识需求都得到了满足;你可以梦想一个妙龄女郎,甚至更进一步,你可以幻想全部生活都发生改观,四周都是美丽的人,你有充足的时间,无忧无虑,也就是说世界上所有的一切都在这种乌托邦式的状态下改变了、变形了。这些广告正是在悄无声息地告诉你,难道你所渴望的不正是这种乌托邦式的对世界的改造么?如果是这样,为什么不用我们的产品呢?虽然我们不能许诺任何东西,但是这些产品起码含有改变精神状态的成分,在这种无意识的欲望中,最强烈、最古老的愿望仍然是集体性的,例如,永久的青春,自由和幸福等。"⑬杰姆逊认为,在表现这种无意识欲望与乌托邦方面,广告制作者是一些"最了不起的艺术家",广告艺术则"完全可以和文艺复兴时期的艺术、18世纪的小说相媲美"。这些人天赋极高,但他们的才能最终要被商业性的目的所制约,而广告所表现的任何欲望也都最终要被扭曲,因为如果真正有改变世界的欲望,那么,必须进行革命。真正的革命不能在"想像界"里进行。

## 幸福生活的谎言与广告中的性别歧视
### ——广告案例分析·之一

在前面我们已经指出：广告虽然是一种商业推销手段，但也是一种文化。"成功"的广告常常并不赤裸裸地"王婆卖瓜"；相反，它要把自己的商业动机乃至商业性质巧妙地掩藏起来，给人的感觉仿佛不是在做广告。这个时候它就要借助于文化与美学，它要用各种修辞手段与叙述技巧来包装自己。这就是广告制作中至关重要的话语转换。

这里所说的"包装"还不仅仅是指广告要讲究色彩，构图的美丽、巧妙，广告语言要力求文学化与诗意化，更指广告必须调用特定社会、特定文化传统中的意义阐释模式，尤其是关于"幸福生活"的意义阐释模式。这种阐释模式常常是人们习以为常的，它们在文化的承传过程中不断地得到强化与再生产，结果变成了一种似乎"理所当然"的东西，甚至变成了人们的无意识、常识。正如卢曼指出的："媒体不仅是词语、编码、符号、或代码；它们还是组合遴选的意义群集。"⑭从符号学与叙述学的角度看，广告是一个意义的表征/再现系统，而这种意义的表征/再现不是存在于真空中，而是存在于特定的文化传统与意义网络中。正因为这样，广告需要借助一个文化中现成的、已经被人们广泛接受的意义解释系统，比如什么是"幸福"，什么是美好的家庭与爱情，什么是成功的男子、可爱的女性，等等。比如外国的观众对于中国广告中为什么充斥皇帝或贵妃形象（所谓广告中的"帝后现象"）可能会感到奇怪、不理解。这是因为他/她们不懂中国传统文化与老百姓的文化心理：皇帝代表尊贵、享受与至高无上的地位。麦克卢汉指出："报纸杂志中任何一则引人注目的广告注入的思想和心思和心血，都大大超过了特写文章和社论中投入的思想和心血。任何耗资巨大的广告，都精心构筑在已经验证的公众的陈规定见或'成套'的既定态度上，正如摩天大楼建立在基岩上一样。……任何受欢迎的广告都是公众经验生动有力的戏剧化表现。……广告队伍在研究和测试公众的反映上，每年有数以十亿计的经费，他们的产品积累了有关这个社区共同经验和情感的大量资料。倘若广告偏离了上述共同经验的中心,它们就会立即发生崩溃,因为它们将失去对我们情感的控制。"⑮ 可见,**切合观众普遍的文化心理模式,是广告成功运作的重要条件。**

但是人们以为理所当然的、不加质疑的东西未必是合理的,事实上,正因为它已经变成人们的无意识,变成了习焉不察、习以为常的"常识",所以它才更加可怕,因为它所表达的不合理的权力关系掩盖在所谓的"自明之理"中,人们不加质疑地接受了这种习惯化的意义阐释模式中的意识形态霸权,接受了它隐藏的不平等的权力关系。人们对它丧失了反思与批判的能力。

那些涉及男女之间性别关系与社会角色分工的广告最能说明问题。

广告中的性别与社会角色之间的关系经常是极度模式化的,其中不平等的权力关系随处可见。首先值得注意的是看与被看的关系模式。"华伊美粉刺一搽净"广告告诉我们:女子的幸福就是被男人喜欢。广告画面中右边那个衣冠楚楚的男子一看就是一个"成功人士"。他拿着放大镜,仔细地审视身边(居于广告画面的左侧)那位女子的脸部,并念念有词:"乖乖,华伊美真厉害,不但将满脸的粉刺消除得一干二净,连粉刺斑也没有了,放大镜也失去了作用。"而这位女子则歪着头甜甜地、"自信"地笑着:"不久前,我脸上长满了痘痘,他经常嘲笑我,一气之下,十几天不见他,就悄悄地用起了华伊美粉刺一搽净,效果非常好。你看现在的我不是很靓吗?"这则广告告诉我们:对于女性而言,幸福就是得到男子的宠爱,而得到男子宠爱的前提是则是自己的青春资本。因而靓丽可人就是幸福的同义词。这种幸福与社会取向的事业成功无关,而只与外表相关。美丽(面部的洁白无瑕)是女性获得幸福的根本。又因为女性的幸福在于得到男性的宠爱,因而这种美丽实际上是给男人看并由男人来鉴定的。男性处于欣赏者与评判官的角色;女性则是取悦于人者,只有被欣赏与被评定的份儿。

这方面另外一则经典性的广告是浪莎袜业广告:画面右上角是一位具有模特般身材的魅力四射的女子,只见她穿着背带裙,两手叉腰,头微微向左盈盈远视,做出一副非常标准的模特儿姿态,特别突出自己性感的胯部、修长的玉腿以及玉腿上一双透明的袜子。这位女子到底是为了谁而展示自己性感之躯?原来画面的左下角站着一位身着熨得十分妥帖整洁的高档服装的男子(一看就是一个"成功人士"),他右手高举额头,头向右侧仰望右上角的那位女子,完全是一副看风景的样子。

**在这种非常典型的看与被看的关系背后是一种主体/客体、支配/被支配关系。**看的男性主体处于绝对的主动地位,而那个被看的女子(风景)则是一个被动的客体。绝大多数的女性用品(化妆品、首饰、减肥产品等)广告都有这样一个显在的或隐在的男性主体,一双男性的眼睛——广告上的女子就是为了取悦于这个主体或这双眼睛而频抛媚眼,搔首弄姿。比如电视上近期播出的夏士莲洗发水广告。镜头之一:一个中国姑娘穿着非常暴露的上衣,展示给边上一个欧洲男性看,这个男性只是瞟了一眼,继续看他的报纸,女性声音:"他说这样没关系"(男性主体许可了);镜头之二:还是这个中国姑娘穿着长裙,裙子的中缝开得很高,露出性感的大腿,展示给同样一个男性看。这个男性还是不动声色。女性声音:"他说这也没关系。"(又许可了)镜头之三:该女子原先的长发变成了又短又乱的短发。这次这位男子看到以后勃然大怒,拍案而起:"绝对不行。"镜头之四:女子恢复了原先的长发,经过处理以后油光发亮(画面上出现"夏士莲"的广告语)。这同样是一则十分典型的体现性别歧视的广告:女性的外表装束与身体管理必须得到男性的认可,因为这种"管理"的目的就是取悦于男性,化妆品的力量就在于增强女性吸引男性的青春资本。有些广告甚至利用汉语的特点,大量使用露骨的性隐语,比如"一戴天娇"、"丰胸化吉"、"从小到大的关怀"、"做女人'挺'好"、"不要让男人一手掌握",等等。

无独有偶,"太太口服液"广告几乎在重复着这种男女性别模式:一对情侣坐在一起吃荔枝,女孩秀气水灵,男孩帅气英俊。女孩一边剥荔枝一边撒娇地问男的:"现在的我漂亮还是从前的我漂亮?"男的回答:"以前的你就像……这个",边说边拿起一枚果肉枯黄的荔枝:"干瘪枯黄。"女孩一脸不高兴。男孩话锋一转:"不过现在的你呢?……"他又拿起一枚饱满鲜亮的荔枝,望着洁白晶莹的果肉说:"就像这个,又大又滑,怎么看也看不够。"女孩于是转怒为喜,甜甜地笑说:"这都是'太太口服液'的功劳。"俩人相拥而笑,做无比幸福状。这位女性的悲喜、她的自信建立在男性的认同上,只有男性的认同才具有权威性与可信性。更有甚者,用荔枝来比拟女性,其深层含义是:女性就像是荔枝,是满足男性生理需要的。她的价值或许比荔枝高一些,但是本质上相同,都可以通过金钱得到。⑯

这种对于女性性别角色的处理方式在广告中几乎俯拾皆是。德高家具广告把家具与女人并列为三宝,把女人降低到物的水平,公然宣称:"现代家庭有三宝:娇妻、美子和德高。"值得注意的是,广告中的那位作为权威象征的叙述人角色:他是男性,是一家之主,在他看来,娇妻、美子的价值有如名牌家具,是一种摆设,是身份与地位的标志,向别人夸耀的资本,是证明自己成功的手段与工具。

其次是男主外女主内的社会—家庭分工模式。此类广告中的性别不平等关系常常不是赤裸裸的,而是被包裹在所谓"幸福的家庭/两性关系"的承诺中。大量的广告都在批量制造这种所谓"幸福家庭"模式:大凡与家务相关的广告(比如洗衣机、洗衣粉、冰箱、味精、方便面等)都包含这样一个"三角关系":围着围裙忙里忙外的家庭主妇;事业有成、西装革履的男主人;活泼可爱的孩子。这三个角色组成了一幅大同小异的"幸福家庭"的图像。而其中介绍产品之优良性能的必然是那位"贤妻良母"。⑰

比如"金龙鱼色拉油"广告:这边厨房中妻子在烧饭做菜忙得不亦乐乎,而那边客厅中,丈夫在悠闲地看报,儿子则在起劲地打电子游戏机。"开饭啰!"笑容满面的妻子从厨房中走出来,摆放好饭菜。丈夫与儿子边吃边夸:"老婆,你真行","妈妈,你做的菜真好吃"。妻子脸上浮出幸福而得意的笑容:"全靠有了金龙鱼色拉油。"这是一个多么典型的而又陈腐的幸福家庭神话与女性角色分配模式:女性是伺候丈夫儿子的贤妻良母,女性的幸福来自丈夫与儿子对于她的厨艺的赞美,衡量一个妇女的好坏的标准是她的厨艺,男人的世界是工作与事业,而女人的世界则是家庭,她是一个围着锅台转的家庭保姆。

广告几乎每时每刻都在依据文化的阐释模式制造"幸福生活"的谎言与神话。这种神话与谎言本身是产生于人的习焉不察的文化偏见以及现实中不合理、不平等的权力关系;但由于人们在日常生活中反复内化广告的谎言与神话,并以它所界定的所谓"幸福"模式来绘制自己的生活、指导自己的行为,从而就进一步再生产、强化与巩固了这种文化偏见以及不合理、不平等的权力关系。正如波斯特指出的:"当一个人看到一则电视广告时,社会的主要社会关系被再生产了。"⑱同时被再生产的是支配与被支配的权力关系。看广告者,可不慎乎?

## "成功人士"与广告中的消费偶像
### ——广告案例分析·之二

　　以研究大众文化见长的法兰克福批判理论家洛文塔尔曾经专门讨论过美国社会大众偶像的历史变迁以及相应的大众价值观念的变化。他的方法是对于美国20世纪流行杂志中的人物传记进行抽样调查与历史比较研究。结果发现:20世纪初期的20年中,传记主人公绝大多数是生产偶像,他们来源于生产性的生活领域,如工业界与自然科学界。体育界、演艺界与娱乐界的人士——所谓"消费偶像"——非常罕见。洛文塔尔分析说,这些传记主人公之所以被称为"生产偶像",是因为他们所体现的是一种个人奋斗的价值取向与人生观念,他们身上体现的是资本主义初期的价值观,他们证明了一种"机会向每个人开放"、"社会底层的人可以个人奋斗爬到上层"的心理,发挥着"教育典范"的社会作用。从40年代开始,流行杂志中的传记人物转向"消费偶像",主要是娱乐界人士,如体育明星、演艺明星,他们是些电影界、夜总会与舞厅的头面人物。他们不过是取媚于消费者的商品。洛文塔尔还认为,这个过程表明,在40年代,消费已经取代生产成为人们日常生活兴趣的中心,也表明物质消费取代精神生活、追求享乐与舒适取代劳动与创业成为人的生活目标。洛文塔尔的研究从20世纪头20年开始,但是可以想见的是,20年代集中体现于传记中的生产偶像以及与此相关的价值观念绝非无源之水,它实际上已经延续了相当长的一段时间,甚至在欧洲移民初入美国的时候即已成为人们生活观念的中心。这在很大程度上可能归功于鼓励创业、理性经营但制约消费、抵制奢华的新教伦理。⑲

　　如果把美国的情况与中国做一个简单的比较,就会发现,在中国,生产偶像向消费偶像的转化以及相应的大众生活观念的改变是以快得多的速度完成的,差不多可以说是"转眼之间"。在80年代初期与中期,中国的主要媒体中的偶像性人物是陈景润、乔光朴、陆文婷等生产性偶像,他/她们身上体现的是一种个人奋斗与积极进取的生产性伦理(当然,这些大众偶像式的人物主要是通过文学作品塑造的,因为广告在当时还处于非常幼稚的起步阶段,消费性的流行杂志也非常罕见)。但是到了80年代末,特别是90年代,充斥于各种大众流行报刊(比如《时尚》、《女友》等)的封面人物与传记主人公几乎一律都是消费偶像——演艺界的各种明星。

消费伦理的迅速流行当然也反映在广告中。广告不但参与了消费偶像的塑造与消费伦理的推广,而且它本身也必然依托于消费伦理。一个有意思的统计数字是:在1983年上海电视台所播出的广告中,生活资料类的广告占34%,日用品的广告占50%。到了1988年,前者的比例下降到2%,而后者的比例则上升到61%。而在今天的商业广告中,日用品特别是奢侈品的广告更呈现出压倒性优势。生产伦理让位于消费伦理于此亦可见一斑。

著名演员濮存昕做的恒基伟业商务通广告就是宣扬消费主义意识形态的典型文本。镜头之一:身穿白衬衫的濮存昕在拼命地挤公共汽车,突然腰间的BP机响了,他只好逆着上车的人流又拼命挤下车去找公用电话;镜头之二:濮存昕开着小面包车,拿着手机指挥建筑工地上的工人干活;镜头之三:老板办公室中的濮存昕,正在用恒基伟业商务通查询,美丽动人的女秘书(李湘扮演)为他送来一杯咖啡,两人相视而笑;镜头之四:濮存昕正开着奔驰回家,娇妻(即刚才的那位秘书)出门恭迎,濮存昕一手拿着商务通,一手拥着娇妻,享受着无比的欢乐与幸福。此时屏幕上出现一行字:"呼机,手机,商务通,一个都不能少。"

这个广告在几十秒钟内编造了一个"成功"男士的故事,同时也制造了制造"成功人士"的模式或配方:年龄大多在35岁—45岁之间,身体微微发福,满面红光,有车有房,更有美女相伴。问题在于,这些"成功"人士的"成功故事"根本不包含他/她的个人奋斗历程,它是在瞬间神奇地完成的;更重要的是,成功的标志不是精神性的而是物质性的,即是否拥有高档的消费品。与陈景润等80年代"成功人士"形象不同的是,"濮存昕"的成功在于他拥有高级轿车、别墅、豪华办公室以及美妻。或者说,成功的标志是"江山"(这里的"江山"已经不是革命江山,而是商业江山)与美人兼得。科学技术(手机、商务通)在这里也获得了与80年代截然不同的价值含义:它的意义在于带来消费水平的步步上升,以及物质享受程度的步步提高。高科技手段只是通向高消费(这才是广告所渲染的真正的幸福与成功)的敲门砖。换言之,拥有高科技可以使你成为百万富翁,进而自然地拥有你想拥有的一切:名牌车、美丽的妻子、豪华的住宅等等。濮存昕的成功是用物质价值加以计量的:从BP机,到手机+面包车,再到商务通+豪华办公室,最后是奔驰+别墅+美女。(在有些广告中,"成功"与某种商品之间关系没有被叙述得这么复杂,而是在两者之间简单地划上了等号,比如:"贝克啤酒是每个成功男士都拥有的"。)

当然,也有一些同类广告的主角是"成功女士"(相对比较少见)。比如某手机广告:华丽堂皇的时装发布会上,亚洲经贸地区总监——一位气质高傲的成功女士用手机提前预定了一瓶红酒,在发布会接近尾声时,她已经坐在舒适的客厅里独自享受"高品质的生活"(即该红酒),画外音:"真正的品味就是提前享受高品质的生活。"这则广告没有告诉我们这位总监的任何工作方面的信息,而是突出渲染她的消费。这样,成功与消费之间的联系就被貌似巧妙而实则粗暴地建立起来。

这就不难理解,这类关于"成功人士"的广告(谎言与神话)都是各种演艺界的明星做的,因为他/她们都是清一色的消费偶像。明星做广告,已经成为一种时尚(我们很少见到有哪个劳动模范或科学家做广告)。除了上面提到的濮存昕以外,还有:刘德华做爱立信手机广告,张惠妹做雪碧广告,黎明做乐百氏纯净水广告,巩俐做爱立信手机广告,赵薇做娃哈哈AD钙奶广告,赵本山做泻痢停广告,葛优、徐帆做"南极人"内衣广告,章子怡做联想电脑广告,舒淇做山水音响广告,朱茵做大力士沐浴露广告,张柏芝做东洋之花美白霜广告,谢霆锋做可口可乐广告,等等。可以说明星离不开广告,广告更离不开明星。由消费明星把消费伦理宣扬得赤裸裸的莫过于王志文做的"派"牌服装广告。他在不同的背景依托下摆出各种姿势,尽情地、多方位地展示自己身上的"派"牌服装,最后说出一个字:"派"。

总之,这些广告宣传的不是艰苦创业或奋斗进取,而是谁比谁更会消费,谁的消费水平更高、更时尚、更前沿。由于明星在今天具有巨大的知名度与示范效应,所以,这些广告对于消费者的影响力是不可低估的。⑳尤其是在市场不成熟、消费者购买心理还不健全的中国就更是如此。据说力士公司最初在中国打市场的时候，在广告形象的选择上颇费心计。最后他们选择了中国人崇拜的著名影星娜塔莎·金斯姬作为广告形象，结果证明人们对于明星的崇拜果然可以有效地转移到商品身上。再比如法国高级服装品牌雪莱进入中国市场时，在选择广告形象代理人方面曾颇费心计。后来他们决定请香港影星张曼玉来做，结果大获成功。据雪莱公司高层回忆，由于雪莱进入中国较晚，知名度不高，很多中国的消费者没有听说过。但因为抬出了张曼玉，所有的人都恍然大悟："就是张曼玉做代言人的那个牌子啊，知道，知道！"㉑可见，对于那些新进入中国市场的外国产品来说，请一个家喻户晓的明星来混个"眼熟"（或耳熟）是多么重要。㉒

在笔者看来，消费偶像的大举占领广告证明了，在中国，生产性伦理基础是十分薄弱的。君不见如今的广告中"至尊至美"、"皇家气派"、"出人头地"追慕豪华奢侈的用语漫天飞舞，在电视广告的画面上，到处可见金碧辉煌的豪宅，灯红酒绿的豪宴，风驰电掣的名车，它们对于国民经济是否具有拉动作用我们不敢妄加判断，但其鼓吹的文化价值与生活观念却不能说是健康的。

从阿尔都塞的意识形态理论来看，此类广告发挥的是维护与强化个体与他/她的生活条件之间的想像性关系或虚假关系的作用。一个沉浸在奢侈品广告中的人会整天做着"三大件"（奔驰、别墅、美女）的白日梦而忘记了自己作为贫下中农的真实处境。广告把个体与他或她的"生存的真实条件"间的关系再现为一种想像的/虚假的关系，使主体生产虚假/错误意识而同时又不能认识其虚假性。在上面提到的由消费明星做的那些广告中，广告的观众被结构为一个能够购买产品的"主体"，一个能够自由地选择奢侈品、想买什么就买什么的虚假"主体"。有了汽车就有了社会地位，腋下除味剂实现了革命抱负……而实际上，人们依然生活在各种各样的烦恼中，相当多的人还在衣食住行而发愁。

朱迪斯·维廉森（Judith Williamson）在《广告解码》（Decoding Advertisements）中就成功地运用了阿尔都塞的意识形态理论分析了广告中的意识形态。她指出，广告再现了我们与自己的生存环境之间的假想关系，广告不断告诉我们，真正重要的不是以我们在生产过程中所起的作用为基础而产生的阶级差别,而是在某些特殊商品的消费方面所形成的差别。因而社会身份也就变成了一个我们消费什么,而不是我们生产什么的问题。与所有的意识形态一样,广告通过"召唤"来发挥其功能:它产生了各种主体,而这些主体反过来又隶属于广告的各种含义以及广告的消费模式。在广告所设置的语言环境中,它通过"你"这个代词来把你召唤为一个假想的主体,在由"你"所打开的假想空间中,"我"认识到了自己的存在,并变成了广告中那个假想的"你"。由于这个"你"实际上是一个由广告创造的虚假主体,所以这样的过程是一个主体的"误识"过程。广告在讨好我们,让我们很快乐地想到我们就是广告话语中的那个特别的"你"。而我们在这样想的时候就已经变成了其物质实践的主体与附属品。㉓广告中这样的谎言难道还少么?

## 口香糖与爱情:欲望的虚幻满足
### ——广告案例分析·之三

几乎每个广告都要制造一个美丽的谎言。广告中的商品被赋予了神奇的力量,它似乎能够化解一切矛盾,解除一切痛苦,解决一切难题。在广告中,社会矛盾(比如人际关系的紧张)与个人痛苦(从青春痘到阳痿)乃至人类生存困境(比如环境污染),都可以在瞬间被神奇地(也是虚幻地)解决。外国有学者认为:广告总是"通过对于产品的模糊的、无法验证的声明——('使牙齿更洁白')或者通过与某些可靠的意象的联想——幸福的家庭、青年的人、成功的性生活等等——来出售产品。这样的广告通过暗含的联想而存有很多欺骗性。"㉔你不是为自己脸上的雀斑或青春痘苦恼么?××化妆品可以使你的脸蛋洁白无瑕;你不是为自己的粗腰发愁么?××减肥茶可以使你成为"赵飞燕";你感到精力不济甚至性功能衰退么?××丸或液可以使你精力旺盛,自己与妻子都幸福无比;你是否为城市中的污染与嘈杂而心烦,不用着急,××家园与花园可以使你生活在一个鸟语花香、绿树成荫的大型氧吧中。你是否担心孩子的学习成绩下降?甭着急啦,"吃了忘不了,学习会更好"。姑娘们再也用不着怕青春易逝,只要用了××香皂,就可以"今年二十,明年十八",妈妈们不用为孩子食欲不振而发愁,有"哈慈驱虫消食片"呢。至于孕妇么,孕宝营养液可以使你"产后风采依旧"。甚至于,如果你为找不到工作为苦恼,也不要紧,只要你读《前程周刊》,上51job.com网站,入《前程无忧》club。那么,"好工作就会来找你!"……总之,你要什么就能给你什么,你的一切白日梦都可以由广告替你圆。广告还可以把情敌变成敌人。贵州青酒广告模拟了一个结婚的场景,一个男子感伤地望着人群簇拥中的新娘,"她要结婚了,新郎不是我。"在接下来的镜头中,周华建的《朋友》响起,新郎与这位"失恋"的青年男子友好地碰杯共饮。画外音:"贵州青酒,做个朋友。"看来青酒的魅力比自己原来的情人(而且现在还依然爱着)大多了。真不知道这位新娘作何感想。

广告是"幸福生活"的空幻许诺。

有这样一则神奇的"返老还童"的故事:一群成年人的球队训练完以后一身臭汗地涌入浴室,并信手将运动器械放在长凳上。他们纷纷拿起相同的××品牌的浴液入室洗澡。谁知不大工夫,在蒸汽弥漫的浴室中出来了一阵阵稚气的嬉笑声。更神奇的是,当他们出来的时候,竟然变成了一群幼儿。他们光着身体,裸露着娇嫩光洁的皮肤,寻找自己的运动器械,有的拿不动就拖着走了。这就是某牌子的浴液具有的奇特"疗效"。

把这种美丽的谎言编得最不可思议的还是要数那些涉及爱情或性关系的广告。这些广告常常先设置、虚构一种爱情或性关系方面的危机情境,然后告诉你只要你买了我的商品,这种危机即刻就可化解,面包会有,一切都会有。这就是广告化解爱情或婚姻危机的神奇作用。"华伊美粉刺一搽净"广告除了表现了明显的性别歧视(参见上文)外,还制造了一个美丽的谎言:华伊美通过消除粉刺而使广告画面中的女子(她当然是许多同类女子的代表)免于被男子抛弃的命运。"太太口服液"广告也在重复着这种谎言:要是没有太太口服液,广告中那位女子大约早就被男人当做烂荔枝给扔了。

具有同样神效的是"飘柔洗发水"。该广告镜头之一:一对恋人在吵架,女声话外音:"这是我们的第103次吵架。"镜头之二:只见女孩愤怒地走向远方,长发夸张地迎风飘舞,女声话外音:"我知道他一定会追过来的。"男孩果然转身来追女孩,两人和好,露出会心一笑。镜头之三:出现一个大广告牌,上写:"飘柔就是这么自信!"

　　西方的广告也有类似的例子。有一则关于牙膏的广告是这样的:汤咪放学回家,眼睛被别人打得青了一块。年轻可爱的妈妈问他怎么回事,他先是不肯说,好不容易才道明真相。原来是小伙伴逗弄他,说他爸爸与别的女人约会。他为了捍卫妈妈的性魅力而与伙伴打架。妈妈感觉受了侮辱,但她选择的办法是匆匆地赶去买那该买的牙膏。第二天早上,妈妈穿着连裤袜,戴着胸罩,性力四射,在洗手间刷牙,对汤咪说,"真灵"。稍后,汤咪和他的小伙伴在起居室的角落里偷看,只见爸爸搂着妈妈随华尔兹音乐翩翩起舞。一位小伙伴说,"看呀,你爸爸快要停下来亲她了。"汤咪说:"对,你再也不敢说我爸爸与别的女人鬼混了。"㉕ 就这样,一支牙膏解决了性关系与婚姻关系的危机。

　　在广告中,商品不但可以化解爱情与性关系的危机,它也可以神奇地成为威力无比的撮合者或媒婆。请看绿箭牌口香糖广告:

　　一辆火车缓慢地行驶着,只见车窗边坐着一位美丽而又寂寞的少女。随着她的视线望去,我们发现在车厢的另外一边同样坐着一位英俊而寂寞的男子。他们的目光相遇了。可是谁也没有说话。突然男子拿出一块绿箭牌口香糖,递给少女。少女接过来以后脸上立即露出光彩。突然间她像发现了什么似的,把口香糖分为两半,给那位男子一半,两人于是一起幸福地咀嚼口香糖。火车进站了,男子下车,在茫茫的人海中不时的回头寻找心中的绿箭牌"白雪公主"。在失望之中火车开走了。突然奇迹发生,原来在铁道的对面那位女子也在翘首企盼地寻找她的绿箭牌"白马王子"。两人会心地一笑。广告到此结束,但是其话外音却最明显不过:他们之间将会上演爱情故事,而这个故事的"导演"就是绿箭牌口香糖。这里的商品起着媒婆的作用。

　　类似的还有一个清火栀麦胶囊广告。该广告由四幅画面组成。第一幅:一对初次见面的男女坐在椅子上,男:"网上她说特佩服我的人品及才学,为什么见了面只顾低头说话不愿多看我一眼?"女:"他什么都好,只是脸上的痤疮太难看。"第二幅:还是这对男女在一个公园门口见面,女的交给男的一盒东西(当然是清火栀麦胶囊):"送给你一样礼物,用完之后咱们再相见。"男:"她不但花容月貌,还有金子般的心。"第三幅:男女再次见面,女:"原来他的脸相当英俊!"男:"她含情脉脉看着我真有点不好意思。"第四幅,男女在一个巨大的"喜"字前面对面站着,女的万分羞怯。男:"当初是清火栀麦胶囊做的媒。"看来在赢得女子的芳心时,有没有痤疮比有没有学问、人品更关键,而要消除痤疮,当然不能没有清火栀麦胶囊喔。看来,女人有时候也以貌取人。

  从叙述模式上看,这些广告都是在爱情与商品之间建立意义联系:爱情具有商业价值,商品则具有爱情功能。于是伊莱克斯冰箱不仅保持食物新鲜,而且保持婚姻新鲜("帮助你发现婚姻保鲜的秘密")。

  之所以这种谎言依然能够被不断地重复甚至接受、相信,是因为它切中了人们无意识深处的一些欲望模式(幸福的家庭、奢侈的生活、永远的青春活力、永远旺盛的性欲与完美的性生活等)。正所谓"广告是购买欲望的贩卖机"。杰姆逊对此曾经有出色的分析。他指出:"如果要使形象起作用,就必须在消费者那里存在着欲望,同时,广告形象必须与这个欲望相吻合。"这里的"欲望"不但是商品所直接满足的物质性欲望,而且更包括(通过联想的作用)更深层次的精神性欲望或"无意识的需要"。其中最强烈、最古老的欲望常常是"集体性"的,例如,永久的青春,强健的身体以及无限的自由等。在这方面,万宝路广告与太阳神广告堪称经典之作。前者通过把商品与西部辽阔的空间、马背上的牛仔等形象联系在一起而赋予了香烟以自由、个性、男子气概等含义;后者则明显地模仿前者。广告画面上的那位男子具有发达的肌肉、强壮的体魄,他在挥舞大铁锤的同时配上一句广告词:"当太阳升起的时候,我们的爱天长地久。"它们都把直接满足物欲的商品与间接满足深层欲望的虚拟环境(图像)结合起来。这样,"直接的欲望和深层的无意识需求都得到了满足;你可以梦想一个妙龄女郎甚至更进一步,你可以幻想全部生活都发生改观,四周都是美丽的人,你有充足的时间,无忧无虑。也就是说,世界上所有的一切都在这种乌托邦式的状态下改变了、变形了。"[26]

  可见,广告中的形象不是现实的真实表征,它的作用与价值是作为拟像、类像去引发与满足人们的幻觉。通过类像在商品与人类无意识欲望之间建立虚幻的联系是广告成功地欺骗观众的根本原因。

## 为我所用:广告中的文化资源盗用
### ——广告案例分析·之四

有人说现在是后现代社会。后现代社会的主要文化症候之一,就是各种碎片化的符号之间随意的拼贴、杂交、并置与戏仿(又称滑稽模仿)。这种拼贴文化是无中心、零散化的,它可以随心所欲地把一切文化碎片拼凑在一起,比如革命领袖的画像与可口可乐,经典音乐与流行音乐,古典世界名画与后现代招贴画,等等。笔者同意这样的描述与判断,它也是我们生活中的经验现实。广告中就充斥着诸如此类对于各种文化资源的盗用,充满了令人瞠目结舌的滑稽模仿以及对于文化经典的肆无忌惮的篡改。正如麦克卢汉指出的,"没有哪一群社会学家在搜集和加工可资利用的社会素材时,能接近广告队伍的水平。"㉗这里说的"社会素材"自然也包括文化资源与文化素材。但是,仔细阅读以后你会发现,这种所谓后现代的文化碎片,依然是有中心的,这就是商业利润。今日的中国文化地图——更准确地说是拼图——正呈现出空前的分裂状态,在我们的四周漂浮着各种各样的能指符号,它们没有任何逻辑地并置在一起,组成了真正的"迷乱的星空"。㉘而"当能指自由漂浮于交流空间中,它们便能被广告商们凭兴致任意地附着于特定商品。"㉙这样,经过广告这只巨手的涂抹,中国的文化空间就变成了一个更加迷乱的星空。

广告中文化资源的盗用,其手段可以说无所不用其极。先说对于西方经典文化资源的盗用。有这样一则关于××饮料的广告:一个参观画展的人把一瓶饮料放在世界名画《蒙娜丽莎》下边,然后走开去看其他画作。这时画中的"蒙娜丽莎"竟然神奇地伸出手,拿起杯子喝了一口,满意地露出了**更加迷人**的微笑。

无独有偶,一则减肥茶广告也拿"蒙娜丽莎"开涮:首先映入眼帘的也是《蒙娜丽莎》,然后镜头推向一名当红香港女星(后现代蒙太奇?),她夸张地扭动自己的纤腰,搔首弄姿,引得周围的男士们眼光发直,发出由衷的赞叹;而那位被冷落的"蒙娜丽莎"则低下头羞愧无比地看着自己丰腴的身体。紧接着这位女星一改傲慢的姿态,热心地说出了自己保持苗条身材的秘密:××减肥茶。可惜画上的"蒙娜丽莎"是没有机会重塑形体了,但现实中的"蒙娜丽莎"

则要幸运得多,当然,前提是掏钱。㉚

利用精英文化进行广告宣传是一个普遍的文化现象,或者说是特定的全球性的后现代消费主义文化景观。不独中国有,西方也有而且更早。据说,在西方国家,古典音乐被用于兜售商品(小到面包,大到各种名贵的轿车)的广告的现象是如此的普遍,以至于,"当人们听到德沃夏克的《新世纪交响曲》第二乐章时,脑海中会不由自主地浮现出 Hovis 牌面包的形象。"㉛这是消费主义时代巨大的商业逻辑同化精英文化的惊心动魄的例证。英国学者汤尼·本尼特曾分析过 1974 年的某期《泰晤士报》中的广告,这则广告是由一幅彩色的马蒂斯的《桥》构成,广告词是:"生意是我们的生活,但生活并不完全是生意。"本尼特分析道:"非常矛盾的是,由于这幅画被用做金融资本,商品所自发生产的新的功能已经掩盖了它作为马蒂斯油画的重要一面,表面上与经济生活相对立和脱离的东西被经济生活所同化了,成了它的一部分。"㉜现代主义大师马蒂斯的作品以极度的夸张与变形著称,其非具像性的画面所要达到的恰恰是与现实世界的疏离效果。现在这种效果被商业主义的逻辑打得粉碎。对于这种现象,以批判立场著称的法兰克福学派分析道:"尽管古典作品复苏了,但是性质变了;它们丧失了自身的对抗力量,丧失了对社会的疏远,而这种对抗和疏远原本正是它们真理的一面。这些作品的意图和功能也因此从根本上发生了改变。如果它们曾经站在与社会现状相互对立的立场上的话,那么现在这种对立性已经荡然无存。"㉝

再说对于传统文化的资源盗用。

平安保险公司的一则广告把政治标语、商业广告与传统文化糅合在一起。广告的上面部分(约占三分之一的篇幅)是红底黄字,上面第一、二、三行分别写着:"热烈祝贺中华人民共和国成立五十周年","平安保险诚祝祖国繁荣,人民幸福,百年祈愿,世纪平安"。广告的下面部分(约占三分之二)是一幅黑白的国画:柳树下面五个身穿古代朴素服装的男子在一起饮酒,其乐也融融。画面的左侧是曹操的名诗《短歌行》:"青青子衿,悠悠我心。但为君故,沉吟至今……"这个广告的理论启示意义在于:目前我国文化研究界流行的政治文化、商业文化与精英文化的三元划分模式是非常简单化的。

"小糊涂仙"酒广告特意用传统的酒坛子作为广告的背景,让一个身着古装的美女作为广告人物,她眉清目秀,面带微笑,使人想起古人豪饮以及美女为英雄斟酒的情景。

传统文化资源的调用还突出地表现于广告中的所谓"帝后"现象。即利用一些古装影视作品中由著名演员扮演的皇帝或太后、妃子形象来做广告。比如"南街村面"广告:被前呼后拥的"雍正皇帝"(唐国强)健步走在紫禁城中,煞有介事地向臣民昭示:"当皇帝就要当个好皇帝,吃面么就要吃最好的面",然后随手写下:"南街村面,天下流传。""华龙面"广告:"慈禧太后"(吕丽萍饰)懒洋洋地侧卧凤辇,阴阳怪气地问:"吃面要吃什么来着?"太监"李莲英"(陈佩斯饰)忙献媚道:"太后,当然是华龙面喽。"此外,风流"皇帝"郑少秋的俞兆林保暖内衣广告。以及系列化装品"兰贵人","皇后美容院","贵妃洗浴池"等等。

在利用传统文化资源进行广告制作方面最有意思的案例是西方的跨国公司做的一些广告。比如有一个跨国航空公司的广告,模拟了孙悟空与太上老君的对话。孙悟空让老君把自己放回到炼丹炉里,因为"家事、国事、单位的事,烦死了"。而老君则笑着指点道:"快快加入××航×日游吧。"这是一个跨国资本时代或全球化时代的广告版的《西游记》。而日本 SONY 公司做的 walkman 广告语更有意思,它把《长恨歌》中的"天长地久有时尽,此恨绵绵无绝期",篡改为"天长地久有时尽,此乐绵绵无绝期。"能否由"恨"转"乐",只看有无 walkman。(至于广告用语对于中国古代成语的滑稽模仿与篡改就更是举不胜举了。)

最后值得一提的是广告中对于革命文化资源的盗用。中国是否是一个经济军事大国还不好说,但是她曾经是一个革命大国却是毫无疑义的。特别是 20 世纪,中国革命的历史之长、死人之多、方式之激烈、多样,均可以说是世界第一。以至于许多热心革命的西方伟大作家艺术家(比如萨特、罗曼·罗兰等,都对中国的革命极具向往之心,纷纷前来朝圣)。同样可以想像的是,一旦这个革命大国一头扎进商业主义,其可资利用的革命资源当然也非别的国家可比了。这不,革命在政治话语中已被"告别",但在广告中却方兴未艾。㉞

有一则"中国酒网"的广告:广告正反两面共由六个组成部分,

每部分都有大量的文字与配图。限于篇幅,我们只能分析其中的第一部分。这部分广告的上部是宋体六号文字(节选):"中国电子商务靠克隆国外的成功蓝本,绝对无法成功。正如当年毛泽东同志创造性地将马克思主义普遍真理与中国现实问题结合,才成功地开创了新中国,中国酒网的主创者,洞悉中国每年上千亿酒类市场战争规律,不仅集成当今全球最先进的电子商务技术,更以革命性的原创精神,充分优化、改造、重组现有商业模式中的物流资源、市场调拨批发渠道资源、零售终端资源,以'人民战争'为第一原则,发动和利用全社会的综合资源,以中国酒网为扩展基础,逐步构筑跨行业的全民电子商务形态。"广告下半部分是黑体三号文字书写的广告用语并配有图片:**中国具体商务经验**(配中国"国旗",但是五星与镰刀被改为由★和J组成的图案j)+ **美国电子商务技术真理**(配有美国国旗)= **成功革命**(红色二号字并配有一个大红五星)。这则广告纯属政治文化与商业文化的拼贴。它把革命叙事与商业叙事巧妙地结合起来,调用革命文化资源(记忆、符号、图像等),把"中国革命的具体经验与马克思主义的普遍真理相结合"这个中国革命的经典表述改造为"中国具体商务的实践经验与美国电子商务的普遍真理相结合"这一商业表述。政治符号的商业化与商业符号的政治化合而为一。**革命就是经商,就是请客吃饭喝酒**,美国电子商务的普遍真理性就像马克思主义的普遍真理性一样,放之四海而皆准。

  香港权智集团做的快译通无线掌上电脑广告,盗用的是"文革"时期的革命文化资源:一位男士身着绿军装,头戴绿军帽,腰扎武装带,臂戴红袖章,俨然一副"文革"时期红卫兵的打扮。服装的衣料与款式完全是"文革"时期人们熟悉的那种,再配以大红底色,使人产生强烈的视觉冲击,唤起心中的革命文化记忆。但是,我们切不可以为这是一种真正的怀旧。解读这则广告的关键是抓住它的"焦点":这位"红卫兵"右手(画面左侧)拿着一本类似"红宝书"的方形物体放在左胸(画面右侧),这个方形物体被白色的圆圈圈住,十分醒目,一条虚线从圆圈指向右上方的掌上电脑——广告的真正"主人公",电脑下面是一行黑色的字:"时代变了,我变了,但追求理想的心不变。"它强烈地暗示:如果说革命的年代"红宝书"是人们的指路明灯,那么,快译通掌上电脑就是今天这个高科技时代的指路明灯。如果说"文革"时期人的理想是革命,那么,今天人们的理想则是赚钱。这就是所谓"革命性的升级"(这个广告标语用超大字体写在广告的底部)。至此我们可以明白,这个广告中的一切"革命"文化符号都不过是利用人们熟悉的文化记忆来达到商业促销的目的而已。

我反复地使用了"盗用"一词。本来,"盗用"或"挪用"是西方文化研究中的一个术语,英文为 appropriate,是指非主流文化群体利用主流文化提供的资源,加以改造并用来解构、对抗主流文化的一种策略。然而我用这个词倒并不是说中国的广告商们具有这样先进的解构意识,它当然是一种商业手段,其青睐中外古今的文化经典或资源,不过是因为它们身上凝聚了历史积淀下来的无形文化资产,易于调动消费者的记忆从而留下印象。当然,这样的盗用于无意中或许真的解构了一点什么,亵渎了一点什么,这倒也是说不准的事。这样我们一方面必须肯定广告在盗用各种经典的文化资源时具有一定的反规范解放思想的作用,同时也应该看到其"文化缩水"的负面效应。所谓"文化缩水",就是将经典作品的深厚的历史意蕴与精神内涵稀释在浅薄的商业逻辑与消费主义语境中,使其浅薄化、世俗化、粗鄙化。

诗曰:广告是个大熔炉,可把一切一锅煮。煮了西方煮中国,煮了革命煮国故。

## 消费主义时代的抒情诗:广告中的情感资源盗用
—— 广告案例分析·之五

广告的最基本功能是商业促销,这是毫无疑义的。但是这种促销功能并不是孤立存在的,甚至可以说它的促销功能有时恰恰要通过非经济的手段或反商业的话语转换(从商业话语到非商业话语)才能发挥得更加淋漓尽致。并不是所有的消费者都在单一的经济理性的支配下购买商品(而且单一的经济理性是否存在也是一个问题);有时他们恰恰是出于非商业的、非经济的目的而选择商品。考虑到现在的消费者对于广告的信任度下降,广告就更要把自己的庐山真面目巧妙地掩藏起来,给人的感觉仿佛不是在做广告。这个时候它就要借助一种巧妙的修辞方法、叙述方法,用美学、艺术、文化以及超功利的"精神追求"把自己的"铜臭味"掩盖起来。它甚至必须广泛地调用一些非商业的资源,甚至使用反广告的策略。比如一本中国的杂志声称自己是全国惟一一家不做广告的杂志,而这本身就是一则巧妙的广告,一则反广告的广告。同样的例子是美国大众汽车广告。据说它的第 1,000,000 则广告是这样的:"我们无法把它(大众汽车)展示给您看,因为它刚刚被买掉了。"㉟ 鲍德里亚分析说:"这足以载入广告修辞学史册的一切,都首先是因为广告必须改变其作为经济约束方式的形象,并维持其作为游戏、庆祝、漫画式教诲、无私社会服务的虚构形象,由此自然而然地演绎而来的。"㊱

这就是广告制作中至关重要的话语转换机制与符号制作原则。其中最值得注意的是,广告常常动用各种似乎是非商业化、非功利性的情感资源来"以情动人"。广告常常尤其注意利用在公众中广泛而深入人心的情感模式,或以所谓"公益"的面目出现,它告诉我们,"一切都是可能的,而且都是好的,这并不完全是为了促销,还是为了恢复协调、合作、沟通——简而言之,为了生产出关系、团结、交流。"㊲

我们总是说情感与商业是两回事,但是广告常常就是要调用那些似乎是非商业化的纯洁甚至神圣的情感来达到商业的目的。商业上的征服依赖于感情上的征服。如果要说这个时代谁的"以情动人"的技巧最高,我看非广告制作者莫属。以情动人的广告定位策略的核心在于迎合消费者的心理,定位的关键在于定准消费者心理的位。这是一种从"硬"推销到"软"推销的广告策略:不是商品的直接实用价值,而是它的附加价值或象征价值(诸如自由、关爱、团结、兄弟情谊、身份地位、文化品位等)成为广告修辞所突出的对象。一时间,"言情广告"在媒体上泛滥成灾:一片"呵护"(化妆品广告常用语),四处"关爱"(营养品广告的口头禅),"嘘寒问暖"之声不绝(冰箱与空调广告总是这么说)。明明是想让你买电器,却非要说"家中有万宝,生活更美好",好像"万宝"电器是"好生活"的同义词;明明是要推销药品,却宣称"奥复星,为你的健康献上一片爱"。读了日立空调的广告词,你会觉得世界充满了爱:"别让老人受凉,别让宝宝着凉,爱需要传递","爱,在哺育中诞生,在扶持中延续,在传递中实现。天凉了,呵护好你的孩子;照顾好你的亲人。日立,让空气弥漫爱意。放假了,每逢佳节倍思亲。别忘了拨个电话……别忘了发个 e-mail……日立,让温暖从心底传递。"而"似海怡家"房地产广告则着意把商业空间转换为情感空间:"心,可曾漂泊太久,累了,找不到自己的空间落脚,无助,不单单在夜里,想有个家,在轻寂的岁月有感而发。来似海怡家吧,到这里,为心建一个蔚蓝的码头停留,一间房,装一颗心,真的已经足够大。"这位广告词作者想必是一位诗人,而那些认为诗歌已经陷入危机的批评家们,读了这首"诗"以后不知会做何感想?

看这些广告就好像在看煽情的文艺作品。为了以情动人,广告中动用的人类情感类型与情感模式可谓五花八门,在此无法一一列举。目前见到的比较常用的情感模式有:

模式一:怀旧情感。这方面的经典之作当然是流行于90年代上半期的南方黑芝麻糊广告:在黄昏温馨的灯光下,南方的一个悠远的曲巷深处传来悠长的叫卖声:"黑——芝麻糊哎——",然后引出"小时候"的悠悠怀旧情调:一个清代服饰的儿童在街头忘情地吃黑芝麻糊,吃完以后把碗底也舔得干干净净,但依然痴痴地贪婪地望着锅中的黑芝麻糊。慈祥的(注意:不是惟利是图的)老板娘充满爱怜地摸摸孩子的头,又把满满的一勺黑芝麻糊舀到孩子的碗中(当然是免费的)。在这温馨的气氛中,广告主题脱颖而出:"南方黑芝麻糊,抹不去的回忆。"这个广告把商业动机与美好的怀旧情愫缝合在一起,沉浸于精心制作的画面中的观众几乎不把它当做广告。正因为如此,他/她在承受一份深醇的情怀的同时也自然记住了这则广告中要推销的商品。

另外两则类似的怀旧主题广告都是关于矿泉水的。一则是"农夫山泉"矿泉水广告:一个成功的中年男子走到山涧喝山泉,很享受、回味无穷的样子。画外音:"是小时候喝过的味道。"然后,画面切换到广告主题词:"农夫山泉,有点甜。"广告的立意无疑是回归自然、追忆童年。但值得注意的是,广告中的这位"成功人士"长得端正、穿着得体、有文化、风度翩翩,一看就不是一个真正的农业文明中人,而是一个现代工商业社会的弄潮儿。可以说,真是这些"成功"人士及其从事的"现代化"伟大事业导致了生态的破坏与人与自然的分离,导致了水的严重污染以及矿泉水产业的蓬勃发展。讽刺的是,正是这样一个"成功人士"一边在继续破坏自然,一边在奢侈地怀旧。还有一则是黎明做的乐百氏纯净水广告。一样的蓝天、高山、大海、阳光,人人向往的纯洁美好、没有丝毫污染的大自然。几个年轻人骑着自行车(请注意,不是汽车)到山顶,一切的美景尽收眼底。只见黎明拿起乐百氏,"乐百氏纯净水,和我们一样,经得起纯净考验",打出字幕:"乐百氏纯净水,27层净化。"该广告在纯净水与大自然之间建立了意义联系,同时也在纯净水与青春、活力、单纯之间建立了意义联系:乐百氏=纯洁的自然=纯洁的人性=青春活力。这是典型的广告修辞策略:把一种附加的意义(所指)人为地嫁接到产品(能指)上。

Debeers钻戒广告非常典型地使用了这种修辞策略。广告的前半部分大肆渲染一对小男孩与一个小女孩青梅竹马两小无猜的情景:在一间简陋的(注意一定要简陋)茅草屋下,小男孩给小女孩带上了一枚用稻草与花瓣编织的戒指;广告的后半部分是两人长大以后终于结婚,女子带着Debeers钻石戒指,露出幸福的微笑。广告语:"Debeers,一颗永流传。"这个广告要在奢华的消费与童年的真情之间、今日的享受与昨日的清贫之间建立一种意义关联,为钻戒这一高级消费品注入一种象征性的附加意义,以表明今天的享受是昨天的真情的合乎逻辑的延续(而不是像批判的知识分子所说的那样,是对真情的背叛)。虽然稻草戒指已经合乎时代潮流地变成了钻石戒指,但是他们之间的真情依然延续下来。可以说,这个广告在调用情感资源方面是非常成功的一个典范。

模式二:家庭伦理。家庭伦理是好莱坞电影以及所有言情肥皂剧用之不竭的情感资源,它主要是抓住两代人之间的情感(父子或母女)来做文章,而且几乎是屡试不爽。它自然也成为广告商眼中的猎物。两则"雕牌"洗衣粉广告都是这方面的典型案例。其一:一位事业有成的现代女性回到山清水秀的故乡来看望年迈的母亲。一见面,女儿拉着母亲粗糙的手,心疼之极。愧疚之余拿出了专门为母亲带来的雕牌洗衣粉。母女使用雕牌洗衣粉一起边洗衣服,边交流着充满温情的眼神。在此,"洗衣粉"已经不再只是物质产品,它被附加上了另外一种象征含义:母女亲情。其二:妈妈下岗了,小女孩用雕牌洗衣粉帮妈妈洗衣服,为妈妈,也为我国的改革事业分享着艰难。妈妈回到家时,孩子已经熟睡,在桌子上留下字条:"妈妈,我能帮你干活了。"妈妈激动得热泪盈眶,心疼而更欣慰,仿佛下岗的痛苦已经一扫而光。这是一则最为让人恶心的广告,因为它隐藏着一个弥天大谎,好像下岗这样的重大社会问题通过洗衣粉＋女儿情就可以解决。

三株口服液的广告语,中心词"福多寿更长,愿天下老人九九又重阳。"正文:"母亲经历了一生的劳累和辛苦,耗费了一生的心血,努力建造了自己的家,把孩子一个个抚养成人,她们却憔悴了。谁言寸草心,报得三春晖。如今要轮到晚辈来显示他们的孝心了,他们有没有想到三株口服液呢?……"如果没有最后的一句,你会觉得这一篇出色的中学生作文,句句发自肺腑。

怀旧广告方面的经典之作当推王姬主演的"孔府家酒"广告:离家在外的游子(王姬演)在大雪纷飞的除夕之夜回到老家,一开门,一家人喜出望外。在团团围坐的喜庆气氛中,"王姬"为父母倒酒(当然是孔府家酒)。这时音乐(《北京人在纽约》的主题音乐)响起并唱"千万里,千万里我一定要回到我的家,我的家永生永世不能忘记。"紧接着"王姬"拿着孔府家酒,深情地对观众说:"孔府家酒,叫人想家。"

这类广告比较多地动用的是母女/子亲情,似乎"妈妈"在这方面有天然的优势,一时纷纷成为广告推销员(这方面例子还有很多,比如:"美加净护肤霜,像妈妈的手,温柔依旧")。但近来也有人发现了"爸爸"的用途。比如大家熟知的养生堂龟鳖丸广告就请出了一位"爸爸"。镜头之一:一个老头站在门口张望,期盼着儿子的归来。镜头之二:儿子下车,手里捧者一盒龟鳖丸。画外音:"每个父亲都知道儿子的生日,哪个儿子记得父亲的生日呢? 爸爸,我记住了您的生日了。"拿出养生堂龟鳖丸。字幕:"深深父爱,何以为报。"原来"爸爸"的商业用途也不小噢。

海尔空调的一则广告则选择了父女情:广告画面的左半部分是女儿在电脑上写信:"爸爸,您还好吗,今年我不能回家过年了,家里冬天比较冷,我给您订了一台空调,是在海尔网上买的,钱我已经在北京交了,海尔会送货到家的……"画面的右边是老人(父亲),他一边深情地看着女儿的照片,一边自言自语:"孩子,空调已经装上了,其实,只要你身体好,工作好,我和你妈也就放心了。"

看来我们的生活中的一切似乎都被广告穿透,任何东西都不能幸免于难,包括人的美好情感。这真是:借问真情何处有? 广告堆里任君求。

注释:

① 黄会林主编《当代中国大众文化研究》,北京师范大学出版社1998年,第348页。
②③④ 马克·波斯特《信息方式》,商务印书馆2000年,第48页,第70页,第69页。
⑤ 在2001年9月4日《北京青年报》上刊载的一则大型广告中,神龙汽车公司为富康车做的广告中心词就是:"放飞自由",同时写道:"在自由的心里一切都是可能的。一如驾驶富康车,你会觉得自己在飞。你会爱极了这畅快舒服的感觉,你会不停地飞下去,不想停下来……渴望自由的心很高,通往自由的路很近。拥有富康,让自由的DNA尽情释放,放飞你的心,放飞你无限的自由。"
⑥⑦ 参见波斯特《第二媒介时代》,南京大学出版社2000年,第146页。
⑧⑨⑪ 同⑥,第88—89页,第91页,第89页。
⑩ 同②,第148页。
⑫ 理查德·奥曼《广告的双重言说和意识形态:教师手记》,刘象愚等主编《文化研究读本》,中国社会科学出版社2000年,第403页。
⑬ 杰姆逊《后现代主义与文化理论》,陕西师范大学出版社1986年,第203页。
⑭ 同②。
⑮ 麦克卢汉《理解媒介》,商务印书馆2000年,第283—284页。
⑯ 有一则德芙德可丝巧克力夹心太妃糖广告更是对于女性的漫画式丑化:一男子拿着这种太妃糖,马上就有一个又一个的靓丽女子与摩登小姐围涌上来,争抢男子手中的巧克力。
⑰ 打开电视机,经常可以见到这样的场面:丈夫在沙发上悠闲地看报,妻子身着家居服装,系着围裙,满面笑容地端来饮料,丈夫满意地接过来,美美地喝着;一大群女人用某品牌的洗衣粉快乐地洗着衣服,边洗边唱,手中拿的全是男人的衣服,多为男式衬衣,还经常以此来比较产品的性能,宣传产品的质量。
⑱ 同②,第67页。
⑲ 参见《洛文塔尔的消费偶像观》,《国外社会科学》1998年第1期。
⑳ 有不少观众谈到自己买某某产品就是因为某个熟悉的明星做了广告的缘故,还有的因此打起了官司。比如巩俐与濮存昕做的"盖中盖"广告。
㉑ 《偶像与品牌谁成就谁》,《北京青年报》2001年6月22日。
㉒ 相比之下,英美等市场比较成熟的国家,消费者对广告的信任度越来越低,明星的示范性效应不那么明显,而且据说经常有这样的现象:当服装销售者对于顾客说,这是某某明星也穿的名牌时,顾客的反应竟然是:

"噢,他(她)穿的我就不穿了。"这就使得商家在选择广告形象代理人时十分慎重。相似的情况在中国也已经出现。一个值得注意的现象是,一些公司开始起用实业家等非消费性的人物。比如摩托罗拉公司最近请万科集团的董事长王石担任形象代理人,在这一经营策略变化的背后似乎也反映了公众的成熟以及明星在公众中的信任度的下降。

㉓ 参见约翰·斯道雷《文化理论与通俗文化导论》,南京大学出版社2001年,第168页。

㉔ 理查德·奥曼《广告的双重言说和意识形态:教师手记》,刘象愚等主编《文化研究读本》,第404页。

㉕ 参见《麦克卢汉精粹》,南京大学出版社2001年,第41页。

㉖ 同⑬,第203—204页。

㉗ 同⑮,第284页。

㉘ 在电影《秋菊打官司》中,我们看到这样的场面:在一个小城的新华书店中,同时摆放着毛泽东像、印有老寿星画像的年画以及身着比基尼泳装的西方女性招贴画。这一镜头非常典型地表现了现代文化、传统文化、商业文化的并存混杂,以及中国文化与西方文化的比肩而立。另外,西藏作家扎西达娃在他的小说《野猫走过漫漫岁月》(《花城》,1991年第3期)中通过艾勃家的佛龛这个特殊的视角,描述了当代西藏文化的更加令人震惊的拼贴性与混杂性。在这个一共1.5立方米的空间中,同时放置着象征不同文化的符号碎片,它们包括:佛像与经书、灯泡、放大镜、水晶玻璃球、印有阿尔卑斯雪峰的明信片、袖珍电子计算机、好莱坞影星画像、可乐易拉罐……

㉙ 同⑥,第148页。

㉚ 更多的例子:"美丽园"房产广告,分别使用了印象派画家保罗·高更的名画《绿美运动公园·归途百合》,修拉的画《中央喷泉广场·水的印象》以及梵高的《翠溪水景·绿色火焰》;健武音响使用了《第五交响乐》的音乐。

㉛ ㉜ ㉝ 同㉓,第151页,第150页。

㉞ 当然利用革命的资源来做广告,这种策略的创始人也是西方的一些广告人。斯道雷曾经指出过:在20世纪60年代,一个卧室兼起居室的单间里如果没有一个古巴革命者切·格瓦拉的画像,就等于根本没有装饰。参见斯道雷《文化理论与通俗文化导论》,第151页。

㉟ ㊱ 参见鲍德里亚《消费社会》,商务印书馆2001年,第187页。

㊲ 同②,第68页。

原载《首都师大学报》2001年第6期

# 戴锦华

# 在"苦涩柔情"的背后

一个来自美国的、年轻的文化人类学者,曾在和我的交谈中,提及她对北京的印象:罩在高耸而华丽玻璃幕墙下的黄泥屋。不曾细想,类似外来视野中的断言描述便让我产生了某种不快。但我多少同意她接下来的解释:在与国际"接轨"的世界著名大都市的表象下,北京(还是中国?)延续着某种不甚"接轨"(特殊的?差异性?)的社会生存。那或许出自"后冷战"时代的冷战格局与历史的伸延,或许是另一份第三世界生存经验中四分五裂的"共有"。

但是,在某种内在的视域中,我们却仍必须在全球化的语境里,方能解释世纪之交的中国文化与社会现实。这不仅由于跨国资本的渗透或曰涌入,已经以多种途径和方式改写着"中国的岁月"和"中国经验",而且由于一度分裂的舞台——国际视野中的文化中国角色与国内格局中的文化市场定位——在世纪之交开始呈现弥合。对于电影这一始终特异的文化产品来说,尤为突出。2000年,尽管仍有姜文的《鬼子来了》式的大制作,在国际、国内引发着典型的90年代"中国电影"情境,但大部分重要导演,却悄然投入了另一种创作潮流与书写时尚之中。取代生产"大制作、高投入"的中国巨片的呐喊,对"低成本、小制作"的"新主流"电影的期许,成为1999年"中国电影"的共同选择。

如果说,对于国内电影市场来说,这是对疆界、市场潜力、成本回收等严酷现实的窥见,是面对WTO,不无痛感地知晓:以好莱坞的方式与好莱坞"一竞雌雄"的无望;而在其国际视域中,这却同时有着另一种文化语源的依据。90年代中后期,在世界(准确地说,是在欧美)艺术影坛内,伊朗电影以其体制内、低成本的温情故事取代了 90 年代初精美的中国历史寓言叙述,成就了别样的第三世界电影景观。因此,世纪门槛上的中国艺术电影,便继豪华冷艳的画屏式人生展现转而盈溢起苦涩柔情。不论是张艺谋的《一个都不能少》、《我的父亲母亲》,还是张元的《过年回家》,抑或是孙周的《漂亮妈妈》,——在此姑且搁置塔伦蒂诺/王家卫所标识、引领的另一脉拼盘式的都市童话叙述,仅就这份汩汩流淌的苦涩柔情而言,其与世界"接轨"的选择,再度为其书写者/导演们赢得了世界性的声誉与荣光。对于上述早已国际知名的导演说来,那不是加冕的时刻,而是卫冕的成功。如果说,在伊朗电影的引领下,中国艺术电影的导演们将目光转向了"黄泥屋"——不仅是张艺谋式的"乡土中国",还是底层与贫穷中的小人物,那么,它所成就的却是玻璃幕墙上天空流云的彩影。

对笔者说来,颇为有趣的,不仅是或纯真无邪、或端庄贤淑且忍辱负重的女主人公取代"歇斯底里的女人",再度占据了叙事的前景,而且是"苦情戏"——这一颇具"中国特色"的(电影)叙事样式的复归。或许这正是所谓全球化景观中的不"接轨",或者说是特殊与差异之处:对现实苦难的背负与呈现,成为某种女性生存的"特权";现实社会的种种尴尬与困窘,转化为女性生命中的"特色"。在此姑且不论这些"穷人"世界的温情故事是否如它们的"原版"——伊朗电影那般,负载着其书写者的真实感动与关注。我们无疑可以将这一模式追溯至《铡美案》中的秦香莲或《琵琶记》中的赵五娘,但它同时是电影——这一艺术舶来品,得以扎根本土的叙事类型之一。用早期中国影人程步高先生的说法,所谓"苦情戏"不是将一个灾难,而应该是将"一连串灾难"倾倒在女主人公头上,让女主人公历尽人间苦难。这样,当她终于渡尽劫波,苦尽甘来,观众才能获取一份"大酣畅"。当然,不同于通俗电影叙述,艺术电影之表达的不同处在于,它会隐去,至少是延宕那份苦尽甘来的"大酣畅";于是,影片所尝试传递的,是目击大多伴随着贫穷的底层生存与苦难所获取的忧伤与感动,某种由女性的"与生俱来"的"美质"所印证的"人类精神"。

在类似表达中,最为典型的,或许是孙周的《漂亮妈妈》。它几乎可以称之为男性主体的、电影书写中的一个例外,关于这部影片,孙周明确地表示:"我希望对女性主义做些思考。"因为"站在男人的角度看，我认为很多事情上，男人对女人的帮助是非常小的。她们没有援手，一切苦难都由自己承担；她们得到的最少，但生活中她们经历的事情最多，她们可能是真正的英雄。她们会有梦想，但她们的梦想和我们的梦想不能相提并论，她们没有更高的要求。……我就是要让人们看到，一个真正的女人怎么自己解决自己的问题。"毫无疑问，这是一个关于女人的故事，一瞥饱含同情的、投向女性生存的目光。它是"对女性主义的思考"，但思考者与凝视者却有着确定无疑的男性主体身份："我永远无法深入她们内心"，"女人漂亮而灿烂的笑容里，有着男人不曾也不能逾越的坎"。在此，我们遭遇到女性主义与女性主义电影理论的基本命题：首先是女性主题与叙述中男性的主体身份/女性的客体位置间的冲突；其次是女性主义的反性别本质表述与关于女性本质界定（关于"真正的女人"）间的张力。然而，这并非笔者在这篇短文中尝试予以关注、遑论解决的命题。

在这篇短文中，笔者所关注的，不仅是表达中的"女性"，而且是表达中的"女性"与"底层"。对于这部制作周期超常的影片，传媒大量跟踪报道，定位于"下岗女工"的故事。"巩俐演下岗女工"，成为国内传媒宣传的基调。于是，这不仅是一个女人的故事，而且是一个底层妇女的故事。我们也确乎在影片中目击了在类似影视作品中不多见的底层妇女生活的艰辛或苦难：劳务市场上的徘徊，身为无照摊贩的困窘尴尬，风霜雨雪中"小红帽"投递员的艰难，贫穷的困苦——价值数千元人民币的特殊"必需品"，昂贵得恍若天价；做小时工可能遭遇到的主家的性骚扰，乃至强暴。这些现实社会生活的真实图景，构成影片"苦情戏"链条的必要，但并非全部链环；完成这一链条的，是一些更富于戏剧性的元素：天生弱听的残疾孩子，社会的冷漠与拒绝，夫妻离异，离异后仍作为感情与生存惟一指靠的前夫死于车祸等等。于是，影片的表达，便与传媒的宣传定位呈现出微妙的错位或曰转移：这部以纪实风格为主要特征的影片，事实上，不是，或者说不仅是一个"下岗女工"——极具时代与现实特征的命题——的故事，而是一个"永恒主题"——"伟大的母爱"的新版叙述。

和90年代初年，第六代导演张元的处女作《妈妈》相仿，这一"母爱情节剧"，因身为残疾儿童之母的苦涩经历而获得新意。事实上,《漂亮妈妈》始终不曾是一个典型的"下岗女工"的故事,因为影片中的刘丽英/巩俐并非在某些"壮士断腕"式的体制转轨过程中丧失,或曰被剥夺了工作机会的女人。在影片中,我们看到刘丽英是一个合资企业中的工人,而且正有望升任领班。她是为了对孩子的爱,为了让自己身有残疾的孩子最终能跻身于正常社会之中而自愿下岗的女人。事实上,身为残疾儿之母,是影片中女主人公苦难的主要原因:丈夫因此而与她离异,生活因此而变得艰辛而无援,社会因此而呈现出它的冷漠寡情;甚至底层生活的基本元素——贫穷,也是由于一种特殊的需要,即孩子所必需的昂贵的助听器,方才显露出痕迹。于是,影片的主题便经历了双重建构中转移:身为残疾儿之母的身份和经验,使得这个社会现实呈现——下岗女工的特定遭遇衍化为母爱主题的普遍表达;同时使底层妇女,社会阶级分化、重组过程中的底层社会生存及其贫穷的普遍社会问题,转移为残疾人、残疾人家庭的特殊命运。如果说,"自愿下岗"的选择,在凸现了母爱牺牲的同时,略去或曰赦免了"女工下岗"这一现象背后的社会机制与社会责任——尽管正是后者而并非前者,在制造并加剧着底层妇女的重负与苦难;那么,残疾儿家庭的特殊困窘,则转移了我们投向贫穷与底层的目光。一如在《一个都不能少》里,魏敏芝的执拗最终遮蔽了为了保全五十元报酬而挣扎的贫穷的动因;《过年回家》里,多重亲情的绝望撞击,湮没了五块钱引发的骇人悲剧;尽管在结局处,全家人抱头痛哭中隐约着"五块钱"的悲叹,但悄然离去的女狱警的身影,传递的仅仅是一份人间真情。有意无意之间,影片与它所触摸到的社会命题擦肩而过。于是,影片所成就的,终于只是一脉盈溢着暖意的苦情,一份以底层社会生存印证"伟大的人类精神"的老旧的表达。

作为一个试图保持社会良知与内省精神的艺术家,孙周以一个开放的、不确定的结局,以一份直面、认可、背负不尽如人意之现实的勇气,拒绝了数年来传媒处理类似命题时的惯常策略:将"下岗"书写为"机遇"、书写为经历困苦并最终获救的奇迹;而且一如《妈妈》、《关于爱的故事》,《漂亮妈妈》传达了对残疾人、残疾人家庭这一在当代生活中遭到无视的社会弱势群体的关注;但它同时显影了世纪之交中国文化的一个重要症候:作为一种尴尬而有效的社会话语建构,在社会文化的表达中,阶级与性别(当然还有阶级与种族,种族与性别命题)成为彼此借重又相互遮蔽的呈现方式。从某种意义上说,作为历史债务的显影方式之一,"阶级"字样,成为一种被普遍拒绝采用的表达。因其负载着太过沉重的历史记忆与负担,因其具有太过鲜明的意识形态意味,因其可能引发历史深处的政治潜意识伤痛,并搅动巨大的社会能量。如果说,这个字眼曾经是昔日历史中的一具图腾,那么它仍是今日话语建构里的一处禁忌。一个显而易见的例子,便是1999年,一部风靡中国都市的畅销译著,将书名的《阶级》巧妙而准确地改译为《格调》,于是,表达定位就由"主流"而为"另类";而在今日中国的大众文化"术语"中,所谓"另类",意味着流行时尚。笔者曾在一篇旧文中将类似的阶级表达称为当代文化中的"隐形书写"。一旦类似"隐形书写"无法继续保持其匿名性,那么,它得以发露的途径之一,便是将某种阶级现实表达为性别境况。一如"女工下岗"或曰"下岗女工"成为作为社会现象与问题的"下岗"问题的指称;"外来妹"则成了在城市中涌动的农民工的代名词。类似社会重构过程中的阶级命题,一旦转换为性别表述,便似乎失去了它作为社会问题的普遍意义和价值,而成为社会中的少数人,至多是特殊群体所遭遇的特定现实,便可能在本质主义的性别表述与性别秩序间获得有效的转移与阐释。恰如在大众传媒之上,"下岗女工"的遭遇间或成了对"全职太太"或"女老板"的讨论,而在诸多公益或商品广告之中,"下岗女工"再就业的艰难转换为母爱与亲情间的自我牺牲。正是类似本质主义的性别表达,将前次转移间可能凸现出的对女性群体生存境况的思考与探究托举到人类生存、人性与人类精神的高度,因此不再仅仅关乎于女性或女人。于是,我们在一次转移与再次升华间,轻盈地掠过了滞重的社会现实,携带着"恕与赎"——这份为苦情戏特有的女主人公的美德而与现实达成了一份温情的和解。

围绕着影片《漂亮妈妈》,传媒的相关报道,似乎显露了这份当代文化特定的悖谬与困境。其一,多数传媒报道始终将对影片的宣传定位在巩俐——这位名副其实的国际知名影星之上。于是,不但"不化妆的巩俐"出演"下岗女工",已然使社会期待偏移了对"底层妇女"生存的关注,而且在欧美文化视域中,巩俐这一全新的当代形象,仍必然携带、负载着"中国奇观"的余韵。当身为柏林电影节评委会主席的巩俐亲自主持这部影片的展映之时,这一参照变得更为生动而鲜明。有趣之处在于,巩俐因其一连串的中国女人形象,或许尤其因为扮演这位"伟大的母亲",而不是"底层妇女"的形象,而获得了出任联合国"爱心大使"的殊荣,再次印证了这原本是"人类精神"的显露,而远不止是中国生存的证明。尽管巩俐这一荣耀的身份,远不及她在戛纳电影节上作为欧莱雅之"形象大使"来得仪态万方。其二,为了影片的发行,巩俐与她的剧中儿子相聚北京,媒体上所刊出的一幅照片上,巩俐与孩子欢笑地相聚在"肯德基"餐厅之中,而在画面的边角处,显露出的是孩子的"广州(亲)妈妈"。尽管这完全可能出自孩子母亲面对传媒时的低调选择,但类似图片,作为一部独立文本,却间或提示着真实的残疾人生活,病残儿之母、残疾人家庭生存的缺席状态。其三,影片北京发行之始,巩俐与"小红帽"女工举行了座谈。在媒体报道中泪流满面、感动不已的小红帽妈妈们的辛酸故事,尽管显然经过了挑选,却仍然透露出这些并不漂亮的"漂亮妈妈"所经历的,与剧中人间或类似的艰辛生活,与其说是出自伟大的母爱,毋宁说,那更多地是为了生存的必需而挣扎。此间,一个颇为有趣的遮蔽,是尽管我们每天都可能在街头巷尾遭遇大量男性的小红帽工人,但这些人的社会生存与现实遭遇,却在女性或母爱的面具之下消于隐形。于是,"小红帽"或"漂亮妈妈"背后的下岗工人与女性的处境便若隐若现于当代文化的雾中风景之间。其四,当《漂亮妈妈》沸沸扬扬地推向中国电影市场,各类传媒及网站以更大的热度,报道了好莱坞评选"漂亮妈妈"的活动。至此"漂亮妈妈"便在借用中展露了别一意义所在:那是些极为荣耀且高贵的"特权化美女"的母亲身份与母爱故事,属于"永恒而迷人"的人类母题序列,与中国社会的特定现实无大涉,当然更高远地悬置在"底层妇女"的生存现实之上。但这与其说是对一部影片的苛求,不如说旨在展露一处文化建构与话语生产间的悖谬与盲点。在笔者的视域中,对阶级、性别、种族命题的关注,并非出自我们已弃若敝屣的旧课本,或西方学界念烂了的"三字经",而是由于对现实中分外鲜活而繁复呈现的社会建构过程的一份感悟。

原载《读书》2000 年 9 月

# 王一川

## "望月"与回到全球性的地面
——读黄遵宪诗《八月十五日夜太平洋舟中望月作歌》

本文尝试阅读晚清诗人黄遵宪的《八月十五日夜太平洋舟中望月作歌》,由此探讨中国的全球性问题。作者认为全球性有个不能被遗忘的基本的地面——个人对生活世界的体验。全球性涉及的是个人对自身的生存境遇的体验。个人不仅是从思想、观念而且是根本上从对生活世界的切身体验中才领略到世界的全球性变革。黄遵宪透过对中国人熟悉的月亮的新奇体验,揭示了中国人生存境遇的全球性变迁。全诗由五部分组成,共56句,依次显示诗人在太平洋上的望月体验从古典性向全球性的转变过程。第一部分显示对月亮的原初同一性体验;第二部分写同一性体验发生巨大裂变——由同趋异;第三部分表达出在差异中寻求再度同一的渴望——即异中见同;第四部分透过个人身世而回复到对差异境遇的描写——同中见异;第五部分抒发内心的疑问和对未来的期待——异中求同。诗表明,中国的全球性体验充满"古"与"今"、"中"与"西"的对立以及更为根本的"同"与"异"的矛盾,即呈现出古代时空意识与现代时空意识、中国文化与西方文化、同一性与非同一性之间的紧张关系,它们构成中国的全球性体验的必然组成部分。这首诗透过诗人在太平洋上的新奇的望月体验,显示出中国人的全球性体验的曲折的内心发生轨迹及其包含的"同"与"异"的冲突性内涵。这表明,全球性归根到底是以个人对生活世界的体验为地面的。现在已到返回这种全球性的地面的时候了。

人是应当生存在地面的,只有在地面时我们才会有中国人习惯说的"脚踏实地"之感。地面是我们的生存的基本层面。尽管有时我们会飞上天空,但我们注定了是会返回地面的。全球性

(globality)是一个被人们从地理、政治、经济、社会和文化等各个层面分别加以谈论的转变过程,这些谈论似乎有着各自充分的理由,常常引领我们升腾到思想的太空里驰骋遨游。不过,在我看来,全球性问题是应当有个不能被遗忘的基本的地面的,这就是个人对于生活世界的体验。换言之,全球性涉及的是个人对自身的生存境遇的体验。个人往往不只是从思想、观念、理智上而是从根本上对生活世界的切身的总体感受中,才深切地领略到世界的全球性变革的。而对此,中国晚清诗人黄遵宪在他的诗里透过对中国人熟悉的"月亮"形象的体验,提出了一种答案。

黄遵宪(1848—1905),字公度,别号人境庐主人,广东嘉应梅州(今广东梅县)人。光绪二年(1876)中举,随即被任命为清朝驻日使馆参赞,次年秋赴日本,开始长达十余年的外交官生涯,足迹遍及日本、新加坡、美国和英国。著有诗集《人境庐诗草》11卷,《日本杂事诗》2卷,及《日本国志》40卷等。

黄遵宪的《八月十五日夜太平洋舟中望月作歌》(1885),正表达了他对处于新的全球性境遇中的中国的个人的独特体验。"月亮"历来是中国古典诗歌反复吟咏的一个意味深厚的原型性形象,相应地,"望月"或"赏月"也是其历史悠久的主题之一。例如,"举头望明月"(李白)、"月是故乡明"(杜甫)、"海上生明月"(张九龄)、"夜吟应觉月光寒"(李商隐)、"明月何时照我还"(王安石)等等。月亮是如此经常地出现并显示出抒情上的重要性,以至成为中国古典诗歌传统的基本标志性形象和主题之一。①月亮形象往往与中国古典宇宙观形成密切的联系,这种宇宙观相信中国就是世界(天下)的中央。诗人对月亮的体验,如果被一直包容在中国古典宇宙模式的框架内,那表明世界还是原有的"中国中心"幻觉主导的世界;而一旦这种体验出现重大变异,那么,原有的宇宙模式就面临分裂的危机了。月亮形象的变异,尤其能显示中国在由古典性步入全球性的过程中的内在冲突状况。

中国人的全球性体验在其发生过程中的一个必然现象,正是凝聚在月亮形象上的传统审美方式在全球性进程冲击下的被迫变形、肢解或转型状况。置身在新的"地球"视野中的黄遵宪,对月亮产生了与古人和自己此前的体验颇为不同的新体验。光绪十一年八月(1885年9月),他由驻美国旧金山总领事任上请假回国,正值旧历八月十五之夜,轮船航行在茫茫太平洋上。诗人仰望明月,思乡情浓,不知哪位西方游客唱着异国歌曲,于是感慨颇多,做成这首诗。全诗如下:

> 茫茫东海波连天,天边大月光团圆,送人夜夜照船尾,今夕倍放清光妍。一舟而外无寸地,上者青天下黑水。登程见月四回明,归舟已历三千里。大千世界共此月,世人不共中秋节。泰西纪历二千年,只作寻常数圆缺。舟师捧盘登舵楼,船与天汉同西流。虬髯高歌碧眼醉,异方乐只增人愁。此外同舟下床客,梦中暂免共人役。沉沉千蚁趋黑甜,交臂横肱睡狼藉。鱼龙悄悄夜三更,波平如镜风无声。一轮悬空一轮转,徘徊独作巡檐行。我随船去月随身,月不离我情倍亲。汪洋东海不知几万里,今夕之夕惟我与尔对影成三人。举头西指云深处,下有人家亿万户,几家儿女怨别离?几处楼台作歌舞?悲欢离合虽不同,四亿万众同秋中。岂知赤县神州地,美洲以西日本东,独有一客欹孤篷。此客出门今十载,月光渐照鬓毛改。观日曾到三神山,乘风竟渡大瀛海。举头只见故乡月,月不同时地各别,即今吾家隔海遥相望,彼乍东升此西没。嗟我身世犹转蓬,纵游所至如凿空,禹迹不到夏时变,我游所历殊未穷。九州脚底大球背,天胡置我于此中?异时汗漫安所抵?搔头我欲问苍穹。倚栏不寐心憧憧,月影渐变朝霞红,朦胧晓日生于东。

这首诗写出了诗人生平从未经历的独特体验:中秋夜在太平洋上望月。以往中国诗人对中秋月夜的描绘,多是从内陆大地或近海(四海)做出的,如苏轼《水调歌头·明月几时有》、张九龄《望月怀远》等。他们"望月",是处在中国古典宇宙观模式控制下的行为,这样,他们的时间和空间观念都是属于中国的,并且想当然地以为这就是天下惟一的时空模式。可以说,他们是在中国固有的"中国中心"传统框架内体验中秋月夜的,心中想当然地以为天下人对于月亮都拥有同一种感情。然而,当黄遵宪生平第一次横跨太平洋而游历美洲以后,眼中的月亮却悄悄地然而又意义重大地改变了形象。

全诗由56句组成,描写诗人的中秋望月体验。这56句可以说由五部分组成:1.第1至4句为开头,显示中国人原有的对于月亮的原初同一性体验;2.第5至20句描写诗人的原初同一性体验已发生巨大裂变:由同趋异;3.第21至34句表达出在差异中寻求再度同一性的渴望,即在"不同"中见"同";4.第35至49句透过个人身世而回复到对差异境遇的描写;5.第50至56句抒发内心的疑问和对未来的期待。这五部分依次显示出诗人的望月体验从原有的古典性体验向全球性体验的转变过程:同——异——同——异——同。这五阶段如果可以说得更具体些,就是:原初同一——由同见异——异中见同——同中见异——异中求同。

1. 原初同一。"茫茫东海波连天,天边大月光团圆,送人夜夜照船尾,今夕倍放清光妍。"这表达了黄遵宪在中国传统审美方式的无意识支配下产生的对于月亮的原初的同一性体验。诗人置身太平洋上,适逢中国传统的中秋节,一时间感到分外亲切,心中涌动着传统审美方式赋予他的那些生动感人的月亮原型,所以有"天边大月光团圆"和"今夕倍放清光妍"的特殊感受。天上的"月圆"与地上人的"团圆"之间的同一性关系,是中国文化传统模式规定的。诗人的望月之眼早已被灌注了这种中国文化传统内涵,相比而言,西方诗人则不会有这样的眼睛。于是,在中秋夜凝神望月的瞬间,他自然会无意识地"看见"格外光亮和浑圆的团圆之月。当然,这同时也与切身体验有关:在太平洋上看见的月亮确实比在内陆看见的显得更大更亮更圆。

2. 由同见异。然而,上述原初同一性体验却是短暂易逝的。在这古典性体验与全球性体验相转化的关口,它不可能持续长久。诗人突然意识到,自己已不再置身在中国大地,而是浪迹茫茫太平洋上。"一舟而外无寸地,上者青天下黑水",这样新异环境下的太平洋望月体验,对这位生长在中国大陆的诗人来说,是陌生、神秘并带着恐惧的。他的属于中国传统的望月无意识已在此悄然转换为新的全球性意识。黄遵宪发现:"登程见月四回明,归舟已历三千里。"过去在中国大陆时,在人工船上看月亮,四夜行走至多不过数百里而已。而现在在机械轮船上望月,却竟已行进"三千里"。行进的速度变了,人所跨越的实际空间及相应的心理时间就都同时发生了改变,从而对整个生存境遇产生了全新体验。

诗人在这里体验到了古今之"异"和中西之"异"。"大千世界共此月,世人不共中秋节。""大千世界"在这里借助佛教语汇指今日意义上的世界。也就是说,这不再是古典中国宇宙观所拥有的"中国中心"意义上的"天下",而是指今日所谓全球或全世界。黄遵宪不得不接受了新的全球性宇宙观。然而,他又惊奇而懊恼地发现,全球各民族诚然共同拥有一个月亮,却没有同样的"中秋节",无法获得同样的望月体验。中秋望月似乎只属于中国人。"共"强调全球地理之"同",而"不共"则有力地突出了古今文化、中西文化之"异",从而显示了全球地理与民族文化之间的差异性冲突。

诗人的时间意识也出现了裂变。"泰西纪历二千年,只作寻常数圆缺。""纪历二千年"是指公历纪年,当时实际只有1885年,这里举其成数。"泰西纪历"显然是与中国的阴历、夏历或农历迥然不同的别一种纪历方式,显示了中国人与西方人在时间意识上的巨大差异。时间意识及相应的纪历方式不同,对月亮的感受也就有差异。黄遵宪意识到,月亮的阴晴圆缺只是对中国人具有特殊的团圆与分离意味,而在西方人那里则只不过是平常的阴晴圆缺而已,即使是对于中国人如此重要的中秋节,也只是寻常的宇宙运行而已。

诗人由中西方之间望月体验的差异,更联想到种族或民族之间的差异,即由望月之异进展到种族之异。"虬髯高歌碧眼醉,异方乐只增人愁。"诗人异常强烈地感受到,当白种人乐兴大发地沉醉于自己的民族歌曲时,中国人不仅不能同醉,反倒平添愁怨。

"此外同舟下床客,梦中暂免共人役。沉沉千蚁趋黑甜,交臂横肱睡狼藉"。诗人的视线转向同舟共济的下等劳工,一种同情感油然而生。这种同情感,实际上已不同于昔日中国诗人笔下的属于中华民族内的同情体验,而开始具有全球普遍人性特征。在这种全球普遍人性意识支配下,诗人强烈地感受到人与人之间、种族与种族之间的不平等或差异。

3. 异中见同。接下来抒情转入第三阶段。如果说上一阶段表达了一种新的陌生、奇异而又令人恐惧、痛苦的全球性体验的话,那么,这里则是在陌生、奇异和痛苦中,通过古典传统原型而寻求同一性体验。这是一种新的异中见同。而全诗也在此时达到抒情的高潮。而这一高潮是以身心激动后的平静或平和的方式出现的,是对上述全球性震惊做内在调节的心理结果。"鱼龙悄悄夜三更,波平如镜风无声。一轮悬空一轮转,徘徊独作巡檐行。我随船去月随身,月不离我情倍亲。"诗人仿佛于突然间消除了全球性带来的陌生感和创痛而重新与古人接通,从月亮身上获得了熟悉而亲切的认同性体验。尽管身处全球性境遇中,月亮毕竟还是如他回忆中的月亮那样满溢亲情,亲如知己。"汪洋东海不知几万里,今夕之夕惟我与尔对影成三人。"上句显示诗人在全球性境遇中的陌生而奇异的体验,在这种体验中太平洋宽阔无边,深不可测;下句则诉说他在全球性境遇中的重新认同:他与明月如老朋友般亲切地"对影成三人"。黄遵宪显然清晰地记得唐代诗人李白的《月下独酌》:"花间一壶酒,独酌无相亲。举杯邀明月,对影成三人。"置身在浩瀚而陌生的太平洋上,黄遵宪竟然重新发现了仿佛已久违的知音,使自己在望月的瞬间实现了一个现代中国人的身份认同。他似乎在宣布:即便是置身在一个陌生而奇异的全球性世界中,中国人还是能够通过月亮而重新发现失落在茫茫地球上的自我!

由这专属于中国的月亮,诗人自然联想到祖国亲人。"举头西指云深处,下有人家亿万户,几家儿女怨别离?几处楼台作歌舞?悲欢离合虽不同,四亿万众同秋中。"诗人的个人体验骤然间升华为整个中华民族的集体体验:在西边的白云深处,生息着四亿中国同胞,他们的怨别伤离、悲欢离合等体验方式虽彼此各有不同,却由于有着同一个中秋节,而呈现出同一性。正是由于中秋节这一民间节庆的存在和延续,使得中华民族能够在同一个纽带维系下团聚为一个整体。既"不同"又"同",这样的语词运用是十分恰当和有力的,明确而深刻地表达出诗人在不同境遇中的同一性体验。那么,这种同一性体验在全球性时代能长久持续吗?

4. 同中见异。在下面的第四阶段里,诗人又从个人的亲身体验出发,由同而见异,清醒地意识到古今、中西之间的差异不可避免。"岂知赤县神州地,美洲以西日本东,独有一客欹孤篷。此客出门今十载,月光渐照鬓毛改。观日曾到三神山,乘风竟渡大瀛海。""岂知"一词,准确地传达出诗人的体验的转折,预示着由"同"

到"异"的心理转变。"三神山"本指传说中的渤海三座仙山蓬莱、方丈和瀛洲,这里借指日本。而"大瀛海",来自《史记·孟子荀卿列传》。齐人邹衍认为,中国居赤县神州,中国之外像赤县神州的州还有八个,合为九州,其外有小海环绕。被小海环绕的九州又可称为一州,像这样的大州也共有九个,外面有"大瀛海"环绕。"大瀛海"在这里借指黄遵宪正置身于其中的太平洋。诗人的思绪不禁转向自身。作为一个中国人,他与足不出"四海"的先辈不同,到过日本和美国,遭逢前所未有的全球性境遇,似乎身不由已地被抛入一个新奇的世界。这是幸运还是不幸?无论如何,诗人已注定了置身在一个全球性世界里,领受到全球性带来的个人命运变故。"大瀛海"一词的使用是一个富有意义的象征性事件,表明作为诗人的黄遵宪已经抛弃了古典"中国中心"的"天下"观,而接受了经过古代邹衍"九州"说过滤的现代全球意识。

"举头只见故乡月,月不同时地各别,即今吾家隔海遥相望,彼乍东升此西没。嗟我身世犹转蓬,纵游所至如凿空,禹迹不到夏时变,我游所历殊未穷。"这里的"不同"、"各别"、"不到"、"变"、"未穷"等词语,鲜明地突出了"异"的存在和诗人对其的痛切体验。这里述说诗人的特殊的同中见异处境:我尽管沐浴在"故乡月"的同一性光辉中,但游踪所至却是大禹未曾到过的、不用夏历的地方,那是一个奇异的全球新世界。由此,诗人经受到古今、中西两种时空意识的冲突的煎熬,清醒地意识到自身的"异化"境遇。

5. 异中求同。最后,诗人在强烈的非同一性体验中禁不住对中国、世界及个人的生存境遇发出激烈的质疑。"九州脚底大球背,天胡置我于此中?异时汗漫安所抵?搔头我欲问苍穹。倚栏不寐心憧憧,月影渐变朝霞红,朦胧晓日生于东。"诗人感到,自己是身在"九州"脚底、"大球"脊背,而"异时"将置身何处,竟不得而知,不得不仰问上苍。"异时"一词突出了对未来的不可知及其焦虑。面对这一全球性"异化"境遇,诗人不禁发出"天问"式质问:"天胡置我于此中?异时汗漫安所抵?搔头我欲问苍穹。"这一"天问"自然是一时无法解答的,但诗人依旧执著地仰望上天,寻求答案,一直望到月亮消失而朝日升起:"倚栏不寐心憧憧,月影渐变朝霞红,朦胧晓日生于东。"答案没有找到,但见"朦胧晓日"已升腾于东方。末句"朦胧晓日生于东",可以说隐约地表征着诗人对于祖国的朝日般未来的朦胧想像和期冀。在这里,可以感受到古代诗歌中"海日生残夜"的原型形象的延续。诗人从这一古典审美与文化原型中,似乎已经遥望到了他急切盼望的新的同一性基础。不过,联系全诗语境看,这种同一性基础是脆弱的:毕竟此月已非古时月,业已转化为全球性月亮了。

这样,全诗以五阶段展现出"同"与"异"、"同一"与"非同一"的冲突。这一冲突的存在及其展开,显示了诗人内心的全球性体验的进程及其冲突状况。它表明,全球性体验并不是一个内容单一的同一性整体,而是充满了"古"与"今"、"中"与"西"的对立以及更为根本的"同"与"异"的矛盾,即呈现出古代时空意识与现代时空意识、中国文化与西方文化、同一性与非同一性的紧张关系。而且这些对立或矛盾又并不只是全球性体验的原因,而同时就是它的必然组成部分。换言之,全球性体验本身就包含着种种复杂的内心冲突,就是这种冲突的展开及其寻求解决的过程。

对《八月十五日夜太平洋舟中望月作歌》当然还可以有别种读法,即便是五阶段划分也还可以讨论,我的读法只是表明了我从全球性体验角度阅读和理解黄遵宪的过程及其结果。尽管如此,这诗的意义已经显露出来了:它透过诗人在太平洋上的新奇的望月体验,具体地显示了中国人的全球性体验的曲折的内心发生轨迹及其内部所包含的丰富的"同"与"异"的冲突性内涵。读完这首诗,一位古典格律诗人在面对新奇的全球性境遇时经历的震惊、痛苦、欣喜、平静和焦虑等种种复杂反响,已经鲜明地呈现在我们的脑海里。借助望月体验而刻画中国人的全球性体验的复杂演变过程,典范地体现出黄遵宪自己的美学原则:"诗之外有事"和"诗之中有人"。②他是通过描写个人的望月体验的演变("诗之中有人")而揭示了中国人生存境遇的全球性转变这一历史性事件("诗之外有事")。这样一种望月体验显然已成为全球性中国形象的一部分。

由于是以古典格律诗表现新的全球性体验,这诗更显示了特殊的审美与文化价值:它在中国诗歌的旧格律框架中尽情地表达新的全球性体验的曲折发生过程及其复杂内涵,显示了旧格律在开拓全球性体验方面所能达到的最高美学境界,从而也等于宣告了中国旧体诗表现全球性体验的终结。在我们考察中国全球性体验的具体发生状况时,这首诗正是一个可供反复阅读的意味深长的典范性本文。它作为中国诗歌由古代形态向现代形态转变的一个代表性本文,在中国文学史上具有重要的审美与文化意义。

对这首诗的阅读也表明,全球性归根结底是以个人对生活世界的体验为地面的。现在已经到了返回这种全球性的地面的时候了。

注释:
① 参见傅道彬《晚唐钟声》,东方出版社1996年,第41—67页。
② 据钱仲联《人境庐诗草笺注》上册,上海古籍出版社1981年,第3页。

选自《中国现代性体验的发生》,
北京师范大学出版社2001年

宋晓萍

# 厨房：欲望、享乐和暴力
—— 厨房中的女性话语以及《恰似水于巧克力》

一

从某种意义上说，女性提供两种食品：一种在厨房完成，一种在化妆镜前完成，分别满足口腹之欲和性欲——她们做的饭菜和她们自己的身体：

> 只有她的各个部分，女人无非是这些部分的组合体。这仿佛是女人款待男人的色情盛宴的一道道菜。①
> 我厌倦了做一个女人，/厌倦了汤匙和炒锅，/厌倦了我的嘴巴和乳房，/厌倦了化妆品和丝绸衣裳。/仍然有男人们坐在我的餐桌前，/围着我端上来的碗。②

显然，这个患有"厌倦症"的女人既厌倦为男人们的餐桌提供精心烹制的食品（用汤匙和炒锅），也厌倦为他们献上自己（用化妆品和丝绸衣裳修饰过的身体，例如嘴和乳房）；而事实上，后一种状况似乎更让人深恶痛绝。也就是说，女人具有双重特性：她们制造、处理和享用食品（在此，她们是主动的）；她们被制造和处理为"食品"——"可食的女人"（在此，她们又是被动的）。这种双重性有时形成一种非常微妙曲折的关系圈：

> 性爱之后，凛子似乎觉得饿了，她用心地吃着，刀叉在她手中总是美得毫不做作。"真好吃！"

>    吃的时候凛子变得专注而天真,看着这样的凛子,久木脑中回到刚刚不久前的床上场面。
>    这话确实难以启齿,不过'真好吃'的确也是凛子自身的写照,那柔中带紧的玄妙触感,才真是美味中的美味。
>    凛子根本不知道男人正想着那事,专心吃着鲍鱼,受到她的牵引,久木也把清蒸鲍鱼送进嘴里。③

在这个场景中,男人(久木)"吃"的动作对象是双重的:食品(鲍鱼)/女人(凛子的身体),这种双重性很明显地加强了动作的力度,同时隐含着某种暴力倾向。"吃作为品尝(作为享乐的吃)和吞噬(作为显示力量和暴力的吃),不仅是愉悦之源,而且还起着支配手段的作用。"④相反,女人(凛子)在此的谓语动作本身就具有两重性:吃(鲍鱼)/被吃(不自知),对立的两种动作姿态彼此削弱了力量,无论是享乐还是显示力量,女人都多少显得懵懂和无力。因此,女人很少被关注她的动词"吃",而经常被比喻成各种食品——"吃"的宾语:

>    她是樱桃、奶油,她的红唇甘甜如蜜,皮肤洁白如乳汁,凝脂般的胸脯丰满如苹果。⑤

在另一次幽会中,久木直截了当地把凛子比喻成蛋糕,"因为你太美味可口了!""如果你不那么好吃,我不会这样痴迷。"看来,阿特伍德在小说《可食的女人》结尾安排的那个可以食用的糕饼女人的形象,显然是食欲和性欲共同的象征结果。

事实上,性欲和饮食之欲如影相随,相互印证,有一种极其隐晦的互文关系。这对孪生的欲望几乎控制着整个世界的行为。福科在《性史》曾经多次提及性和饮食的这种关系:"性伦理与饮食伦理间这种联系是古代文化中的一个常有因素。"比如色诺芬的回忆录列出其老师苏格拉底"关于吃、喝和情欲快感"的一些戒律和行为;《理想国》中也提到,节制要求对饮、色、食做三重控制;亚里士多德列举的"普通快感"的三个例子是吃、喝,而对年轻而精力旺盛的男子来说,还有"房事的快乐"。⑥而食物和性在伍迪·艾伦的电影中经常是联系在一起的,他试图借此表明,身体的"乐趣"就在于满足对性和美食的欲望。

　　这样,从家庭内部的空间分布来说,卧室和厨房应该有一种微妙而奇特的联系。它们同样最具有隐私性,都是遮遮掩掩,不对外开放的;它们都充斥着某种暧昧的气息,一种暖烘烘、昏沉沉的气息,一种让人融化、让人遗忘外界的气息——身体的气息;最重要的是,它们都处于时间河流之外,处于公众目光无法捕捉的死角,维持着经久不变的封闭和疏离——那些革命,战争,政权更迭,国家阴谋,派系斗争,民族危机……都很难渗入这两种空间。千年之前和千年之后的厨房、卧室在基本构成(比如厨房的火、锅碗瓢盆,比如卧室的床)和常规动作上,变化微乎其微。电影《爱情与死亡》(曾一度想改名为《爱情、食物与死亡》)中就设计了床笫和餐桌(或者说卧室和厨房)的弗洛伊德式的关联:镜头交替切换于卧室("不行!这里不行!"当鲍里斯开始在床上爱抚地向索妮亚求欢时,她这样加以反对)与厨房(索妮亚摔碎了手中的酒杯并且把餐桌上的盘菜都推到地板上)之间,这时夫妻关系很不和谐;当两人婚姻关系变得融洽和美之后,变化不是表现在床上,而是表现在餐桌上,两人津津有味地享用索妮亚头一次烹制的蛋奶酥和雪做成的菜点。⑦

　　如果说,卧室还必须两人分享,那么厨房显然更具有纯粹的女性私人意味:

　　　　我的地盘就在这里。从一切时间之初起它从来就在这里。⑧
　　　　在厨房里有坎德拉里亚……岁月流逝,世事变迁,而坎德拉里亚总是从容不迫地腰系布袋,手拿铜板,在发火动怒和平底锅中间,把她那永远激愤的灵魂从石磨转到咖啡滤子上。⑨

　　正如女性通常被摈弃在主流和中心之外,厨房也同样处在这个世界的边缘和角落:它/她不可或缺,却被深深遮蔽,被忽视,被遗忘,被埋没,被否定。(整天围着锅台转的女人被认为没见识,没出息,庸庸碌碌,没有资格参与大事。)汉娜·阿伦特指出,私人领域和公共领域的区分相当于应该显现出来的东西与应该隐藏起来的东西之间的区分,而众多研究者也已经一再强调,整部女性史就是被隐藏的历史。"隐匿物所构成的领域在隐私条件下是多么地丰富多彩",因为"有史以来,直至我们这个时代,需要隐匿于私下的东西一直都是人类存在中身体的部分","被隐藏起来的有劳工和妇女"。⑩也就是说,厨房中的妇女最典型的代表了那种被隐匿的私人性的身体史。

问题当然有双重性。一方面,女性被迫局限于这个与自己处境相似的空间里,煎炸蒸煮,汗流满面,下厨成为主妇必备的能力(女子嫁入夫家第一件事就是"洗手做羹汤",这往往是一种变相的测验,检查新妇是否合格;而临嫁之前,母亲也常常会谆谆教导,抓住男人的胃才能抓住男人的心)。另一方面,女性也因此无意中获得了一个不受侵犯,没有规矩约束的相对独立的空间,那儿远离政治、种族、国家等男性"宏大"命题,也远离了家庭中的"家长"(通常是男性,所谓君子远庖厨)。

> 自从娜恰死后,蒂塔就成了家里最有能力去占据厨房的空位的女人,而在那里菜肴的味道、气味、质地和这一切可以产生的效果均在埃伦娜妈妈的严格控制之外。⑪

在其他任何地方,埃伦娜妈妈(在这里她更像一个独裁专制的"父亲")都牢牢地主宰和控制着蒂塔的生活,拥有至高无上的权力,甚至完全剥夺了她爱的权力;只有在厨房中和制作食物时她才是自由的,不受限制和随心所欲的。比如蒂塔做的结婚蛋糕因为渗入了她的眼泪,使吃的人都感到一股强大的怀念之情,连丈夫死时都未流泪的埃伦娜妈妈也忍不住默默落泪。蒂塔通过食品和食品制作发出了自己的声音,这种声音僭越了某种专制和权威。事实上,蒂塔的食品经常能左右、引导、诱发甚至改变人们的情绪,只要他们吃了。这未尝不是一种力量。加拿大女作家奥德丽·托马斯的《潮间带的生活》中的主人公艾丽斯总是在厨房的餐桌上写作,有时她"一边洗碗,一边让自己的思想摆脱束缚,自由驰骋,四处嗅闻……"而这种自由在其他空间很可能受到限制。

厨房空间因而充满了细节、感官和女性"话语"(闲言碎语)——主妇们的交流常常在厨房进行,而非客厅。

乔琪娅和玛雅在两个层次上成为朋友。在第一个层次上,她们是以妻子的身份做朋友的;在第二个层次上她们是以自己的本色来交朋友的。在第一个层次上,她们互相到对方的家里去吃饭。她们听彼此的丈夫谈他们的学校生活……在第二个层次上,乔琪娅和玛雅在彼此的厨房里喝着咖啡谈话。⑫

在厨房中建立起来的女性情谊,常常比在客厅社交活动中的更本色、更纯净。那是女人和女人之间的真正对话,完全远离了男人的介入和控制。

这样,厨房中的女人既是主动的,也是被动的;既受到限制,又拥有一种奇特的力量。韩国电影《三〇一,三〇二》中,那个得不到丈夫关心和注意的女人,被迫整天把自己封闭在厨房里,不停地做菜,不断地强吞下去,又陆续地呕吐出来,以狂吃狂饮自虐身体,进行隐秘的反抗和抵制。到最后终于忍无可忍,杀了丈夫最疼爱的小狗,煮成一道菜——在厨房,利用烹调的方式,完成了一次最激烈的抗议,和最彻底的颠覆。这部影片的两个女主角的厌食和暴食都是一种含蓄的逃遁和挑衅。类似的故事在好莱坞电影中也经常上演,成为经典情节之一。而传说中那些具有巫术的女人,其力量往往显示在饮食上。

食物是妇女能够控制的少数力量来源之一。与食物有关的行动就是一种对其身体和其社会环境具有压力的手段,因为这种行动不可避免地会影响其家庭的生活……⑬

按照尼采的说法,"谁占有,谁就被占有"。当男性占有(吞食)食物/女人的同时,他反过来也被占有(食物和女人都进驻了他的身体内部)。显然,厨房里悄悄地滋生着一种不为人知的女性意识和女性权利。正如阿特伍德在《女占卜家》中所暗示的。她在这篇小说中,把厨房里的男女关系颠倒了:男人们放弃了他们的工作,操起了下厨做饭的行当(而妻子们不得不去工作),从而形成了以食品为中心的排外俱乐部和社会团伙。面对这样的排外性,妇女也就产生出了"厨房嫉妒"。考虑到这种颠倒完全可以反过来读,女人在厨房中集结的力量（让男性嫉妒的力量）也就昭然若揭，不容忽视。阿特伍德甚至认为，女人接近食品，是接近"那种把我们社会中的深刻的宗教信念具象化的礼仪：把祭献的面粉转化为神圣的面包"。⑭

想像一下妇女在厨房中，是如此左右逢源，得心应手：想像她麻利地剖、宰、切、剁，想像她熟练地上火蒸、煮、炖，想像她轻松地在油锅中煎、炸、炒……这种浓郁的暴力倾向和独占的空间，在非常状况下出现逆转是完全可以预料的。玛丽·麦卡锡《毕业班》中有个场景，凯因丈夫彻夜未归而怀疑其有外遇，两人大吵一场，动起手来，丈夫把凯打倒在地，踢她的肚子，凯的直接反应是"跳起来跑进厨房，他追我，我就拿起切面包的刀子"。更极端的例子是林白的《致命的飞翔》。男人利用手中权力，迫使北诺以身体为代价进行某种交易（性／工作），前两次的牺牲都毫无结果，男人总是忘了带那张至关重要的表格（暗示男人对此事的漫不经心，他显然只重视女人的身体）。特别是第二次，男人的欲望没有得到满足，第三次他吃下了春药，对女人来说，这几乎是一场噩梦：她的身体备受凌虐，北诺"疼痛得高声喊叫"，觉得自己快要死了。最后，

> ……她想起自己好像没有吃饭，她又累又饿，身体轻飘飘的。她下了床，走到厨房。（卧室：欲望匮乏。）
> 她一眼就看到了那把刀。
> 刀刃雪光闪闪，像雪山上的月亮那样高洁，它在这个恍惚的夜晚照耀了这个女人。女人恍惚着走向它，她的脸贴在它上面，冰凉的感觉使她舒服。她拿着这把菜刀到卧室去了。（未满足、受伤的性欲望转化为暴力欲望。）
> ……她就从那个地方割了下去。⑮

这里还涉及卧室和厨房，性和暴力的奇特转移：卧室里男人对女人的性暴力和性凌虐，直接转化为女人拿起厨房里的菜刀以暴抗暴。（李昂的《杀夫》有相似的情节。）

厨房里的女人，或者说女人在厨房里，似乎发展了一种力量：一种很有效、可能具有颠覆性的力量。比如阿特伍德在厨房里用厨艺方式制造男人，虽是戏谑，仍然有些骇世惊俗：用"姜饼制作方

法"做出来的男人喜好逃跑,流浪,但"吃起来太棒了",要用绳子系住;"杏仁糖制作方法"做成的男人更小,"更容易控制些","可以把它握在你的手心"。⑯一种相当有幽默感,又极具隐秘的攻击性的隐喻,一种戏谑性的反讽和倒置,在这儿,男人和女人的位置出现了喜剧性的互换:女人吃男人/食品;男人既是女人的性对象,也是她的食欲的对象,同时饱足她的两种欲望。

## 二

关于爱情和欲望的故事应该在什么场合发生?诉说爱情和释放欲望最有想像力的方式是怎样的?最平庸世俗的空间有没有创造爱情传奇的可能?大概很少有人会设想在油腻腻的厨房里谈情说爱,这无疑有些煞风景,也可能使纯粹的爱情变得混浊不清。应该说,厨房是情欲主题中的一个忌讳,一个盲点,一个空洞。可是,为什么就一定不行呢?

墨西哥女作家劳拉·埃斯基韦尔的《恰似水于巧克力》(以下简称《恰》)这篇涉及女性情欲主题的小说,它的中心场景不是卧室(情焰高涨),花园(罗曼蒂克),或咖啡馆(小情小趣),甚至饭店旅舍(偷情),偏偏是最无情调、最不浪漫的厨房。

《恰》的主人公蒂塔在厨房的桌子上出生,在厨房长大,她一生中的大部分时间在厨房度过,对与吃有关的一切有一种神奇的第六感觉,也通过厨房了解生活和世界。蒂塔天生具有烹饪天才,对做菜有一种惊人的敏感,她的喜怒哀乐都可以倾注在烹调过程和食品上,并从中获得最大的乐趣。对蒂塔来说,厨房就是她的小世界,她的所有。因此,蒂塔的厨房是完满的,自己的(伍尔夫意义上的"一间自己的屋子"),充分的,是她身体的延伸和外化——是她的本能,也是她的欲望。

蒂塔和佩德罗的爱情阻力不是来自他们自身的差异,而是来自蒂塔的母亲埃伦娜妈妈。根据家里的规矩,最小的女儿不能结婚,要侍候母亲到死。为了接近蒂塔,看到蒂塔,佩德罗被迫娶了蒂塔的姐姐罗绍拉。这样,蒂塔和佩德罗的爱情(在公共空间)是不合法的,不道德的,危险的,只能在极为隐秘的状态下曲折发展,躲开埃伦娜妈妈的锐利眼光:监视、猜疑、粗暴的命令和尖刻的谩骂。这就否决了用直接的声音、文字、话语或明显的动作、姿态、表情等外在方式来传情达意的可能性;而无意中发掘了更具创造力、同时也更强调身体的方式:味觉、嗅觉,以及在少量空隙中(比如母亲不注意或顾不上时)有限的身体接触,飞快的目光交换。味觉从来没有这样紧密地和整个身体联系在一起,也从来没有这样敏感,以至可以在食品中尝出千言万语,并迅速撩拨起最深处不为人知的疯狂情欲,像一根火柴点燃了熊熊火焰。

在这个意义上,厨房、烹调手段和过程,以及最后的成果——食品,都成了最有效的言说方式和表达途径。比如,当佩德罗充满欲望的炽烈目光唤起蒂塔刚刚苏醒的女性欲望时,

> 那时刻她完全明白了,做油煎饼的面团碰到滚开的油的时候是一种什么感觉。这种炽热的感觉如此真实,传遍全身,她害怕自己会像油煎饼一样全身冒泡,脸、肚子、心和胸脯全都冒泡。

这种身体性的语言(蒂塔的烹饪天才是与生俱来的,就是她身体的延伸和外化),起于身体(天生的),作用于身体,直接引起身体反应——这条路线因其极端私人性、排他性和内在性,得以在母亲的眼皮底下安然筑成,暗度陈仓。

在罗绍拉和佩德罗的婚礼上,蒂塔和娜恰(把蒂塔带大的厨娘)做的婚礼蛋糕,让所有吃的人全部情不自禁,失去理智,甚至包括最强硬的埃伦娜妈妈:首先是哭泣,然后"所有的来宾都有一种特别的忧郁感和失落感。最终让他们每一个人在院子里,牲畜棚或厕所里怀念他们一生中的爱情。没有一个人能摆脱这种魔法。"最后是呕吐。(个人悲伤对集体的身体传染力。)罗绍拉更是干呕着离开宴席,漂亮的婚纱也被弄脏,大吐了一场,一晚上不舒服,以致新婚之夜的同房被迫推迟。(这或许暗合了蒂塔潜在的无意识的要求:罗绍拉占据了蒂塔的位置,蒂塔抽走了罗绍拉新婚中最重要的情节——性的延误在此显得尤其意味深长。)而这一切,完全是因为在制作过程中,蒂塔克制不住的伤心的眼泪滴在果仁糖上,改变了它的质地;而娜恰,在接替蒂塔后,边做边想起了自己的一生:埃伦娜妈妈做主赶走了所有向她求婚的男人,她从来没有被爱

和爱人的体验,她的身体欲望一直在沉睡中,她的人生有无法弥补的缺陷——这种缺失使她胸中剧痛,这种痛如此强烈,甚至蔓延开来,渗入了食品中。而最终,蒂塔和娜恰的痛苦无限扩散,作用于每个食者的身体,并进而影响了他们的心。这种身体性的语言具有如此强大、如此深入、让人震惊的力量,它进入,并控制,和占有。

很多人关注过这个问题:在边缘的人能说话吗?这个问题又分为几个层次:首先,有没有权利说话?如果有,那么,有没有能力说话?(按照一些人的看法,这些身处边缘的人们都患有"失语症"。)如果这两者都毋庸置疑,那么,最关键的还在于,这种声音有没有人听到,有多少人听到,引起了多大的反响和重视?换言之,这种声音对其他人起作用吗?还是如同石沉大海,无声无息?

那么,《恰似水于巧克力》提供的回答几乎全是肯定的:妇女(性别结构、社会结构和空间结构中均处于边缘)不但有权利说话,有能力发出自己的声音,而且这种话语具有强大的力量,一种以柔克刚、无坚不摧的阴性力量,这种力量冲破了所有人的理性防线,以一种纯身体性的力量。

"玫瑰鹌鹑"这道菜更是充分、完满地展示了这种力量。那天,佩德罗送了蒂塔一束玫瑰花表示爱意,埃伦娜妈妈命令蒂塔毁掉玫瑰花(毁掉她的爱情梦想)。蒂塔抱着花使劲抵着胸口,到厨房时,粉红色的玫瑰已经被她手和胸口的血染成红色了。她舍不得把花扔进垃圾堆,决定做成一道菜——玫瑰鹌鹑。第一步就是杀鹌鹑,扭断它的脖子,可是,"她用的力气太小了,那可怜的鹌鹑没有死,而是啾啾叫着满厨房乱跑,脑袋向一边耷拉着。"这副样子使蒂塔想起"从她小时候起妈妈就在扼杀她,一点儿一点儿的,至今还没给她致命一击"。痛不欲生,却不能死,得活活受罪,苦苦忍受折磨。佩德罗和罗绍拉的婚事更把她折腾得像那只鹌鹑,"**脑袋和心灵都破碎了**"。

最后,佩德罗送给蒂塔、又染上了蒂塔的血的玫瑰花,和蒂塔痛苦命运的象征——鹌鹑构成的这道菜,终于出现在餐桌上,引起了大家的不同反应。蒂塔的欲望和痛苦再次得到了巧妙的位移和扩散,并且更进一步发展了新的两情相悦的方式:一种间接的、替代性的、发散式的满足,和一种深层的、内敛的、直接的、纯粹的满足。

前者体现为在她的另一个姐姐赫尔特鲁蒂丝（以下简称鲁蒂丝）身上发生的奇特变化和神奇经历：

> 好像吞进的食物使她产生一种刺激性欲的效果，因为她开始觉得一股强大的热流涌到了大腿。身体里有一种瘙痒的感觉使她不能安稳地坐在椅子上。她开始出汗，并且想像如果她骑在一匹马的背上，被一名比利亚革命军人拥抱着该是一种什么滋味。

鲁蒂丝在这一瞬间想到了那个让她心动的，"满身是汗水和泥土的气味"，充满危险的男人。性幻想和身体感觉是鲁蒂丝的，在更深的层面上未尝不是蒂塔的。（考虑到她们的血缘关系，身体这个方面应该有这种相融性和共通性。）吃完饭后，本来负责洗厨房用具的鲁蒂丝（在这个意义上，鲁蒂丝和蒂塔相似，也和厨房有千丝万缕的联系，而对罗绍拉来说，厨房是对立面和充满敌意、让人厌恶的地方），感到不舒服，身体内的欲望仍然无法释放，"全身都在冒汗，流出的汗滴是粉红色的，有一股好闻的、强烈的玫瑰花气味。"于是她跑去洗澡。欲望使她全身燃烧，冷水没能落到她身上就蒸发了，"连地板都发出响声燃烧起来"，她"真怕被火烧死"（欲望之火），就赤身裸体地跑了出来。与此同时，她身体散发的玫瑰芳香传得很远很远，使正在恶战中的革命军领袖胡安（让鲁蒂丝一见钟情的男人，尽管彼此并不相识），不顾一切地离开战场，"一股超自然的力量控制着他的行动。一种强大的需要，使他必须尽快地在一个说不准的地方，与某种未知的东西相会"。这样，在旷野中狂奔的鲁蒂丝（"由天使与地狱里的女妖综合成的女人""洁白无瑕的处女身体与从她眼睛和每个毛孔里拼命冒出来的情欲和淫荡形成鲜明对比"），和飞驰而来的胡安（"长久以来由于在山区打仗而被压抑的性欲"）相遇了。这是惊天动地的相遇。胡安没有停止飞奔，弯下身揽住鲁蒂丝的腰，把她搂到马背上，马继续飞跑，"马的跑动与他们身体的动作混为一体了，他们以高难度的动作在飞奔中第一次做爱。"

从某种角度来看，鲁蒂丝和胡安的这次身体奇遇，是蒂塔和佩德罗不被承认的情欲的合法化、神秘化和极端化，是映射出他们俩最深处的真实欲望的一种镜像,他们深藏着的一些东西:被压抑的、疯狂的欲望,开始苏醒的、处女的身体,奇特的、无法控制的激情;以及他们渴望实现的东西:自由、无拘无束的爱,彻底的自我放纵,身体和身体的融合为一,远离世俗眼光、在自然中的全面接触……

作为这场奇遇的惟一目击者,蒂塔和佩德罗"好像默不做声的电影观众,当看到他们的主人公在做爱(这对他们来说是绝对禁止的),他们竟被感动得流出了眼泪"。事实上,他们看到的是自己,是想像中的自己,是在现实中永无可能、又极其向往的自己。这种位移式的欲望释放,对这两个备受煎熬的年轻人是非常重要的。

后者,即深层的、内敛式的欲望满足则是直接而有效的。在吃玫瑰鹌鹑的餐桌上,蒂塔和佩德罗有了极其隐蔽的身体接触:

> 就像在奇特的点金术中,她(蒂塔)这个人已经融进玫瑰汁中了,融进鹌鹑的身体里了,融进酒和食品的每一种味道里了。用这样的方法,她进入了佩德罗的身体里,欢畅、芬芳、炽烈,充满肉欲。
>
> 看来他们发明了一种新的通讯电码,蒂塔是发报人,佩德罗是接收人,赫尔特鲁蒂丝是个幸运者,这种特殊的性的关系通过食物在她身上引起谐振。
>
> 佩德罗并不抗拒,他让蒂塔一直钻进他身体里的最后一个角落,两个人四目相望,一刻不停。

这是一种多么富有想像力的方式。在这里,蒂塔被玫瑰花(如果象征着佩德罗的爱的话)刺破的血有着多么丰富的暗示和隐喻意义:无论作为蒂塔处女性的标志(它出现的时候也是消失的时候),还是作为这道菜里她自己身体融入的暗示,都坚决而充分地展示了自己的欲望——欢畅、芬芳、炽烈,充满肉欲。这种身体语言的余波——鲁蒂丝和胡安的奇遇——尚且如此激烈、缠绵、疯狂、忘乎所以,无所顾忌,更不用说真正的当事人了。

从这个意义上说,《恰似水于巧克力》提供了边缘人物一种全新的、令人匪夷所思的话语和说话能力,这种话语的力量完全来自我们那不可抗拒的身体和身体欲望——吃和性。

**注释：**

① 爱德华·傅克斯《新亚当和新夏娃——〈欧洲风化史〉选》，选自《万象译丛》(卷一)，辽宁教育出版社 1998 年。
② 安·塞克斯顿《与天使为伍》，选自《我，生为女人》，河北教育出版社 1995 年。
③ (日)渡边淳一《失乐园》，文化艺术出版社。
④ (美)罗·勒布朗《〈爱情与死亡〉和食物——伍迪·艾伦对膳饮的谑用》，《世界电影》1992 年第 2 期。
⑤ (英)格丽梅勒·格丽尔《被阉割的女性》，杨正润等译，江苏人民出版社 1990 年，第 50 页。
⑥ 米歇尔·福科《性史》，上海科技文献出版社。
⑦ 同④。
⑧ (墨西哥)罗萨里奥·卡斯特里亚诺斯《厨房一课》，选自《温柔的激情》，河北教育出版社 1995 年。
⑨ (委内瑞拉)特雷莎·德·拉·帕拉《"白雪"和她的伙伴》，同上。
⑩ 汉娜·阿伦特《公共领域和私人领域》，选自《文化与公共性》，三联书店 1998 年，第 101 页。
⑪ (墨西哥)劳拉·埃斯基韦尔《恰似水于巧克力》，《世界文学》1997 年第 1 期。
⑫ 艾丽斯·门罗《不一样地》，选自《我，生为女人》。
⑬ (美)朱迪斯·布朗《不轨之举——意大利文艺复兴时期的一位修女》，商务印书馆 1995 年，第 162 页注释 49。
⑭ 琳达·哈切因《加拿大后现代主义》，重庆出版社。
⑮ 林白《致命的飞翔》，选自《回廊之椅》，云南人民出版社，第 41 页。
⑯ 玛格丽特·阿特伍德《制作一个男人》，选自《我，生为女人》。

程文超

# 波鞋与流行文化的权力

一

我想通过对"波鞋"的解读,来讨论当代流行文化。

街上流行波鞋,已有十多年了。波(ball)鞋就是球鞋,只是一中文名儿、一英文音译名儿而已。但我的小孩儿不这么看。有一次她让我给她买一种鞋,我嫌贵,要给她买另一种,并希望通过"思想工作"让她同意我的选择。我说,都是球鞋,有多少差别呢?她一听,眼睛睁得大大的,瞪着我说:"你有没有搞错?你那是球鞋,我这是波鞋!"

"球鞋"与"波鞋"原来有这么大的不同!从孩子的语气里我知道,把"波鞋"当成"球鞋",或者搞不清楚波鞋与球鞋区别的,肯定是老土。

其实,市面上被称为"波鞋"的球鞋与被称为"球鞋"的球鞋,二者表层的区别我是知道的——不然,我也不会企图给孩子做"思想工作"——它们是不同质量档次和不同价格档次的两种球鞋。穿不同鞋的人,自然也分出了不同的档次。在大街上,你其实不用看别的,只看脚,就可以将人分出贵贱。以穿球鞋而论,那些有"款"味的,大款或者中小款,那些有"酷"味的,酷哥或者酷妹,穿的准是"波鞋"。而那些建筑工地的民工,低下工作的打工仔,贫民小区里拿着报纸垫在屁股底下在树下度光阴的老大爷,穿的准是"球鞋"。

球鞋是没有影响力的,因而时尚潮流被"波鞋"引领着。一个东西成为时尚之后,情况就不同了。不管经济能力是否允许,人们都争相"波"将起来。这时尚的力量,你在大路上可以看到,在商店也可以看到。一进商店你就会发现,"波鞋"都在名牌商店、精品小屋的大柜台里醒目地摆着;而"球鞋",早已被挤到不起眼的商店的不起眼的角落。

一双鞋的质量等级为名称、符号的等级所取代。一类商品,质量、价格档次有高低是很正常的。但我不明白的是,"波鞋"与"球鞋"本来是一个概念,外延与内涵都没有任何区别,它们本来只应有一个所指,它们之间也谈不上什么档次,怎么就在一个名称里弄出两个所指、弄出两个等级来了呢?

我曾经想,能不能将"波鞋"换一个能区分档次的中文名儿呢?但瞬间我就否定了自己的书呆子气——即使为高档球鞋找到了一个中文名儿,它也未必能流行起来。这里的关键不在"档次",而在"流行"。它隐藏着一个巨大的商业机智或者说商业秘密:同一类东西,有的要用中文名儿叫之,有的却必须用英文名儿称之。二者的差别之大,足以在流行观念里成为两种东西。这就有点意思了:同一类东西,为什么一被冠以英文名儿,其身价就不同了,就能流行起来呢?

## 二

"波鞋"并不只是波鞋。美国西北大学梁伯华教授把流行文化分为八类,以服装为重要内容的时尚文化被排在第一。① 霍克海默曾说过,"必须搞清楚,口香糖并不消灭形而上学,而就是形而上学"。②

正当我准备对"波鞋"的"形而上学"皱眉头的时候,另一意象突然撞进我的大脑。

中国历史上,与球鞋相关的,曾经还有个对子:球鞋与解放鞋。解放鞋也是一种球鞋,但它是解放军穿的球鞋,坚实、耐用。那时一般的球鞋质量不高,不耐穿、不耐脏,穿上几天,要么鞋帮破损了,要么鞋底穿洞了。而解放鞋就不同了,即使颜色穿白了,鞋面也不会损,鞋底也不会坏。我当知青的年代,在我下放的地方,包括解放鞋在内的所有军用品一定比民用品好。那年月,能用上军用品是十分荣耀的。一顶军帽、一套军装、一个军壶、一条军用腰带,这些都不用说了,即使你有一双解放鞋,走在大街上,你的感觉就会比平常不同。脚有时会不自觉地抬高了。

但并不是所有人都能用上军用品的。你是军人家属,那自然是光荣的,有一些军用品用,也理所当然。但那年月,并非军人家属而能用上军用品的,大有人在。这才是本事!你得有地位、有身份、有关系、有路子。或者说,那年月,能用上军用品,比如,穿上一双解放鞋,是一种身份、地位的表征。解放鞋,将你和穿一般球鞋的人区别了开来,它显示了人物的身份、背景等鞋之外的很多意义。因而在那时,"解放鞋"与一般球鞋之间,有一种等级、一种特权。

这种等级、特权里往往暗藏着一种政治权力。有一个小故事今天听来是可笑的,但这笑却并不轻松。我当知青时农村里运动也多,一有运动,就会拉几个地富反坏右出来批斗一番。一次运动又来了,队领导正准备将一个劳动不积极的人定为"坏分子"拉出来批斗,却发现他穿了一双新解放鞋。领导们警惕了,他是不是有什么背景?果然,有消息传来了,说是他有一位远房亲戚早年被国民党拉了壮丁,人们一直以为他死了。其实他没有死,后来参加了解放军,当了官儿,最近联系上了。就这么一个传闻,对一个人产生了意想不到的作用。那传闻中的官儿一直未见回来,但当时,那场批斗却落到了别人的头上。那时的坏人,被压在社会最底层,是不可能穿上解放鞋的。而穿上解放鞋的,就不可能是坏人。今天,没有经过"文革"的一代人,怕是很难理解,鞋里,还能藏着这样的政治玄机!

更重要的是,解放鞋里的等级、特权,与当时的政治观念紧密相联。具有象征意义的,是毛泽东检阅红卫兵时,在天安门城楼穿上了军装。据在毛泽东身边工作了24年的卫士钟顺通回忆,1966年8月,毛泽东第一次检阅红卫兵的一天,早上临出发前,毛泽东突然提出要穿军装。这下让工作人员着急了,因为平时并没有为主席准备军装,而且临时要找到主席这种身材穿的军装并不容易。费了九牛二虎之力,终于满足了主席的愿望。毛泽东到达天安门城楼时,具有高度政治敏感的林彪一看主席的穿着,慌神了,立即让他的警卫秘书回家取来军装。林彪是穿好军装之后,才出去同主席一同接见红卫兵的。③

毛泽东的突然穿军装与林彪的敏感，都是极有深意的。从那时起，军装、军用品便与革命、革命资历等紧密相联。不但要穿军装，而且要穿那种被洗得发白的军装——那是革命资历的象征。当时的小青年可以为一顶军帽打架，更可以为一顶洗得发白的军帽杀人。一双解放鞋的价值，也就当然远远不止是其质量高于一般的球鞋。

历史翻过一页。球鞋与波鞋这个对子在历史上的出现，标志着一个新的时代的来临。

"波鞋"是对"解放鞋"的冲击。波鞋一上街，解放鞋便立即失去了原有的亮度。波鞋以它卓杰的风姿，很快吸引了人们的注意。它真皮的质地、优美的外观、极佳的弹性和良好的透气性能，以不可阻挡之势征服了人们的脚。

在某种程度上，原有的等级失效了、原有的特权丢失了，有钱就行。商店并不因为你是老革命或者你革命意志坚定，就让你享有穿用波鞋的权利，而一沓人民币则可以赢来店家灿烂的笑容和优质的服务，并让你的脚踩在时尚的大地上。

新的观念也形成了。随着"文化大革命"的结束、阶级斗争的被废止，"阶级"、"革命"等字眼的使用频率急剧下降，"经济"、"商品"等字眼却大红大紫起来。越穷越光荣的时代过去了，越穷越革命的时代过去了；富，成为可以自豪的事情，甚至成为推动民族强大的动力。以前，将几百元乃至上千元钱变成鞋踩在脚下是不可想像的事情，现在却成为一种时髦。

然而，新的等级也形成了。并不是任何人都穿得起"波鞋"，你得口袋里有大把的钞票。一双波鞋是一个农村孩子一年的学费，甚至一个农民一年的总收入。商店的门是可以自由出入的，但农村孩子却没有买波鞋的自由。在波鞋面前，或者说在新的等级面前，有钱，你就有享受的特权；没钱，你就只能看着别人享受。

于是，在"球鞋时尚"从解放鞋到波鞋的历史里，我们看到了两种权力关系：政治权力关系与金钱权力关系。在这两种权力关系里，我们都看到了等级、特权以及与之相适应的观念。如果把观察的视野扩大，从脚到全身，或者说，从鞋到全部服装，我们会得出相同的结论。曾几何时，街上除了少数军装之外，就是满地的蓝布中山装，统一、单调。蓝布中山装将数亿人统一包裹着，人们的鼻眼都湮没在那无变化的色调之中。本来是千姿百态、无法一致的个性被强制性地一体化了。没有个人、没有个性。走在大街上,你只能昏昏欲睡。与蓝布中山装不一致的花里胡哨的服装,被认为是资产阶级生活方式,弄不好,轻则被批判,重则被专政。蓝布中山装里,隐藏着你无法逃脱的政治权力关系。

时装上街后,情况不同了。当你从大街上走过的时候,时装伸出梦幻般的手抚摸着你的眼睛。那温柔的抚摸使你的耳边似乎演奏着轻音乐、嘴里仿佛嚼着口香糖。你得承认,真舒服。那么五彩缤纷、那么丰姿绰约!然而,并不是每个人都穿得起时装。一套时装在一个农民眼中往往是他一生都不敢想像的天文数字。有钱人有权支配时装,可以在时装的大海里畅游,一天换三套乃至多套;穷苦农民却连时装的边也摸不着。时装里,隐藏着金钱权力关系。你也许意识不到,但没有一个人不生活在这种权力关系之中。

## 三

从解放鞋到波鞋的"球鞋时尚"演变里,我们还可以看到,无论是政治权力关系还是经济权力关系,之所以能在时尚中运行,得力于一组二元对立的文化机制:好/坏,新/旧,进步/落后,新潮/落伍,等等。

时尚总是用"好"、"新"、"进步"、"新潮"吸引着人们、推动着人们。时尚利用人们的欲望。欲望总是追求"好"、"新"等等。在某个时期、某个时代,某种东西成为"好"与"新"之后,它就会成为人们的追逐目标。在"文革"时期,解放鞋好,人们追逐解放鞋;80年代后,波鞋好,人们追逐波鞋。"文革"时期,"革命"好,人们追逐革命;80年代,金钱好,人们追逐金钱。

时尚也利用人们的从众心理,或者说,利用人们的被认可的欲望。某个时期、某个时代的人们总希望被那个时期、那个时代的"好"所认可,在那个"好"中展示自己的才干和实力。

而正是在这种二元对立的诱惑里,隐藏着另一组字眼:大众/个人、制约/自由。在时尚里,"好",并不是个人认定的。什么东西形成了一个时期、一个时代的"好"的潮流,它就把个人卷了进去。在大众对那个"好"的追逐中,"个人"消失了、个性湮没了。在时尚中,你没有选择的自由,你在潮流的制约之中。时尚把由个人组成的社会变成了统一的群体,把有个性的"人"变成了群体的"类"。"人"被"类"的置换,是在对时尚的"好"的追逐中不经意地完成的。

"个人"在"类"里消失后,是谈不上个人权利的。因而在时尚里,个人永远只在权力关系之中被权力左右。在政治权力关系时期,最大的权力拥有者是政治,而不是任何个人;在经济权力关系时期,最大的权力拥有者是金钱,也不是任何个人。这是流行文化中权力关系的本质!

以前我们反思"文革",往往从极左、政治迫害、欺骗与受骗等角度反思。这是对的,而且在这方面我们做得还很不深入。但还有另一个角度是为我们所忽略的,那就是,时尚。当从时尚角度反思"文革"时,我们会有新的发现。"文革"时期,为什么千百万青少年争当红卫兵?为什么千百万红卫兵涌向天安门接受毛主席检阅?为什么面对昔日的同学和朋友,只因为观点不同,红卫兵就可以像对待敌人一样,真刀真枪的干,致使那么多人慷慨赴死?仅仅用欺骗与受骗解释是不够的。即使就"欺骗"而言,对一代人的欺骗是如何得以完成的?原因之一是,"文革"时期,革命,成为一种时尚!这种时尚裹挟千百万青年去表现自己的"革命性"。每一个人都以为他在追求自己的梦想,其实每一个人都失落了自己。每一个人都以为是他选择了"革命",其实每一个人都是被"革命"选择。在红卫兵中,也有司令、革命委会成员等叱咤风云的权力拥有者,但那都是假象。他们都只在当时的权力关系之中。那时的最大权力拥有者不是他们中的任何人,而是"政治"!他们都是被政治运作的卒子。

进入商品经济时代,金钱成为新的时尚。挣到钱的人都以为是自己挣了钱,其实,是钱挣了人。金钱成为这个时代最大的诱惑力,让人们为它去奋斗、拼搏。时装、名车、别墅,有钱人可以拥有这一切,但他并不是这一切的主人,真正的主人是金钱。因而,在金钱权力关系中,人可以得到一切,惟独难以得到的,是自我。

四

文章写到这里,批判态度似乎已经明显了。我们似乎该走向法兰克福学派了。

　　但是,不。我要说的恰恰是,中国的问题是复杂的,对任何理论的借用也应该是复杂的。

　　近年来对中国当下流行文化持批判态度的观点,大多受法兰克福学派霍克海默、阿多诺等人的影响。但这里却潜藏着危险。陶东风先生曾对这一危险进行过认真的学理性的分析。陶东风先生批评某些中国论者在借用法兰克福学派对大众文化进行批判的理论框架时,说他们"没有对这个框架在中国的适用性与有效性进行认真的质疑与反省"。除了"适用性"问题之外,对法兰克福学派部分学者的理论本身,陶东风也提出了质疑。他认为,阿多诺等人"混淆了法西斯集权统治和商品经济制度在文化上的极重要的区别","没有清晰地分辨资本主义的不同形态,如极权式的国家资本主义(法西斯主义是其典型)与自由民主的资本主义,所以常常把极权主义、资本主义以及法西斯主义简单地等同起来"。④

　　这些论述是很精彩的,我十分赞同。而我想进一步指出的是,即使在当时的法兰克福学派内部,阿多诺等人对大众文化的观点,也并未得到普遍认同。本雅明与阿多诺等人的看法就有很大不同。本雅明对电影艺术进行了深入研究,他把电影作为机械复制时代艺术作品的典型代表。本雅明对传统艺术作品是有留恋的。他认为,传统艺术作品有着"即时即地性,即它在问世地点的独一无二性",这种即时即地性组成了它的"原真性"。原真性作品的一个重要概念是它的"韵味"。而"艺术作品在机械复制时代凋谢的东西就是艺术品的韵味"。⑤

　　本雅明丝毫不否认这一"凋谢"与大众文化的关系,因为韵味的衰竭"与大众运动日益增长的展开和紧张的强度有最密切的关联"。但本雅明并不认为这有什么不好,相反,他认为这是艺术的一次"解放"。本雅明在他的论述中多次用到"解放"这一词汇。他说,"复制技术把复制的东西从传统领域中解脱了出来"。"把一件东西从它的外壳中撬出来,摧毁它的韵味,这是感知的标志所在。它那'世间万物皆平等的意识'增强到了这般地步,以致它甚至用复制方法从独一无二的物体中去提取这种感觉。"⑥

　　明明知道艺术作品的机械复制与大众文化密切相关,而大众文化遭到阿多诺等人的严厉批判,本雅明还是把它视为一种"解放"。本雅明与阿多诺等人的分歧就是不可避免的。对本雅明的这一研究,阿多诺很不赞同,他对艺术作品的机械复制持否定态度。阿多诺认为"机械复制时代的艺术致力于调和广大观众和现存秩序"。他说,艺术作品应该是对"被当代环境否定了的'彼岸'世界的暗示",而大众艺术却是与这一"否定"功能对立的。⑦

阿多诺等人的反对,并没有改变本雅明的思考。他在给阿多诺的信中解释二人分歧的原因时说:"在我的研究中我追求阐发肯定的因素,而你显然是揭示否定的东西。"⑧

这一区别是重要的。为什么产生了这一区别？美国学者、《法兰克福学派史》的作者马丁·杰认为,这是因为阿多诺以研究音乐为主,而本雅明"对音乐不感兴趣,特别是他无意将它作为批判的潜在媒介"。⑨这里有着两个方面,其一是研究对象问题,其二是研究进路问题。马丁·杰敏锐地看到了这两点,但却都没有说到位。

在研究对象上,我以为,除了本雅明对音乐不感兴趣外,更重要的,是本雅明对电影感兴趣,这决不是玩文字游戏。电影是当时一种新兴的艺术形式,它尽管幼小,却展示了强大的生命力。这种研究对象的不同里,隐藏着本雅明与阿多诺等人最深刻的区别之一。

把思想的义愤和研究的重心始终聚焦在对法西斯极权的批判上,是阿多诺等人最大的特色和最深刻之处。当然,它也限制了他们思想的视野。这便出现了陶东风所指出的没有分清"极权式的国家资本主义"与"自由民主的资本主义"的问题。本雅明却不同,他在对法西斯进行批判的同时,把目光敏锐地投向了新兴的艺术。它给他的思想带来新活力,使他的思想在时代的进展里推进。

而在研究进路上,本雅明对我们的最大启发,在于他对艺术进行的历史思考。本雅明不否认他对传统艺术作品"韵味"的喜爱。但"韵味"意味着什么呢？正是从这里,他走进了历史的思考。他说:

> 艺术作品在传统联系中的存在最初体现在膜拜中。我们知道,最早的艺术品起源于某种礼仪——起初是巫术礼仪,后来是宗教礼仪。在此,具有决定意义的是艺术作品那种具有韵味的存在方式从未完全与它礼仪功能分开,换言之,"原

真"的艺术作品所具有的独一无二的价值根于神学。⑩

因而本雅明说,"艺术作品的可机械复制性在世界历史上第一次把艺术品从它对礼仪的寄生中解放了出来"。他把艺术作品分为两种价值:膜拜价值与展示价值。传统艺术属于前者,复制艺术属于后者。"膜拜价值要求人们隐匿艺术作品:有些神像只有庙宇中的高级神职人员才能接近,有些圣母像几乎全被遮盖着,中世纪大教堂中的有些雕像就无法为地上的观赏者所见。"随着时代与历史的进展,对艺术作品展示性的要求越来越大。"能够送来送去的半身像就比固定在庙宇中的神像具有更大的可展示性,绘画的可展示性就要比先于此的马赛克或湿壁画的可展示性来得大。"⑪

本雅明指出,"随着单个艺术活动从膜拜这个母腹中的解放,其新产品便增加了展示机会"。"艺术品通过对其展示价值的绝对推重便成了一种具有全新功能的创造物。"而电影达到了当时"最出色的途径"。⑫

研究者说了什么,是重要的。如何说,也是重要的。本雅明关注新艺术现象的敏锐,他对艺术作品的机械复制进行历史思考的研究进路,在这里向我们显示了它特别的意义。

## 五

对中国的流行文化,对中国流行文化中的权力关系,也不能只作现实的理解,而应作历史的理解,应该看到当下流行文化从历史中走来的足迹。当我们试图去作这种理解的时候,我们就会发现,中国当下流行文化对原有的政治权力关系、原有的价值观念都是一种巨大冲击。它曾经起过并仍在起着重要的历史作用。

比如波鞋对解放鞋的冲击、时装对蓝布中山装的冲击。千姿百态的人生使强制性大一统的政治权力关系遇到了强有力的瓦解力量。波鞋与时装在新时空里翩翩起舞,街面美了,生活美了,生命美了!

看不到这一历史过程,简单地套用某种理论,对中国流行文化进行整体的批判与否定,是有欠公允的。比如,霍克海默与阿多诺在《启蒙辩证法》中曾对流行文化中的"娱乐消遣性"进行了严厉的批判。他们认为,"享乐是一种逃避,但是不像人们所主张的逃避恶劣的现实,而是逃避对现实的恶劣思想进行反抗。娱乐消遣作品所许诺的解放,是摆脱思想的解放,而不是摆脱消极东西的解放"。他们说,"欢笑在娱乐工业中成了骗取幸福的工具",娱乐活动是"进行公开的欺骗"。它的意义是"为社会进行辩护",因为"欢乐意味着满意"。因而他们认为文化工业"破坏了文艺作品的反叛性"。⑭

这些分析是深刻的。但运用于中国,就要看历史语境了。它显然不适于对中国80年代前后的流行文化进行讨论。

人们无法忘记,在耳朵被语录歌磨出了老茧之后,某天早晨醒来,突然听到港台文化工业送来的邓丽君歌曲时的欣喜、听到李谷一不同于常人的演唱法时的兴奋。就在那样的早晨,你觉得传送歌曲的空气特别清新,手伸出被窝的感觉特别美妙。推开窗户,你发现天特别蓝、云分外白。那感觉是真实的,绝对没有一点"欺骗"。也正是在那样的日子里,娱乐、消遣,成为中国人的一个重要发现!人们发现,人除了是政治的、阶级的人之外,还可以是个人的、自己的。人除了为革命工作拼命之外,还可以有娱乐、还可以有消遣。这也是人生的权利!中国人通过对娱乐、消遣的发现,发现了人生的真正含义和人生的丰富性。从政治的战车上松绑之后,人向自由的方向走去了。自由原来是这般美好。人,正是从那个时候开始走向自觉的。对娱乐与消遣的发现与进行着娱乐与消遣的人生本身,就是一种批判与反叛!它不但没有为社会辩护,而且本身就发泄着对极左时期政治权力关系的不满。它不但没有逃避思想,而且本身就是思想。

正是这样的"发现"、"自觉"与"思想",成为商品经济的文化基础,并适应了商品社会的运作。流行文化,在某种意义上说,是推动商品经济发展的一种文化力量。

自然,中国社会进入商品经济之后,语境也发生了变化。但即使在今天,也不能对中国的流行文化的娱乐性进行全盘否定。因为中国的文化消费者是多层次的。娱乐性的文化产品不同程度地满足了某些层面人群文化消费的需要,甚至,成了他们的精神寄托。我曾到过珠三角地区的打工仔、打工妹居住区。那里街道的地摊上几乎全部都是娱乐性的读物。看到成百上千的少有文化的打工仔、打工妹从工厂里走出来,围在地摊前翻阅时兴高采烈的情形,你该说些什么?那些娱乐性的读物自然并不高雅,但是,霍克海默、阿多诺、福科、德里达,包括杰姆逊、赛义德,他们是读不懂的,乔伊斯、普鲁斯特,包括鲁迅,他们大概也不大读。你让他们读什么?他们也需要自己的精神文化生活。当然,他们的精神文化生活也要提高。但那"提高"在过程之中,而不在空话里。

## 六

然而,问题是复杂的。我们同时不能忽视在今天流行文化背后新的权力关系:金钱权力关系。人们从政治权力关系中挣脱出来获得的自由,又可能不由自主地丢失在金钱权力关系之中。表面看来,今天,有钱,你就在享乐的海洋里如鱼得水;没钱,你就在生活的艰难中寸步难行。但其实,有钱也未必真有自由。任何个人,在金钱权力关系中都是受制者。比如,人与广告。当中国大地初现广告时,你觉得广告给你提供了购物的指引,是一种方便。但现在,当你走在大街上一睁眼,就有几十条乃至上百条广告涌进你的眼帘时,当你开启信箱就有一叠花花绿绿的广告与报纸放在一起时,当你打开电视在频道上换来换去就只有广告时,"方便"便被"左右"所取代了。不管你愿不愿意、不管你有没有时间和心境,你不得不被动地阅读大量广告。而当你购买商品时,你会自觉不自觉地受着广告的指引。你选择的自由消失在广告的左右之中了。

而且,商品社会有强大的吸附力,能把一切不从属于金钱权力关系的东西吸归于其权力之下。网络写作最初是不为金钱只为发表的,但金钱却能使最优秀的网络写手投入金钱权力的怀中。目前,网而优则"纸"。优秀网络写手都以能出传统纸质书籍为荣,越优秀的网络写手所出的纸质书籍卖价越高。

在经济、文化全球化的时代,在发展中国家从事的商品经济建设,实际上伴随着西方国家现代性的全球性扩张。因而,在今天中国的金钱权力关系中,实际上隐藏着中西权力关系。在流行文化的观念中,西方的东西就是好的。即使不是西方的东西,叫一个洋名儿,身价也就不同了。比如,汗衫不叫汗衫了,要叫"T恤"(T-shirt);出租车不叫出租车了,要叫"的士"(taxi);现在有谁穿"汗衫"吗？没有了，都穿 T 恤，后者比前者高雅。但是人们忘记了，T 恤就是汗衫。只不过一是英文名儿、一是中文名儿罢了。我们在这里看出了西/中、好/坏、时髦/落伍等一组等级二元。二元中的一项对另一项有着极大的优势和威权。

让我们来看一个广告。麦当劳有一则广告做得是极为精彩、成功的。一个婴儿坐在秋千式的摇篮中。摇篮在一扇窗户旁边。摇篮摆起，看到窗外的麦当劳标志"M"，婴儿就甜甜地笑；摇篮摆下，看不到窗外的"M"了，婴儿就伤心地哭。很逗、很好玩儿，也很有诱惑力。

把这则广告作为文化隐喻来读是意味深长的。首先我们看到，它是那样的好，以至于婴儿一刻也不能离开它。第二，这个"好"是在窗外的，是窗外的世界。第三，那窗外的是什么？"M"。那是一扇门，一扇通往西方世界的门。第四，婴儿，祖国的未来，向往的，是那窗外的世界，是通往西方世界的门。

你还不得不承认，这则广告在多个层面上揭示了现实的真实。首先在浅层面，有哪一个孩子不喜欢麦当劳？在深层面，又有谁能否认，向往西方世界是目前中国人的普遍心态？

这也就是高档球鞋为什么要叫"波鞋"的原因，就是为什么一件东西只要叫一个英文名儿就身价百倍的原因。

金钱权力关系里隐藏着中西权力关系正是中国乃至其他发展中国家的现实。金钱与西方在这里结成了友好联盟。在现阶段，它正推动着发展中国家的经济建设，我们需要它。但它埋伏的陷阱却又是不能不令人警醒的。

七

对中国流行文化的历史理解需要我们同时看到其关涉到的两种权力关系。从历史发展的角度看，只看到一种权力关系是没有历史眼光、不符合历史与现实的。看不到极左时期政治权力关系的存在，对中国流行文化进行简单的批判，会走进理论陷阱；只看到中国流行文化对极左时期政治权力关系的反叛而看不到其金钱权力关系，从而对其进行全盘肯定，同样是危险的。

更重要的是，从当前中国的现实看，两种权力关系仍然同时存在。中西权力关系,或者说金钱权力关系对政治权力关系形成过冲击,但并没有使之完全消失。而且两种权力关系正在联手运作。这就是我们常说的权钱交易。它使我们的社会进入了十分复杂的状况之中。

我们怎么办?我们首先得发展商品经济,因而我们无法阻拦流行文化的潮流。同时,对新的金钱权力关系和权钱交易,必须做有力的解毒工作。或者说,我们一方面不得不借助流行文化的力量,推动商品经济的发展,另一方面,又不得不在金钱等权力关系中争得一个空间。这是一个严峻的课题,但我们无法逃避,无法简单化。面对复杂的历史与现实,需要复杂的思考。我们别无选择。

**注释:**

① 见梁伯华教授在 2001 年 6 月武汉"当代流行文化国际学术研讨会"上的发言。
② 转引自马丁·杰《法兰克福学派史》,广东人民出版社 1996 年。
③ 见《我要穿军衣》,《南方周末》2000 年 12 月 7 日。
④ 陶东风《批判理论与中国大众文化批评》,《东方文化》2000 年第 5 期。
⑤⑥ 本雅明《机械复制时代的艺术作品》,浙江摄影出版社 1993 年。
⑦⑧⑨ 马丁·杰《法兰克福学派史》,广东人民出版社 1996 年。
⑩⑪⑫ 同⑤。
⑬ 陈晓明在《钟山》1994 年第 2 期《文化控制与文化大众》一文中对此进行精辟的分析。
⑭ 霍克海默、阿多诺《启蒙辩证法》,重庆出版社 1990 年。

原载《文化研究》第 3 辑,天津社会科学出版社 2002 年 1 月

肖 鹰

# 《阿姐鼓》与 90 年代文化

　　由何训田作曲,朱哲琴主唱的《阿姐鼓》唱片,被称为"在世界范围内真正有影响的一张中国唱片"。它在世界流行乐坛产生的出人意料的卖座,不但为进入 90 年代以后,日益落寞的中国流行歌曲注入了一支强心剂,而且为始终困守于内陆的中国流行歌曲"走向世界"架设了一条高空索道。无疑,《阿姐鼓》已经成为 90 年代中国文化的一个重要现象,从这个现象,可以透视出 20 世纪末期中国文化的可能与困惑。

　　我们以这张唱片中的首领(主打)歌曲《阿姐鼓》为主要分析对象,以下除特别说明外,称《阿姐鼓》,即单指歌曲《阿姐鼓》。

## 一　从记忆到寻找

　　《阿姐鼓》,是从"我"关于"阿姐"的记忆开始的:

　　　我的阿姐从小不会说话
　　　在我记事的那年离开了家

　　因为"阿姐从小不会说话",而且"在我记事那年离开了家","我"对"阿姐"的记忆就近似于无记忆。换言之,"不会说话"和"离开了家",作为"我"关于阿姐的记忆的全部原始材料,构成了对这个记忆本身的两个基本的否定性前提。在这两个前提下,"我"对阿姐的记忆是一个被原始性地禁锢的人生奇点:一个没有语言而且一开始就终结了的生命。

《阿姐鼓》是90年代文化的一个隐喻。这个隐喻暗示了一种普遍的文化心理：记忆是从无记忆开始的，记忆就是记忆的丧失。在当代中国历史进程中，从80年代进入90年代，是一个长期封闭的社会从初步进行改革开放走向改革开放的深化的进程。虽然，"改革"仍然是一个远未完成的社会计划，并且每一次具体措施都面临着重重阻碍，但它向各层次各角度的加速延伸，已经构成了一个基本的社会动力，同时，也就构成了一个普遍的社会心理动机。企业生产，由计划经济走向市场经济；个体劳动，由"大锅饭"中的"铁饭碗"改变为市场经济中的"合同工"，而且，这不仅是经济生产行业改革的措施，还是全社会体制改革的总趋向——在今天，"下岗"，已经开始触及每个在岗公民的神经。也就是说，改革的深化，打破了已经根深蒂固的个体对集体或国家的稳定的依赖感，取而代之的是必须自足自力的"个人"观念。另一方面，面向世界的开放，把一个无限的世界天地推到人们的面前，面对这个无限的天地，个人所获得的自由和他所面临的失落，是等值的。改革逼使个体确立"个人化"的自我意识，开放把"个人"投入大世界的无限性中。正是个体被带入这种个人化存在的无限性，使他的自我记忆失去了根基，从而原始性地成为无意义，无内容，即自我丧失的精神癔症——情结。

"我"关于阿姐的记忆，因为无内容，是一个不能展开的情结，它必然发展为同样无意义、无内容的思念。"从此我就天天天天地想啊，阿姐，呀"，这种空洞的思念，只能是自我无限欲望的冥顽的表达。因此，所谓"一直想到阿姐那样大，我突然间懂得了她"，是"我"布下的一个自我掩饰的虚假的叙事策略。因为，从无内容的记忆衍生出来的思念，是不可能达到对阿姐的理解的——阿姐是永远的记忆之谜。所以，在这个叙事策略中，自我掩饰是双重的：一方面，掩饰了"我"的欲望，另一方面，又掩饰了"我"的欲望本身的空洞。这个双重掩饰，使"我"对阿姐的记忆和思念，成为对阿姐的再度魅化，是为"从此我就天天天天地找啊"铺路的。它使"我"的寻找有一个似乎是合情合理的根据，或来源。

无内容的记忆必然成为无边的思念，成为无可终止的寻找。在这个意义上，《阿姐鼓》的记忆的主题，直接产生了寻找的动机。从记忆到寻找的转化，是80年代文化给予90年代文化的一个重要遗产。在多重意义上,我们都可以认定80年代是思想解放的时代。思想解放,以它面向世界、面向未来、面向现代化的价值取向,对于社会文化心理的一个重要意义,就是消除沉重的历史记忆。90年代文化与80年代文化相比,是轻松、平和的,究其根源,就是历史记忆的淡化,甚至泯灭。因为缺少历史记忆,更准确地讲,原始性地丧失了历史和记忆,寻找必然成为90年代文化的基本主题。寻找的动机来自于从历史联系中解放出来的无限增殖着的欲望。欲望之海,在静谧的午夜仍然是万流涌动的。我们所看到的轻松与平和不过是失去历史关联,也就是无记忆的寻找先天性地失重之后的悬浮形态:没有深度的平滑和没有触及的碰撞。

## 二 时间:碎片的循环

在《阿姐鼓》中,记忆、思念和寻找,很自然地被编织在有序的时间链条上,先后展开。记忆产生于阿姐离家前,思念开始于阿姐离家后,寻找则是"我"长到阿姐那样大之后。这个顺序,不但展现了三者之间的先后承续关系,而且展现了它们的因果关系。但是,因为前提的虚无,即"我"对阿姐的记忆就是无记忆,是记忆的丧失,这个线性的时间关系缺少内在联系,而必然破裂,并且无结果。因此,《阿姐鼓》的时间展现了一种异变的时间逻辑:记忆的丧失和无边的思念,意味着时间的断裂;冥顽的寻找则把破碎的时间纳入无意义的循环。这种时间逻辑,是由多次变调和转调中被加长的过渡来表现的。也就是说,由于过度的曲调切换,音乐与叙事的统一体被解除了,音乐不再是对叙事的表现或补充,而是对叙事的割裂:可以无限循环的割裂。反之,也可以说,无历史联系性的叙事本身只能是相互无关联的片断,同样无关联的音乐片断则是胶合它们的粘剂。

90年代文化的时间性,正表现出这种无整体性关联的片断化和片断的无意义重复。因为,失去了记忆,也就是说,从历史的束缚中解脱出来,寻找被赋予无限性而绝对化了。寻找的绝对化表现为,不但寻找原则上解除了先在的制约(原则上一切都是可以的),而且寻找在根本上不再有任何既定的方向。在这种绝对化中,寻找成为真正的个人行为,而且是面对世界无限性的个人行为。在 80 年代的潮流涌动之中，追随或者反对，人们总是围绕某个或某类主题而动，因此，80 年代是一个充满激情的时代。转进 90 年代之后，整个文化失去了基本主题，仿佛是一次盛大的夜宴之后，满街散游着兴尽而归的醉客。多元主义，这个后现代理论祭起的口号，成为醉客们随遇而安的自慰的托辞。时间，就在这里消逝了，或者，被打散为相互无联系的片断。每个人都在努力，但每个人的努力都是重复着投入无限虚无的徒劳：整体不再与个人打照面，而发展成为完全抽象的，与个人漠不相关的统计数据。可以说，正是基本的时间感的破裂，导致了 90 年代文化精神的普遍疲软；因为在缺少内在联系的时间片断中，生命对于个体必然是一种"不可承受之轻"。这种"不可承受之轻"，使个体不可逃避地精疲力尽。

在缺少文化历史向度的意义上，90 年代的时间性是一种停滞。无疑，经济在高速增长，社会在超速发展。但是，文化，特别是文化心理，却在一种涌动的样态中停滞着。这种停滞的心态，不但表现为对"进步"的根本性怀疑和厌弃，而且表现为一开始就摆出了一种世纪末情态：跨世纪的欲望冲动。一切都为了 21 世纪，这成为不言而喻的公理；仿佛 20 世纪的最后 10 年不是人类生命的一个必经历程，而是一个可以忽视，应当尽早跨过去的多余的年代。这种超历史的冲动，在表面的激情下面，掩盖的是争先恐后的现代人的虚弱。90 年代文化就是这种虚弱涂抹出来的缺少生气的幻象。

以经济学家的头脑来衡量，一个年代为一个世纪做准备，当然是低成本高利润的。但是，这种投资留下的空白，当然也是不再能够填补的。这个空白，就是社会文化心理被超前预支之后的精神空白。在《阿姐鼓》中，阿姐、老人与"我"，三个人物构成了一个凝固的三角形，这个三角形，阻止了"我"进入历史文本的可能。结果，在这三角形的静止的对应关系中，阿姐、老人与"我"都被抽象为可无限重复和替代的空白质点：在歌曲的结束段中，祈祷变成了摇滚乐的狂欢，不仅老人，还有阿姐和"我"都消逝在这个狂欢中。这，就是 90 年代文化的精神空白的表象。

对于这个空白的表象，碎片涌动的时间停止了。

## 三　阿姐：距离，或者死亡

"阿姐鼓"，在西藏的文化传统中，意味着一面以纯洁少女的皮做的祭神的鼓：人皮鼓。这是现代西藏早已废除了的酷刑。歌曲《阿姐鼓》则以这个被废除的酷刑为叙事文本（背景）。对于这个文本的处理，歌曲的创作者采取了双重立场：一方面，以西藏传统的宗教教义，即"生死轮回"观念来稀释少女牺牲的残酷；另一方面，又以现代人对这个传统的超越感来审美化地远眺这个残酷。因此，"阿姐鼓"在歌曲中幻现出的是一个绚丽如梦的死亡历史的审美风景，在这个风景中，前现代的蒙昧残酷因为晕染了当代文化诗学的光辉而炫耀人心：悲惨消逝的阿姐在美丽的鼓声中重现了！

　　天边传来阵阵鼓声
　　那是阿姐对我说话

而且不仅如此。在鼓声中重现的阿姐，获得了语言和美：阿姐在音乐中复活。与前面唱段沉郁的叙事风格不一样，以现代吉它伴奏的这个唱段，是极富抒情风格的轻悦意味的。如果说，前面唱段的叙事风格携带着古老西藏生死凄迷的高原寒意，那么，这个唱段就表现出 90 年代中国大陆西式的明丽甜腻的夏夜情调。这是《阿姐鼓》中发生的生与死的转换，这个转换，把死亡展现为一种诱惑——音乐的美学力量让我们不得不接受：死亡产生了美。

在这里，我们看到创作者对待"死亡"的矛盾心理。一方面，"死亡"被直接作为叙事的内在动机，另一方面，"死亡"又被推向远景，被淡化，甚至消除。也就是说，歌曲表现出创作者"倾心死亡"和"逃避死亡"的双重态度。这个双重态度，使创作者只能在一定距离上"接受"死亡。对于创作者，"阿姐鼓"所包含的死亡，具有时间（古代与现代）、空间（内地与西藏）、文化（汉文化与藏文化）三大距离。这三大距离，使"阿姐鼓"的死亡意义不但如高原的空气一样稀薄，而且变成了纯粹的神秘迷人的审美景观。因此，可以说，对于创作者，"阿姐鼓"的死亡意义的真正价值（魅力）在于它是一个超距离的死亡。距离，在这里起了绝对作用。进一步，可以说，在歌曲中,死亡的意义,就是距离的意义:因为死亡构成了对于生存的绝对距离。所以,创作者对死亡的双重态度,是以距离的绝对意义为指向的。

在《阿姐鼓》中,距离是真正的灵魂,正是这个灵魂的主宰作用,使西藏传统宗教的"生死轮回"教义,得到了当代文化诗学的唯美主义注释和认同——生与死是平等的,在距离产生美的意义上。我们前面说"死亡产生美",不过是指出了距离的美学力量的一个特殊现象。"阿姐鼓"在 90 年代文化中的美学意义就在于此。分析歌曲可以得知,整首歌曲,无论词、曲,还是配器和演唱,都在时间、空间和文化三大距离上保持着不即不离的"适度"。实际上,既不是生死,也不是亲情,而是距离本身,构成了《阿姐鼓》的深层,即真正的主题。在这个主题下,生与死,情与爱,过去与未来,都是在回忆、思念和寻找诸形式下,随需要搭配的可变元素——这些元素的意义决定于合成距离美感的配方,而不是它们本身。

为什么距离本身被主题化?要解答这个问题,必须面对 90 年代生活的一个基本趋向:随着社会技术的现代化程度扩大,生活的时空距离正在缩短或消除——既有的距离被空前压缩了。距离压缩,增加了生活的自由度,但同时,也把距离缺失或无距离的生存压力强加于人们:距离缺失,使一切都失去了历史关联和意义深度,而成为直接的给定物或现成品;无距离的生存压力,就是无限增殖的现成品对人的压力。现成品之所以形成对人的生存压力,是因为作为直接的给定物,它的无限增殖加强了生活的物质密度。现代化的高物质密度的生活,使人们先天地丧失了作为主体自我的情感空间。因此,非距离化,即生活的直接性增殖,使物的因素被绝对化了,而人的因素被挤压掉了——因为没有与物的距离,人本身就完全被同化于物。可以说,90 年代生活的重要特点就是把这种非距离的直接性赋予个体,而个体在自由与压力的二律背反之中承接这个直接性:一方面,因为自由度的增大,欲望空前扩张;另一方面,因为物质密度的压力,而感到情感失落。因此,重建生存距离,为情感赎回被剥夺的空间,就成为一种基本的心理需要,正是适应这种心理需要,在 90 年代文化中,距离从背景中走出来成为主题。

90 年代文化的距离化趋向,是与 90 年代社会生活的非距离化逆道而行的。这种逆道而行,使90年代文化必然具有虚幻性:距离是在它被消除的基础上通过文化技术虚构的。但是,90年代的情感生活需要这种虚构。《阿姐鼓》的成功,就是这种虚构距离的成功。通过距离的虚构,情感摆脱了高密度的现实挤压,在虚拟的距离上展现为一种超现实的真挚或纯情。距离决定了情感的价值,或意义。前面我们指出,"阿姐鼓"对于创作者的三大距离,这三大距离对于90年代文化具有普遍意义。这首歌对距离的虚构性表现在,它的一切处理都是为了把情感体验放置在一个对现实的否定性距离上:它同时阻止我们进入"阿姐鼓"的历史现实和我们自身的当前现实。正因为如此,阿姐是一个没有任何现实(具体)内容的形象,而"我"对阿姐的情感,相应地展现为不可定位的距离的游戏。

在90年代文化中,"阿姐"(姐姐)逐渐变成一个非常流行的抒情对象,其光彩甚至压倒了传统的"母亲"和"情人"。究其原因,当是阿姐在现实生活中的天然距离,使她比母亲和情人都更能满足90年代情感对距离化的需要。在现实中,阿姐是与距离和死亡天然相联系的,因为阿姐就是一个为了离去而出生的人——她的自然归宿是出嫁。所以,"阿姐"意味着与生俱来的情感的必然失落,同时也意味着情感的非现实性:它只能是在回忆、思念和寻找等非现实形式中的距离中运动或游戏。"阿姐"成为一个抒情热点,而且这个热点直接勾连着距离与死亡的运动,是90年代情感失落,并且企图通过距离的虚构游戏摆脱困境的文化体现。在其中,我们看到的是90年代情感的虚弱和它虚幻的自慰本质。

对于90年代文化,"阿姐"的情感意义是,它处于一个同时被渴望和被逃避的距离上。这,就是90年代情感的本质特征。

## 四 语言 祈祷 音乐

90年代的流行歌曲出现了一个重要的潮流:民歌化。与现代流行歌曲相比而言,传统民歌作为口头的"历史",是以叙事性见长的。民歌的素朴性就来自于它的基本的叙事风格。80年代的流行歌曲因为有一个时代的激情支持而极具抒情性。民歌化,是流行歌曲面临90年代情感跌落,试图以模仿或翻制民歌的叙事风格来填补情感失落的空白的策略行动。在文化的整体背景上来看，流行歌曲的民歌化，表现了90年代文化面临现实情感资源的匮乏，转而在民歌所叙事的历史或传统背景中发掘情感元素的趋向。民歌化，赋予流行歌曲类似于民歌的叙事风格。但是，因为它的情感取向，即基本的抒情风格，流行歌曲又不能真正达到民歌叙事的素朴性，而是把民歌的叙事风格和题材转用为抒情手段。这就是说，在流行歌曲中，叙事被虚拟化了——它是似是而非的。叙事的虚拟化，把民歌叙事的素朴性转化为流行歌曲的喜剧性。

《阿姐鼓》是90年代流行歌曲民歌化潮流达到高峰时期的作品，完全成熟的作品。它的成熟性表现在，它不但极大限度地动用了民歌的叙事风格，而且使这种叙事风格极其自然地，也是完全彻底地被同化在流行歌曲的抒情风格中。这种成熟性，无疑来自于创作者对距离的美学力量的充分把握和发挥。但不止于此。这支歌曲的创作触及到了在当代文化背景上语言与音乐的关系的嬗变：表述性的语言失去了表现力，只有化解为非表述性的音乐才能实现它的表现意向。也就是说，当代语言的去势变化，逼使语言向音乐嬗变。《阿姐鼓》6次重复"说话"这个词，两次是叙述"我的阿姐从小不会说话"，两次是叙述"一位老人反反复复说着一句话"，两次是叙述"阿姐用鼓声对我说话"。由此可见，这6次都是对语言(说话)的否定性表述。这种否定性表述，把语言的可能性压缩到最低程度：临界点。正是通过对语言的临界化使用，《阿姐鼓》在运用民歌的叙事风格的同时，直接把叙事转化为抒情，把语言转化为音乐。作为高峰时期的代表作，《阿姐鼓》极大限度地发掘了民歌资源对于流行歌曲的潜力，同时也就把这种潜力耗尽了。

在《阿姐鼓》中，语言向音乐的转化，是以祈祷为中介的。祈祷作为宗教的一种基本仪式，是一种独特的语言活动：它同时包含着对语言生命力量的迷信和否定。一方面，祈祷者相信语言具有通神的力量；另一方面，语言的通神力量不是来自于语言的自然形式，而是来自于语言的仪式化行为。祈祷是一种仪式化的语言活动。仪式化，使语言被音乐重新组织和规定。越是古老的宗教，祈祷的音乐属性越浓厚。西藏宗教的祈祷，完全在"唵嘛呢叭咪吽"六个不具词义的声音之间反复循环，可以说是一种前语言，或超语言的音乐行为。《阿姐鼓》不仅运用，而且还强化了祈祷的音乐意义——它把祈祷夸张为摇滚歌唱、变成音乐的不顾一切的自我狂喜的忘川;阿姐、老人和"我",乃至人和世界都被消溶在其中。

歌曲的结尾是,音乐的狂欢接受了语言,也接受了一切。在歌曲开始时出现,而且始终萦绕在歌曲的旋律上空的无字女高音伴唱,可视为阿姐的冤魂在高原的苍穹下的永恒泣诉,也可视为在茫茫宇宙间忽然意识到与生俱来的孤独的 90 年代个体自我的深刻悲歌——无论怎样,在与沉积着历史悲欢的鼓声和流溢着现代苍茫的电子乐的呼应中,它是一个令人感动的动机。但是,在结尾中,这个动机完全消逝了。或者说,它被完全溶解在流行音乐的喜剧性的狂欢中。就此,我们也许只能说,在 90 年代文化背景上,所谓感动,不过是流行音乐配制喜剧欢宴的一个佐料——当然,它完全是不可缺少的一个佐料。

是的,历史记忆的先天性丧失,时间在无意义的碎片中循环,情感被放逐到虚构的距离上游戏,感动,从何而来,又何处寄生呢?

一个失语的时代,就是音乐以喜剧的表演风行世界的时代。

原载《浙江社会科学》2000 年第 3 期

## 汪民安

# 家乐福：语法、物品及娱乐的经济学[*]

### 名　　词

无论如何，"家乐福"听起来是个地道的中国名词，"家"、"乐"、"福"这是三个吉祥的汉字。如今，这几个汉字纷纷插入别的汉字中，同另一些字词组合、排列、串联起来，作为名称、标语，作为问候、祝福、祈祷的代码，作为最常见的情感意志的记号，既布满大街小巷，又充斥着媒体机器。对于民众而言，这是目光最经常捕捉到的字词，是最日常的三个词，但这也是三个圣词：它们既浓缩了理想，又浓缩了哲学；既浓缩了历史，又浓缩了乌托邦。这是民族记忆在当代的泛滥表现：家、乐、福，这不是我们梦寐以求的理想的日常情境？这不是这个民族的集体乌托邦？这不是人们——那些在历史阴影中的人们，那些在昏暗街道上徘徊的人们——的具体而切实的欲望？这几个频频闪耀的善良汉字使一种气质、一种意愿、一种心态暴露无遗。这是最不具备秘密的几个词，但又是埋藏真理的几个词，这是常识性的词，但又是有无限表意潜力的词。现在，它被资本、商业和市场利用了，它被转嫁、被改装、被招安到一些商业情境中，这些纯粹的商业行为正是通过招募这些汉字而试

---

[*] 本文论述的家乐福超市特指北京东三环国际展览中心旁边的家乐福，也是法国家乐福在北京开设的第一家超市。由于作者对其他家乐福超市没有进行考察，所以本文仅为一个个案分析。

图掩饰它的利润动机,掩饰它的资本假面,它将利润动机乔装起来,给它添加一层光环,让资本行为诗意化,将实质性的金钱交易符号化,最终,经济行为通过某种修辞行为和言语行为而转化为伦理行为。如果说这里面只有资本的残酷消长的话,那么,这些词语就是对这些残酷性的有节奏的化解。

形形色色的广告都察觉和利用了这一点。如果没有作为背景的家庭,没有作为氛围的幸福,没有笑声朗朗的欢乐,这些广告将以什么样的方式存在?它还有别的书写形式吗?它还能四处渗透、驰骋?同那些广告一样,家乐福超市的命名并没有额外的企图,它也不是创意中的神来一笔,它符合普通的商业策略。稍有不同的是,家乐福不是强行的、凭空的和完全虚构的命名,它采用了今天常用的翻译政治:指称性的名词,总是采用音译,而且,是富于意图的音译。家乐福的原名"Carrefour",这是个中性的空间和地理概念,它的恰如其分的汉语翻译意义是"广场"或"十字街口",它既不表达意识形态实践,也不表达伦理取向;它既非政治学的,亦非心理学的。而且,这也是一个有浓重西方痕迹的词语。但是,在北京,在国际展览中心的边侧,"Carrefour"大型超市,被音译为"家乐福"。根据目前流行的翻译政治学,根据少许的声音联想,根据商业策略对伦理学的习惯利用,一个中性的西方词语顷刻之间就弥漫着中国的乡土气息,既温暖又诗意。在将其利润动机藏匿起来的同时,这种翻译还掩饰了它的跨国性,这个本土化的名称抹去了异域的痕迹,它将跨国资本、跨国连锁店和本土性巧妙地缝合起来,这既缓解了隐伏在心理上的民族冲突,也松懈了类似殖民主义的创伤记忆。

因此,在家乐福购物,就不是被跨国资本所包围和吞噬,相反,我们是在一种妄想的语境里购物,在一种刻意剔除意识形态的意识形态中购物,是的,这里其乐融融,合家欢乐。此时此刻,谁又会想起,这里的一切,它的起源,现实,目的都是从遥远的欧洲长途奔袭而来?

## 语　　法

家乐福为购物者设置了一条购物通途,一个物堆砌而成的航道,一个物阵的语法模式,顾客犹如一个词语,他在这个语法轨道中徘徊,他必须循此而去,必须加入它的购物结构中。迈进了家乐福,就迈进了符号学。家乐福为他编码,为他引航,这不是自主性的,而是强制性的:首先,你必须存包,接着,你必须上楼,后来,你必须下楼,这是家乐福初步展示出来的结构主义,这也是符号学匿名的权力机制,它对自由散漫的主体性毫不留情,它让你服从,将镣铐锁在你的脚下,购物者无法随心所欲地闯入物阵,相反,他被一个目的性结构引导和操纵——购物者必须从二楼开始,从通常的观点看,购物者是从物的系列的尾部开始的,也即是从那些最不具有畅销性的边缘货物开始的。

购物者无论如何得浏览一遍家乐福的全景,只要你进入了它的货区。这就是家乐福的强权性:你从一个洞口进去,你就必须从另外一个洞口出来,而货物就悬挂于洞壁两周,你没有转身出门的可能性,购物者只能往前,他不得不遭遇整个货物体系,这样,货物的显现概率、出场机会就大大提高了,它的销售机会增加了。同时,愈是那种边缘性的、销售率低的货物,那些冷门的乏人问津的货物,愈被置于突出位置,通过结构上的变动,家乐福增加这些货物的在场感,增强他们的光亮和可见性,最终增加它的销售机会。

在家乐福,这样一些边缘货物是什么呢? 为此,必须考虑家乐福的经济学原理——实际上是一些简单的经济学道理。家乐福的首要法则是快速的新陈代谢性,也即是一种生产和再生产的高速循环,依据一种常规的生意经来说就是"薄利多销"。家乐福的经济学原理简单、直接、明了,它毫不闪烁其词。便宜,这几乎是所有顾客的共识。家乐福从不构筑价格神话,它不是像赛特和燕莎那样将稀有性和昂贵性融于一炉,物品从不等待着阔绰而神秘的主人,从不期盼着激情迸发的购买瞬间,从不幻想日后的诗意命运,在家乐福,货物安然于它的随波逐流,它听命于任何顾客的召唤。家乐福的利润原理就不是一锤定音的暴发原理,它求助于货物的循环率,它将全部的筹码押在货物的循环时间上,就在这种买进卖出的旋转齿轮上获利。家乐福不寄希望于价格神话,而寄希望于速度神话,它不寻求一劳永逸,而寻求无尽的再生产:所有的货物都应在短期内获得薄利。这就是家乐福的利润原则,同时,它决定了家乐福的一般商品体系——它应是日常的、短命的、一次性的、反复地消费的。物品务必有一种快速的再生性,在这种再生产的周期中,在循环的速度中,利润汩汩而出。再生力,这是家乐福一般商品的生理机能;薄命,这是它们的性格悲剧。

显然,食品就成为家乐福的销售重心,它既是短命的,也是可以反复再生的,同时,它的不可或缺性保证了它的再生产的稳定性和持久性,事实上,家乐福的购物者就是奔着它们而来,他们对它们取之不尽,这就是家乐福内在的购物动力学。家乐福将食品置放在楼下大厅,也就是销售通道的后半段和出口处,与食品遭遇,这是购物的尾声,也是购物落幕之前的最后一次盛宴,它处于叙事高潮的时段,是物和人交往的激进时段。食品是商品的重心,也是购物叙事空间的中心,食品,既主宰着这里的心理学,也主宰着这里的符号学。那些购物者正是在此暴露了它们的本质、动机、目的。

越是中心性的物品,越靠近出口;越是边缘性的物品,越靠近入口;越是生命力短的物品,越靠近出口;越是生命力长的物品,越靠近入口。这是家乐福的商品链条,也是它的结构法则。从入口到出口,物品的循环周期在缩短,而它的流通速度在增加;它的物价在递减,它的利润却在攀升。在楼上,在入口处,货物相对偏离了家乐福的销售原则,它们的生命周期逐渐延长了,在此,我们看到了少量家电、自行车、衣物以及某些卧室用品,总之,它们越来越远离厨房了。这些相对来说更有耐力的货物被置放在家乐福的入口处,入口,是好奇心最微弱的开端,是购买行为即将拉开的序曲,是脚步迅速越过的门槛。这是一个双重过渡性的位置:它既是消费身体的一个必由之路,是两种空间变换的地理标记;同时,它也是一个心理转化的驿站,空间在此刻开始改造欲望。入口,对于置身其中的商品而言,是命运的二律背反:一方面,这些商品的显现概率是空前的,它们同购物者迎头相撞,这增加了它们的销售机遇;另一方面,顾客的购买欲望尚在萌芽状态,这是一个兴奋压倒行动的时刻,是观望主宰着购买的时刻。物品向所有人敞开,但是是向所有的观望者敞开。物品有最大的出售机率,但也只有最少的被购买事实。这就是边缘商品的命运:它置身于最好的空间位置,却处在最差的时间片段。

家乐福严格按照某种特定的语法形式组织它的货物链,这就使它和那些巨型的现代性商场区分开来。后者是反中心的,没有焦点性的商品,没有逻辑的绳索,没有递进的秩序,没有最后的高潮和疯狂。商品遵从某种秩序,但摆脱了等级性秩序;它们遵从类型学的秩序,而不是结构主义意义上的秩序;它们有语法,但不是全盘性的普遍语法,它们只遵循局部语法;或者说,这些商品是分类的,它的摆设受类型学而不是语法学的支配,这些殊异的商品类型是并置的,在结构上是彼此无关的,在等级上是不分高低的,在空间上是互不关联的,商场不设置一个封闭的强制性通道:它到处有缺口、破绽、缝隙,到处有出口和入口,到处有捷径和通途,所有的商品都可以成为中心和非中心,都可以被通过也可以被绕开,都可以被检阅也可以被忽视。你可以流连忘返,也可以直奔主题;可以乘坐电梯,也可以爬越楼梯。就空间语法而言,如果说家乐福是结构主义的,那么,另一些商场——如新东安市场——就是解构主义的。在家乐福,你不会陷入迷途,这不仅仅是因为它的体积过小,还因为它的严格语法使你难以出错,在新东安市场,你一遍遍陷入迷途,不仅仅因为它的体积过大,还因为它的混乱语法让你不知所措。

## 物　品

低廉性和再生性,这是家乐福物品的本质。那么,它的形式呢?从体积的角度而言,这些物品都是微型的,小巧的,家乐福很少有大宗商品出售。这些微型物品通常以复数的形式存在和展开。如果说,物类和物类之间存在着人为的等级制、存在组织上的秩序机制的话,那么,在物的内部,这些复数形式的物品的布置服从于美学法则和可见性法则。同种类型的物品(如各种各样的色拉油)整齐地码放着,它们试图堆砌成一个庞大的体积,一个醒目的形式,一个夸张的图案,这些物品单个地不会产生视觉效果,然而一旦集体组织起来,它们就从沉默中、从一个隐晦的角落脱颖而出。这个复数的醒目体积将单个物品作为材料,利用它的色彩,形状,硬度,利用它的自然材质和固有的搭配能力,来雕琢它自身的美学。我们看到,这里有各种各样的庞大构图,它们形状各异,相互比附而又相互区分,它们各自划分了一个符号区域。这些构图不仅仅具有实际的指示功能,也不仅仅具有美学功能——它可以对单调的空间进行装饰、可以使它更活泼,更俏皮——而且,它可以成为游戏对象:在这个构图中,包含着难度、心计、幽默感、无关大局的坍塌危险,这一切都使顾客产生了兴趣,他会走近它,端详它,抚摩它,他可能动手挑选其中一个,他想看看它们会不会崩溃:那些像搭积木一样搭成的食品盒子,它们高高耸立,摇摇欲坠。给它轻轻施加一点力量,它会不会轰然倒塌?

在家乐福超市里,显现出一种真正的物的大海景致,购物者完全为物品所包围,物品将货架挤得满满的,它将货架吞没和埋葬了,货架消失在视线之外,物像是自己凭空支撑和生长起来的,它们就那样一排排地安静地矗立着,同时墙壁也消失了,靠墙的货架及其物品将墙遮得严严实实,这样,除了一排排平行着的物品之外,购物者什么也看不到,他像是在无边的物品体系中逡巡,看不到尽头。目之所及,是物之大海。购物者在观望,是物的目标在引导着观望;购物者在行走,是倚靠着物的背景在行走。从一个物墙到另一个物墙,一类物品到另一类物品,一个物的方阵到另一个物的方阵,自始至终,他走不出真正的物的牢笼。

这样,物既是家乐福的目的,也是它的装饰品,既是它的内容,又是它的形式,既是它的材料,又是它的美学。物,是家乐福这一名词的全部所指。物品之外还是物品,家乐福不为物品添加任何额外的东西。物是赤裸的、直接的、原色的,是现象学式的。这使家乐福与另一些商店截然有别,在那些商店里——无论是诸如世都百货这样的大型高级商场,还是诸如东四的专卖店那样的小型店铺——物总是被赋予了精神背景。在此,音乐,有时是莫扎特,有时是麦当娜,有时舒缓,有时激烈,它成为物的言语,是物的间接咆哮或低语;灯光,有时柔和,有时暧昧,它是物的情调,是物的氛围、光泽和气质。物是中心,但是是被烘托的中心,它的周围,点缀着布景、壁画、时尚或者历史。家乐福的物呢?它坦荡、绝对、自在。家乐福驱逐了一切的暧昧和氛围,它将物置于光天化日之下——家乐福使用的是单一的日光灯,它亮如白昼,昭示了物的绝对真理。物,是自律的、自行敞开的、自我存在的。这是绝对的物的现象学,它以沉默的方式,既处在氛围之外,也处在历史之外。物是中心,但是是没有布景的中心。

不是刻意的人工氛围,而是平淡无奇的标价签,不是幽雅动听的音乐,而是枯燥而沉默的数字,构成了家乐福的物品语义。这是它的价值,也是它惟一的诉说和应答言语,标价签是物同购物者的谈判机器,它无法更改,这既是契约,也是法律,是物的经纪人,也是物的统治者。标价签,这张电脑打印的小纸片,它粘附在物的一个小小的隐晦角落,然而,它既覆盖了物的整个语义,又揭穿了物的深邃知识。

这样,在家乐福,你就难以看到那种通常意义上的售货员了,售货员是物和顾客的中介,是物的代言人,但是,在此,标价签取代了它的功能,这里没有问讯,也没有解答,一切都明确地铭写在标价签里。家乐福的员工呢?他们通常不是解答疑惑,出售商品,与顾客讨价还价,不,他们并不负责售出和减掉商品,他们只是负责维持和添加商品。在商品被挑走之后,他们并不沉浸在出售的喜悦之中,而是陷入工作和再生产的焦虑之中:他们必须搬运货物,随时随地维持着物的量的稳定性,这样,在家乐福,不论每天售出了多少,它的货物依然是饱和的、完满的,货架从不留下空隙,家乐福像从没出售过、减少过或损失过什么似的,它永远保持着物的拥挤状态,它似乎永远是平静和一劳永逸的,从不经历波澜,就物本身而言,似乎它们从没改变,从没流通,从没发生任何位移运动。但是,在这种稳定性下面,有谁知道,它在反复地一遍遍地历经着购买和销售的狂潮呢?

## 顾　　客

让我们来看看这些购物者吧。他们是家乐福的决定性的结构要素,他们是家乐福的对象,也是家乐福的目的。家乐福的一切都以他们为中心。他具有消费和生产的二重性:他既消费家乐福的商品,又再生产家乐福的制度。家乐福不是将他们作为观念上的主人看待,而是作为事实上的主人看待,作为物品的主人看待,即使他们在真正拥有这些物品之前。我们看到那些购物者漫不经心、悠哉游哉,他们没有丝毫的羞涩感、不安感、局促感,他们可以随意停顿、消磨、打量、抚摩、把玩,重要的是,这里没有目光的监视和制度的约束。顾客有一种真正的心理上的自主感,他们闲庭信步的身影,犹如一场买卖的皮影戏。

他们从城市的各个角落涌来,无疑,他们是这个城市的长期居民。家乐福不像北京的另外一些著名商店,那里混杂着五湖四海的人民。在这些商店里,购物者具有多重身份,他们既观光,又购物,这些商场对于有些人来说,是一个富丽堂皇的场所,是触摸现代性的途径,是震惊、刺激、猎奇的乐园。商场,是免费的景点,同时又是冷漠的奢华机器:你可以自由地进入其中,但是,面对有些物品,你会忐忑、惊叹、困惑、丧失任何信心。商品通常将你拒之千里,虽然它和你面面相对。在这些商场里,行走是自由的,又是紧张的,这些商场总是在提醒你的经济能力、身份、地位和阶级属性,总是在提醒你的现实处境和特有的政治经济学。这些商场并不会使你陷入物的方阵中迷途忘返。人总是无法坦然地和现代性共舞。

家乐福与这些豪华的场所完全不同。它是反身份的,也是反政治经济学的。它不提供现代性令你景仰、震惊。这些货物通常是家用的、常见的、低价的,购物就仅仅成为日常生活实践,目光遭遇的是常识。物品不再表现为奇观、深不见底的秘密、巨大意义的载体,物品的意义附着在它的可见性的表层。购物就是轻松的,它摆脱了那种严肃性、摆脱了昂贵物价面前的自卑感。在这个意义上,家乐福向所有的顾客——无论他们具备怎样的身份政治——敞开,它面向无限的人群。

娱乐也是消除这种购物政治经济学的有效方式。在家乐福的购物人群中,通常有一些以家庭为单位的小型购物组织,这就为娱乐提供了前提、机会。或者说,家庭购物群正是怀着一种隐秘的娱乐心理而来的,他们就是想在此耍乐。家乐福在自身的空间内为娱乐做好了准备,给他们提供了良好的娱乐设施。这些娱乐设施之一就是两段楼梯,首先是上楼的,然后是下楼的,他们不是台阶式的,勿需小心翼翼地拾级而上。上楼的楼道——进入货区前的必经之路——是一段平缓的长长的斜坡,它如此宽阔足以通过一辆东风大卡车。这就为一个家庭的嬉戏拉开了序幕:此时,购物之前的兴奋弥漫在这个短暂的通道上,通常,一个淘气的男孩抑制不住这种兴奋,他故作姿态,不愿耗力上楼,这个斜坡给了他一个表演机会,他会拉着母亲的手臂左右旋转且洋洋自得。而另一个下楼楼梯又给了他另一个机会:那是个不折不扣的滑滑梯,他可以坐在地上一直往下溜下来,或者,他通过一种模仿的俯冲方式获得快乐。

因为没有目光的监视,家乐福扫除了禁忌。这里没有惩治、呵斥、恶言相加,相反,顾客可以建立自己的秘密小世界,他可以在任意一个角落里搜索。脱离了权力机制的这种自由为为所欲为和放任自流提供了温床。在家乐福里面,顾客可以直接和物交手,而完全不顾及一些礼仪式的含蓄,作为中介的柜台、作为物的看护者的售货员被取缔了,购物者和物随时可以搭成一道临时性的亲和关系,他(它)们相互吸引,相互摩挲和私语,他(它)们相互试探、权衡、评估、判断,二者没有距离、间隙、冲突、隔阂。时间并不为这种喋喋不休而动怒,顾客也不为他的犹疑不决付出代价,在物面前,他有着充分的自由、信心、勇气,他可以不停地摆弄、观摩和猜想,他可以片段性地作为它的主人——一种有充分所有权感觉的主人,而且,顾客——只要他有充分时间的话——可以将所有物品都主人般地无微不至地搜寻一遍,他甚至能成为一个物的研究者大行其道,对于他来说,这些一望无际的物不过是些暂时无人看管的弃儿。

家乐福的购货通道十分宽阔,它足以容纳一辆大卡车在其中穿行。这给手推车提供了方便。购物者进货区只能是赤手空拳的,他们购买的物品被指定安置在这辆手推车里,这就是手推车的铁律,同时也是它的泛滥根源。购物者推着手推车,缓缓而行,这就是家乐福展现的一种独特动感,一幅购物肖像图。

几乎所有的购物者都能感到手推车在实用购物之外的乐趣。手推车可以消除购物时的单调和紧张。购物者在选购物品之后——为此,他必须付出一些精神上的损耗,他的脑力和体力同时在盘算和权衡中受到损失——通过手推车的方式来调节和缓释一些暂时的紧张感,推车富于一种轻松的手感,购物者将注意力转移过来,他通过掌握手推车的方向和速度,一种驾驶技术,一种支配和控制的技艺,一种操纵艺术,来获得某种游戏式的满足。手推车还可以用做恶作剧的手段:它可以对一个人进行轻微的试探性的进攻,可以将这种进攻乔装打扮,将进攻掩饰在无意的面具下,最终策略性地悄然启动:几乎所有的手推车都曾经和别的手推车相撞,而且,相撞来临的那一刻,手推车的主人都不刻意避免,而是兴奋地满怀期待。无疑,这不是一种实质性的剧烈冲突,它引发的不是暴怒,而是双方会意的但藏匿在心头的微笑,显然,手推车可以构成无意间的碰撞、摩擦机器而暗示出一个人的攻击本能,同时又使这种本能在光天化日之下蒙混过关。对于一些彼此陌生的年轻男女来说,手推车是一种语言,它可以示爱、挑逗、故意引发暧昧的纠缠。这是可能性的道具、欲望的遮掩面纱,这也是羞涩的冒险、怯懦的勇气。他(她)满怀目的,但不是明确的目的。对于儿童来说,手推车就差不多是个碰碰车了,他毫不掩饰对碰撞的迷恋,儿童有时候就是冲着手推车来到这里的,对他来说,货物并不一定能激起他的兴趣。他的注意力,小小快乐,他的瞬间幸福在碰撞的那一刻达到颠峰,为了这一刻,他全神贯注、四处搜索,寻找机会,他不像成人那样掩饰他的动机和幸福。一旦时机成熟,他就果断出击,他会将自己的车猛地撞到另一辆车上,然后等待着回报,就在这种明确的而又躲躲闪闪的碰撞中,儿童展示了他自己的秘密、真理和哲学。

然而,作为哲学和语言的手推车,并不排斥作为购物器皿的手推车。碰撞只是手推车的附加功能,在片刻的碰撞之后,空洞的手推车在等待着漫长的填充。在家乐福,在货物添满手推车之前,手推车常常被一个更小的儿童——常常是婴儿——填充着。他们坐在这个购物车里,欢快地打量着四周,满足、骄傲、得意洋洋,既逍遥,又充满传奇,既享乐,又冒险,孩子们的脸上焕发出一种奇异的光泽,这是家乐福的全部语境中最温馨的片段,家庭、欢乐、福分——这些人民理想——生动地浓缩在这个片段中,而又反复地一遍遍地被铭写出来。对于家乐福而言,儿童的乘车行为并没有因为它可能造成的对车的损害而遭到制止,相反,它受到家乐福的鼓励,它内在于家乐福的结构本身。这个温馨的片段将购物这种充满盘算的交换行为转化为一种家庭行为。商业心甘情愿地遭受着感情的腐蚀、蹂躏,在此,购物被娱乐化了,顾客和孩子一道其乐融融,他们摆脱了购物的严肃性、政治学、疆界线,最终,它摆脱了购物的空间、购物的建筑、购物本身。孩子返回到了游乐场、返回到了家中、返回到了自己的游戏时光。

能装进一个孩子的手推车的吞吐量是惊人的,家乐福的这些购物车欲壑难填,它像一个无边的黑洞,有着巨大的吞噬力和吸附力。奇怪的是,购物最终不是为了满足顾客的口味,而是为了满足手推车的容量。在手推车和货物之间,顾客常常成为一个被动的中介,货物和手推车在冥冥之中相互召唤,顾客呢?他成为它们之间的通途、桥梁,成为它们相互召唤的声筒,他鬼使神差地将货物往推车里填充。是什么在支使着他?是完满性原则在支配他,是美学法则在支使着他,是快感原则在支配着它,顾客,总是无意地将手推车填满视做己任,总是让手推车饱和,让它获得圆满性、消除缺陷、填补漏洞,让它负荷累累,成就显著,此时,收款台还在遥远的一端沉默着,付款的脚步声尚未临近,购物的经济和交换本质没有最后露面,购物暂时摆脱了它的商业语境,摆脱了它的冰冷无情的利润法则,摆脱了蛮横而伪装的自由交换原理,总之,它暂且摆脱了实用性、摆脱了经济学。此时此刻,购物成为娱乐行为、审美行为,它仅仅是挑选、分拈、填充,是手工耍乐,是古老游戏的现代复活,这也是不顾一切的满足,有时是疯狂的满足,这是双重意义上的满足:使空洞的手推车满足,使购物者的欲望满足,这是形式美学的满足,也是动物本能的满足。

## 结　　论

　　严肃的购物转换成了符号的购物,交换脱离了它的基础,家乐福的原则就是将劳动剔除在商业行为之外,剔除在政治经济学之外。这个空间要排除劳动的阴影,它要在商品身上抹掉劳动的痕迹,商品被包裹起来,它展现的是形式一面,它首先是作为包装的艺术品而存在的,作为审美对象和娱乐对象而存在的,商品的内在价值、它的核心、它的基础、它的生产实践和劳动含量隐而不现,在此,商品好像从来没有被汗水浇灌。这不是含辛茹苦的商品,这是唾手可得的轻浮商品。商品在实用性外,展示了娱乐性。剔除了劳动性,也就剔除了美学的崇高法则,我们看到,在家乐福里,一切都滑向了游戏、滑向了表层、滑向了肤浅的戏剧。购物不再是家庭的盛大仪式,不是精心谋划的壮举,不是反复的算计、权衡、长久犹豫之后的痛苦抉择,购物不是在浓重的悲剧中完成,而是在喜剧中、在谈笑间、在喧哗声里上演。

在这样一个购物的历史舞台上,我们现在同时上演着三幕戏剧。首先是马路戏剧。我们看到了形形色色的地摊、菜场、非法游民的三轮车、昏暗街头的小吃店甚至引导潮流的时装街。这是朗朗白昼下的小型交易。购买是在喧哗声中进行,但是是在讨价还价、算计、争吵、充满阴谋和骗局的喧哗中进行的。对交易中的双方而言,物是完全实用的,物的劳动价值并没有刻意掩饰,相反,它被过度扭曲,在销售的一方,劳动价值在尖锐的说教声中直冲云霄,在购买的一方,劳动价值在咕隆的低语中一落千丈。交易的双方都不掩饰他们的动机,他们的真相和目的都大白于天下,在此,所有的布景、所有的格调、所有的隐秘劝诱和欲望道具都抛弃了,如果说有谋略的话,那也是赤裸裸的欺骗谋略。这样一种马路交易,通常是一次性的、随机的、低成本的,它有时是蛮横的,并可能伴有轻微的暴力。它既不对信用负责,也不对法律负责。它只对有关利润的阴谋负责。这也是最古老的交易形式,开阔和无限延伸的马路是它的不朽图腾。

与此截然相对的是马路旁的阔绰、气派和堂皇的现代商场。这是美学的,幽雅的,理性的和文明的购物戏剧。这是崇高的美学、刻意的幽雅、小心翼翼的理性和道貌岸然的文明。在此,物多少有些神秘,有些光泽,有些深度,它们意味深长,结果,这些物的繁杂的人工因素强化了它的劳动价值,物,总是自我增值。购买不再仅仅是一种纯粹而直接的交易行为,它是暧昧的探索、严肃的仪式和慎重的选择。这里既不欢笑,也不忧愁;既不争执,也不喧哗;既不狂喜,也不悲鸣。法律和契约对公开的欺骗睁大着双眼。总之,这里没有阴谋得逞的戏剧,只有理性反复推敲的暧昧艺术。

第三种交易形式在家乐福里表现出来,这是平易的、娱乐的、游戏式的忘我的交易行为,甚至连交易的出售一方都是隐匿的,交易性在最大限度内被弱化了,或者说,这是反交易的交易,反计算经济学的交易,反劳动的交易,物变成了没有深度的道具,交易变成有关物的游戏,超市成为新型的游园,这是当代社会的购物乌托邦。这样一个神话,在狭窄的出口处,在冷漠的收款机器旁边,在收银小姐礼貌而悦耳的招呼声中,刹那间就崩溃了。

原载《花城》2001年第1期

# 金元浦 等

## 解码《大话西游》
### ——课堂讨论

**主持人**：金元浦（中国人民大学教授，博士生导师）
**参加人**：赖洪波、彭彦、张贵勇、单向群等（中国人民大学硕士研究生）
**时间**：2003—03—19 21:30:06

**金元浦**：我们已经学习了不少"文化研究"的理论，但一直没有做过个案分析和个案讨论。今天我们按照预定的安排进行个案研究。讨论的对象是近年来成为一个校园文化时尚的"大话西游"事件。注意，我们在这里讨论的是"大话西游"事件，而不仅仅是讨论电影《大话西游》本身。当然我们也会谈到大话西游的电影文本。但我们更关注的是由大话西游引起和发生的文化冲突与文化变革，更关注这一过程。个案研究在当代"文化研究"中具有很重要的地位。但在以前的文艺理论与文化批评中却很少进行。这一方面是由于先前的批评范式只关注宏观整体的研究，习惯于从普遍性、一般性的角度来把握文化对象；另一方面，也由于我们还不大会用个案研究的方法。今天我们就试着做做文化研究的个案分析，题目就叫解码《大话西游》。我们一起在干中学习。

前两年，校园里的《大话西游》热几乎让网络与大学生们发狂。且不说那些周星驰的影迷们，即使是那些不怎么迷周的人，嘴里也离不开"I 服了 you"，"打雷了，下雨收衣服"。网络上帖子如云，网民们热衷于《大话西游》内容的探询，意义的开发，并进行了激烈的辩论。有人视之为蛊惑人心的妖魔鬼怪，洪水猛兽，有人视之为胡编乱造的嬉皮士文化垃圾，有人视之为后现代反讽甚至创新的反经典的经典，也有人视之为典型的后殖民文本。今天，这种喧嚣渐渐平复了。降温带来了一种距离感。这种距离感让我们能够相对冷静地回视刚刚过去的这一"事件",由之生发出对"大众文化"现象的一点思考。

我先来问一个问题。被影视批评家称做"无厘头闹剧"的《大话西游》1994年拍摄完成,1995年投放到大陆市场,为什么当时反应平平,而三四年后却在高校掀起了《大话西游》热呢?怎样看待这一现象?

**张贵勇**:这和互联网的发展不无一定关系。互联网不但改变了时代的进程,而且也极大地影响了人们的观念。正如日本社会学家池田谦一在《电子网络的社会心理》中所说:电子通信在电子空间中能一下子飞跃时间、空间与社会的篱笆……使纯粹"信息之缘"连接的人与人关系成为可能。在这个意义上形成了全球性的没有节制的中间集团,它给人们的创造性动力可能是无法估计的。

而且,自从1991年网络诞生以来,互联网的发展可谓一日千里,有数据表明:到目前为止,我国上网的计算机数约为1002万台,其中专线上网计算机数为163万台,拨号上网计算机数为839万台。我国上网用户人数约为2650万人,其中,专线上网的用户人数为454万,拨号上网的用户人数为1793万,同时使用专线与拨号上网的用户人数为403万。除计算机外,同时使用其他设备(移动终端、信息家电)上网的用户人数为107万。如此雄厚的经济实力和网民数量为信息的传播提供了无限的机遇。

所以,从客观的角度讲,网络时代的来临为《大话西游》的火爆提供了良好的契机,加上网络 BBC、OICQ 聊天网、网络评论等附属平台推波助澜的宣传,《大话西游》风起云涌之势亦成为一种必然。

**赖洪波**:不得不承认,盗版录像带和盗版 VCD 的兴起也是这部影片梅开二度的重要原因。据一位号称北京盗版界四大家族之一的大卖家透露,早在1995年,就在北京市场出现过《大话西游》的盗版录像带,但销售平平,直到1996年底 VCD 版本出现,当时每盘30元的高价位都没有吓倒《大话西游》迷们。真正的火爆是在1997-1998年间,在这一段盗版 VCD 的黄金时节,《大话西游》的销售也屡创高峰,最高记录一天就卖到上百张。

**金元浦**:当然我们在这里不是为盗版 VCD 做什么宣传,而是透过这一现象来思考大众文化在大众中渗透的方式。其实,即使在美国,校园也是盗版盘的发散地。

**彭彦**:对。从《大话西游》最初的尴尬中,我们不难发现,虽然大众文化的目标群体即为大众,但当某种新型的大众文化出现时,仍然有着坐冷板凳的危险。在这种时候,现代传播媒介的作用就凸现出来了。其实,文化工业运作系统中最为关键的一环就是现代传媒。当代社会,以声光电为主体的现代高科技传播媒介早已渗透到生活的各个领域。这些媒介将以往很难到达大众的文化产品传播到各个时空领域。这种广泛传播的文化产品一方面满足了人们文化消费的需求;另一方面,又引导甚至规定了这种需求,控制和规范着文化消费者的消费趣味和消费对象。《大话西游》的先冷后热,正是现代传媒(包括网络、VCD,甚至包括洪波上面提到的盗版 VCD 等)的引导性、规定性以及后来的迎合性的生动体现。

**金元浦**:是的,现代高科技传播媒介,特别是网络,超越了时空界限,《大话西游》在高校的风行,在时间上恰好与高校网络的建设和高校网民的形成有同步关系,也与高校网民的技术提升和网络消费习惯的形成有关。

**单向群**:对,大众文化培养了它自己的消费群体。这个群体反过来会有更多的需求,这种需求又会带动大众文化市场。《大话西游》把许多学生培养成了这种品位,然后,他们还会要求类似的产品出来,这是一个复杂的运作过程,在这一过程中实现了巨大的商业利益。

**金元浦**:依托于现代电子媒介的大众文化必然是跨国的、全球的、世界的,又是本土的、民族的、地缘的和社群的。作为公共空间,它是不同意识形态汇集、交流、沟通、共享、对立、冲突的公共场域,又是社群特别是弱势群体和边缘话语的表达场域。当代"文化研究"一直致力于关注社会中弱势群体的利益,批判、解构精英主义的文化概念,重新审视文化转型期大众弱势群体在不平等社会现实中的地位变迁。这样,文化研究就发展出了一种尝试重新发现与评价被忽视的边缘群体的文化的研究机制。由此决定了文化研究的一个基本原则,即它坚持审美现代性的批判意识和分析方式,不追逐所谓永恒、中立的形而上价值关怀,相反它更关注充满压抑、压迫和对立的生活实践,关注现实语境,对晚期资本主义文化制度形态进行了严肃的不妥协的批判。在英国伯明翰文化研究的初期,这种立场表现为对于工人阶级文化的历史与形式的关注,而后来的大众文化研究、女性主义研究、后殖民主义研究等等也都坚持了这一从边缘颠覆中心的立场与策略。可以说,对于文化与权力关系的关注以及对于支配性权势集团及其文化意识形态的批判、否定和超越,是大众文化研究保持其持久生命力的原动力。传统的经典《西游记》在这里被解构了。过去耳熟能详、家喻户晓的唐僧、孙悟空师徒四人去西天取经的故事,现在被演绎成了既是它又不是它的另一个故事。原先的经典被再编了一通故事,戏说中有戏谑、荒诞和噱头,也有对某种既成规范的挑战、反叛和批判,有一种加入时尚(反叛的时尚)的先锋感,还有一种恶作剧的快感。

**赖洪波**:是的,在这部影片中,人物的身份和离奇的行为可以说是对传统价值观的强烈解构。在这部影片中,师父不像师父,而是一个罗罗嗦嗦、可笑无力的"政治老太太",一个不分时间不分地点,不断说教的"饶舌妇";徒弟不像徒弟,竟敢教训师父,甚至因为不堪忍受师父的罗嗦而把他送给仇敌牛魔王……这种反逻辑、反传统的做法,嘲笑和摧毁了权威,同时也嘲笑了道德的虚伪。

**单向群**:解构的确是《大话西游》这种大众文化的重要特征之一。在《大话西游》中,除了爱情没被完全解构外,其他一切都可以被解构或者已经被解构了,像时空关系、人神关系、师徒关系、生死关系等等。虽然《大话西游》愿意为爱情保留一定的余地,但是在对待爱情的方式和态度上,还是很随心所欲的。

**彭彦**:这里我想补充一下。所谓的解构是《大话西游》这种大众文化的特征之一,不是说只要是大众文化的产品就一定具有解构的特征,而是说,作为大众文化的众多形式、分支之一的"无厘头"文化现象(我们暂且沿用网上"大话"迷的提法)的一个特征是解构。因为从作为大众文化代表的前几年的池莉,这几年的影视剧本"红人"海岩身上,你很难读出"解构"的味道来。在我看来,看《大话西游》的感觉有些像读王朔小说,在玩世不恭和调侃中,消解了我们一直信奉的理想、价值和追求的意义。

**金元浦**:人们在大众文化消费中创造出了新的意义的生产和消费的方式,那么,从《大话西游》中我们可以看出大众文化的哪些特点呢？

**单向群**：我认为，大众文化已不具有社会阶层的属性，而只代表一种文化态度。大众文化作为现代工业社会的产物，是以都市大众为消费对象，通过大众传媒的服从市场需求的一种彻头彻尾的商业化制作，具有无深度、模式化的、易复制的等诸多特点。大众文化只代表着一种文化态度，这一点是它与传统的精英文化、主流文化不同的。精英文化孜孜于终极关怀与未来构想，更注重一种理想境界的向往与构造。从这一点上来看，精英文化无疑是可敬的，但遥不可及的乌托邦品性又让人生疑。而且，人类社会血火交织的历史，特别是近代大规模的战争悲剧表明，不论理性乌托邦还是技术乌托邦都不能拯救人类，未来并不仅是善的诱惑，技术也并不一定能够为人类带来美好的明天，一个最触目惊心的事实是："正是在美好未来的名义下，在美妙动人的音乐声中，在先进的科学技术的基础上，德国法西斯从容不迫地进行了人类历史上规模最大和最残暴的杀戮。"

而大众文化则只是满足于个人肤浅的文化消费，借助于得力的现代传播媒介，具有其他任何文化形式无可比拟的广泛性与平等性，使整个社会文化普及与民主化达到一定程度。快乐是大众文化的最高的目的，最起码它追求的是一种轻松。因此，所有会给它的读者带来痛苦的因素都被剔除，所有令大众感到沉重和压抑的东西都被排斥，这实际上是解构一切的一个主要动机。

**彭彦**：但在这种消解背后，我们无一例外地会为看似漫不经心流露出来的真情所感动。在这一点上，我不太同意单向群关于《大话西游》在对待爱情的方式和态度上很随心所欲的看法。网上有人一针见血地指出《大话西游》可以叫做"悟空的爱情"，因为只要稍加留意你就无法忽视从至尊宝、紫霞、白晶晶等的身上时时闪现的情与爱的信息。从某种意义上，可以说这种周星驰的"无厘头"文化与常规状态的大众文学是一脉相承的，它只是在传统的爱情描写上加了一层解构的面纱。相比而言，王朔的小说似乎解构得更彻底，让人真正有些怀疑起爱情来了（不过王朔，仍然不失时机的把我们拉回来：没有爱情，生活中能还有什么呢？）——大众文化的离经叛道是不能超出大众的接受限度的。

**金元浦**：所以有人说，后现代的主导风格就是反讽：一种刻意的混杂,它被当做新发明的手段而四处运用。后现代是现代主义和现代文化因面临自身视像化策略的失败而引起的危机,它是对后现代性的文化所带来的文本危机、经典危机、程式危机,甚至原有视觉机制的危机。

张贵勇:一般来说,网上普遍的观点是,《大话西游》其实就应该叫做"悟空的爱情"。《西游记》写了悟空的出生、学艺、奋斗以及被驯化。就是说是关于悟空的正史。而《大话西游》则写悟空的爱情,是关于悟空的野史。《西游记》的悟空是宣传片,《大话西游》的悟空是生活片。正是这种出于神圣事物的生活化,导演才敢于进行大胆的演绎。有人说,在《大话西游》中,导演刘镇伟将一切都解构了。惟独没有解构得了爱情。导演试图将人世的神圣与英雄形象嘲弄一番,没想到,在爱情面前遭到了狼狈不堪的失败。

《大话西游》虽然以至尊宝领悟出人间正道、踏上西天取经之途为背景,但实际上是通过他的爱情由萌生到幻灭作为线索展开叙事的。在看似平庸的情节与对白里,包含了许多当代人对爱情的真知灼见。如果说《大话西游》在解构的同时又建构了一个新世界,那么在这个世界里,爱情占有绝对的比重。在那里,爱情始终是神圣而不可侵犯的,是人类心灵中最脆弱也是最尊严的东西,它甚至成了至尊宝舍弃人间享乐,重获新生的惟一理由。而这也正是令无数观众深深触动,感慨万分之所在。

金元浦:近年来,我们的文化发生了巨大的变化,我们(作为消费者、观众和公众)利用文化资源的方式也随之发生了空前的变化。文化被生产、传播和消费的方式将越来越取决于技术创新和全球化市场。最近,澳大利亚学者金迈克(Michael Keane)写了一篇论文《阿多诺的绝望:大众文化如何重振其创造性》就从新的视角看待大众文化。他认为,文化研究的这一概念将与法兰克福批判文化理论学派分道扬镳,甚至背道而驰。大众文化将被严肃地作为一种产业来进行思考——一个可以提供就业、培训、出口税收和外汇的产业。金迈克断定,这将会使阿多诺"死不瞑目"。所以,感动归感动,在《大话西游》剧情的设置中,我们不能忽视其商业运作的因素。导演和编剧在拍摄之初就倾向于投观众之所好。因为只有投观众之所好,才能获得预期的票房。解构事小,赢利事大!下面我们可以谈谈大众文化的另一个特征,那就是它作为文化产业的特征。

**单向群**：如果说第一个特征还只是"面纱"的话,那么第二个特征就要揭开大众文化的庐山真面目了——最大限度地攫取市场利益。我们知道,大众文化是一个特定的范畴,主要是指与当代大工业生产密切相关(因此往往必然地与当代资本主义密切相关),并且以工业方式大量生产、复制消费性文化商品的文化形式。不过要强调的是,说它是"文化形式",并不能从我们过去习惯的字面意义去理解。因为这种文化形式除了必然地与大工业结成一体外,还包括着创造和开辟文化市场,以公司规模的行为去组织产品的销售,以及尽快获取最大利润等经济行为。这使得畅销小说、商业电影、电视剧、各种形式的广告、通俗歌曲、休闲报刊、卡通音像制品、MTV、营利性体育比赛以及时装模特表演等,不但是构成大众文化的主要成分,而且成为只有在买和卖的关系中能够实现自己文化价值的普通商品。因此,我们不能够再按照传统知识分子的那种精英关怀或者审美批评的方式来要求大众文化。大众文化和精英文化的一个很大的不同,就是大众文化要最大限度地攫取市场利益,这甚至是它惟一的诉求,这和过去精英文化所要表达的东西,像深度思考、终极关怀等等诉求是很不一样的。

进入90年代,市场经济作为意识形态的合法形式被确立之后,大众文化的规模生产才有了它合理性和合法性依据,大众文化得以蓬勃兴起,经济的发展与文化的互动在大众文化这里得到深刻的体现。这种大众文化在精英文化看来显然是一个等级的概念。严肃文化、高雅文化是高一级的,大众文化是低一级的。高一级的文化对低一级的文化具有支配和统摄功能。但是,在90年代以后,特别是在后现代主义出现以后,大众文化则变成了一个类型关系,从一个支配的关系变成了一个平行关系。

**金元浦**：这种说法很有意思。你是说先前的文化等级观念已被打破,大众文化现在已经和精英文化平起平坐了？请深入谈一谈。

**单向群**：大众文化的消费解构了许多传统文化中原始的价值和我们认定的精神需求的东西。这种过程产生两种变异：一种是进入者变了,进入者带着一个设置的框架进入,他自然有一种无法逃避的文化设置；另外一种就是被关注的主体也在变异,他们也在经济利益的驱动下成为虚假文化的一部分,成为商品的一种形式。从这个意义上说,大众文化不仅是现代工业和市场经济充分发达后的产物,而且是当代资本主义在文化上的一大发明,它从根本上改造了文化和社会、文化和经济的关系。与传统的文化形式相比,大众文化具有一种赤裸裸的商品性,以实现利益最大化为根本目的。这样,传统的文化与经济的界限被完全打破。两者之间的界限变得含糊不清,人们已经很难辨别哪些是纯粹的文化行为,哪些是纯粹的经济行为。但正是这种兼有文化和经济两种性能的特殊品格,使得大众文化比起传统的文化形式,就更容易进入普通大众的日常生活。

**金元浦**:显然,大众文化与精英文化有着严峻的冲突与矛盾,这在对《大话西游》的评价中有鲜明的表现。但是,我们注意到当代文化发展的一个重要趋势就是大众文化与精英文化界限的消弭,相互间的融合。《大话西游》从解构旧经典到成为大家心目中的"新经典",是不是给我们提供了一种可能性?

**赖洪波**:你所说的这种大众文化与精英文化的矛盾,的确在对《大话西游》的评价中表现很明显。不喜欢乃至否定《大话西游》的人,多是被称之为电影界权威的电影评论人。1995年这部电影刚开始在内地放映时,评论家们不屑一顾。但到了20世纪末,它的票房已经高达6000万元。电影评论家们说,这是一部媚俗的影片,是商业制作的又一成果。即使是影片中所谓穿越时空的爱情,也如《泰坦尼克号》一样,"每一个毛孔都渗透着赤裸裸的金钱和欲望"。

**张贵勇**:虽然不知道洪波后面要讲的具体是什么,但我可以感觉到你是很为《大话西游》遭到这种贬低的评价鸣不平的。不过在这里,我想插一句,从上面大家的分析中,我们不难得出结论,《大话西游》为代表的大众文化确实如部分电影评论家所言是"媚俗"的。媚俗是任何大众文化的产品都具备的特征。这是大众文化的本质决定了的。既然大众为"俗"(这里的"俗"只具备与"高雅文化"相比较的意义,不是平常意义上带贬义的"俗"),大众文化要迎合大众就必然媚俗,投"俗"所好。于是,《大话西游》中,首先解构的就是混淆雅俗文化的界限,赋予"俗"以一种内涵,然后在"俗"的新世界里流连忘返,在这里,意义、神圣、超越等概念被淡化了。用一些人的话来讲就是,《大话西游》真正的平民化了、"俗"化了。

**赖洪波**:称之为媚俗有一定的道理。但我想强调的是,某些持这种观点的人,表现出对大众文化的强烈否定态度。这与早期法兰克福学派对待大众文化的态度一样,认为大众文化具有商品化的趋向和商品拜物教的特征。他们认为,在商品经济条件下,文化产品的生产和大众也被纳入根据市场价值进行交换的商品运行轨道,文化艺术沦为商品;而且大众文化这种商品化、标准化、单面化、操纵性、控制性的特征,压抑了人的主体意识,也压抑了人创造性和想像力的自由发挥。但对于《大话西游》迷们(包括我)来说,《大话西游》却是人的创造性和想像力发挥的极致。无论是从电影的内容,还是形式,包括对白都含有年轻一代的不受约束,自由张扬的个性特征。

不可否认,在商品社会,《大话西游》首先是一种商品生产。但正如费斯克分析大众文化的特征时所言:"……文化商品在不同但却同时存在的两种经济中流通,我们可以称这两种经济为财经的和文化的。"早期法兰克福学派只看到财经经济对文化商品的决定性作用,一再强调文化商品的商品性和商品拜物教特征。而费斯克认为:"财经经济的机制不能充分说明所有文化因素,但是,在对消费者社会的大众艺术的研究中仍然需要把财经经济考虑进来。它的用处,即使在某一层面上,是把文本描述成文化商品,但是,我们必须时刻注意到文化商品与市场上其他商品之间的区别。"文化商品和其他商品是不同的:"对其(大众商品)大众性起关键作用的流通发生在与其对应的经济之中,即文化经济。这里,所交换和流通的不是财富而是意义、快感、社会身份。"

对于《大话西游》的观众来说,《大话西游》是意义和快感的触发者。这种快感和意义是他们自己生产、自己需要的,并非由财经经济所决定。费斯克说:"逃避和对抗是相互联系的,二者互不可缺。两者都包含着快感和意义的相互作用,逃避中快感多于意义,对抗中则意义较之于快感更为重要。"事实上,意义和快感在大众文化中并不矛盾,快感不仅是逃避,它自身就是一种新的意义的探索和诠释,这是对某种强制性的社会意义的抵抗。《大话西游》中的许多地方都触发了年轻一代反叛的快感。

**金元浦**:现在我们接触到问题的实质了,我们承认了大众文化以媚俗的姿态,攫取最大限度的市场利益,但同时既然作为文化商品,它就有不同于一般商品的特征——大众文化交换和流通的不是财富,而是意义快感、社会身份等。

**彭彦**:以往将大众文化作为商品社会的产物分析时,往往忽略了它作为文化商品,与其他商品的区别。媚俗、攫取最大利益可以算做大众文化与其他商品的共性特征,而交换和流通的内容是意义快感、社会身份等可以看做大众文化的个性特征了。另外,正如洪波所言,对于观众来说,大众文化是意义和快感的触发者。这种快感是他们自己生产、自己需要的。既然是触发者,快感仍需观众(或读者)自己产生,那么在大众文化的生产上就应该把握一个度的问题。什么是度?《大话西游》就给我们上了很好的一课。它开创了一种新的思维方式,它不再是平缓的直线,而是一连串意向的拼贴与跳跃,它不把观众当傻子,不力求把什么都说个明明白白,更不刻意解释、标榜,所以有人说初看《大话西游》看不懂,多看几遍理解其中真意后,才如获至宝。这种拼贴与跳跃使文本获得了一种张力,让人的思维获得了延伸的空间,在思维中人们的自我认同又一次得到强化。也许《大话西游》文本本身并不像大家理解得那么深刻,但这又何妨呢?它既激起了思索的兴趣,就有权利享受这种思索为它带来的如潮的好评。我想这也是值得大众文化的生产者们思考的一个问题吧。

**金元浦**:文化研究的内容和角度非常多,仅就《大话西游》来看,我们也还可以从影视传播、性别批判、大众意识形态观念、后现代文化运作手段,甚至文本语言的分析等许多方面进行。由于时间关系我们今天就讨论到这里。

彭彦据讨论记录整理

原载《粤海风》2002 年第 2 期